JN241208

東北中世史叢書 2

平泉の考古学

八重樫忠郎

高志書院

目次

序章

1　研究の現状と課題

平泉町内における初めての発掘調査は、平泉中学校建設に伴い一九五〇年に行われた花舘遺址(現在の花立Ⅰ遺跡)でのことであった[岩手縣教委 一九五二]。この調査では、翼廊付寺院と推定される巨大な礎石建物跡が検出され、多数の瓦が出土している。この結果により礎石建物部分は校庭として保護され、校舎は礎石建物跡の北側の場所に建築されることとなった。

文献史学の研究は、発掘調査よりもはるかに古く、江戸時代初期まで遡る。現存する最も古い近世初期の平泉の古絵図は、江戸時代に入り隆盛する源義経物語とともに、平泉研究が行われるようになったことを示している[平泉郷土館 一九八八]。その流れを受け、江戸中期には、相原友直による『平泉実記』『平泉旧蹟志』『平泉雑記』の平泉三部作が書き上げられている[平泉町 一九九三]。その後、昭和後期から平成にかけて、文献史学を中心とした多くの論考が発表されるが、考古学による論考は、戦後まで待たねばならなかったのである。

戦後になると平泉の考古学的研究は、先の花舘遺址の発掘調査を皮切りに、一九五二年の文化財保護委員会(現在の文化庁)による無量光院跡[文化財保護委員会 一九五四]、以後は一九五四年に藤島亥治郎を中心に岩手県教育委員会と

第１図　平泉町位置図

平泉町教育委員会によって結成された平泉遺跡調査会による観自在王院跡と毛越寺境内［藤島 一九六二］、柳之御所遺跡と続いていく。平泉遺跡調査会による発掘調査は、多くの成果を挙げたものの、構成員の本務が多忙になるにつれて、活動は鈍っていき、やがて平泉町が文化財の専門職を採用した一九八二年にその役割を終えた。

考古学の論考は、学術発掘調査から開発行為に伴う事前発掘調査へ移行したことにより、このころより見られなくなる。その後の一九八八年、柳之御所遺跡の大規模発掘調査が開始されると、文献史学の研究は考古学研究に反比例するように活発化するようになった。

このような文献史学がリードする研究状況は、現在まで続いている。志羅山遺跡は一〇〇次以上、柳之御所遺跡は八〇次ほどの発掘調査が行われているにもかかわらず、文献史学に比べて考古学の論考はそれほど多くはなく、短編論考が散見される程度である。これらの成果がまとめられていないということは、平泉研究にとって大きなマイナスであろう。近年、羽柴直人による平泉に関連する考古学の論考［羽柴 二〇一二］が発表されたものの、主眼は東日本全体の武家政権の成立と展開、そして平泉の勢力圏の位置付けであった。

平泉研究の大きな問題点は、前述のとおり先行している文献史学に対して、考古学からのアプローチが少ないこと、また文献史学を援用しすぎた考古学研究が多いことである。記録が多く残っている京都や鎌倉では、平泉以上に文献史学に傾倒した考古学研究が蔓延しており、また遺構の重複が著しく、さらに大量な出土遺物により、考古学の原点である遺構・遺物の詳細な観察や検討に立ち戻ることがすでに不可能な状況にある。対して平泉は、遺跡の存続期間が短く、遺構もそれほど重複していないことから、観察や検討はそれほど難しくない。つまり第一に行わなければならないのは、どのような遺物が、どれほど出土しているかを明らかにすることである。

課題としては、昭和に行われた寺社の調査成果の再整理が挙げられる。平泉における本格的な発掘調査は、先にも述べたように平泉遺跡調査会によって行われたが、建築遺構を明確にすることを主眼にした調査であったため、遺物等に関しては詳細な検討がなされていないし、さらに昭和という時代背景もあって、考古学の技術も発展途上の状況であった。現在は、特別史跡に指定されていることや観光客の多さから寺社を調査することすらできない。すなわち、かつての発掘成果の再整理は、必要不可欠といえる。

2 本書の目的

第Ⅰ部では、出土遺物の様相を把握する。どのような遺物が、どれほどの数量出土しているのかを明確にする。次には、その成果を用い、各遺跡の年代観、さらには平泉全体の年代観を明らかにしたい。またその過程で、平泉遺跡群における各遺跡の役割が見えてくるはずである。

第Ⅰ部第1・2章では、広域流通する輸入陶磁器と国産陶器を扱う。愛知県産陶器の研究は一九八〇年代以降、深化しており、中世前期の輸入陶磁器は森田勉が中心となり、器種分類や編年研究を進めていった［森田 一九九五］。その研究は山本信夫に引き継がれ、大宰府編年として確立している［山本 一九八八］。

常滑焼に関して総括的にまとめた研究の出現は、赤羽一郎の成果を待たねばならない［赤羽 一九八四］。この赤羽の研究は、後に修正が加えられ、赤羽中野編年として知られるようになる［赤羽・中野 一九九五］。

第1・2章では、輸入陶磁器や国産陶器の器種構成や分布傾向を明確にすることで、平泉の年代、平泉内の各遺跡の年代、さらに列島の中における平泉の位置付けなどを明らかにし、また平泉内で生産された陶器（花立窯跡）を取り上げ、第3章では中世土器の典型ともいえる、かわらけの分析を試み、平泉の独自性を考察する。

なお平泉町では、一九九八年以降、遺跡を未来に残すため、開発行為によって影響を受けない遺構は、調査を行わないようにしている。よって統計的な処理を行う場合は、一九九七年までのデータを使うことになる。

第II部では、検出遺構と遺跡の問題を扱う。遺構や遺物に関する研究は、一九八八年に開始された柳之御所遺跡の大規模調査以降、活発に行われるようになった。それ以前も発掘調査は行われていたが、調査面積が少なかったために遺構数も少なく、個別遺構を研究するには至っていなかったのである。

第II部第1章では、掘立柱建物の中でも四面に庇が廻る四面庇建物について、第2章では井戸について考察を深めたい。掘立柱建物は、調査担当者によって建物として把握できなかったりできたりする場合が、少なからずある。しかしながら四面庇建物であるならば、大型であり柱筋が通ることが多い柱穴の精緻な配置から、建物として見落とすようなことは起こりにくい。つまり四面庇建物は、人為的な判断齟齬が少ないことから、検討材料として使用することができると考えている。庇空間の内側の中心部分のことは、身舎や母屋と呼称されるが、第1章では身舎と呼ぶこととする。

第2章の井戸に関しては、井戸側がない場合、現実的には井戸なのか土坑なのか判断は難しい。しかしながら生活に密着し、遺物が多く出土する遺構は、それほど多くはない。ゆえに井戸は多くの情報を与えてくれる。第2章では、出土遺物同様に一九九七年までに検出された井戸の成果をまとめたい。

第3・4章は、平泉の考古学研究を大きく前進させた二つの遺跡を取り上げる。近世から始まった平泉研究の方向性を大きく変えたのは、一九八八年から開始された柳之御所遺跡の大規模発掘調査である。列島の中で数少ない一二世紀の遺跡を年間1万㎡ほど継続して調査したため、その内容は多くの研究者を驚愕させた。ところが、その柳之御所遺跡は、『吾妻鏡』にみえる「平泉館」の可能性が高いとされつつも、秀衡と泰衡の常の御所である「加羅御所」

であるという説も一部の評価を得ており、往時の呼称はなにか、いまだに意見が分かれている。

ここまで調査が進んでいる遺跡としては、憂慮すべき事態といえる。分かっていることを明確にしなければならないという指摘は、文献史学側からもなされ始めている［入間田 二〇一三］。第Ⅱ部第3章では、文献史学と考古学の成果を交えることなく整理し、両者を突き合わせ、柳之御所遺跡とは何かを明らかにすることを目的とする。

第Ⅱ部第4章では、金鶏山経塚を取り上げる。金鶏山は、富士山に似せて造られた造り山、また黄金の鶏が埋められていると伝えられていた。また、土中に埋めた黄金の鶏が、元日の朝に鳴くと縁起が良いなどという話も付随してくる。これらの伝承は、盗掘者の耳にも届き、その結果、黄金の鶏探しの盗掘も行われたようである。

金鶏山については、多くの論考が触れている。しかし積極的に取り扱われた例はない。その理由は、名称金鶏山自体が伝承の中の存在であること、調査が昭和初期と古いこと、記録がほとんど残っていないこと、出土遺物の一部が散逸していることなどによると考えられる。第4章では、それらを踏まえたうえで、あえて金鶏山について考察を加えたい。金鶏山を考えることは、平泉を考察することに必ずつながるからである。

第Ⅲ部では、平泉の寺院遺跡を整理してみたい。平泉研究が進んだ現在、寺院の姿も明確になりつつあるが、第Ⅲ部第1章では寺院遺跡の概略を押さえるために、文献史料に現れる平泉における寺院の姿と、政治的・地理的立地を確認したい。そのうえで、第2章では発掘調査が進んでいる中尊寺跡、第3章で毛越寺跡、第4章で無量光院跡を取り上げたい。

最後の第Ⅳ部では、平泉という空間、平泉の掌握領域について考察したい。平泉という空間がどのように拡大していったのか、そして東北地方をどのように掌握していたのかを検討する。

第Ⅲ部・第Ⅳ部のような考古学による分析を深めることによって、館と寺院という初期の平泉が中世都市平泉へと発展する過程、官衙の模倣から始まった平泉が平安京を模倣するまでに成長する過程、またその成長過程において内包した平泉の在地性と中央性、さらには列島内における平泉の歴史的な位置付けを明確に示すことが可能となる。これこそが本書の目的なのである。

第Ⅰ部　遺物が語る平泉の世界

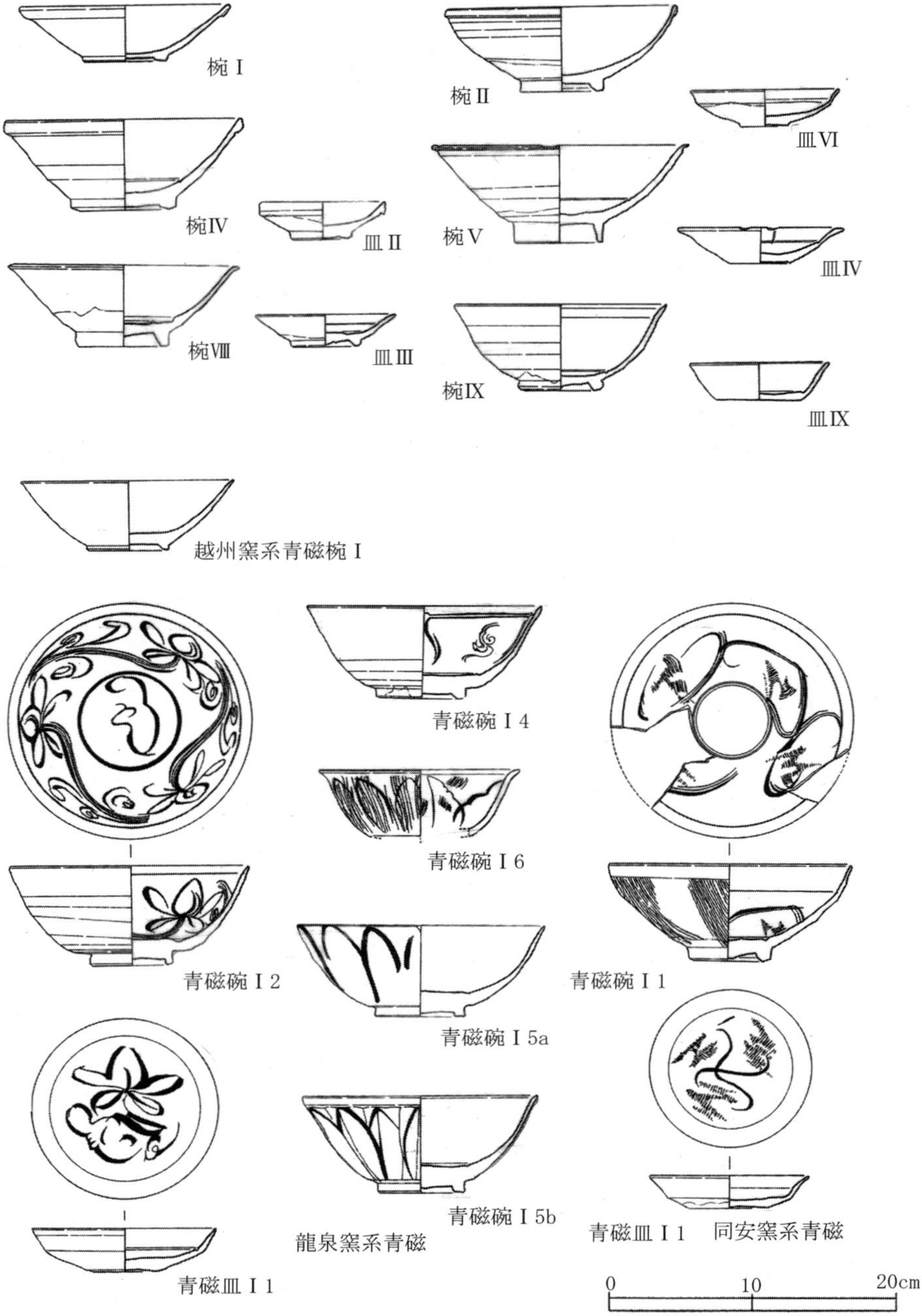

第1図　大宰府輸入陶磁器分類

第1章　輸入陶磁器

1　種類と器種構成

(1)分　類

輸入陶磁器の分類は、列島の中で圧倒的な出土例を誇り先駆的な研究が行われている大宰府の分類に従うこととしたい。種類としては、磁器と陶器に大別し、磁器はさらに白磁、青磁、青白磁に分けられ、なかでも白磁と青磁は細分されている[森田 一九九五]。器種としては、椀皿、盤、壺類、甕、合子、その他がある。

(2)白　磁(第2・3図)

壺類とは、四耳壺や水注などを指す。これらは表面積が大きいため、割れた場合に破片点数が椀皿よりも多くなることは必至であるが、それらを勘案した上でも平泉では壺類の比率が高い。壺類は、胴部破片で個体数に換算することは不可能なので、口縁部を数えてみたところ、42個体以上あったことが判明した。これだけの数の壺類が、出土している生活遺跡は日本国内にはない。

平泉から出土する壺類は、白磁Ⅱ系とⅢ系に分類されるもので、鎌倉から頻出する一三～一四世紀のⅢ類は出土していない。Ⅱ系壺とは、化粧土が施され瓜破型に縦線が入り、年代は一一世紀後半から一二世紀前半、Ⅲ系壺とは、化粧土がなく一二世紀後半の年代が得られている。希少なものとしては、博多や大宰府以外では確認されていないⅡ系の大型四耳壺(22)も発見されている。

口唇部が水平折り曲げに近くなるⅡ系壺類(1)が多いのに対し、Ⅲ系壺類は「へ」の字(10)または玉縁状(8)になる傾向が見受けられる。またⅡ系壺類は、頸部取り付け部分に一時乾燥したための段差が付くもの(1)が多いが、Ⅲ系壺類は一気に作っている(15)。さらにⅢ系壺には、中に瓶のようなものを入れて焼き上げた痕跡が認められるもの(20)もある。水注の口唇部は明確な稜をもつものが多い(15)。

椀皿類では、八～一一世紀のⅠ類椀と一三～一四世紀のⅨ類椀は出土していない。口禿皿が3点出土しているが、1点を除けば、ともに一二世紀に含まれる定窯系の輪花口禿皿(46・47)である。化粧土が施される一一世紀後半～一二世紀前半のⅡ類椀とそれに伴う皿は、一定量出土しているものの、主体は一二世紀のⅤ類椀である。

特殊なものとしては、劃花文が施されたⅡ類盤(27・28)が2点、合子の可能性もあるが、子持ち皿(26)が出土している。白磁椀皿類では、円盤状に加工されたものがある(40)。円盤状加工品は、縄文時代から確認されるものであるが、加工しにくい磁器でも行っていることが分かる。

(3)青　磁(第3・4図)

青磁は、龍泉窯系青磁と同安窯系青磁が出土しているが、越州窯青磁は確認されていない。ともに椀皿であるが、龍泉

特徴	対応関係
化粧土有	皿Ⅴ～Ⅶ類 壺Ⅱ系
	皿Ⅱ類　壺Ⅲ系
	皿Ⅳ・Ⅷ　壺Ⅲ系
内底掻き取り	皿Ⅲ類　壺Ⅲ系
	皿Ⅸ類　壺Ⅲ類
	椀Ⅳ類　壺Ⅲ系
内底掻き取り	椀Ⅷ類　壺Ⅲ系
輪花　白堆線	椀Ⅴ類　壺Ⅲ系
化粧土有	椀Ⅱ類　壺Ⅱ系
	椀Ⅴ類　壺Ⅲ系
	椀Ⅸ類　壺Ⅲ類
無紋　劃花文	皿Ⅰ類
区画帯劃花文	皿Ⅰ類
蓮弁文(鎬有無)	
櫛掻き蓮弁	皿Ⅰ類
劃花文有無	椀Ⅰ 1~4、6類
劃花文有無	皿Ⅰ類
劃花文有無	椀Ⅰ類

第1表　輸入陶磁器大宰府分類

種類	器種	分類	全体形	釉調	口縁	高台	胎土	年代(C)
白磁	椀	I	体部直線	白色	玉縁	蛇の目	緻密	8中~11前
白磁	椀	II	内湾	乳白色	玉縁	三角	粗い	11後~12前
白磁	椀	IV	体部直線	白色	大玉縁	低い角	緻密	12
白磁	椀	V	体部直線	白色	直口　外反	高い三角	緻密	12
白磁	椀	VIII	体部直線	白色	直口　外反	角	緻密	12中~後
白磁	椀	IX	内湾	灰白色	直口　口禿	角	緻密	13中~後
白磁	皿	II	若干内湾	白色	直口　大玉縁	低い角	緻密	12
白磁	皿	III	体部直線	白色	直口	角	緻密	12中~後
白磁	皿	IV	体部直線	白色	直口　外反	無	緻密	12
白磁	皿	V~VII	直線　内湾	乳白色	直口	無	粗い	11後~12前
白磁	皿	VIII	内湾	白色	直口	無	緻密	12
白磁	皿	IX	直線	灰白色	直口　口禿	無	緻密	13
龍泉窯系青磁	椀	I 1~3	若干内湾	緑色	直口	角	緻密	12中~13前
龍泉窯系青磁	椀	I 4	若干内湾	緑色	直口	角	緻密	12中~13前
龍泉窯系青磁	椀	I 5	若干内湾	緑色	直口	角	緻密	13
龍泉窯系青磁	椀	I 6	若干内湾	緑色	外反	角	緻密	12中~13前
龍泉窯系青磁	皿	I	内湾	緑色	直口	無	緻密	12中~13前
同安窯系青磁	椀	I	若干内湾	黄緑色	直口	角	緻密	12中~13前
同安窯系青磁	皿	I	外反	黄緑色	直口	無	緻密	12中~13前

窯系青磁が主体である。一三〜一四世紀のI5類の蓮弁文椀は、少数しか出土していない。また希少品としては、一二世紀前半に位置づけられている龍泉窯系青磁0類椀が、1点(60)出土している。その特徴としては、口縁が外反し、外面に片切彫が施されていることである。

(4)青白磁(第4図)

梅瓶は数個体と少ない。この結果は、梅瓶が主体となる年代が一三世紀にあるためと推定される。椀皿・合子類では、輪花皿と合子が比較的多い。特殊なものとしては、人形の一部のようなものも含まれている。

(5)陶　器(第4・5図)

陶器は、褐釉壺破片が多く、胎土に砂粒が多く含まれるものと含まれないものの二種類がある。95〜97は緑釉盤、102も緑釉の盤か壺と考えられるが、胎土は赤褐色を呈し、非常に軟質である。西アジア産の可能性もあるが、中国南部産と判断している。

絞胎は、若干ではあるが柳之御所遺跡や志羅山遺跡から出

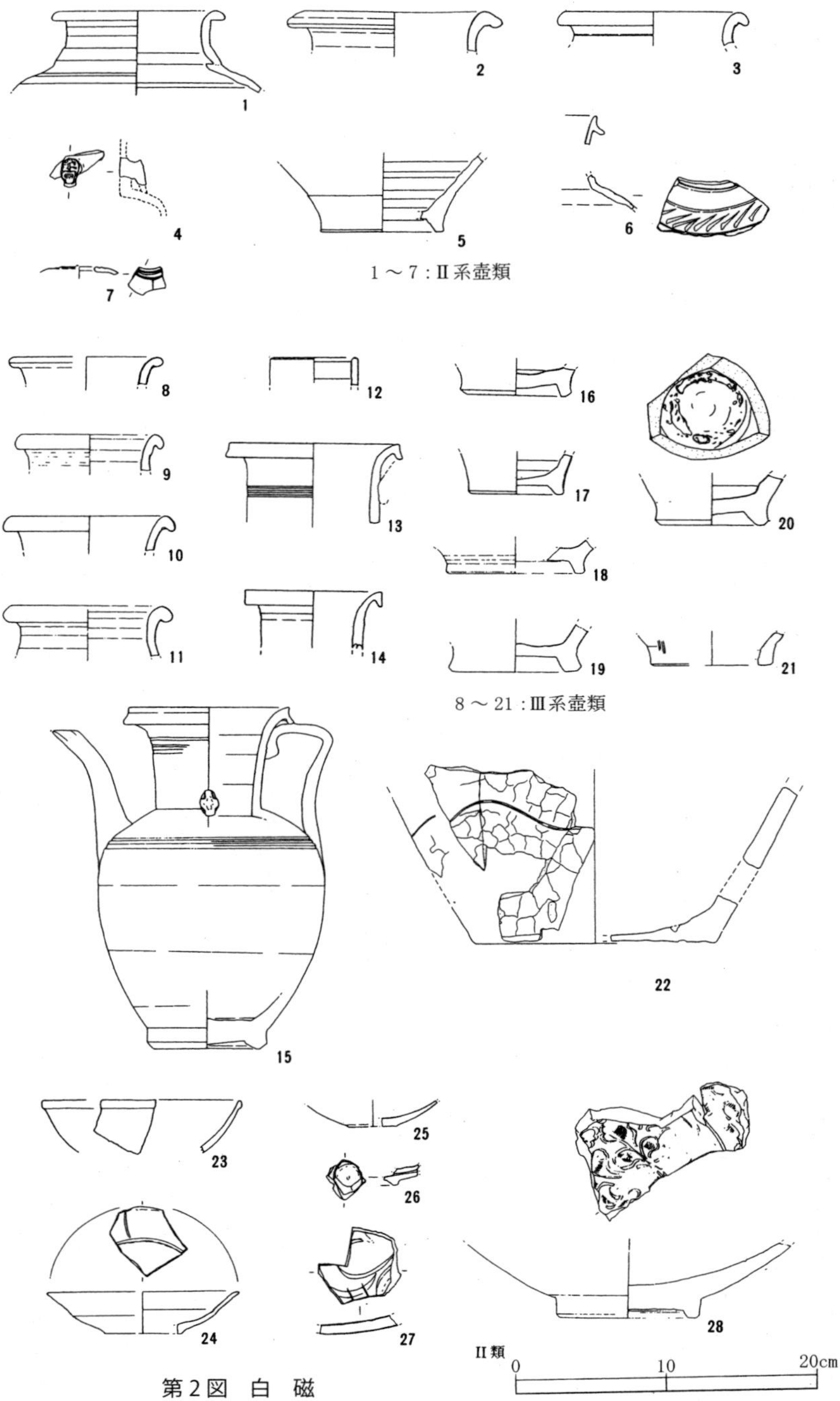

第2図　白　磁

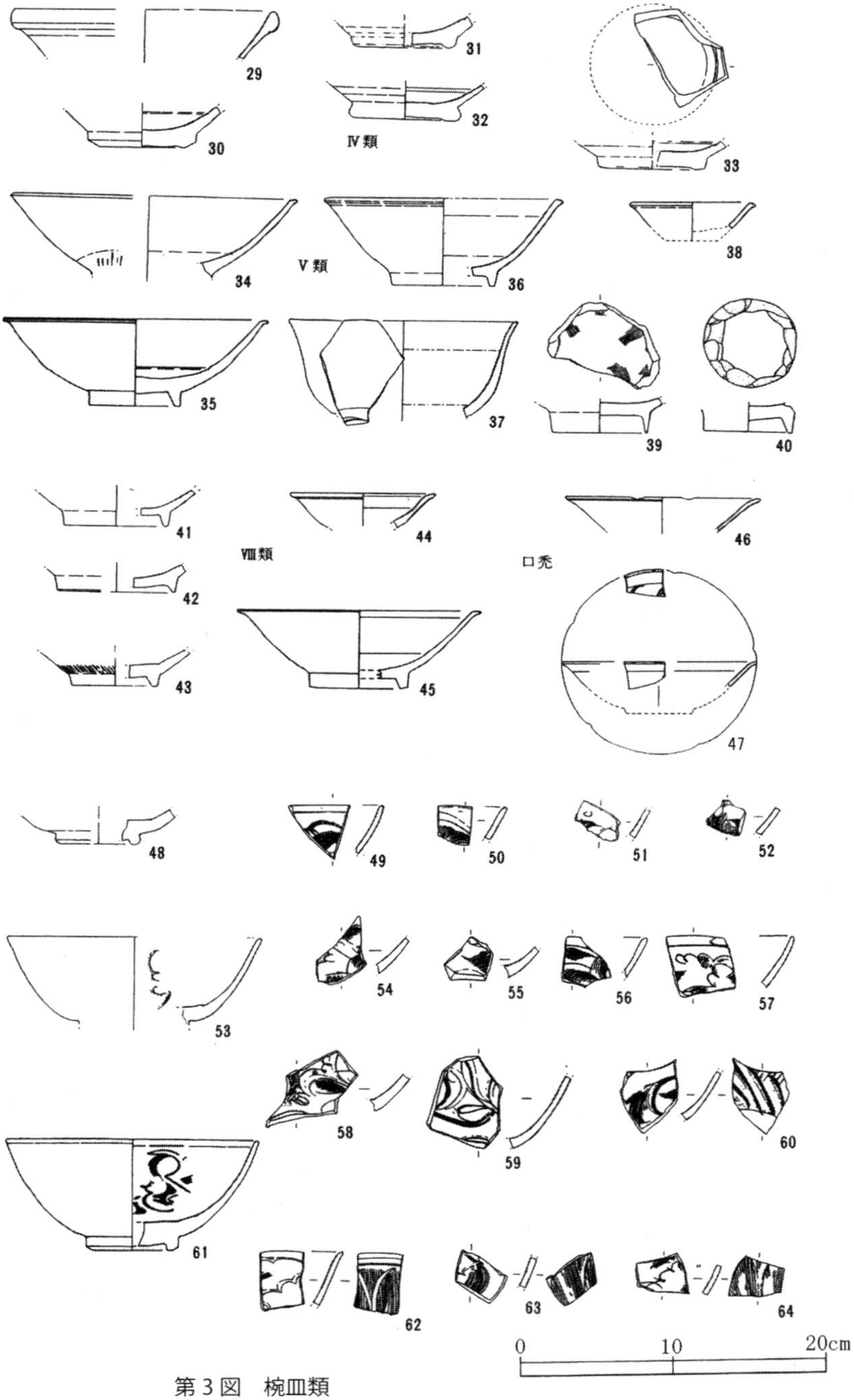
29
31
32
Ⅳ類
33
30
34
Ⅴ類
36
38
35
37
39
40
41
44
46
Ⅷ類
口禿
42
43
45
47
48
49
50
51
52
53
54
55
56
57
58
59
60
61
62
63
64
0
10
20cm

第3図　椀皿類

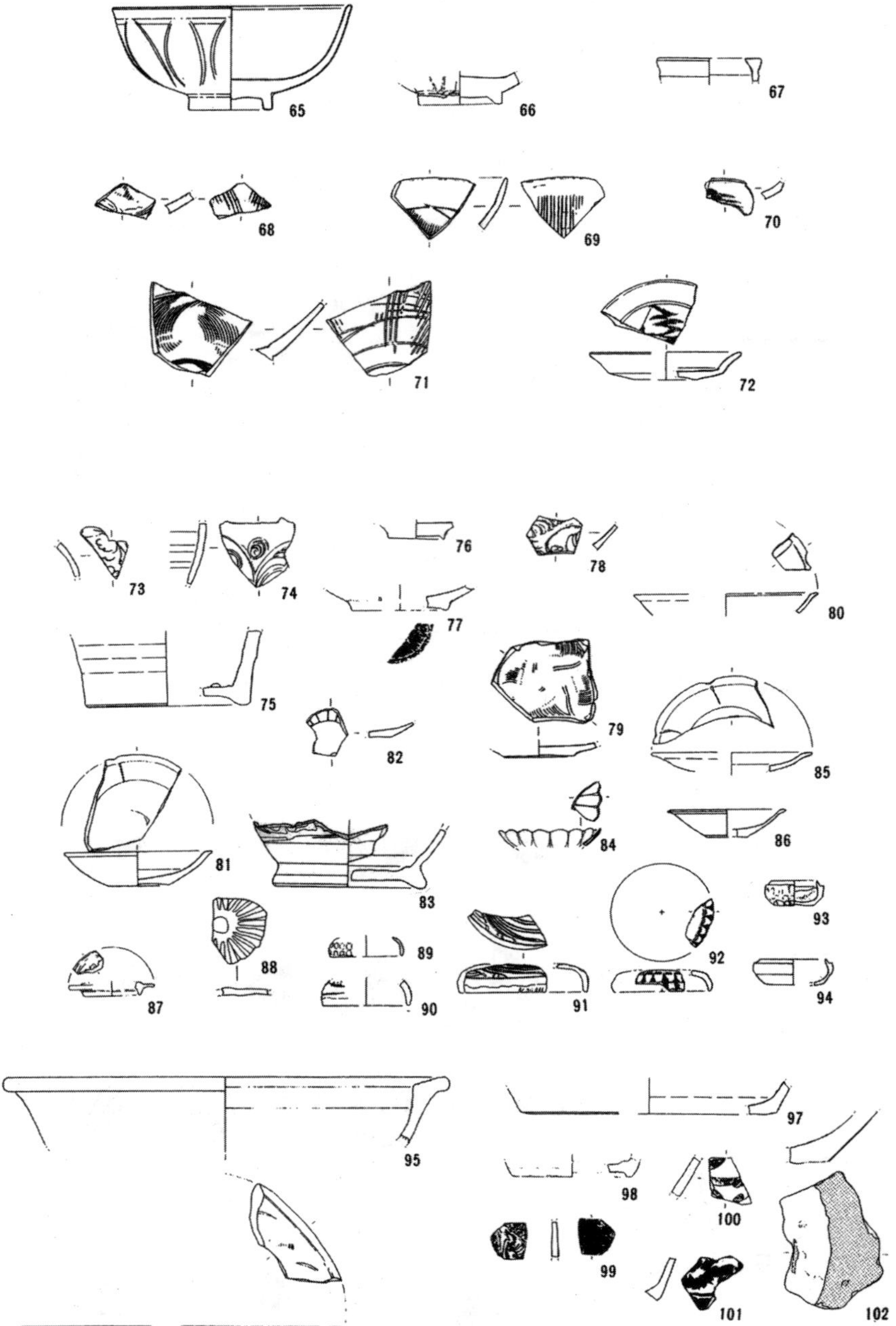
65
66
67
68
69
70
71
72
73
74
76
78
80
77
75
82
79
85
81
83
84
86
88
89
90
87
91
92
93
94
95
97
98
100
99
101
102
96
0
10
20cm

第４図　青磁・青白磁・陶器

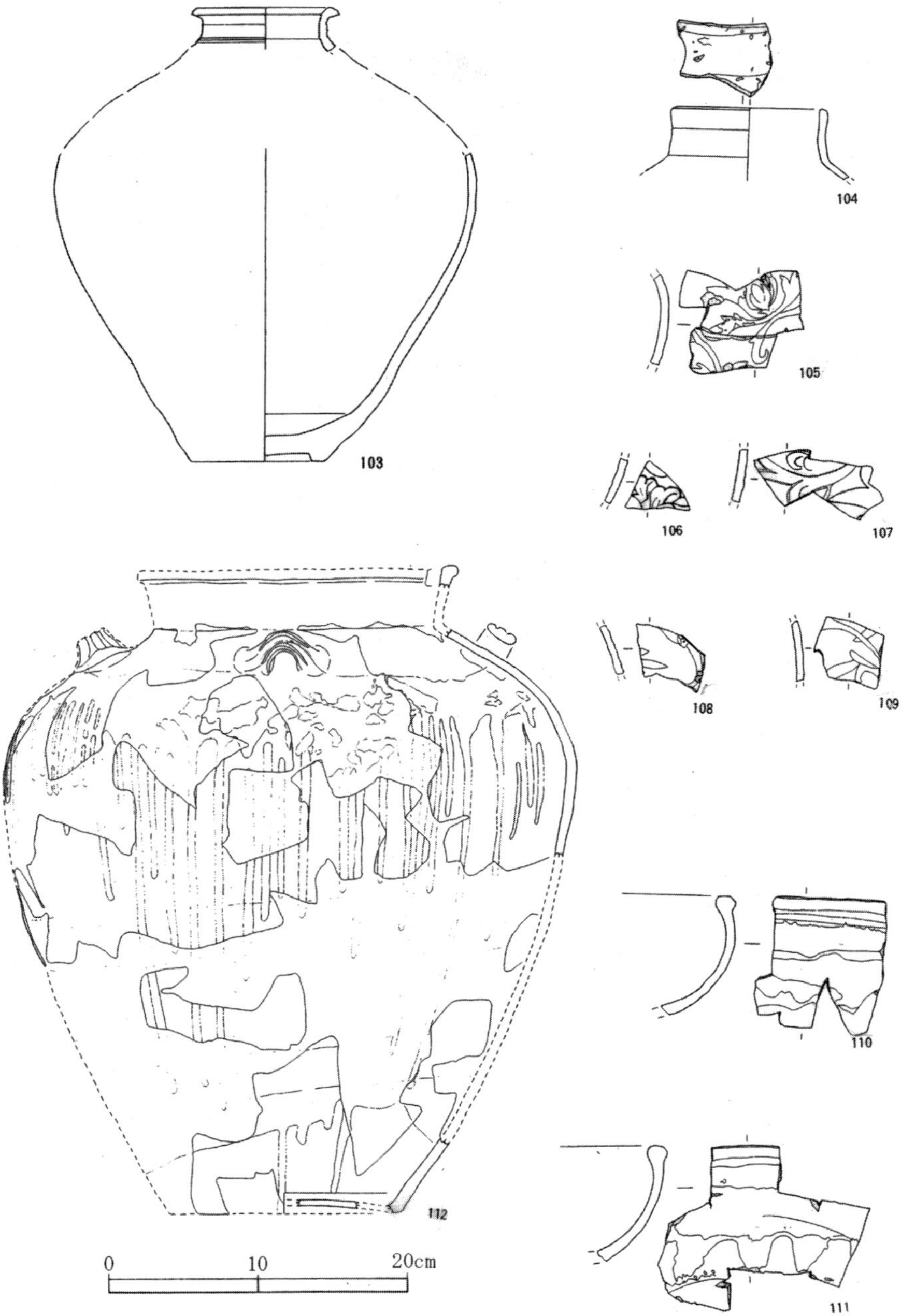

第5図　陶　器

No.	種類	器種	分類	出土遺跡	次数	備考
57	青磁	椀	Ⅰ類	柳之御所	24	龍泉窯系
58	青磁	椀	Ⅰ類	柳之御所	30	龍泉窯系
59	青磁	椀	Ⅰ２類	柳之御所	24	龍泉窯系
60	青磁	椀	０類	柳之御所	24	龍泉窯系
61	青磁	椀	Ⅰ３類	志羅山	17	龍泉窯系
62	青磁	椀	Ⅰ６類	柳之御所	25	龍泉窯系
63	青磁	椀	Ⅰ６類	柳之御所	24	龍泉窯系
64	青磁	椀	Ⅰ６類	柳之御所	27	龍泉窯系
65	青磁	椀	Ⅰ５a類	泉屋	2	龍泉窯系
66	青磁	椀	Ⅰ５b類	柳之御所	30	龍泉窯系
67	青磁	香炉		柳之御所	40	龍泉窯系
68	青磁	椀	Ⅰ類	柳之御所	30	同安窯系
69	青磁	椀	Ⅰ類	柳之御所	30	同安窯系
70	青磁	皿	Ⅰ２類	柳之御所	35	同安窯系
71	青磁	椀	Ⅲ１類	志羅山	21	同安窯系
72	青磁	皿	Ⅰ２類	柳之御所	30	同安窯系
73	青白磁	梅瓶		柳之御所	35	
74	青白磁	梅瓶		柳之御所	24	重被熱
75	青白磁	梅瓶		柳之御所	38	重被熱
76	青白磁	椀		柳之御所	30	被熱
77	青白磁	椀		柳之御所	30	被熱
78	青白磁	椀		柳之御所	30	
79	青白磁	皿		柳之御所	24	
80	青白磁	皿		柳之御所	30	白堆線輪花
81	青白磁	皿		柳之御所	30	白堆線輪花
82	青白磁	皿		志羅山	16	型押
83	青白磁	皿		柳之御所	30	白堆線輪花
84	青白磁	皿		柳之御所	30	白堆線
85	青白磁	皿		柳之御所	30	白堆線輪花
86	青白磁	皿		柳之御所	24	軽被熱
87	青白磁	蓋		柳之御所	35	
88	青白磁	蓋		柳之御所	24	
89	青白磁	合子		柳之御所	30	
90	青白磁	合子		柳之御所	30	被熱
91	青白磁	合子		柳之御所	27	
92	青白磁	合子		志羅山	28	
93	青白磁	合子		毛越Ⅴ	1	重被熱
94	青白磁	合子		柳之御所	24	
95	緑釉陶器	盤		柳之御所	30	被熱
96	緑釉陶器	盤		柳之御所	30	被熱
97	緑釉陶器	盤		柳之御所	30	被熱
98	褐釉陶器	壺		柳之御所	35	
99	絞胎陶器	壺？		志羅山	21	陶枕？
100	緑釉陶器	壺		柳之御所	35	
101	白地陶器	合子？		柳之御所	20	白地鉄絵
102	緑釉陶器	壺？		志羅山	21	軟質褐色胎土
103	褐釉陶器	壺		柳之御所	27	
104	緑釉陶器	壺		倉町	4	
105	白地陶器	壺		倉町	4	被熱　白地鉄絵
106	緑釉陶器	壺		倉町	4	被熱
107	緑釉陶器	壺		倉町	4	被熱
108	緑釉陶器	壺		倉町	4	被熱
109	緑釉陶器	壺		倉町	4	被熱
110	黄釉陶器	盤		倉町	4	
111	黄釉陶器	盤		倉町	4	
112	黄釉陶器	四耳壺		柳之御所	23	黄釉褐彩

第2表　輸入陶磁器一覧

No.	種類	器種	分類	出土遺跡	次数	備考
1	白磁	四耳壺	II系	志羅山	18	
2	白磁	四耳壺	II系	柳之御所	38	
3	白磁	四耳壺	II系	柳之御所	27	
4	白磁	水注	II系	柳之御所	30	
5	白磁	壺類	II系	柳之御所	25	
6	白磁	壺類	II系	伽羅之御所	6	瓶か水注
7	白磁	小壺	II系	柳之御所	30	
8	白磁	四耳壺	III系	柳之御所	30	軽被熱
9	白磁	四耳壺	III系	柳之御所	35	
10	白磁	四耳壺	III系	柳之御所	29	
11	白磁	四耳壺	III系	柳之御所	35	被熱
12	白磁	瓶	III系	柳之御所	27	直口瓶
13	白磁	水注	III系	柳之御所	18	
14	白磁	水注	III系	柳之御所	23	
15	白磁	水注	III系	志羅山	21	完形
16	白磁	壺類	III系	柳之御所	27	
17	白磁	壺類	III系	柳之御所	27	内面に朱顔料
18	白磁	壺類	III系	柳之御所	35	
19	白磁	壺類	III系	柳之御所	30	
20	白磁	壺類	III系	柳之御所	27	内面に重ね焼痕跡
21	白磁	壺類	III系	柳之御所	30	
22	白磁	壺類	III系	柳之御所	23	
23	白磁	椀	II類	泉屋	1	
24	白磁	皿	VI類	柳之御所	27	
25	白磁	皿	VIかVII類	柳之御所	30	
26	白磁	椀か合子	II類	柳之御所	30	子持ち
27	白磁	盤	II類	柳之御所	24	
28	白磁	盤	II類	柳之御所	35	重被熱
29	白磁	椀	IV類	柳之御所	30	
30	白磁	椀	IV類	志羅山	21	
31	白磁	椀	IV類	柳之御所	35	
32	白磁	椀	IV類	柳之御所	40	
33	白磁	椀	IV類	柳之御所	35	
34	白磁	椀	V類	柳之御所	30	
35	白磁	椀	V類	柳之御所	23	
36	白磁	椀	V類	志羅山	21	
37	白磁	椀	V類	国衡館	2	
38	白磁	皿	IV類	柳之御所	45	
39	白磁	椀	V類	志羅山	21	
40	白磁	椀	V類	柳之御所	11	
41	白磁	椀	VIII類	柳之御所	30	
42	白磁	椀	VIII類	柳之御所	30	
43	白磁	椀	VIII類	柳之御所	30	
44	白磁	皿	III類	柳之御所	24	
45	白磁	椀	VIII類	柳之御所	23	
46	白磁	皿		柳之御所	40	定窯系輪花口禿
47	白磁	皿		花立II	3	定窯系輪花口禿
48	青磁	椀	I類	柳之御所	30	龍泉窯系
49	青磁	椀	I 3類	志羅山	21	龍泉窯系
50	青磁	椀	I類	柳之御所	24	龍泉窯系
51	青磁	椀	I類	柳之御所	35	龍泉窯系
52	青磁	椀	I類	柳之御所	30	龍泉窯系
53	青磁	椀	I 4類	柳之御所	30	龍泉窯系
54	青磁	椀	I類	柳之御所	30	龍泉窯系
55	青磁	椀	I類	柳之御所	30	龍泉窯系
56	青磁	椀	I類	柳之御所	24	龍泉窯系

土している(99)。壺の破片が多いが、陶枕と推定されるものもある。絞胎は、外面には褐釉、内面には白色土をかけているものが多い。104は緑釉壺、101と105・108・109は白地鉄絵壺、106と107は線刻で文様が描かれている。110と111は黄釉盤、112は黄釉褐彩四耳壺である。黄釉褐彩四耳壺は、九州と平泉でしか報告例はないものの、京都の未報告資料の中に何点か含まれていたのを実見している。平泉への輸入陶磁器の搬入ルートについては、京都での報告例のない黄釉褐彩四耳壺の存在から、京都を経由しないルートを想定していたわけであるが、この事実によりやはり京都周辺を通って平泉に運ばれた可能性が高い。

2　年代観

(1)平泉の主要遺跡における劃花文青磁類の出土状況

劃花文青磁類破片の出土点数は、第3表のとおりである。龍泉窯系青磁は同安窯系青磁の3倍以上出土しているが、大宰府編年と同様に、『吾妻鏡』にみえる平泉藤原氏の滅亡年である文治五年(一一八九)以前に両者ともに出現している可能性が高いことがうかがえる。

しかしながら九州と北東北との間は、数千キロも離れている。博多で荷揚げされた輸入陶磁器の年代観は、北東北でも同様なのか検証する必要がある。なお、年代観は、一般的には一世紀を前半・後半に分ける五〇年単位、もしくは三分割した前葉、中葉、後葉を使用するが、可能な場合には二五年単位の四半世紀を用いることとする。

(2)遺構内出土の青磁

遺跡名や遺構名は、報告書から引用しているが、ＳＥは井戸跡、ＳＫは土坑のことである。

第3表　主要遺跡の劃花文青磁出土点数

	龍泉窯系					同安窯系				合計
	椀皿	椀	皿	壺	小計	椀皿	椀	皿	小計	
柳之御所遺跡	7	113	11	3	134	3	19	9	31	165
志羅山遺跡	3	20	2	0	25	0	4	3	7	32
泉屋遺跡	3	19	4	0	26	0	4	12	16	42
合　計	13	152	17	3	185	3	27	24	54	239

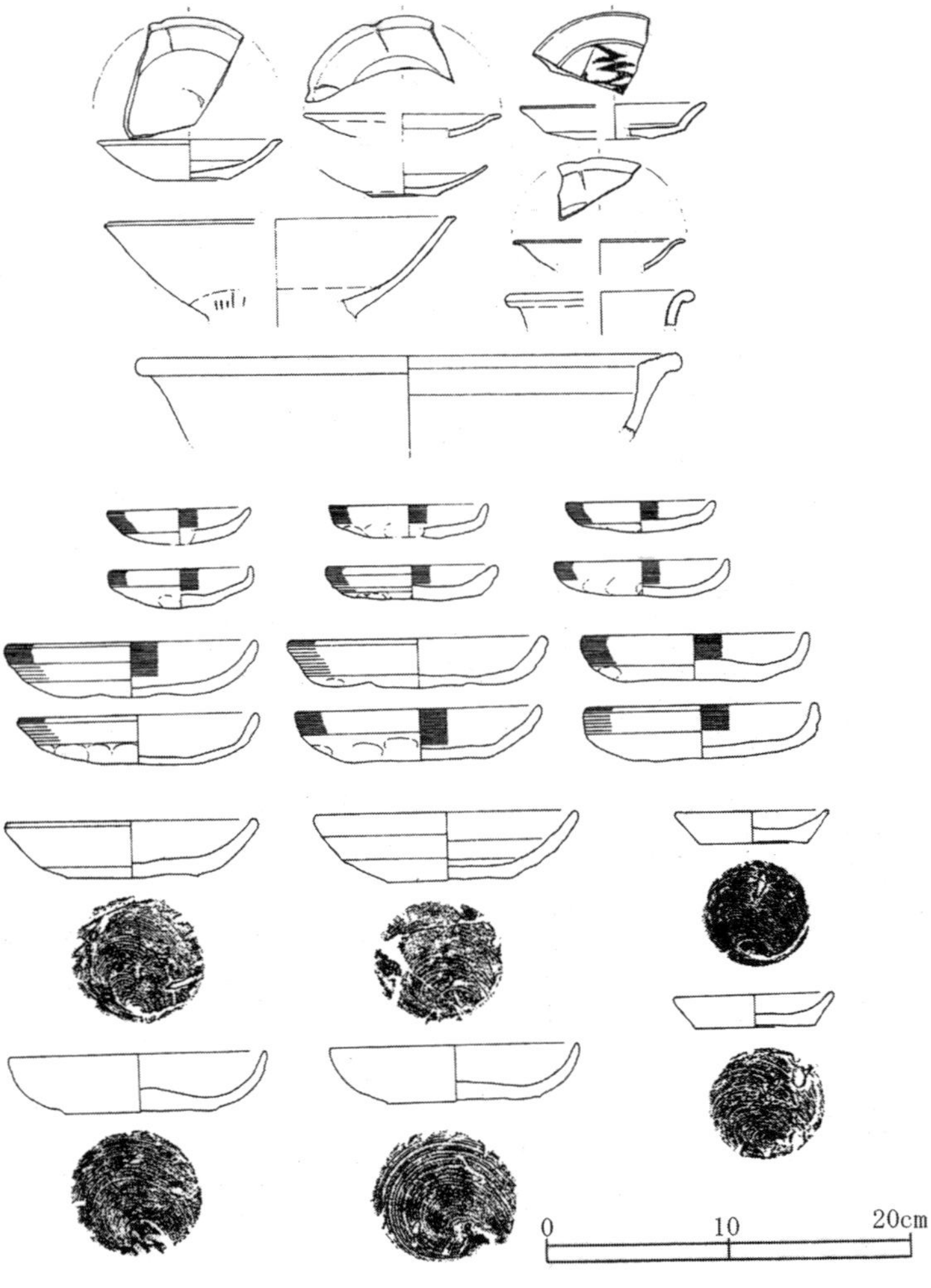

第6図　柳之御所遺跡第30次調査　30SE6

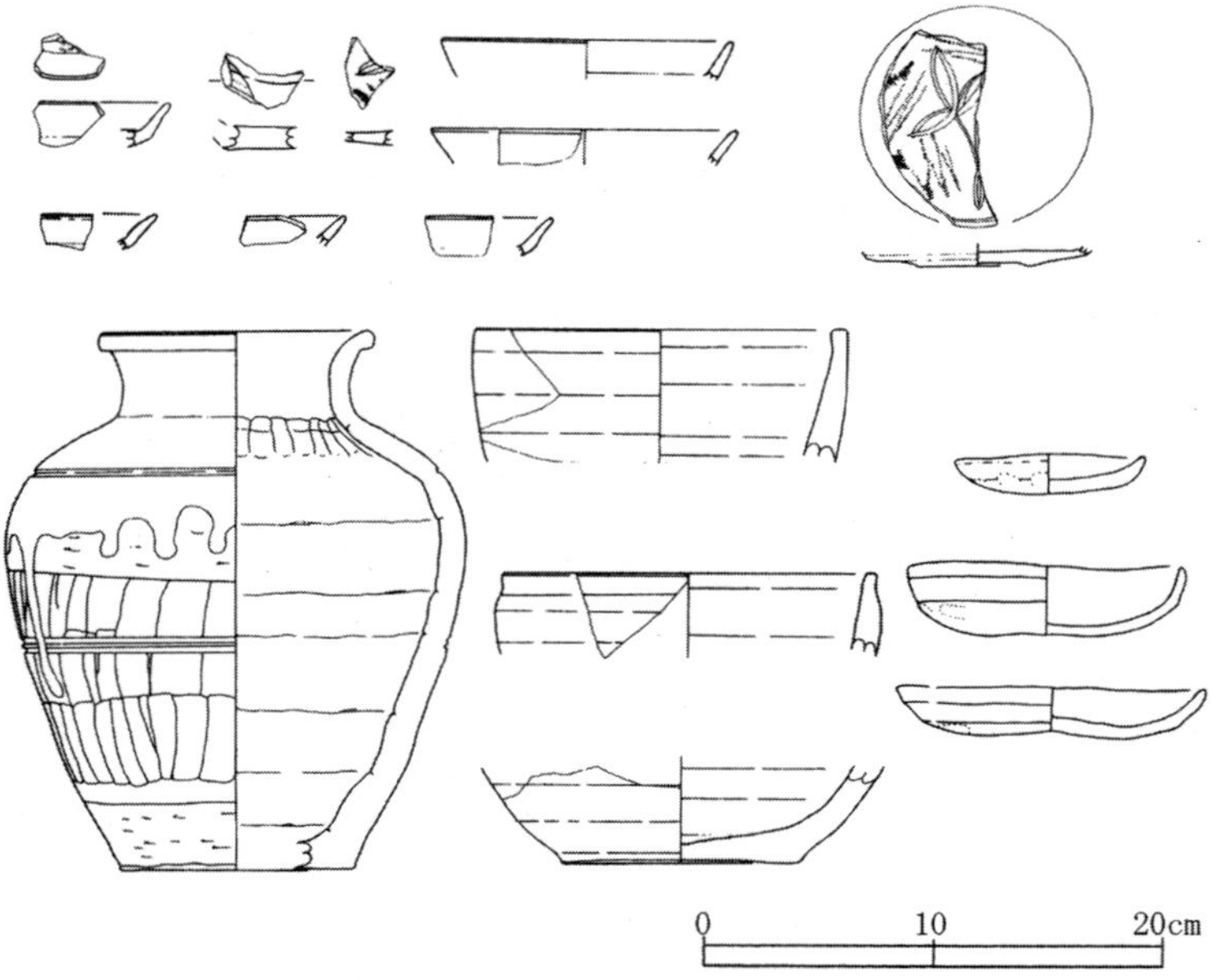

第７図　泉屋遺跡第15次調査　SK45

①柳之御所遺跡第30次調査区ＳＥ６（第６図）〔平泉町教委 一九九三〕

この井戸跡は、開口部は1．6㍍×1．2㍍の隅丸方形を呈し、深さ3．7㍍を測る。下層からは、完形のかわらけを含む大量の遺物が出土しているが、その中に辺材部が遺存している折敷も含まれていた。出土かわらけの年代観は、一一八〇年頃を示しているが、年輪年代測定法によって折敷の最新年輪も一一七七年との測定結果を得ている。

かわらけは約100㌕、土壁、多種多様な木製品、少数の輸入陶磁器が出土した。輸入陶磁器は、白磁四耳壺3点、白磁椀1点、同安窯系青磁皿1点、青白磁輪花皿4点、緑釉盤1点であり、白磁四耳壺は2個体、青白磁輪花皿は4個体である。

②泉屋遺跡第15次調査区ＳＫ45（第7図）〔岩手県埋文 一九九七〕

この土坑は、開口部は1．5㍍前後を測る不整円形、深さ0．8㍍を測り、少数のウリ科の種が出土していることから、便所遺構と考えられる。遺物は、かわらけと

第4表　柳之御所遺跡第24次調査区輸入陶磁器

	白磁												青磁		青白磁					陶器	
	不明	壺Ⅱ	壺Ⅲ	碗Ⅱ	碗Ⅳ	碗Ⅴ	碗Ⅷ	碗ⅤかⅧ	化粧土無碗	皿Ⅲ	皿Ⅵ	定窯	龍泉碗Ⅲ	同安碗Ⅲ	壺	碗	皿	碗Ⅲ	合子	褐釉壺	合計
1期		1		1																0	2
1～2期		1	8			1		1					1		1					0	13
2期	1		15	4	1	2		1	1				7		2	3	2			2	41
3期前半		8	20	4		3	5	4		1	2	3	3	4	3		2			1	63
3期後半		7	21	4		1		5	1				8					4	1	0	52

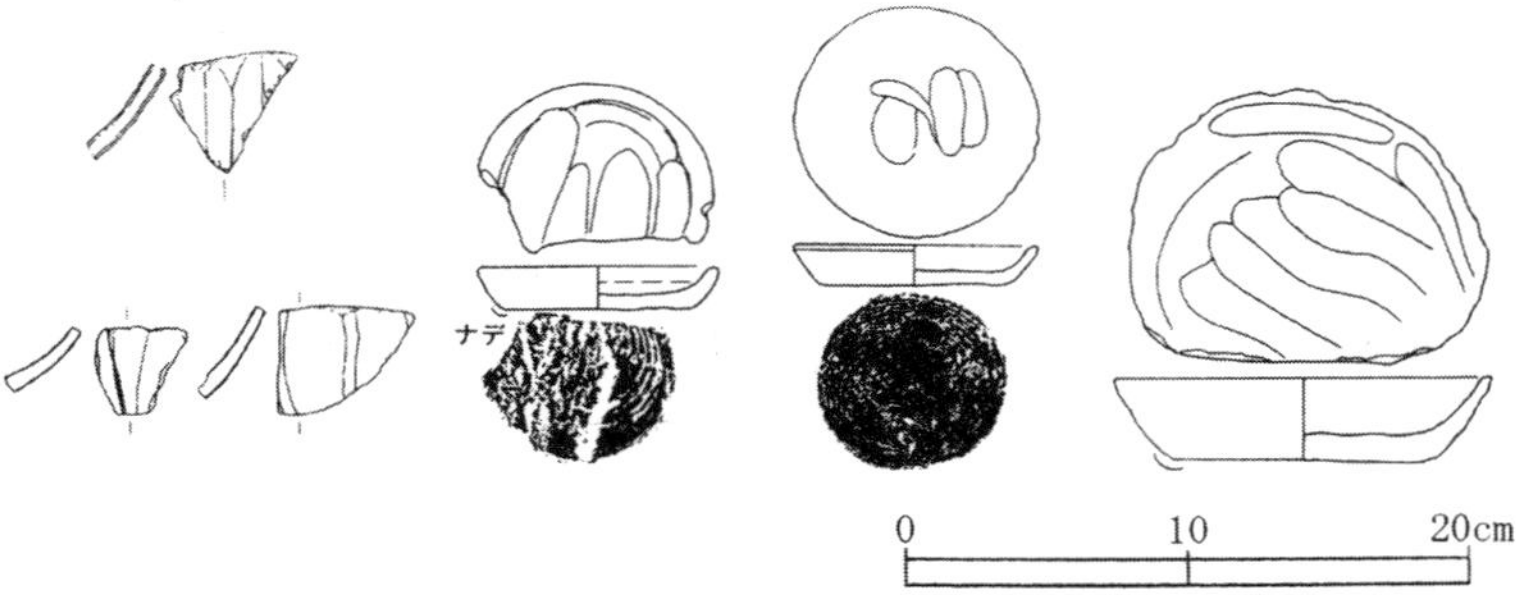

第8図　志羅山遺跡第35次調査区　1号溝

国産陶器、被熱土壁3．6㌔、石硯2面、同安窯系青磁破片9点が出土している。国産陶器の中では、玉縁状の口縁を有する常滑二筋壺がほぼ完形に接合されている。

③柳之御所遺跡第24次調査区（第4表）［平泉町教委 一九九四］

調査区は、高館東裾野に広がる緩斜面地であり、約1500㎡であり、三段に段切り形成していること、多数の柱状高台が出土したことから、宗教施設と考えられる。年代は、大まかに3時期に区分され、各年代にはそれぞれに地業層と井戸跡が伴っている。各時期の終結年代は、1期が一一五〇年頃、2期が一一六〇年頃、3期前半が一一八〇年頃、3期後半が一一八九年と推定されている［八重樫 一九九六b］。

④志羅山遺跡第35次調査区1号溝跡（第8図）［平泉町教委 一九九五a］

この調査区からは、人工流路である1号溝跡から大量の遺物が出土している。この溝跡は3期の変遷があり、1期目は一三世紀後半、3期目は一四世紀後半以降の年代が与えられている。

(3)同安窯系青磁が多数出土している東日本の遺跡

①山形県遊佐町大楯遺跡(第9図)〔山形県教委一九八八〕

この遺跡は、第1次・2次調査によって約8000㎡調査されている。第1次調査区からは、多数の遺物が出土しているが、一二世紀後半から一三世紀後半までの年代幅がある。

②神奈川県鎌倉市若宮大路周辺遺跡群(第10図)〔若宮大路周辺遺跡群一九九七〕

この遺跡は、鎌倉の中心的遺跡群である。同安窯系青磁は、中世前期の遺構面と推定される第2面から出土している。

③静岡県伊豆の国市御所之内遺跡群(第11図)〔池谷一九九九〕

源頼朝が配流されたところである。この遺跡群は、鎌倉では確認できない白磁椀Ⅱ類が数点出土していることから、鎌倉よりも若干、先行すると考えられる。出土遺物の中には、多数の同安窯系青磁と渥美甕が含まれる。

④宮城県松島町瑞巌寺境内遺跡〔新野一九九七〕

国産陶器では、ごく少数一二世紀代の遺物が散見されるものの、東北産瓷器系陶器と常滑5～6a形式の甕が主体を占める。輸入陶磁器は一二世紀の白磁少数、同安窯系青磁は皆無で青磁蓮弁文椀が主体である。

⑤青森県五所川原市十三湊遺跡〔榊原一九九七〕

この遺跡の様相は、瑞巌寺境内遺跡と酷似する。青磁は、同安窯系青磁は皆無で、蓮弁文椀が主体である。

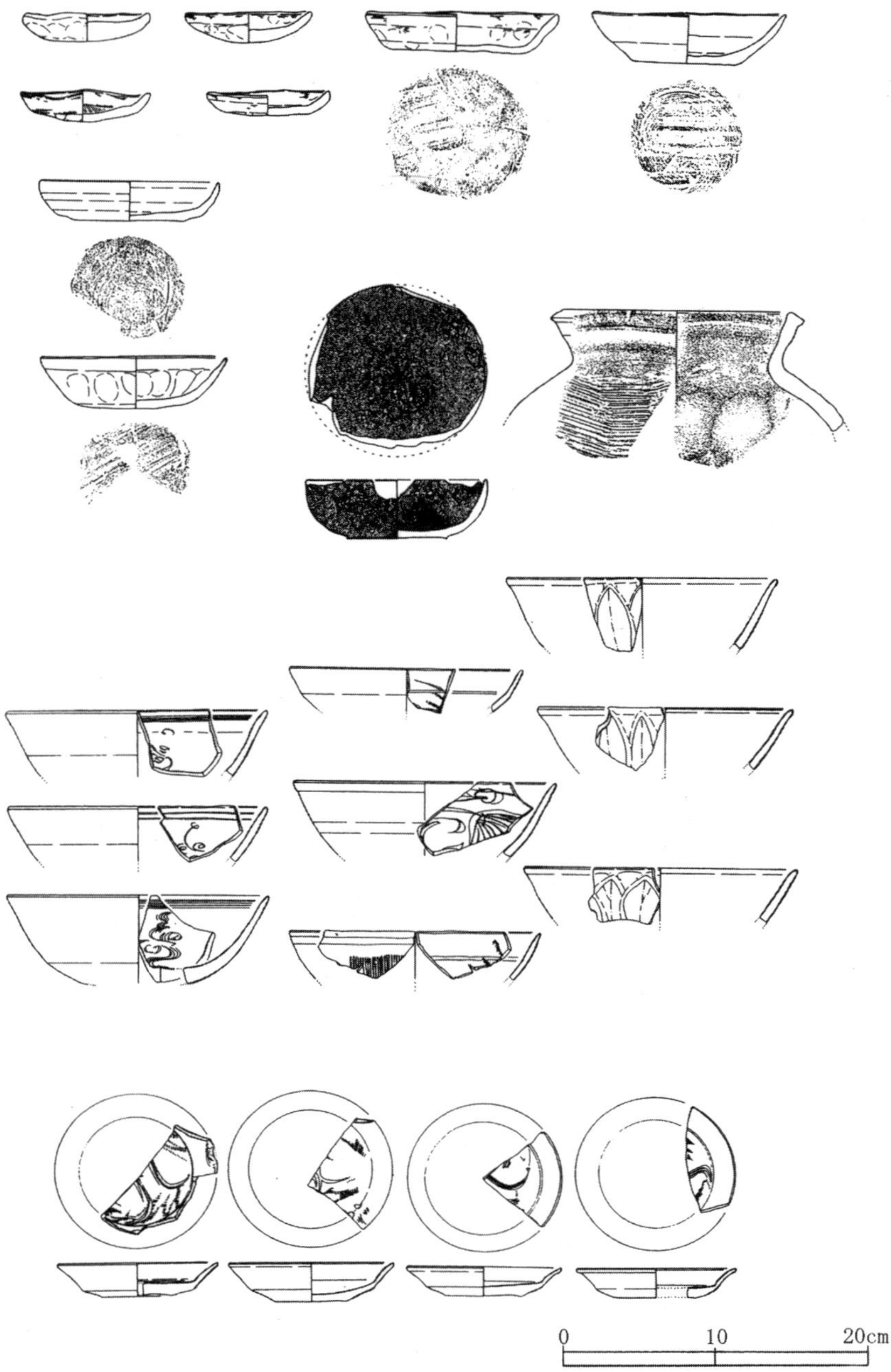

第９図　大楯遺跡

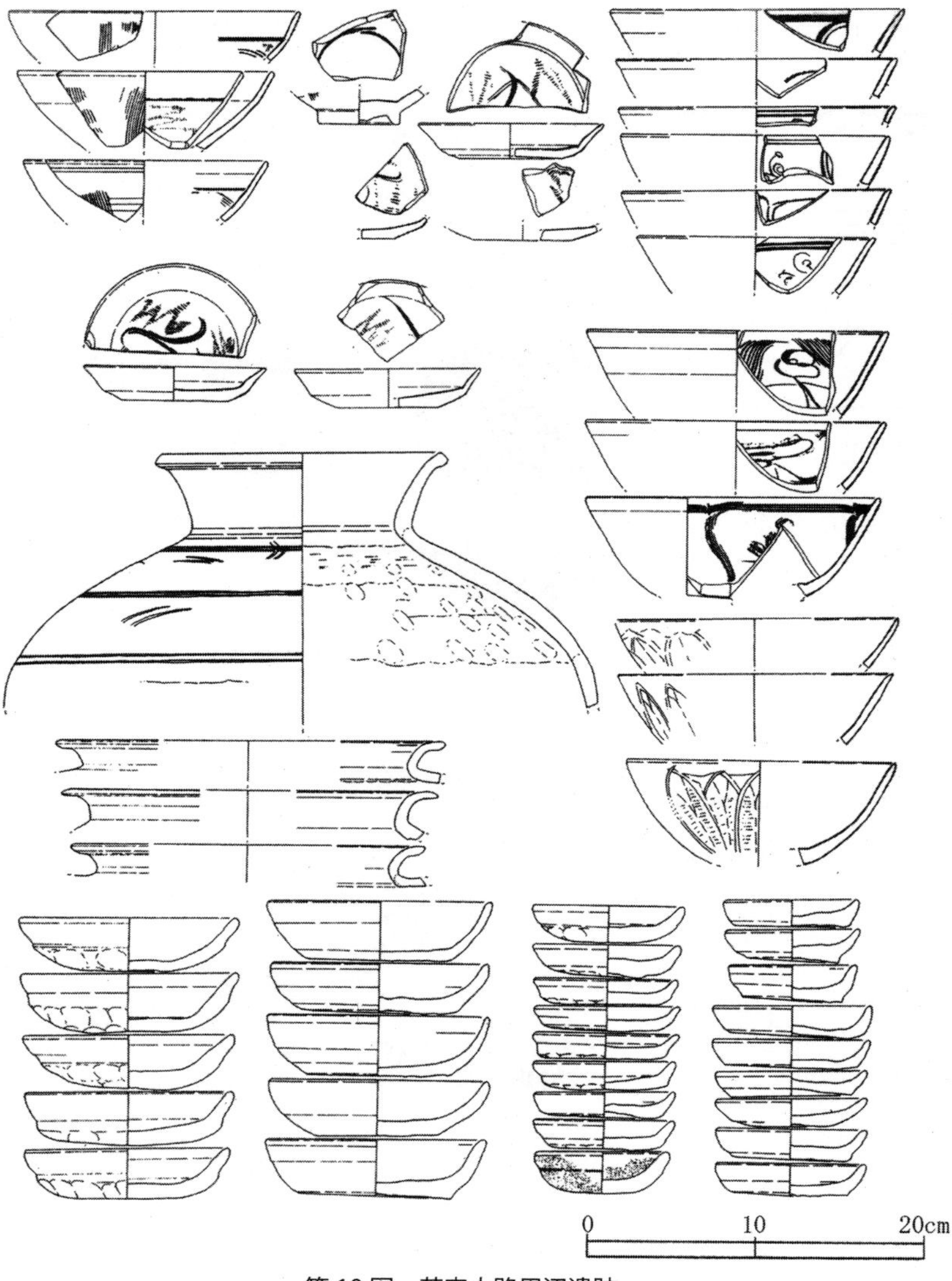

第 10 図　若宮大路周辺遺跡

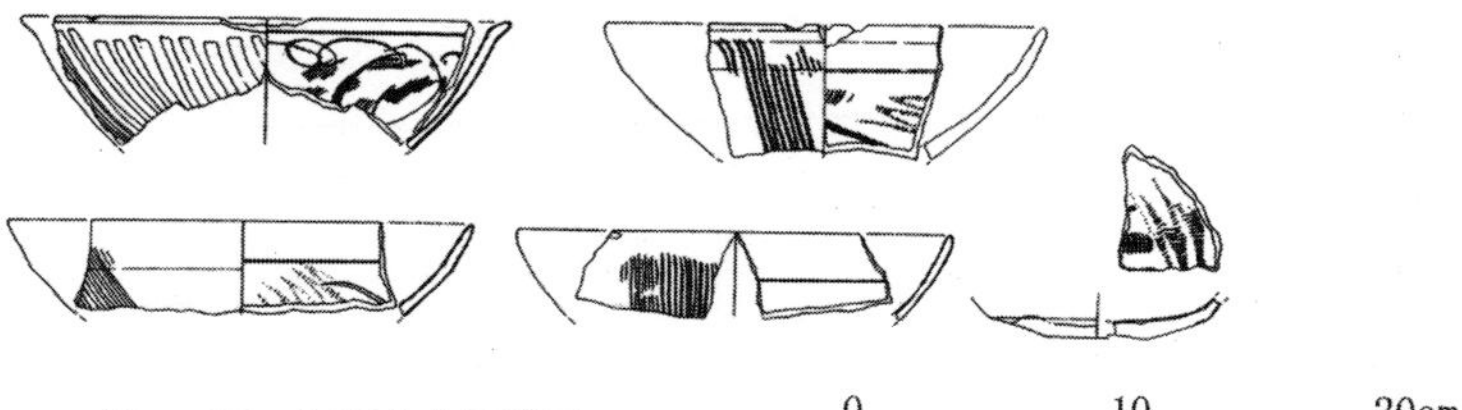

第 11 図　御所之内遺跡群

3　分布傾向

(1)分　類

分類は、大宰府分類を基本とするが、白磁の場合はそれに加えて、白は器種不明の白磁、Ⅲ類は一三～一四世紀の白磁壺類、椀皿は白磁椀皿、化有椀皿は化粧土が施された椀皿類、化無椀皿は化粧土が施されない椀皿類、椀は化粧土の有無が判別付かない椀、化無椀は化粧土が施されない椀、14椀は一三～一四世紀の白磁椀、16椀皿は一五～一六世紀の白磁椀皿、皿は化粧土の有無が確認できない皿、化有皿と化無皿は化粧土の有無が明確な皿、定窯は定窯系の皿、染付は一六～一七世紀の染付皿のことである。

青磁、青白磁、陶器に関しては、青は器種不明の青磁、龍泉窯系、同安窯系の椀皿は一二世紀後半の劃花文椀皿、壺は一二世紀後半の壺類[1]、13椀は一三～一四世紀の蓮弁文椀類、13皿は一三～一四世紀の皿、13壺は一三～一四世紀の壺や香炉、15青は一五～一六世紀の青磁類、13陶は一三～一四世紀の白地鉄絵などのことである。

(2)対象遺跡

柳之御所遺跡の総面積は、約11万２０００㎡に及ぶ。全面発掘調査を行わない47次以降の調査と、現在は猫間が淵跡と無量光院跡に含まれる４次・５次を除いた調査面積は、堀に囲まれた地区(以下：内部地区)が３万３０７２㎡、堀の外の地区(以下：外部地区)が９４８３㎡、総計４万２５５５㎡である。前者からは935点、後者からは１２７８点、総数２２１３点の輸入陶磁器が出土している。

志羅山遺跡の総面積は、約18万９０００㎡の広がりを有する。遺跡の完掘を行わない57次以降の調査と、報告され

第 5 表　調査進展遺跡の白磁

器種			壺類				椀類														皿										
細分類		白	II系	III系	II III系	III類	椀皿	化有椀皿	化無椀皿	椀	化無椀	II	IV	IV V	V	VI	VIII	V VIII	14椀	16椀皿	皿	化有皿	化無皿	II	II III	III	IV	V	VI	定窯	染付
遺跡名	総数																														
柳之御所跡総数	1508	20	328	620	99	0	5	22	15	17	42	88	26	31	37	4	22	46	0	0	1	10	2	2	6	6	9	2	34	6	8
内部地区	615	6	163	228	34	0	2	8	6	10	14	36	14	23	6	3	7	16	0	0	0	6	2	1	2	1	2	0	20	0	5
外部地区	893	14	165	392	65	0	3	14	9	7	28	52	12	8	31	1	15	30	0	0	1	4	0	1	4	5	7	2	14	6	3
志羅山遺跡	326	7	49	90	25	1	1	3	3	0	20	15	22	6	17	0	16	25	0	0	1	3	2	0	0	2	2	1	9	1	5
泉屋遺跡	220	0	11	80	17	2	0	2	7	0	21	17	2	3	14	0	1	20	1	0	0	4	1	0	0	0	1	5	1	0	10
毛越寺跡	1	0	1	0	0	0	0	0	0	0	0	0	0	0	0	0	0	0	0	0	0	0	0	0	0	0	0	0	0	0	0

第 6 表　調査進展遺跡の青磁・青白磁・陶器

種類		青磁												青白磁								陶器						
分類		青	龍泉窯系								同安窯系																	
器種			椀皿	椀	皿	壺	13椀	13皿	13壺	15椀皿	椀皿	椀	皿	椀皿	椀	皿	壺	合子	蓋	小壺	特	特	褐壺	黄壺	緑壺	緑釉	絞胎壺	13陶器
遺跡名	総数																											
柳之御所跡総数	705	6	7	113	11	3	24	1	1	5	3	19	9	75	27	37	20	24	3	1	40	2	212	20	5	26	10	1
内部地区	320	0	2	31	2	0	5	0	0	0	0	2	1	60	0	1	7	7	0	0	36	2	116	16	3	21	8	0
外部地区	385	6	5	82	9	3	19	1	1	5	3	17	8	15	27	36	13	17	3	1	4	0	96	4	2	5	2	1
志羅山遺跡	143	0	3	20	2	0	20	0	2	0	0	4	3	15	15	14	4	10	0	0	1	0	24	2	3	0	1	0
泉屋遺跡	85	2	3	19	4	0	13	0	0	0	0	4	12	4	4	7	1	5	0	0	0	0	7	0	0	0	0	0
毛越寺跡	1	0	0	0	0	0	0	0	0	1	0	0	0	0	0	0	0	0	0	0	0	0	0	0	0	0	0	0

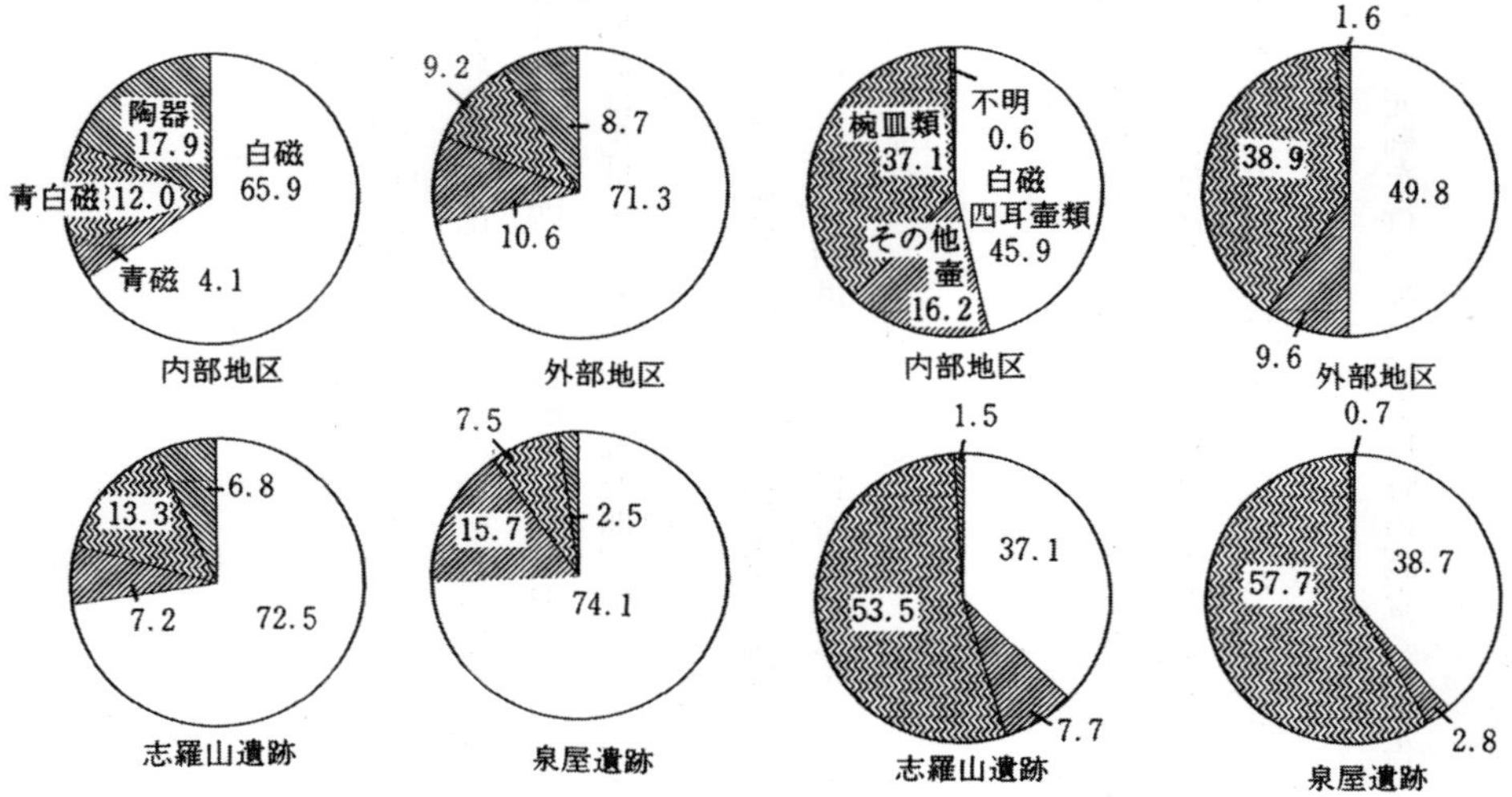

第 12 図　種類器種別　円グラフ

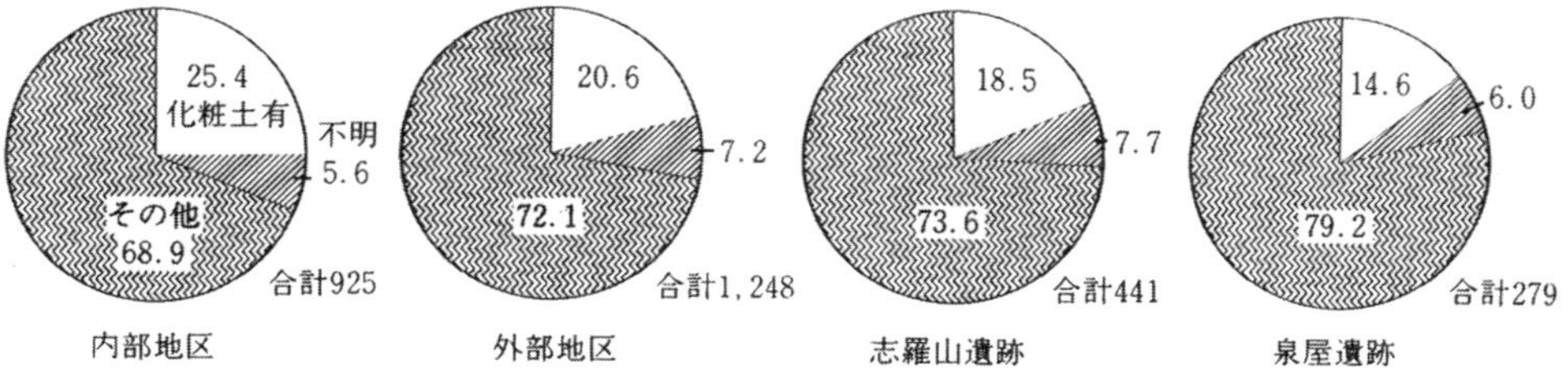

第13図　化粧土の施された白磁比率

第7表　周縁部遺跡の白磁

器種		壺類					碗類														皿										
細分類		白	Ⅱ系	Ⅲ系	ⅡⅢ系	Ⅲ類	碗皿	化有碗皿	化無碗皿	椀	化無椀	Ⅱ	Ⅳ	ⅣⅤ	Ⅴ	Ⅵ	Ⅷ	ⅤⅧ	14椀	16碗皿	皿	化有皿	化無皿	Ⅱ	ⅡⅢ	Ⅲ	Ⅳ	Ⅴ	Ⅵ	定窯	染付
遺跡名	総数																														
北部地区	0	0	0	0	0	0	0	0	0	0	0	0	0	0	0	0	0	0	0	0	0	0	0	0	0	0	0	0	0	0	0
東部地区	1	0	0	0	0	0	0	0	0	0	0	0	1	0	0	0	0	0	0	0	0	0	0	0	0	0	0	0	0	0	0
南部地区	5	0	3	1	0	0	0	0	0	0	1	0	0	0	0	0	0	0	0	0	0	0	0	0	0	0	0	0	0	0	0
西部地区	23	0	0	4	4	0	0	0	0	0	2	1	0	0	0	0	1	1	0	3	0	0	0	0	0	0	0	0	0	0	7

第8表　周縁部遺跡の青磁・青白磁・陶器

種類		青磁												青白磁								陶器						
分類		青	龍泉窯系								同安窯系																	
器種			碗皿	椀	皿	壺	13椀	13皿	13壺	15碗皿	碗皿	椀	皿	碗皿	椀	皿	壺	合子	蓋	小壺	特	特	褐壺	黄壺	緑壺	緑盤	絞胎	13陶器
遺跡名	総数																											
北部地区	1	0	0	0	0	0	1	0	0	0	0	0	0	0	0	0	0	0	0	0	0	0	0	0	0	0	0	0
東部地区	0	0	0	0	0	0	0	0	0	0	0	0	0	0	0	0	0	0	0	0	0	0	0	0	0	0	0	0
南部地区	1	0	0	0	0	0	0	0	0	0	0	0	0	0	0	1	0	0	0	0	0	0	0	0	0	0	0	0
西部地区	6	1	0	0	0	0	1	0	0	0	0	0	0	0	0	2	0	1	0	0	0	0	1	0	0	0	0	0

第9表　各遺跡の1点出土調査面積

	調査面積	12世紀	白磁四耳壷類	全壷類	壷以外	13～14世紀	15～16世紀
柳之御所跡	42,555	20	41	32	50	1,576	3,273
内部地区	33,072	36	78	58	94	6,614	6,614
外部地区	9,483	8	15	13	19	431	1,185
志羅山遺跡	17,532	40	107	89	72	762	3,506
泉屋遺跡	13,382	48	124	115	82	836	1,338
毛越寺跡	5,448	5,448	5,448	5,448	—	—	5,448
北部地区	6,206	—	—	—	—	6,206	—
東部地区	1,917	1,917	—	—	1,917	—	—
南部地区	9,267	1,545	2,317	2,317	4,634	—	—
西部地区	950	53	119	106	106	950	95

ていない調査を除いて、1～5次、7～39次、45～47次、52、56次を対象とする。調査総面積は1万7532㎡、469点の輸入陶磁器が出土している。

泉屋遺跡の総面積は、約6万9000㎡である。16次までの調査を対象とする。調査面積は1万3382㎡、305点の輸入陶磁器が出土している。

毛越寺境内は、約5万㎡の広がりを持つ。現在までに1万㎡以上の面積の調査が行われたが、ここでは比較的面積がまとまっている7～13次調査について集成する。調査面積は5448㎡、輸入陶磁器出土点数はわずかに2点である。

以下では、上記の中心的な遺跡と比較するため、周辺部の遺跡についても整理する。北部地区としては、衣川以北の瀬原Ⅰ遺跡2次3次と瀬原Ⅱ遺跡1次調査の合計6206㎡を対象とするが、輸入陶磁器は青磁鎬蓮弁文碗1点しか出土していない。東部地区は、北上川の東側に位置する新山権現社遺跡2次と3次、月舘Ⅰ遺跡2次、月舘Ⅱ遺跡1次調査の合計1917㎡を対象とするが、白磁Ⅳ類椀が1点出土しているに過ぎない。南部地区は、太田川の南に位置する上野台Ⅰ・Ⅱ遺跡1次、高田遺跡1次、片岡Ⅱ遺跡1次、祇園Ⅰ遺跡1次、佐野原遺跡1次2次、三日町Ⅰ遺跡1次調査により、9267㎡の調査が行われているが、一二世紀の6点の輸入陶磁器しか出土していない。西部地区は、毛越寺境内の西側に位置する毛越Ⅱ遺跡2次、毛越Ⅳ遺跡1次、毛越Ⅴ遺跡1次2次調査により、950㎡が調査され、29点の輸入陶磁器が出土している。

(3)比　較

多くの論考では、点/㎡が用いられているが、平泉の場合にもこの基準を使うと、すべての数値が小数点以下になり、扱いにくい。そのため本章では、1点出土するには何平米(㎡)の調査面積が必要となるのかを表す㎡/点を使用

第10表　各遺跡の12世紀の輸入陶磁器組成

	内部地区 925点	外部地区 1,248点	志羅山遺跡 441点	泉屋遺跡 279点
種類組成％				
白磁	65.9	71.3	72.5	74.1
青磁	4.1	10.6	7.2	15.7
青白磁	12.0	9.2	13.3	7.5
陶器	17.9	8.7	6.8	2.5
器種組成％				
白磁壺類	45.9	49.8	37.1	38.7
その他壺	16.2	9.6	7.7	2.8
椀皿類	37.1	38.9	53.5	57.7
不明	0.6	1.6	1.5	0.7
化粧土有比率％				
化粧土有白磁	25.4	20.6	18.5	14.6
不明白磁	5.6	7.2	7.7	6.0
その他	68.9	72.1	73.6	79.2

したい。つまりこの基準では、数値が小さいほど頻出するということになる。なお、小数点以下は四捨五入する(第9表)。

一二世紀の輸入陶磁器は、柳之御所遺跡が最も多い。全体では20㎡／点であり、志羅山遺跡の2倍、泉屋遺跡の2．4倍出土していることになる。柳之御所遺跡をさらに細かくみると、内部地区では36㎡／点と志羅山遺跡と大差ないが、外部地区が8㎡／点と群を抜く数値である。四耳壺を中心とした白磁壺類は、柳之御所遺跡が41㎡／点と最も出土しており、志羅山遺跡の2．6倍、泉屋遺跡の3倍となっている。

器種的には椀皿合子盤類も、柳之御所遺跡が多いのは変わらないが、他遺跡との格差は少なくなっている(第12図・第10表)。すなわち全体数の多少はあるものの、志羅山遺跡と泉屋遺跡は壺以外のものが占める割合が高いのである。壺類は、白磁以外の壺を含めると柳之御所遺跡は61％ほど占めるが、志羅山遺跡では45％、泉屋遺跡に至っては42％まで落ち込んでいる。柳之御所遺跡は壺が多く、志羅山遺跡と泉屋遺跡は椀皿が多い。

青白磁に関しても、第6表から計算すれば柳之御所遺跡が187㎡／点と格段の数値を示す。しかし各々の遺跡に占める割合は、柳之御所遺跡が10％、志羅山遺跡が13％、泉屋遺跡が8％であり、志羅山遺跡の占める割合が高い。

化粧土が施された白磁も、柳之御所遺跡が86㎡/点と多い。各々の遺跡に占める割合も、柳之御所遺跡が23％と高いが、その中でも内部地区が25％と最も高い。

一三～一四世紀の輸入陶磁器は、毛越寺を除く3遺跡で66点しかなく、1118㎡/点となり、一二世紀の1/50に減少していることが分かる。また各遺跡間でも大きく様相が異なり、志羅山遺跡が最も多く、柳之御所遺跡が最も少なくなっている。

一五～一六世紀の輸入陶磁器は、3遺跡で28点しかなく、2635㎡/点と一二世紀の1/105、一三～一四世紀に比べても1/2まで減少している。泉屋遺跡が10点出土しており1338㎡/点という数値が得られているが、全体的に少ない。

周縁部遺跡の一二世紀の輸入陶磁器は、西部地区を除けば、3遺跡の1/60以下となっている。また西部地区は53㎡/点と泉屋遺跡と同様の数値である。この傾向は一三～一四世紀にもいえ、一五～一六世紀にはさらに高まる。

4　小　結

(1)平泉の年代観

平泉の上限年代は、白磁Ⅰ類椀(八世紀～一一世紀)が出土しておらず、白磁Ⅱ類椀(一一世紀後半～一二世紀前半)が一定数認められることから、一一世紀後半といえる。下限年代は、一三世紀以降の輸入陶磁器が一二世紀のものと比べて、1/50に減少していることから、一二世紀末である。

『吾妻鏡』によれば平泉藤原氏は、一二世紀前後に江刺郡豊田館から平泉へ宿館を移し、文治五年(一一八九)に源

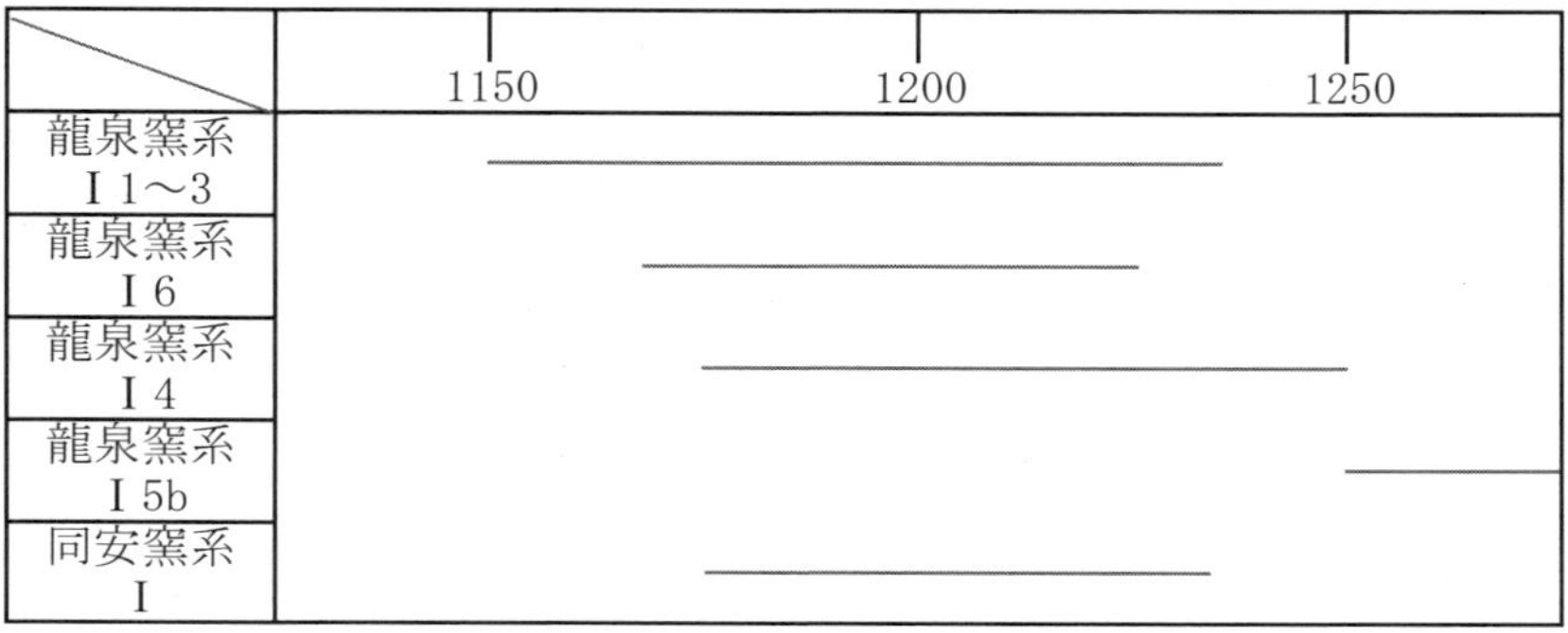

第14図　東日本における青磁の消長

頼朝に攻め滅ぼされている。また近年の文献史学の研究成果では、清衡が平泉に進出したのは、一二世紀初頭の方が蓋然性は高いという[樋口二〇一二]。

これら文献史学の成果と輸入陶磁器の年代観は、概ね一致している。すなわち考古学は、一二世紀初頭から一一八九年までという平泉藤原氏の文献の年代観を否定する根拠は、まったく持ち合わせていないのである。

(2)青磁の年代観

①龍泉窯系劃花文青磁椀の出現時期

劃花文青磁椀とは、クシもしくはヘラにより内面に施文された椀を呼び、分類ではⅠ1〜4類椀、Ⅰ6類椀を指す。一二世紀第1四半期の遺物包含層である中尊寺金剛院下層からは、青磁は出土していないが[平泉町教委一九九五b]、柳之御所遺跡第24次調査区では、第3四半期には出現している。青磁の出現時期は、第2四半期出現という確実な資料がないことから、第3四半期出現といえる。

ただし内面に瓜破状の区画帯を持つⅠ4類は、大楯遺跡や若宮大路周辺遺跡群、御所之内遺跡群を見る限り、蓮弁文椀や同安窯系青磁とともに出土している。またこれらの資料からはⅠ4類以外の劃花文青磁椀は少ない。この状況からⅠ4類椀のピークが、他の劃花文椀の年代からずれていることは確実であろう。Ⅰ4類椀は、若干数ながら平泉遺跡群でも確認できることから、第4四半期に出現し、中心は一三世紀第1四半期頃で中葉ぐらいまで残るようである。

②同安窯系青磁の出現時期

出土状況からはＩ4類椀と共通する。しかし大楯遺跡や若宮大路周辺遺跡、御所之内遺跡群では、龍泉窯系劃花文青磁椀と同数か凌駕する点数が確認されている。これら3遺跡については、共伴遺物を確認する必要がある。

3遺跡からは、一三世紀前後を主体とする丸底風の手づくねかわらけが出土している。若宮大路周辺遺跡、御所之内遺跡群からは、口縁端部が面取りされず、頸部が短い渥美甕口縁が多数出土している。この渥美甕口縁は、柳之御所遺跡の最終時期の遺構から出土している形態と同様である。

また泉屋遺跡ＳＫ45から出土している二筋文壺は、口縁が玉縁状を呈しているが、この口縁部形態は須恵器系壺を除けば平泉ではこれ以外に出土例はない。同様に平泉内での出土例がないものとしては、若宮大路周辺遺跡から出土している玉縁口縁で肩が張った形態を呈している渥美壺がある。これらは、基本的に平泉藤原氏滅亡以降に出現する遺物なのであろう。

これらと多数共伴している同安窯系青磁の年代の中心は、一一八九年以降一三世紀第1四半期にあるといえる。また同安窯系青磁は、Ｉ4類と一緒に出土することはあっても、鎬蓮弁文椀(Ｉ5ｂ類椀、一三世紀中葉～後半)とは共伴しない。すなわち同安窯系青磁は、一二世紀第4四半期に出現し、一三世紀第1四半期にピークを迎え、一気に衰退したと考えられるのである。つまり一定量の同安窯系青磁が出土する遺跡は、鎌倉時代初期の短い期間に隆盛した遺跡といえよう。

③鎬蓮弁文椀の出現時期

外面に蓮弁文が施される椀のうち、櫛目が入るＩ6類を除けば、鎬蓮弁文椀Ｉ5ｂ類は、幅の広い蓮弁から狭いものへ、鎬のあるものからないものへと変化していくと考えられている。志羅山遺跡第35次調査区をみれば、鎬蓮弁文椀は、内底にナデがあるロクロかわらけと共伴している。このかわらけは一三世紀後半のものである。瑞巌寺境内遺跡おいて鎬蓮弁文椀と共伴している瓷器系甕の年代観は、口縁部の形態からやはり一三世紀後半に位置づけられる。つまり東日本では、一三世紀前半に遡る鎬蓮弁文椀は確認できないのである。

(3)用　途

輸入陶磁器は、毛越寺からはほとんど出土していないし、中尊寺も取り立てて多いわけではない。すなわち平泉では、宗教用具としては使われていなかったことになる。

ではどのように使われたのか。第Ⅱ部第3章で詳しく述べるが、柳之御所遺跡は宴会儀礼が最も多く行われた遺跡であり、その柳之御所遺跡で白磁四耳壺が多いことは、前記したとおりである。そして後に触れるように壺類は酒器であり、白磁四耳壺はその上位のものと考えている。

椀皿は、埋納品を除き完形品が皆無であるところをみると、欠損するまで長期間使用されたものであったことは疑いない。椀皿の用途は、仏具ではなく長期間使用のものとなると、饗膳具しか考えられない。しかし出土点数は少数である。この様相から椀皿の用途は、ごく少人数の日常饗膳具、もしくは儀礼用の非日常饗膳具ということになろう。

(4)胎動開始時期

化粧土が施された白磁は、一一世紀後半から一二世紀前半に位置づけられているが、柳之御所遺跡30ＳＥ6の状況をみる限り、少数ながらも第3四半期までは残るようである。また平泉の年代観の上限は、文献史学と整合させれば一二世紀初頭を遡ることはない。これらの結果から平泉から出土する化粧土が施された白磁の上限は、一二世紀初頭ということになる。

その化粧土が施された白磁の分布をみるならば、外部地区が最も多いものの、輸入陶磁器に占める割合は内部地区が25％と最も高い。この様相からは、内部地区がいち早く胎動を開始し、次いで外部地区と志羅山遺跡、そして泉屋遺跡へと続く流れが看取される。

(5)中心地区と周縁地区

北・東・南部地区の輸入陶磁器の出土量は、柳之御所遺跡・志羅山遺跡・泉屋遺跡3遺跡の1／60以下である。かわらけや国産陶器の出土量も激減している。この極端な遺物の減少は、両地区が異なった「場」であることを示している。すなわち平泉の中心地区は、柳之御所遺跡や志羅山遺跡が乗る台地、大まかには北は衣川以南、東は北上川以西、南は太田川以北なのである。そして北・東・南部地区は、周縁部ということになる。

西部地区すなわち毛越遺跡からは、泉屋遺跡に匹敵する量の輸入陶磁器が出土している。『吾妻鏡』によれば毛越寺には禅房が五〇〇あったという。すなわち五〇〇人の僧侶がいたことになる。輸入陶磁器の出土量によって毛越遺跡は、毛越寺の禅房があった地区と考えられることから、この遺跡までを中心地区に入れる必要があろう。

(6)一三～一四世紀

一三～一四世紀の輸入陶磁器の出土点数は、一二世紀と比較して1／50に減少している。この事象が、平泉藤原氏が滅亡したことによって引き起こされていることは、容易に想像できる。出土点数は、各遺跡すべて一様に減少しているものの、志羅山遺跡や泉屋遺跡からは一定数出土しており、特に志羅山遺跡からは多い。これは毛越寺近隣の屋敷地の一部が、鎌倉政権に引き継がれた証といえる。

外部地区からも一定数出土しているが、内部地区からはわずかに5点しか出土していない。3万3000㎡の調査を行い5点しか出土していないということは、鎌倉政権は内部地区を使用していないといっても過言ではない。内部地区には、鎌倉政権にとっての何らかの禁忌が存在したと考えている。

(7)一五～一六世紀

一五～一六世紀の輸入陶磁器の出土点数は、さらに激減し、一二世紀と比較して1／105、鎌倉期と比べても1／2しかない。平泉は、もはや寒村といっても差し支えない状況といえる。一五世紀に限定するならば平泉では、外部地区と毛越遺跡に拠点があり、一六世紀末になると泉屋遺跡に移るようである。

興味深いのは、一六世紀後半になると内部地区からも少数ながらも遺物が出始めることである。内部地区にあった禁忌は、平泉藤原氏が滅んで三〇〇年以上の時を経て、忘れ去られたと考えられる。

(1) 青磁的な四耳壺が柳之御所遺跡と志羅山遺跡から出土している。胎土と釉調は、龍泉窯系青磁であるが、化粧土が施されている。広東系の白磁四耳壺が還元炎で青磁的に焼き上がった可能性もある。

第2章　国産陶器

1　種類と器種構成

(1)分　類

国産陶器は、産地によって常滑、渥美、猿投、瀬戸(以上愛知県)、水沼(宮城県)、産地不明の酸化炎焼成の瓷器系陶器と還元炎焼成の須恵器系陶器、器種によって甕、三筋文壺、短頸壺、刻画文壺、有耳壺、広口瓶、水瓶、片口鉢、山茶椀、小皿、蓋に分類される。なお瀬戸は、一二世紀の遺構からは出土していない。

(2)常滑と渥美

常滑の個体数は、第1表のとおりである。大甕は、窯の焚口に向いた火表とその裏側の火裏では大きく様相が異なることから、破片では同一個体かどうかを判別できず、個体数を算出することは難しい。そこで大甕については、

第1表　常滑の推定最小個体数

	細分類	内部地区	外部地区	その他の遺跡	合計
甕	器高 50cm以上	26	32	35	93
	器高 50cm以下	20	12	17	49
三筋文壺	単線・複線	8	33	13	54
	三本線以上	1	2	5	8
片口鉢		30	25	18	73
山茶椀		14	6	3	23
小皿	有高台	8	1	3	12
	無高台	7	6	5	18
広口瓶		2	4	1	7
短頸壺		2	5	2	9
四耳壺	縦耳	0	1	0	1
	横耳	1	0	1	2
水瓶		1	2	0	3
合計		120	129	103	352

変化が少ない底部破片を数えることで最少個体数を推定してみたが［八重樫 一九九五b］、実際にはこの数値の倍近くの個体が存在したと考えている。また経塚から頻出する三筋文壺が、これだけ出土している生活遺跡は他にはなく、前章で述べた白磁四耳壺同様の様相を確認できる。さらに希少品としては、広域流通はしないと考えられている山茶椀や小皿、生産地でも例をみない横耳四耳壺なども出土している。

渥美については、個体数は算出していないものの、常滑とほぼ同数存在したものと考えている。壺では、文様が施された刻画文壺の比率が高い。一二世紀に限れば平泉は、常滑と渥美の最大の消費地である。

(3)須恵器系陶器とその他

石川県の珠洲もしくは珠洲に類似した須恵器系陶器が、全国産陶器中で数パーセント確認される。それらの中において珠洲そのものは、ごくわずかであり、多くは新潟県や秋田県産の須恵器系陶器と推定される。器種としては、大甕、壺、波状文四耳壺、片口鉢があり、年代としては一二世紀後半に含まれる［吉岡 一九九四］。

その他としては、一二世紀前半の水沼と擬水沼、一二世紀後半の猿投、一四世紀前後の伊豆沼、瀬戸の梅瓶などもわずかに確認される。

2 年代観

(1)常 滑

常滑編年は、以前の編年［赤羽・中野 一九九五］に対し、新たな編年［愛知県 二〇一二］が示されたことにより刷新されたが、平泉が関わる部分はほとんど変化していない。平泉では甕1b形式(一二世紀第2四半期)は少ないものの、甕2

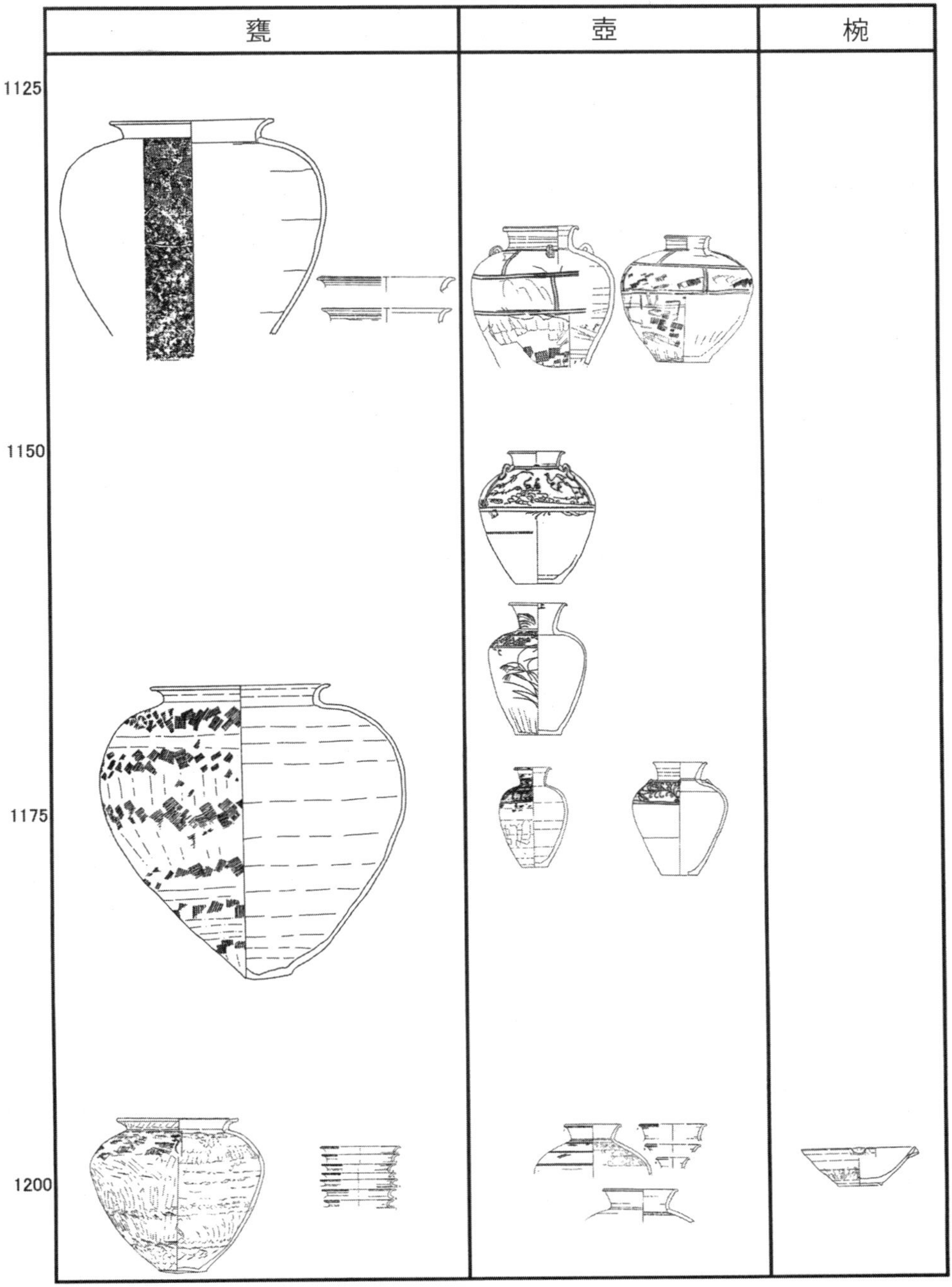

第１図　平泉から見た渥美編年表

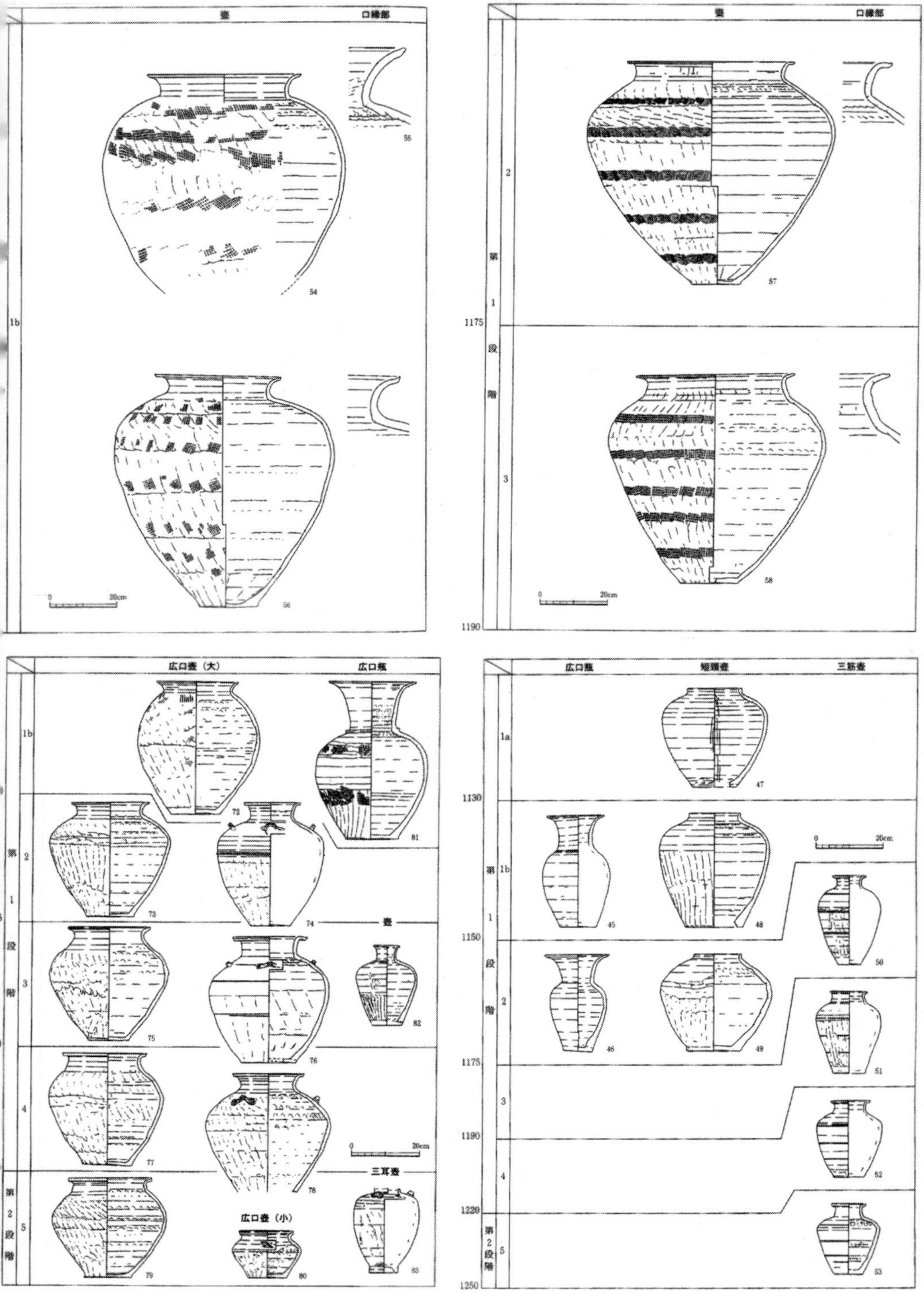

甕
口縁部
1b
54
55
56
0
20cm
甕
口縁部
第1段階
2
3
1175
1190
57
58
0
20cm
広口壺（大）
広口瓶
壺
三耳壺
広口壺（小）
第1段階
第2段階
1b
2
3
4
5
72
73
74
75
76
77
78
79
80
81
82
83
0
20cm
広口瓶
短頸壺
三筋壺
第1段階
第2段階
1a
1b
2
3
4
5
1130
1150
1175
1190
1220
1250
45
46
47
48
49
50
51
52
53
0
20cm

第２図　常滑編年表

第3図　花立窯跡位置図

〜3形式（一二世紀後半）は大量に発見されている。

(2)渥　美

渥美編年は、『愛知県史』において試みられたものの、翌年に一部変更されるなど〔東海土器研究会 二〇一三〕、いまだに意見が分かれている。そのような状況から、最も出土する甕においては、平泉の編年を用いたい〔八重樫 二〇一〇b〕。渥美は、常滑に先んじて一二世紀第1四半期から平泉に搬入され、一二世紀第4四半期まで確認できる。

3　花立窯跡

(1)窯体と陶器

①様態構造

花立窯跡は、燃焼室すべてが失われ、かろうじて分炎柱と焼成室が輪切りの状態で検出

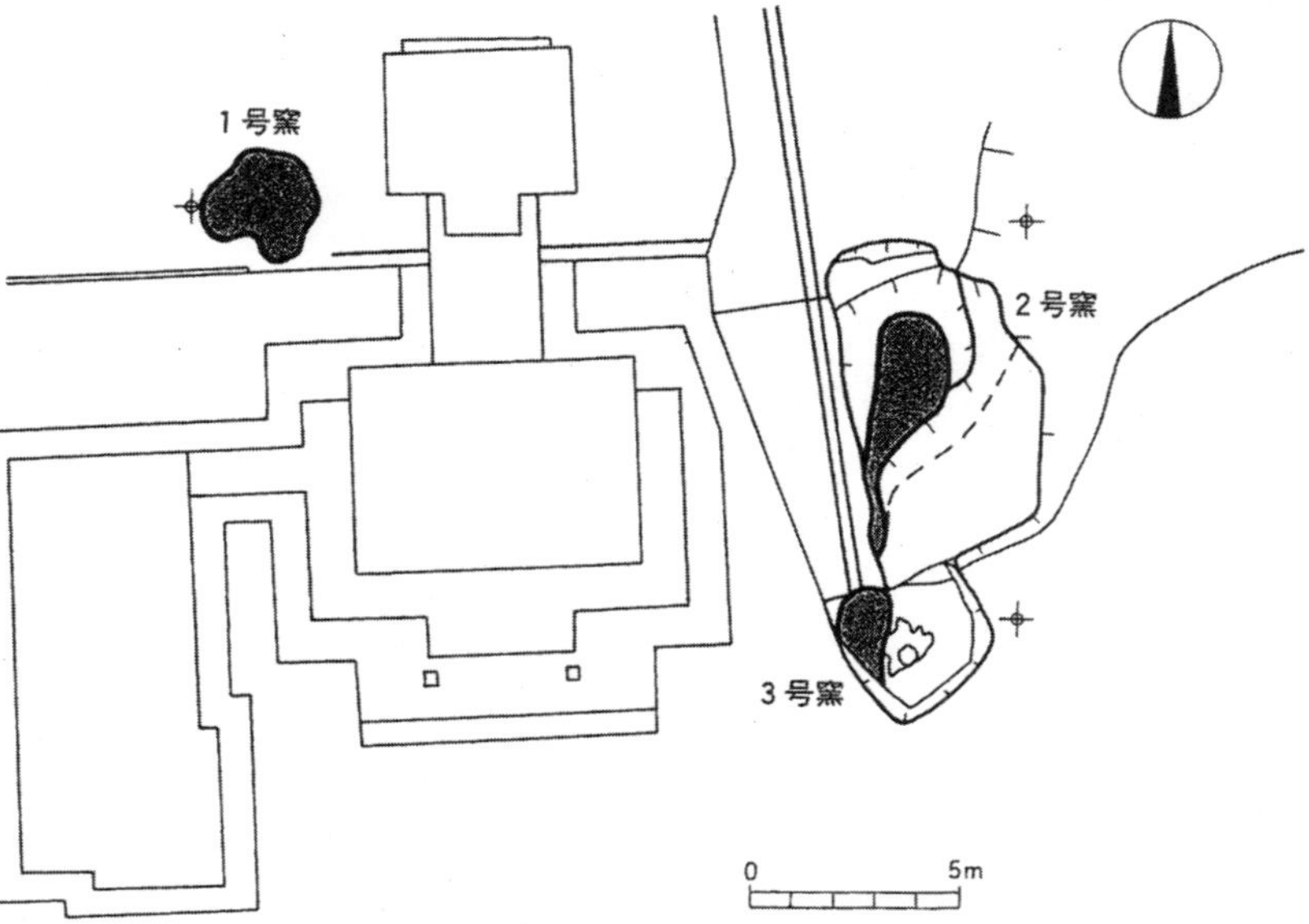

第4図　花立窯跡　1～3号窯位置図

されている。地山を掘り残して造っていた分炎柱は、掘り方から含めると0．8㍍ほどの高さが遺存していた。通炎口は幅0．65～1．00㍍ほどとみられるので、上部が失われているため高さが判然としないものの、通常から考えれば1．00㍍以上はあったと推定される。

焼成室の床面は、分炎柱部分が最も深く、そこより北側はほぼ水平だが1．16㍍ほどの部分から22度の傾斜を持って立ち上がっている。遺存部分が少ないためこの数値がどこまで窯全体の傾斜を表しているのか不明だが、焼成室の傾斜からは常滑窯と渥美窯のどちらかの影響が強いといえる根拠はない。ただし分炎柱付近に平坦な部分があることを加味すると、窯構造は渥美窯に近いともいえる[1]。

また報告書では、かろうじて遺存した焼成室内から出土した椀類は、「入れ子」状に重なった状態で発見され、さらに「床面近く」から見つかったとしている。椀類の出土状況は、原位置に近いものだったようである。にもかかわらず焼台とそれらを据えた痕跡はなかったという。分炎柱近くは平坦になっているため焼台は必要ないであろうが、何回も操業していた窯であるならば、必ずといっていいほど焼台として使用された何度も焼き返された陶器破片や粘土塊が見つかるはずである。そこで出土遺物すべてを見せていただいたが、すると焼台の可能性のある粘土塊が、3点含まれていたのであ

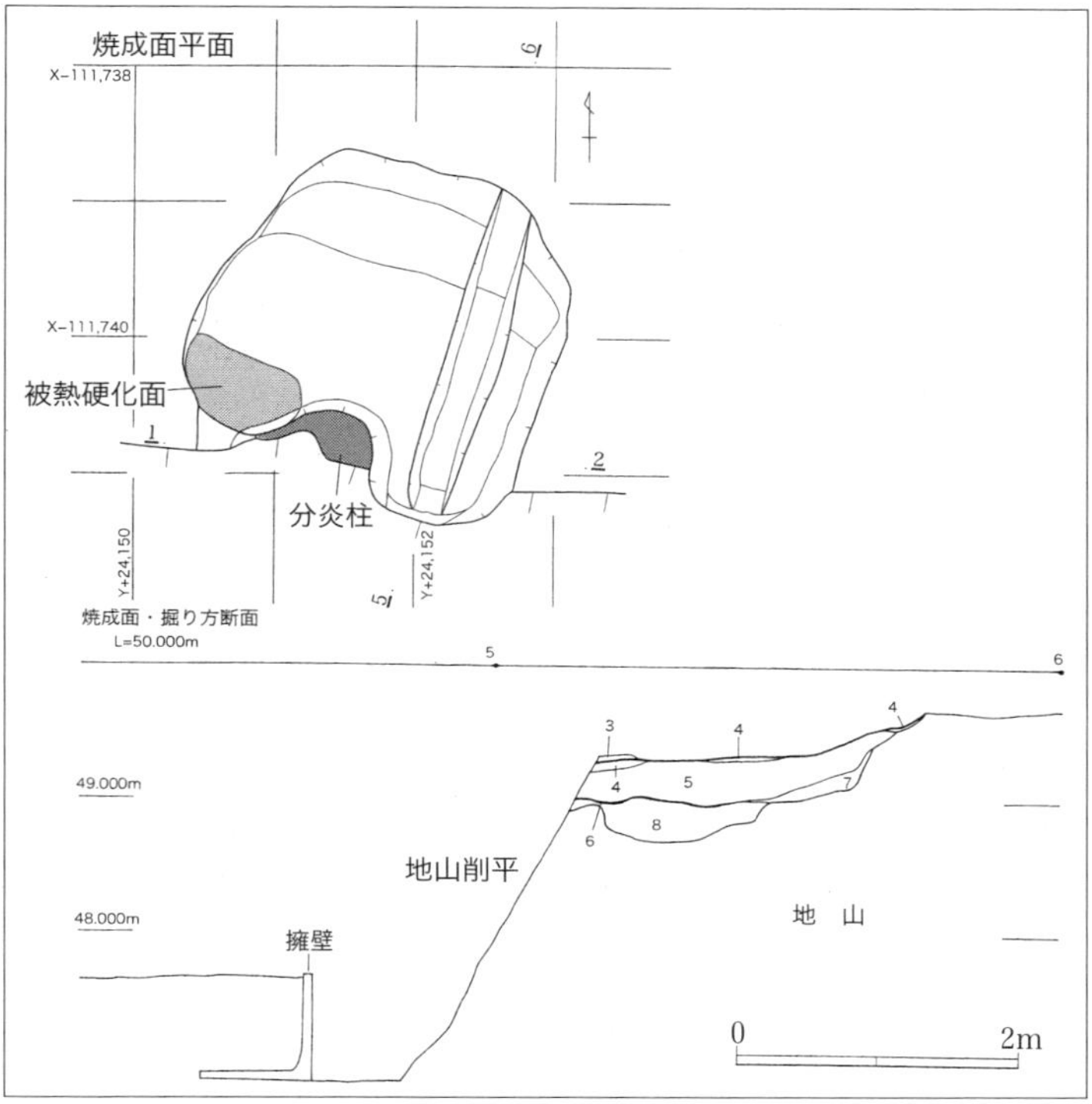

第5図　花立窯の窯体構造

る。しかしどれも焼成状態は陶器段階まで到達していないものであった。この状況からこの窯は、最初の操業で廃棄された可能性が高い。

②出土陶器

灰原が残っていなかったため、出土遺物は窯体内からの出土に限られる。前記したとおり陶器以外では、焼台と考えて齟齬のない人為的に成形された可能性の高い被熱した粘土塊が3点含まれていた。

出土遺物はすべてが黄橙色～黄褐色を呈する焼成不良品である。器種は椀（報告書では碗と表記）、大椀、片口鉢、甕[2]の4種類であり、小皿や明確な壺は含まれない。大型のものを先に置き、その隙間に小型のものを配置し、スペースを有効に使うのが窯詰めの一般的なパターンであることを勘案すると、椀があるため小皿は存在したとも考えられるが、壺は焼成していなかった可能性が高い。また甕は、大甕ではなく器高40㌢程度のものである。なお灰釉が施されたものはない。

（2）成形技術

出土陶器を概観すると、二つの技術系譜があることが分かる。それはロクロを使用するかしないかというものであり、前者には椀と大椀が含まれ、後者には片口鉢と甕が入る。一般的には片口鉢もロクロを使用するのだが、この窯のものはまったく用いていない。

ロクロを使ったものは、かなり丁寧に精緻に作られているが、不使用のものはヘラを多用し、当然ながらいびつに歪んでいる。

①胎　土

胎土は、平泉の地山の粘土を水簸したものである。海綿状骨針がわずかに認められる。また表面に籾殻の痕跡がわずかながら散見されるものの、割れ口には入っていないことから、意図的に混ぜたものではなく、作業中に籾殻が混じりこむような環境で成形していたようである。

完全に焼きあがった破片が1点もないため、どのように焼き締まるのか想像もつかないが、完形品の椀や大椀の底部などに焼成時に亀裂が入っていること、また甕においては粘土紐巻き上げ部分で割れているものが多いことから、耐火度と可塑性の低い粘土であったことは疑いない。このような粘土と成形技法では、およそ大型のものを作ることは不可能であり、大甕は焼成されていなかったと考えている。

②椀（第6図）

椀は、5個体以上焼成していたと推定され、口径17㌢前後、底径7㌢前後、器高7㌢前後を測り、均一性が高い。成形としては、粘土紐巻き上げロクロ調整の後、回転糸切によって切り離され、最後に高台が付けられている。特殊な成形としては、回転糸切の後、ヘラで調整されたような底部のもの（第6図2）がある。高台は回転ナデによって調整されているが、正位に置くと安定しないものが多い。また高台部分が潰れているものもない。この様相は、逆位に

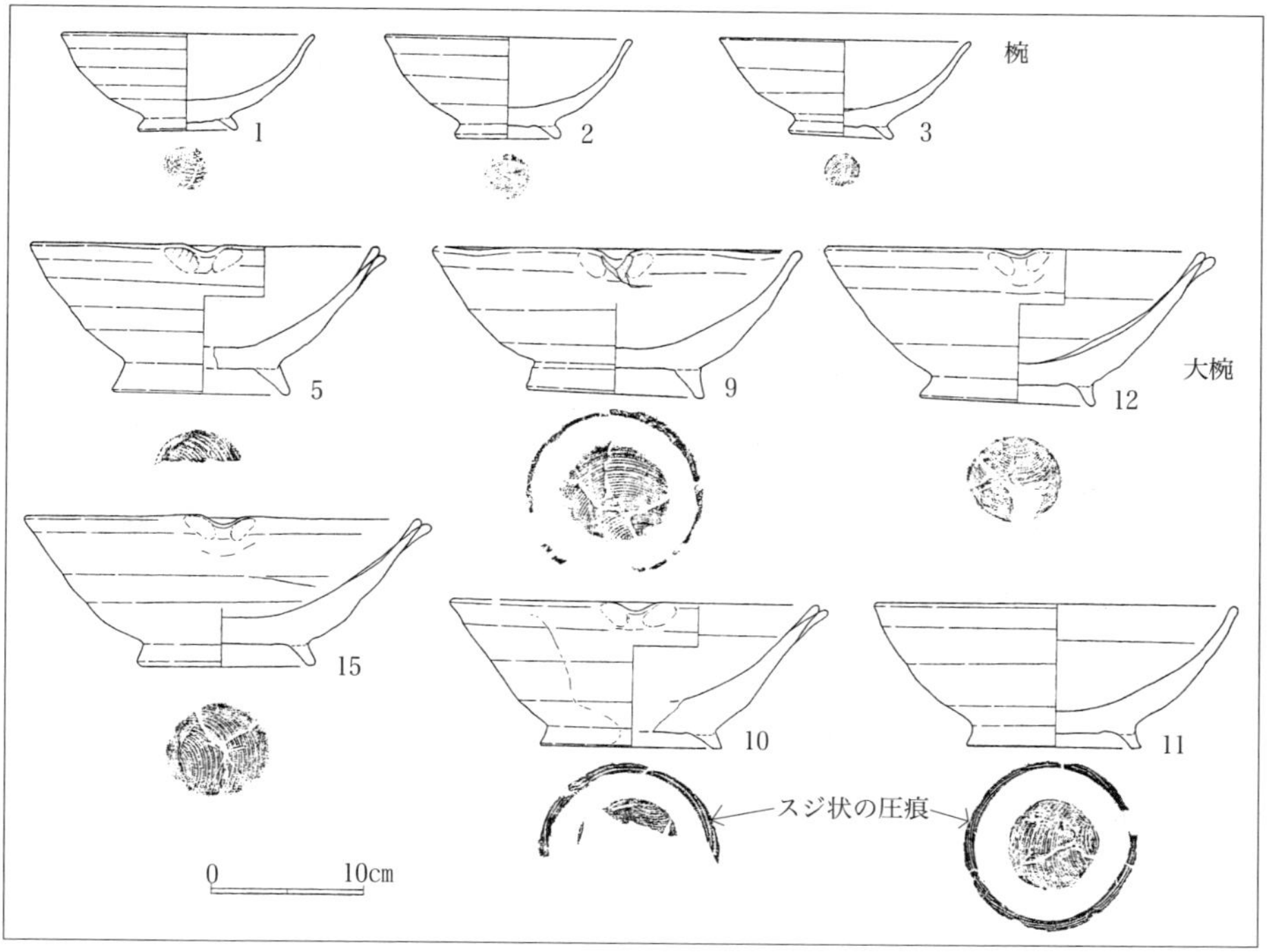

第６図　花立窯跡出土の椀と大椀

置いて高台を付けた後、ロクロ調整を行い、そのまま乾燥させたことを示している。高台端部に籾殻痕跡が多数認められる一二世紀後半の東海系椀とは、製作工程が異なっていることは明らかである。

また口唇を丹念に観察したが、砂粒痕跡や籾殻痕跡、スノコ状圧痕は認められなかった。乾燥台は平坦な板のようなものだったと推定される。

③大　椀（第6図）

大椀は、16個体以上焼成していたと推定され、この窯で最も多い器種である。常滑では管見に触れるものはなく、渥美でも判然とせず、特殊な器種といっていい[3]。口径は23～26センチ前後、底径10～13センチ、器高10～12センチ前後を測る。成形については、粘土紐巻き上げロクロ調整後、回転糸切によって切り離された後に高台が付けられており、椀とまったく同じ工程を踏んでいる。

ただし高台の調整は、椀同様に回転ナデ調整されるものが半数以上を占める中、端部が切り離されるという特殊な技術も5個体から見受けられた。報告書では、このスジ状の切離痕跡を糸切痕跡に類似していること

No.：報告書掲載No.　単位：cm　残存率：%

備考
体部に籾殻痕跡が少数。底部にヒビ。
若干安定しない。回転糸切痕跡が明瞭ではなく、その後ヘラで調整か？
高台部が平坦ではなく安定しない。内外面に漆のような黒色付着物少々。
高台端部に若干のスノコ状圧痕。体部に粘土紐巻き上げ痕跡。内外面に黒色付着物少々。
口唇に赤褐色の火襷。高台端部は切離ではなく潰れている。内面に窯降り痕。
底部糸切に若干のスノコ状圧痕。口縁部が他部よりも滑らか仕上げ。内外面に黒色付着物。
２箇所に片口が付いたような歪みあり。底部に「大」の印刻。口唇にスノコ状圧痕あり。
内面に釘のような小穴６。内外面に黒色付着物少々。表面に赤褐色の火襷。
口唇部にスノコ状圧痕。内外面に黒色付着物少々。表面に淡赤褐色の火襷。
口唇はヘラ切のような調整の後ナデ。内外面黒色付着物少々。粘土紐巻き上げの後縦ヘラ。
口唇は一部ヘラで水平になっている。内外面黒色付着物少々。外部は縦ヘラ調整。
高台端部にはスノコ状圧痕。内外面に黒色付着物少々。
高台端部にはスノコ状圧痕。内外面に黒色付着物少々。
口縁から肩部まで内外面ヘラ横ナデ。内面に手捻り状痕跡。胴部は縦ヘラケズリ。
斜格子押印の後横ナデや縦ヘラで消す部分あり。内面は横ヘラナデと若干の横ヘラケズリ。
斜格子押印のナデ消しや薄い粘土張付部分あり。内面は横ヘラナデと若干の横ヘラケズリ。
斜格子押印の後木口でナデ消し。内面木口で横ナデ。
内外面木口でのナデ。４～５本単位のササラのようなものか。
斜格子押印の後横ヘラナデ。内面は横ヘラナデ。

から、回転糸切によるものとしている。しかし一見して糸切とするには違和感を覚えた。そこでルーペで観察すると、糸切にしてはスジが深く、またその断面の多くが前円後方を呈し、さらにそれらの中に回転により糸がこすれた痕跡がまったく見えないのである。この痕跡は、明らかに何らかの工具によって付けられたものと考えていい。おそらくこのスジ状の痕跡は、後に述べる甕の内面の調整に使われるササラ状になった木口によって、回転しながら切り離されたために付いたものであろう。

欠損して片口部分が確認できない個体もあるが、状況を見る限り片口はすべてに付けられているようである。ただしこの片口は、通常の片口鉢よりも口径の小さい大椀のためかもしれないが、張り出しも小さく非常に弱々しい。また片口とは別に指を当てた輪花状のものが付く個体(第6図15)もあった。

図はすべて報告書より転載しているが、片口の両側に付く指頭圧痕は、図ほど明瞭ではないものがほとんどである。報告書の図は、片口鉢を意識し少々強調し過ぎている。

口縁部の調整にも特異なものが何点か含まれていた。それは粘土紐巻き上げロクロ調整のとき、口縁部のみには水を追加し、あたかも水挽きのように見える調整を行っているものである。胎土の可塑性の問題か、工人の技術レベルによるものか不

出土陶器観察表

№.	口径	底径	器高	残存率	底部	高台
1	17	6.6	6.7	100	回転糸切	ナデ調整
2	16.7	7	7	100	回転糸切	ナデ調整
3	16.8	7	6.7	100	回転糸切	ナデ調整
5	23.5	11.7	10.3	50	回転糸切	ナデ調整
9	24.7	11.7	10.1	90	回転糸切	ナデ調整
12	25.4	11.7	10.5	90	回転糸切	ナデ調整
15	26.2	11.8	10.3	80	回転糸切	ナデ調整
10	24.4	12	10.1	50	回転糸切	ナデ調整・端部切離
11	24.2	11.5	9.9	60	回転糸切	ナデ調整・端部切離
17	29.1	14.6	10.3	90	砂粒少々	剥離
39	35.4	—	—	10	—	—
18	—	14.8	—	—	砂粒なし	木口での横ナデ
40	—	19.4	—	—	—	ヘラケズリ
21	32	—	—	20	—	—
20	—	—	—	5	—	—
19	—	17.4	—	—	砂粒少々	—
27	—	—	—	—	—	—
22	—	17.6	—	—	藁痕跡	—
28	—	—	—	—	—	—

明だが、精緻には仕上がっている。

椀とは異なり高台にスノコ状の圧痕が認められるものが、一定数確認された。また口唇にも同様のスノコ状の圧痕の認められる個体もあったが、口唇と高台の両方にあるものはない。この結果から乾燥台には、正位逆位ランダムに置かれていたようである。ただしこのスノコ状圧痕は連ならず、一本の篠竹のような痕跡であり、大椀より小さな椀にはつかない可能性もあることから、椀には認められなかったからといって、一概に両者の乾燥台が異なるとまではいえない。

すべての製品が焼成不良の中、大椀には窯変の一つである火襷が認められるものが何点かあった。わずかな痕跡であるが、これは分炎柱付近に置かれていたために起きた現象であり、大椀が原位置を保っていたことの証拠ともいえる。

また焼成時に窯の天井部分が崩落して製品に付着する、いわゆる窯降りと呼ばれる粘土が付着しているものが、大椀には何点か確認された。これはこの個体が、入れ子状になっていたものの最上部であることを示している。それらはともに完形に近く、重ね焼き上位のものが遺存状態は良好なようである。

④片口鉢（第7図）

片口鉢は、３個体（報告書では2個体）以上焼成していたと推定されるが、完形に復元できるものは出土していない。最も状態のよい№17は、口径約29チセン、高台を欠いた底径約15チセン、高台を欠いた器高約10チセンを測る。その他には、口縁

～体部、高台付底部、高台がある。もう1点の口縁（No.39）は35．4センチの口径、高台付底部（No.18）の底径は14．8センチ、高台（No.40）は底径19．4センチであった。これらの片口鉢には、企画性は感じられないし、また一般的な片口鉢の技術系譜上にあるものでもない。

底部は後に述べる甕同様の調整であり、若干の砂は認められるものの、砂床とは明らかに異なり、藁状の草や籾殻などのわずかな痕跡が認められるに過ぎない。No.18にいたっては、成形台からの剥離材を何も用いていないようである。

この片口鉢の大きな特徴は、底部から粘土紐を巻き上げていくまでは一般的な片口鉢同様だが、その後は回転ナデ調整を行わず、縦のヘラ削り調整を行うことである。さらに口唇は、ナデ調整をしている部分もあるが、ヘラでカットし平坦になっている箇所もある。ナデ調整した口唇にしても片口鉢のそれとは異なり、粘土紐を巻き上げさらに上部に積み上げるための受けの形になっている。明らかにこの成形技法は、甕を作るときのものであり、甕成形の初段階の鉢状の部分を常滑の工人はシンゼと呼ぶが［杉山・村田 一九八八］、まさしくそのシンゼを片口鉢に変化させたものといえる。

高台も特異である。No.18は内外面を木口で横ナデ調整し、No.40はヘラ削り調整を行っている。おそらくこの製作者は、片口が他部に比べて比較的精緻に作られていることから、片口鉢を見たことはあるが、作り方はまったく知らなかったのだろう。そうとしか考えられない異常な片口鉢である。

高台端部には比較的明瞭に多数のスノコ状の圧痕が残っている。大椀などとは乾燥台が異なっていることは明らかであり、初めて作る器種ということで乾燥台も新たに設けた可能性がある。

⑤甕（第7図）

5個体以上焼成していたと推定されるが、完形に復元できるものは出土していない。最も大きく復元されたNo.21

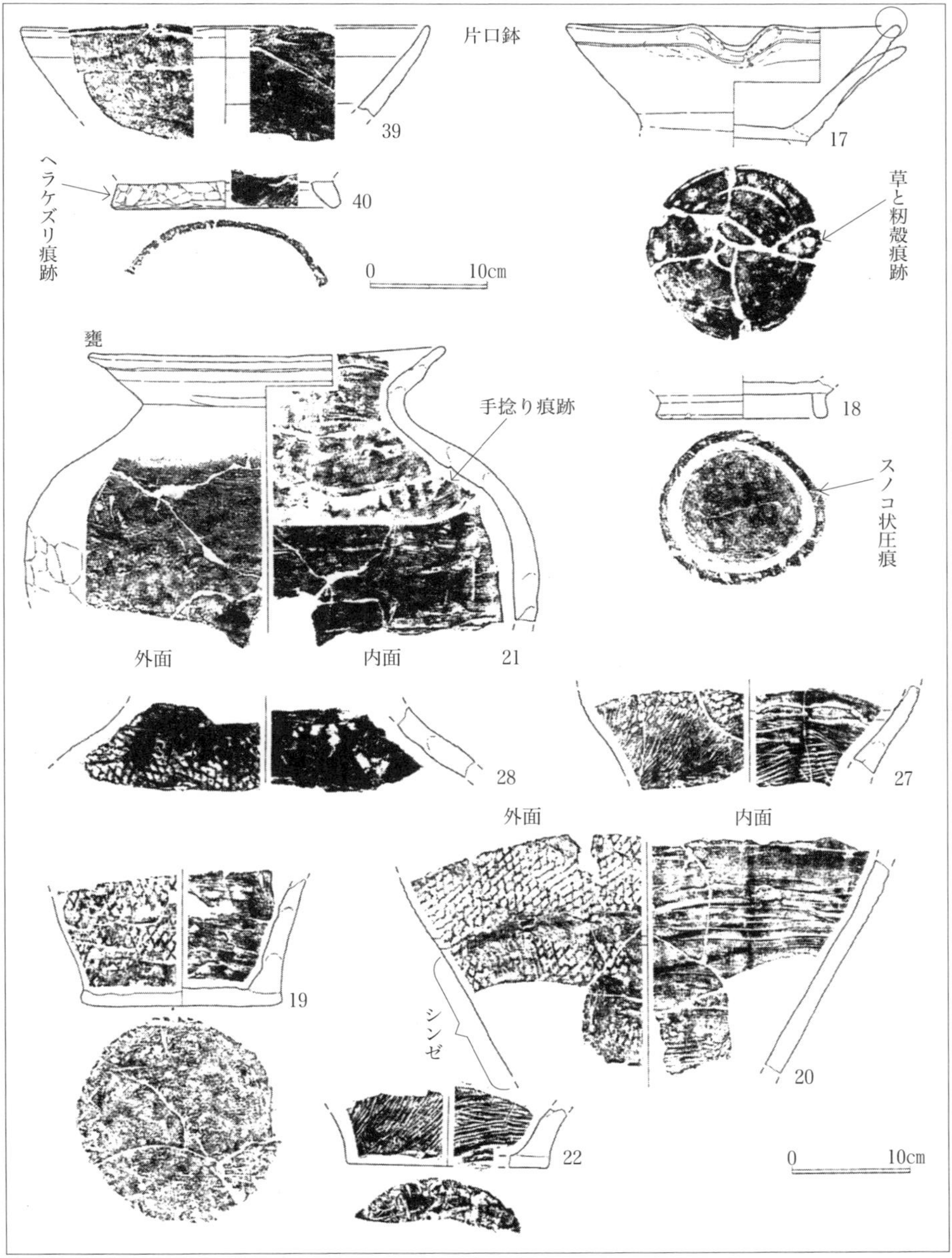

第７図　花立窯跡出土の甕と鉢

は、口径32．0㌢、胴部最大径44．4㌢を測る。もう1点の口縁は、口径28．0㌢であった。胴部は焼き歪みがあるため、胴径を復元しての実測には注意を要する。№20などは、図としては正確であるが、歪んで胴径が細くなったのであろう。

円形の粘土板に粘土紐を巻き上げて成形している。底は砂床ではなく、藁のような植物の圧痕が目立つ。底部付近の外面の調整は、縦ヘラケズリまたは木口による縦ナデ、内面はヘラもしくは木口による横ケズリかナデが施されている。

下胴部外面は、縦ヘラケズリによって調整された後、斜格子文押印がシンゼ部分なため帯状を意識しながらもランダムに施文され、さらにその後の縦ヘラケズリや横ナデによって、押印が消されている部分もある。内面は基本的にヘラによるケズリを混ぜた横ナデであるが、木口を使っているものや、外面同様の斜格子文押印なども見られる。

報告書ではこの押印をタタキとしているが、内面に当て具痕跡がほとんど認められないこと、また№21ではそのタタキ自体が行われていないことから、成形後にタタキで調整を行っていないことは明らかである。この施文が下胴部に集中して施されるところをみても、押印というべきだろう。

肩部が遺存しているのは、№21と№28に限られる。前者は最大胴径付近は縦ヘラケズリを行い、その上位はヘラによる横ナデを施している。内部はヘラによるケズリを混ぜた横ナデをしているが、口縁に近い部分に常滑1b形式の甕に認められる手捻り痕跡〔中野 一九九四〕とでもいうべき独特の積み上げ痕跡を残す。後者は肩部まで斜格子文押印が施されるが、横ナデによって消えかかっている。内面は横ナデ。

口縁部は№21と№30しかない。両者ともにラッパ型に開き、内外面を横ヘラナデによって整形した後、口唇部を横ナデしている。面取りは行っておらず、常滑1b形式の口唇に類似する。

すべての個体が、全体的に異常に厚手であり、内外面の調整は粗く、ヘラケズリしたカスが再度付着したりしている。また破片の多くは巻き上げ部分で割れていることから、粘土紐巻き上げ技術が著しく稚拙である。押印についても、ランダム施文というよりは、施文していたり、まったくない部分があったりと、渥美のランダム施文のような規則性は感じられない。このような技術では、およそ大甕の成形は不可能であろう。

(3)東北諸窯の中における位置づけ

東北地方の中世陶器窯といっても、瓷器系と須恵器系、また年代の差異もあり、一概に比べることはできない［飯村 一九九五］。そのためここでは、技術系譜と年代観を明らかにし、その上で位置づけを考えてみる。

①技術系譜

分炎柱があるという窯構造は、いうまでもなく須恵器窯にはみられないものである。また椀や大椀の精緻な高台も、やはり須恵器や土師器にはない。すなわち東北地方の古代からの技術の流れは認められないのである。

次には東北中世陶器窯と比較してみたい。一三世紀の南東北に興る瓷器系中世陶器窯の製品とは、明らかに異なっている［飯村 二〇〇三］。甕の口縁がL字状にならないことや、高台付椀を焼成していることからみても、花立窯跡がもっと遡ったものであることには異論があるまい。では東北において最古の瓷器系陶器窯である水沼窯跡の系譜を引くものなのだろうか。次項で述べるが、椀や甕の形態を比較すれば、水沼窯跡の系譜は引かずに、むしろそれよりもさらに古い様相を持っていることは明確といえる。

これらから花立窯跡は、東北諸窯や在地からの技術でないことは明らかであり、系譜を求めるならば愛知県以外には考えられないのである。

②水沼窯跡との比較

水沼窯跡は、宮城県石巻市において、土採り工事において偶然に発見された。そのため遺物はすべてが窯体内から出土しており、状況は花立窯跡と共通する。水沼窯跡については詳細な再検討[藤沼 一九九二]がなされているので、その成果を引用したい。

水沼窯跡では、3基の陶器窯と炭窯が発見されている。椀、片口鉢、大中小に分けられる壺、大甕、注口付鉢、羽釜が焼成されていた。水沼窯跡は、花立窯跡同様に分炎柱付近が最も低くなる窯構造、還元炎によって焼き締められていること、袈裟襷文壺を焼成していたこと、渥美窯製品の押印の施文に類似することから、施釉されているものはないが渥美窯の系譜を引くとしている。また年代は、大壺の下胴部まで袈裟襷文が施されていることから、一二世紀第1四半期[楢崎 一九七八]、幅をもって考えて一二世紀前半に収まるという。そして水沼窯が成立した背景には、平泉藤原氏の関与があったとしている。

水沼窯跡が渥美窯の系譜を引くということ、そして平泉の介在なくしてありえないことについて異論はない。しかし若干、再考の余地があるのは、年代観についてである。藤沼は、下胴部まで袈裟襷文が施されることを年代の根拠としているが、袈裟襷文が肩部以上に展開する一二世紀後半のものより古いということに疑問はないが[八重樫 一九九二]、一二世紀第1四半期まで遡ることについては、紀年銘資料などの積極的な確証はない。水沼窯から出土した椀高台には、一二世紀中葉から多くなる籾殻痕[楢崎・斎藤 一九八二]が多数認められること、また水沼窯は大甕を生産し、なおかつその成形技法が安定し量産体制に入っていることから、現在の研究レベルをもってすれば水沼窯跡の年代は、むしろ一二世紀第2四半期とすべきである。

花立窯跡の窯構造は、前述したとおり渥美窯に類似するため、水沼窯跡とは共通点がある。ただし焼成については、完全に焼成された資料がないことから、還元炎焼成なのか酸化炎焼成なのか判断はつかない。両窯で比較できる製品は、椀と甕のみであり、花立窯跡の片口鉢はあまりにも特異な調整のため、比べても意味がない。

水沼窯跡から2個体発見されている椀は、ともに焼台として再利用されたものであり、当初の形態をとどめていな

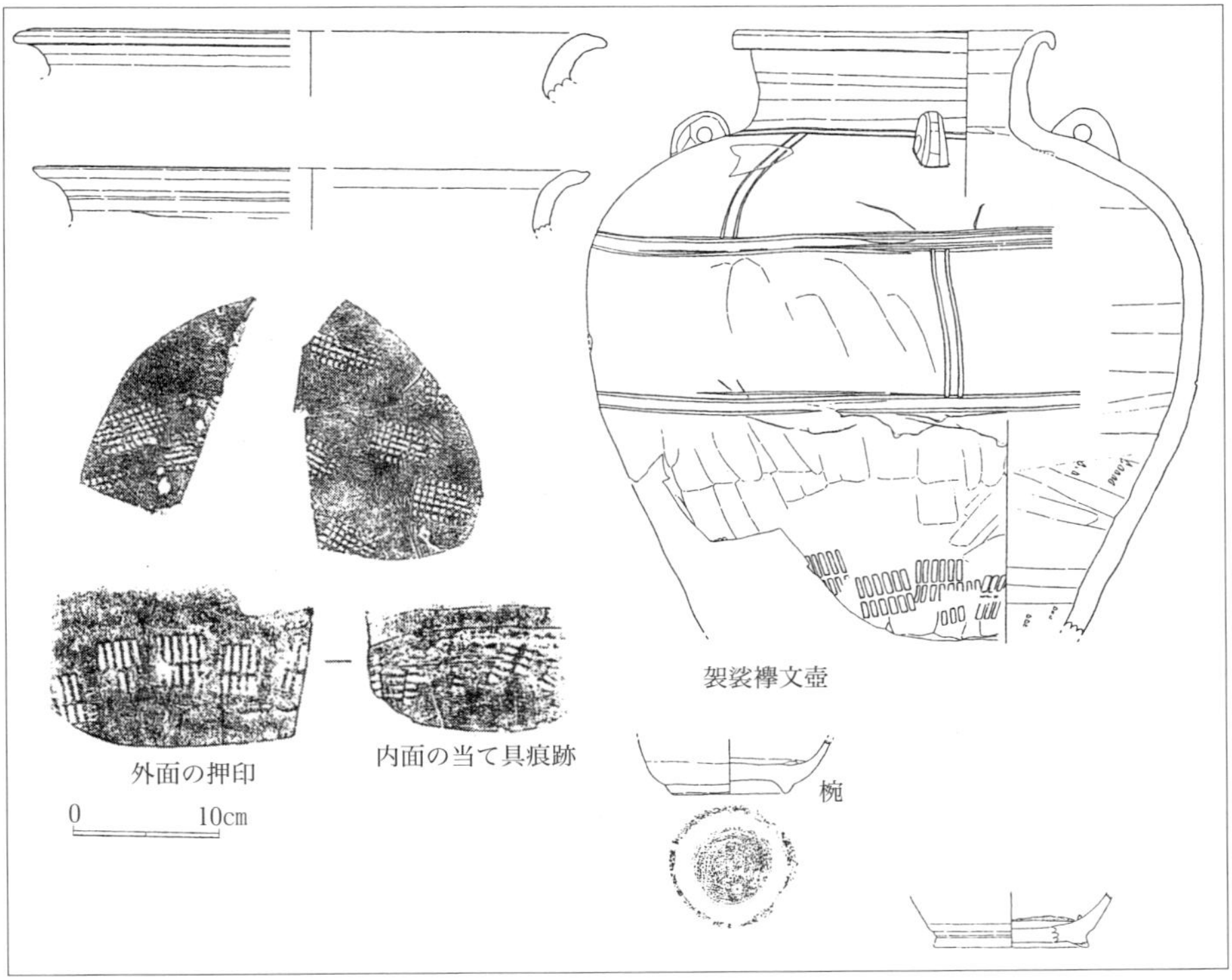

第８図　水沼窯製品

い可能性が高いが、底径は8～10㌢を測り多数の籾殻痕が認められる。対して花立窯跡の椀は、底径は小さく籾殻痕はほとんど認められず、水沼窯跡の椀と比較して、おそらく器高も高く口径も大きい。

水沼窯跡の甕は、口径が39～44㌢を計ることから、中型から大型の甕といえる。何度も繰り返すが少なくとも花立窯跡の甕成形技術では、このような大きい甕を作ることは不可能である。また押印に関しては、一定間隔をあけてランダムに施文されるなど技術が安定しているし、さらに口縁端部についても軽く面取りを行っており、押印と口縁ともに水沼窯跡は花立窯跡よりも後出の様相を呈している。

ただし花立窯跡製品には、内面に外面同様の斜格子文のあて具痕跡が稀に残ること、若干のヘラケズリを伴う横ヘラナデが行われていることなど、内面の調整には水沼窯跡製品によく似ているものもあった。これら内面の調整は水沼窯製品に限らず、渥美窯製品に認められる調整であり、常滑窯製品にはほとんど見られないものである。

花立窯跡の椀は、水沼窯跡のものよりも確実に古い。また花立窯跡の甕は、甕成形技術黎明期のものであり、技術が確立された水沼窯跡の甕より遡るものとみても異論はないだろう。すなわち、これまでの比較により花立窯跡は、水沼窯跡よりも古く、そして大甕を成形する技術がなかったと考えられた。

③位置づけ

以上の考察により花立窯跡は、報告書でも指摘しているとおり、東北地方最古・最北の瓷器系陶器窯であることが明確になった。次項でも述べるが、おそらく今後においても、花立窯跡よりも古い中世陶器窯跡が見つかることはないだろう。

ただし最北というのは、単なる偶然に過ぎず、これからさらに北進する可能性はある。盛岡市の台太郎遺跡などでは、東北産とみられる中世陶器が出土しており、現在のところは宮城県北の多高田窯跡か伊豆沼窯跡の製品としているが、盛岡市周辺で焼成された可能性は、低くはないと考えている。

(4)小　考

①年代観

水沼窯跡との比較により花立窯跡は、一二世紀第1四半期以前に操業していたと考えられる。しかしこの時期に渥美窯が存在することは確実だが、実態は不明であり[後藤 一九八七、中野 一九九五]、また他窯にしても比較対象資料は多くない。

最初に比較するのは、一一〇〇年～一一三〇年が与えられている常滑編年1a形式についてである。この時期の常滑窯は、黎明期であり椀皿はあるものの、片口鉢では良好な資料に恵まれず、また甕は生産しているか判断がつかない。そのため比較できるのは椀しかない。南蛇ヶ谷2号窯の椀120個体の法量の平均値は、口径16・3㌢、底径7・3㌢、

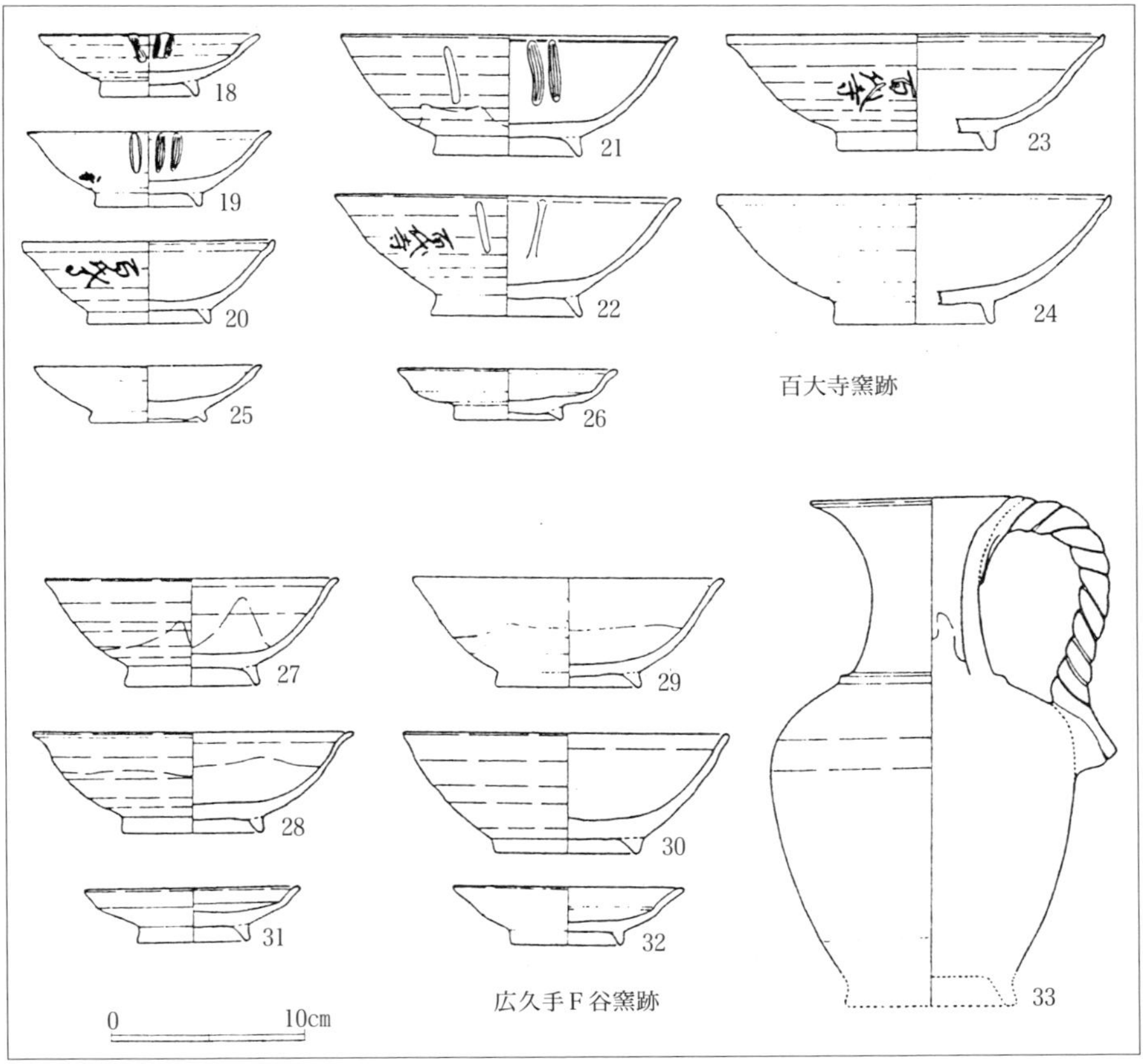

第９図　灰釉末期の猿投窯製品

器高５・３チセンであり、高台端部に籾殻痕が付く例はほとんどない。平均法量では器高が低いが、個体別に見れば花立窯跡の椀とかなり類似する形態のものが含まれている[日本福祉大学 一九九四]。

次には猿投窯と比較してみたい。一一世紀後半とされる灰釉末期の資料は、百大寺窯跡と広久手Ｆ谷窯跡のものである[柴垣 一九八一、楢崎・斎藤 一九八二]。両製品は、器高は若干低いものの法量はかなり類似するが、ともに薄手に作られており、何よりも灰釉が施される点が大きく異なる。この様相から花立窯跡は、灰釉陶器以後と考えざるを得ない。灰釉陶器末期の系譜を引く椀(山茶椀)の黎明は、一一世紀末・一二世紀初頭とされる名古屋市揚羽町のＨ—Ｇ—６号Ｂ窯と同Ｃ窯の資料である[名古屋市教委 一九九二]。器高が若干低くわずかに高台端部に籾殻痕

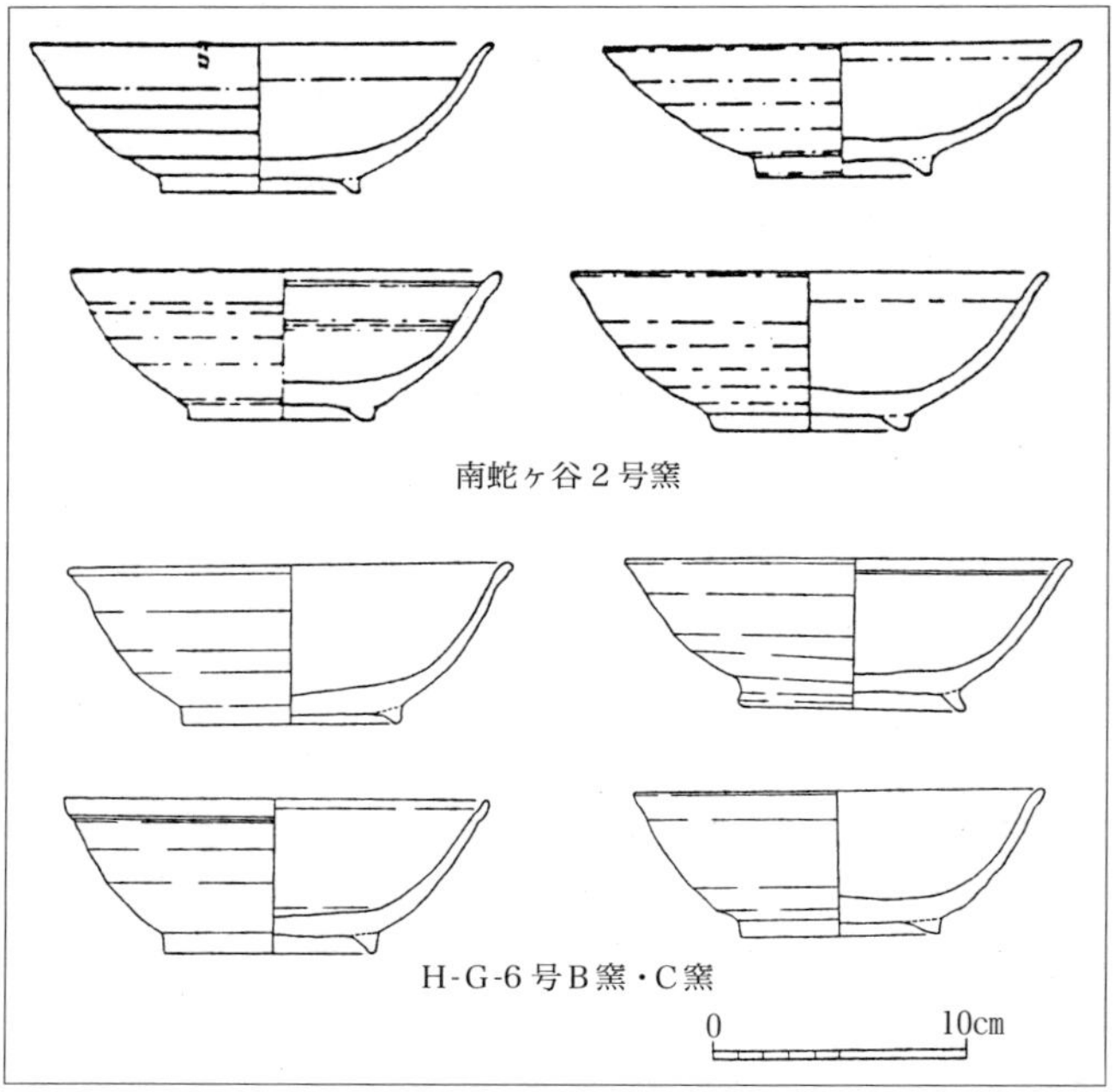

第10図　12世紀初頭の常滑・猿投窯製品

が認められるものがあるが、個体別には花立窯跡の椀と類似するものが多い。

しかし甕の生産は、先の常滑南蛇ヶ谷窯にしても、この猿投窯にしても認められない。甕は中世的な器種といって差し支えなく、技術が安定していないと推定されるものの、花立窯跡で甕の生産を始めているということは、わずかながらこれらの窯に後出することを意味している。ただし南蛇ヶ谷窯はすでに片口鉢を生産しており、より花立窯跡に近い年代観を示している。以上から花立窯跡の操業年代は、H—G—6号B窯より後で蛇ヶ谷2号窯とほぼ同時期、つまり一一世紀には遡らず、一二世紀第1四半期に位置づけられる。

一二世紀第1四半期は、まさしく中世陶器窯の黎明期である。甕と片口鉢は、中世を代表する器種であるが、片口鉢は現在のところは一二世紀以前には存在しない。逆に椀は、いうまでもなく灰釉陶器にもあり、古代からの延長線上に位置する。すなわち花立窯跡の椀は、古代からの系譜上にあるため精緻に作られ、甕と片口鉢、特に片口鉢はこの時期に生まれたものであることから、成形技術が確立されておらず稚拙に作られているのであろう。

②系　譜

花立窯跡は、東北地方の在地の窯業技術ではなく、愛知県の初期中世陶器窯の直接的な影響下のもとで成立している。その時期は、愛知県の編年に照らし合わせた結果、一二世紀第1四半期であった。窯構造は、半地下式も想定するべきであるが［名古屋市教委一九九二］、片口鉢生産を行っているなど中世的な発展を遂げていると考えられることから、地下式窖窯なのであろう。

愛知県のどの窯の影響を受けているものかについては、これまでの考察によって、一定の根拠をもって解釈できる。窯構造からは、分炎柱部分が遺存していたことからその付近の構造が明らかになったことによって、渥美窯の影響が認められることはすでに述べた。

出土遺物の比較検討は、次のようにまとめられる。花立窯跡の出土遺物は、碗類以外の成形技法があまりにも稚拙なことから、愛知県の椀（山茶椀）のみを生産するグループによって操業されていたとしか考えられない。その椀は、渥美窯の様相は分からないため比較できないが、常滑窯や猿投窯の一二世紀初期のものに類似している。しかし猿投窯は、一二世紀後半にいたっても積極的に大甕の生産を行っておらず［名古屋市教委一九九二b］、また一二世紀前半においては甕生産そのものを確認できない。この状況からは、一二世紀前半に甕生産を行っている常滑窯か渥美窯の工人が来たと考えるべきであろう。

甕の口縁は、前述したとおり常滑窯の1b形式のものに類似するが、この形式は一二世紀第2四半期のもので、当該資料とは年代があわない。また一二世紀第1四半期に位置づけられる1a形式では、甕の生産は確認されていない。対して渥美窯は、常滑窯よりも早い段階から甕生産が始められており、紀年銘資料を見る限り一二世紀第2四半期には、すでに面取りを行うシャープな口縁が登場している[4]。つまり渥美窯において確認されていないものの、常滑窯1b形式に類似した甕口縁は、1形式早い一二世紀第1四半期のものである可能性が高いのである。

渥美窯製品には、ササラ状の木口によるナデ、若干のヘラケズリを伴う横ヘラナデが甕の内面調整によく見られるが、常滑窯製品ではほとんど認められない。以上、窯構造、甕の形態、またその内面調整を総合すると、渥美窯の工人が直接招来されたと考えざるを得ない。

(5)平泉における意義

①製品の行方

花立窯跡は、焼台の観察から、何度も操業したことは考えられない。また平泉遺跡群からの出土陶器の中には、確実に花立窯跡の製品であると断言できるものはない。以上によって花立窯跡は、一度の操業で廃絶した可能性が高い。しかし平成二〇年にさらに2基の窯跡が発見された[平泉町教委 二〇一〇]。この窯跡は、遺存状態が悪く焼成物は不明であるものの、支群を形成していたとなれば、製品が供給されないはずはない。ただしこの2基の窯跡は、重複している上、炭窯ではないかという指摘もある。東北諸窯の中で、炭窯が伴うことは少なくないが、重複することは珍しいため、窯の補修や造り替えなのかもしれない。

花立窯跡の製品と類似した陶器が、1個体分と推定されるものの柳之御所遺跡第20次発掘調査区から出土している[平泉町教委 一九八九]。破片点数は、大小20点ほど出土しており、全体的に生焼けで、花立窯跡製品同様の黄橙色を呈する。その陶器は、外面には縄目の残るタタキ目が全面に付き、内面は緻密にナデられており、全体的に厚手で胎土は花立窯跡の製品に非常に似ている。

しかし器種は大甕である。また須恵器のようなタタキ目は、花立窯跡にはない。この状況からは、花立窯跡とは別のところで焼成されたと考えるべきであるが、胎土が非常に類似するのである。わずか1個体しか確認できないということからは、花立窯跡の未発見の窯跡から焼成不良品が流出した可能性を考える必要もあろう。

②意　義

一二世紀第1四半期の平泉とは、平泉藤原氏初代清衡が平泉に移り住み、中尊寺を建立している最中である。こ

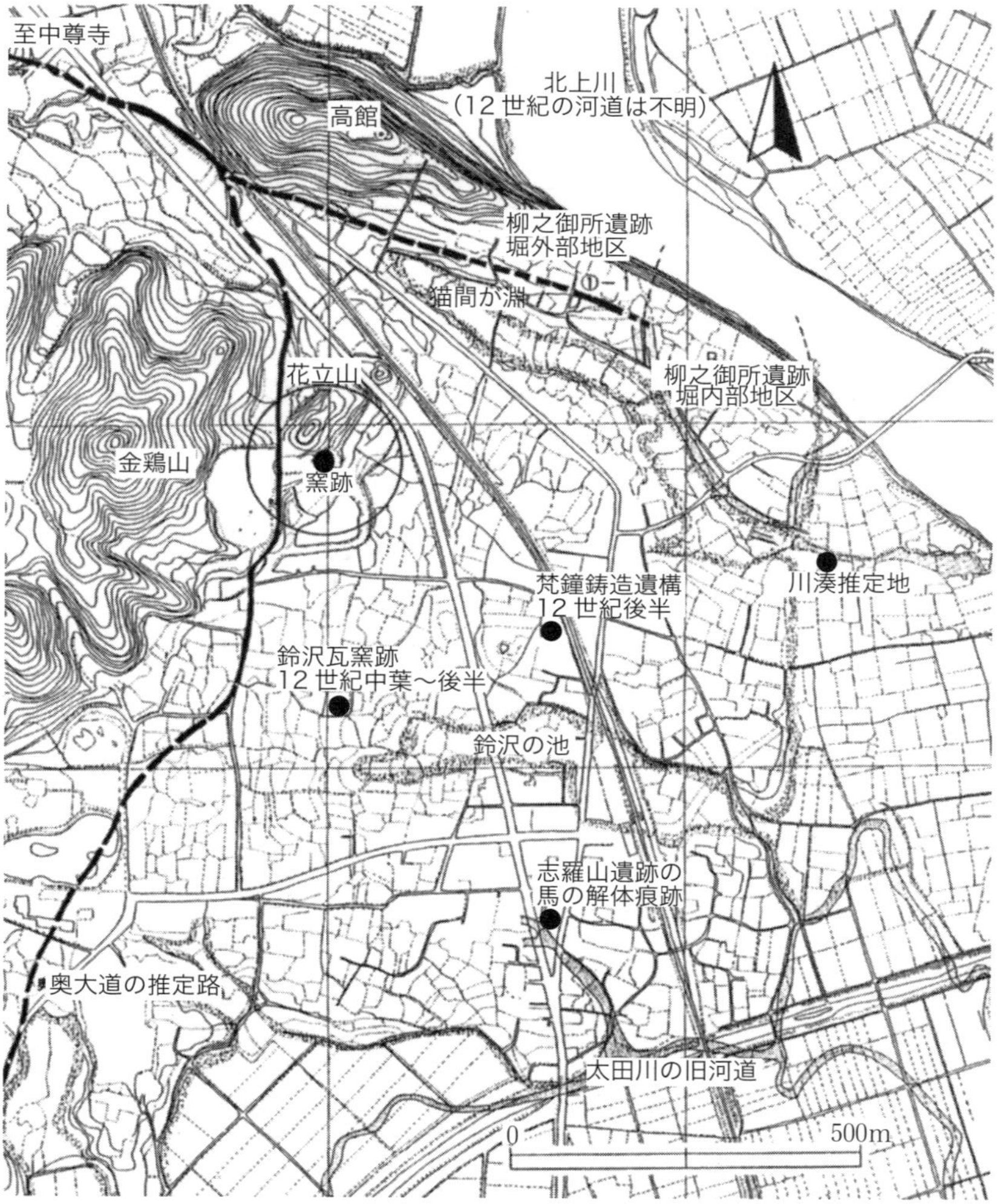

第11図　12世紀第1四半期の平泉（羽柴2001bより引用加筆）

の時期のかわらけがまとまって出土しているのは、中尊寺境内と柳之御所遺跡しかない。そのかわらけは、それ以外の地区でも点的には出土するものの、数は少なく面的には広がらない。すなわちこの頃の平泉は、中尊寺と柳之御所遺跡を結ぶラインといえるのである［羽柴二〇〇二］。

　花立窯跡は、このラインの若干南側に位置する。当然のことながら陶器窯を操業するには、大量の燃料が必要であり、少なくとも花立山は丸裸に近い状態になったであろう。

またそういう状態は、立ち上る火炎によって起こる可能性が高い火災を予防することにもつながる。つまり陶器窯を営むことによる最高の危険は、火災なのである。そのために花立窯跡は、ラインの南側の地に築かれたのである。

逆に考えるならば花立窯跡の周辺には、重要な建物はなかったことになる。すなわち、わずか100㍍ほど西に位置する金鶏山東裾野のカット面に展開する花立廃寺跡が、まだ機能を開始していなかったことは確実なのである。また花立廃寺跡とその南側の花立Ⅰ遺跡から出土した法勝寺系の瓦には、一二世紀第2四半期のかわらけが伴っていたが、その年代観を裏付けた結果ともいえる［平泉町文化遺産センター 二〇〇〇］。これらから花立廃寺の成立は、一二世紀第2四半期である。

おそらく金鶏山の東側は、花立廃寺跡が存在する前なのでカットもされておらず、裾野が花立窯跡付近まで延びていたであろう。この状況からは、金鶏山の樹木も伐採された可能性が高い。つまりこの頃は、金鶏山にも経塚は営まれていなかったのである［八重樫 二〇〇二a］。

そもそも金鶏山が平泉の中で重要視され始めるのは、考古学的見地からすれば、毛越寺を建立し、面的に広がり始めるなど平泉が都市化してからである。それ以前には、志羅山遺跡から馬の解体痕跡なども発見されており［岩手県埋文 二〇〇〇］、花立窯跡の南側には何らかの施設は点在したものの、平安京でいうところの賀茂川沿いや鎌倉の前浜のような死体を遺棄するなど穢れに満ちたところだったと考えられる。

4　刻画文陶器

(1) 概念と分類

刻画文とは、生素地に施される装飾技法で、ヘラや丸ノミ・釘などによって、草花樹木や禽獣蛇魚類を刻み込んだ絵画的文様を指す〔荒川 一九八八〕。刻画文は三本の平行した横位沈線を指す三筋文を地文に施されることが多く、両者はそれぞれ出自が異なると考えられるが、かなり類似した性格を持っていくようである。三筋文のみが施されたいわゆる三筋文壺は、三筋文系刻画文陶器とする。また三筋文壺に類似したものとしては、三筋文の間を千鳥に直線的な縦位沈線で区画したものを袈裟襷文、湾曲した縦位沈線で区画したものを蓮弁文と呼ぶが、それぞれ袈裟襷文系刻画文陶器、蓮弁文系刻画文陶器とする。

以上の前3者に属さないものについては刻画文陶器、単体の文字や幾何学文を描いたものについては刻文系刻画文陶器、横位沈線を浮き上がらせたものについては突帯文系刻画文陶器、櫛などを使って波線を描いたものについては波状文系刻画文陶器とする。資料は一九九七年までに報告されたデータを使用する。

(2)刻画文陶器集成

①三筋文系・袈裟襷文系・蓮弁文系

三筋文系刻画文陶器の代表は、常滑窯産三筋文壺である。三筋文は、施された線の数によって単線、複線、櫛目(3本線以上)に分けられる。細部を観察すると沈線の断面は、複線以上のものは三角形、単線のものは半円状を呈する。この様相から施文には、異なった道具を使用していることが分かる。ただし単線の中には、釘状のもので施したもの(第13図1)がわずかにある。

常滑窯産三筋文壺は62個体出土している。その比率は、複線と太い単線で50個体を占め、櫛目は8個体、細単線は4個体しかない。第12図20は上段の沈線のみ終点起点が一致していないため、複線に見えるものである。

袈裟襷文系刻画文陶器は14個体しか出土しておらず、三筋文壺に比べると少ない。第15図55は一般的な袈裟襷文のように見えるが、竹管ではなくヘラで描かれている。同48は袈裟襷文に縦耳が付いた壺である。第14図38は袈裟襷蓮

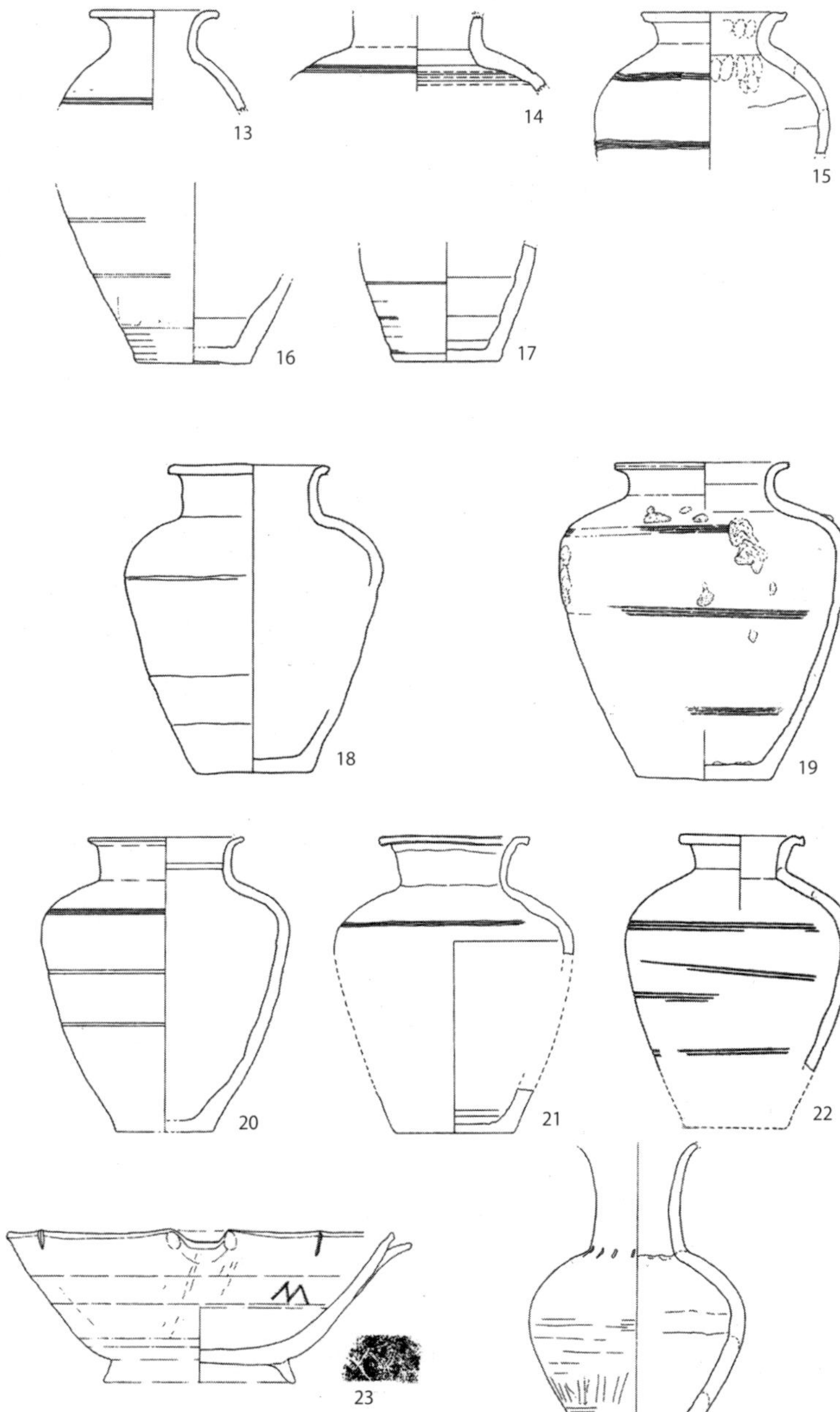
13
14
15
16
17
18
19
20
21
22
23
24
0
10
20cm

第12図　常　滑

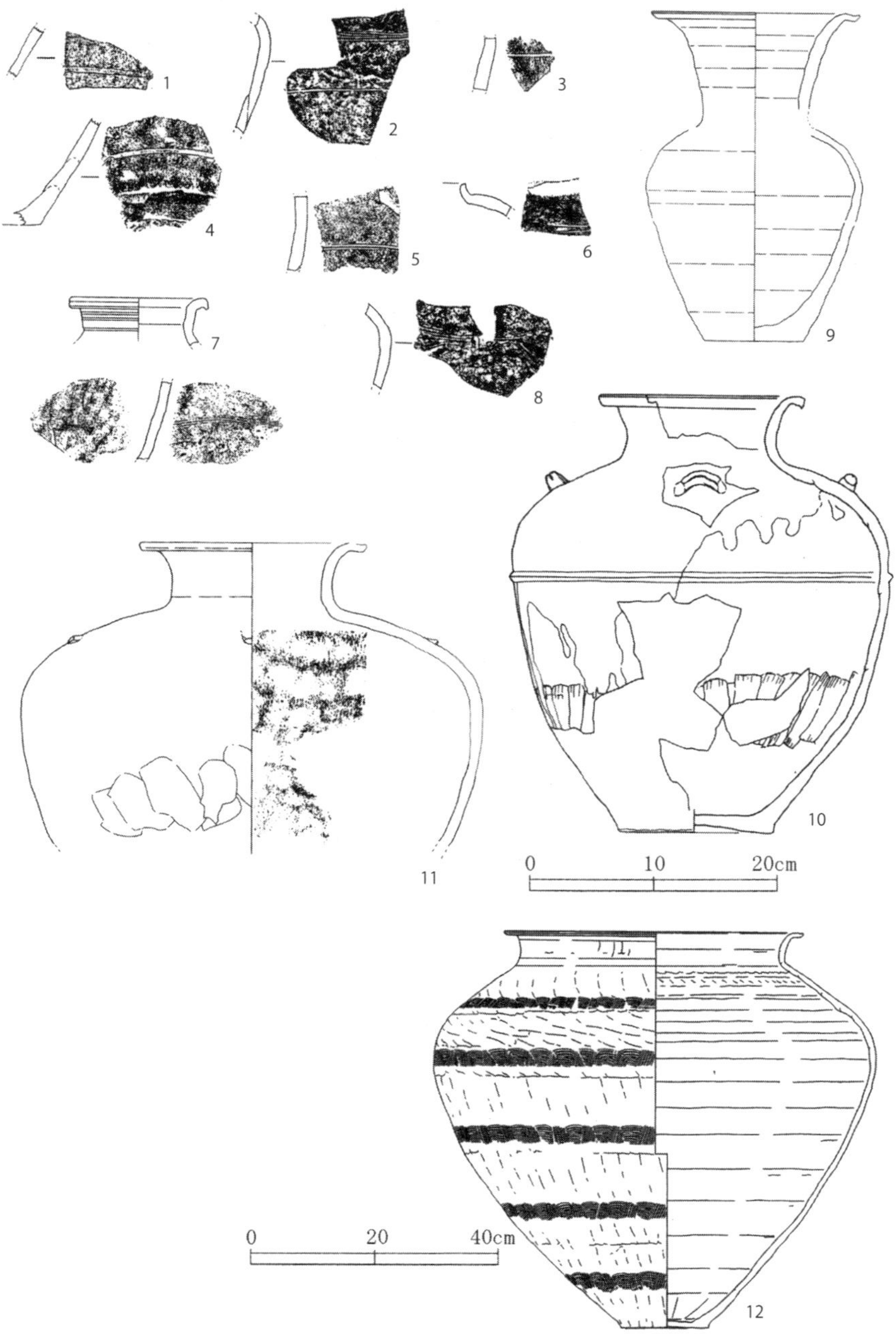

第13図　常滑　壺類と甕

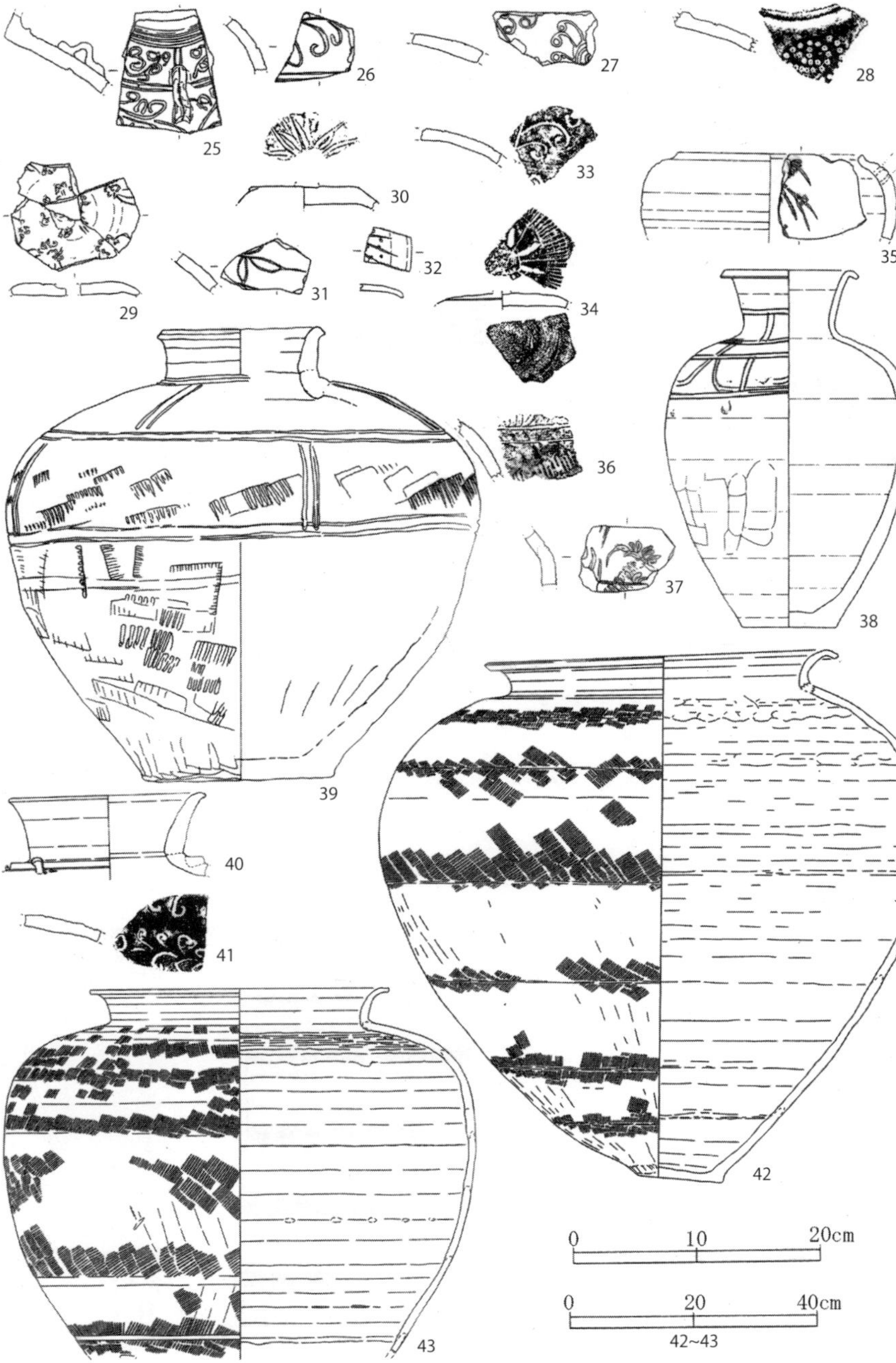
25
26
27
28
29
30
31
32
33
34
35
36
37
38
39
40
41
42
43
0
10
20cm
0
20
40cm
42~43
第14図　渥　美

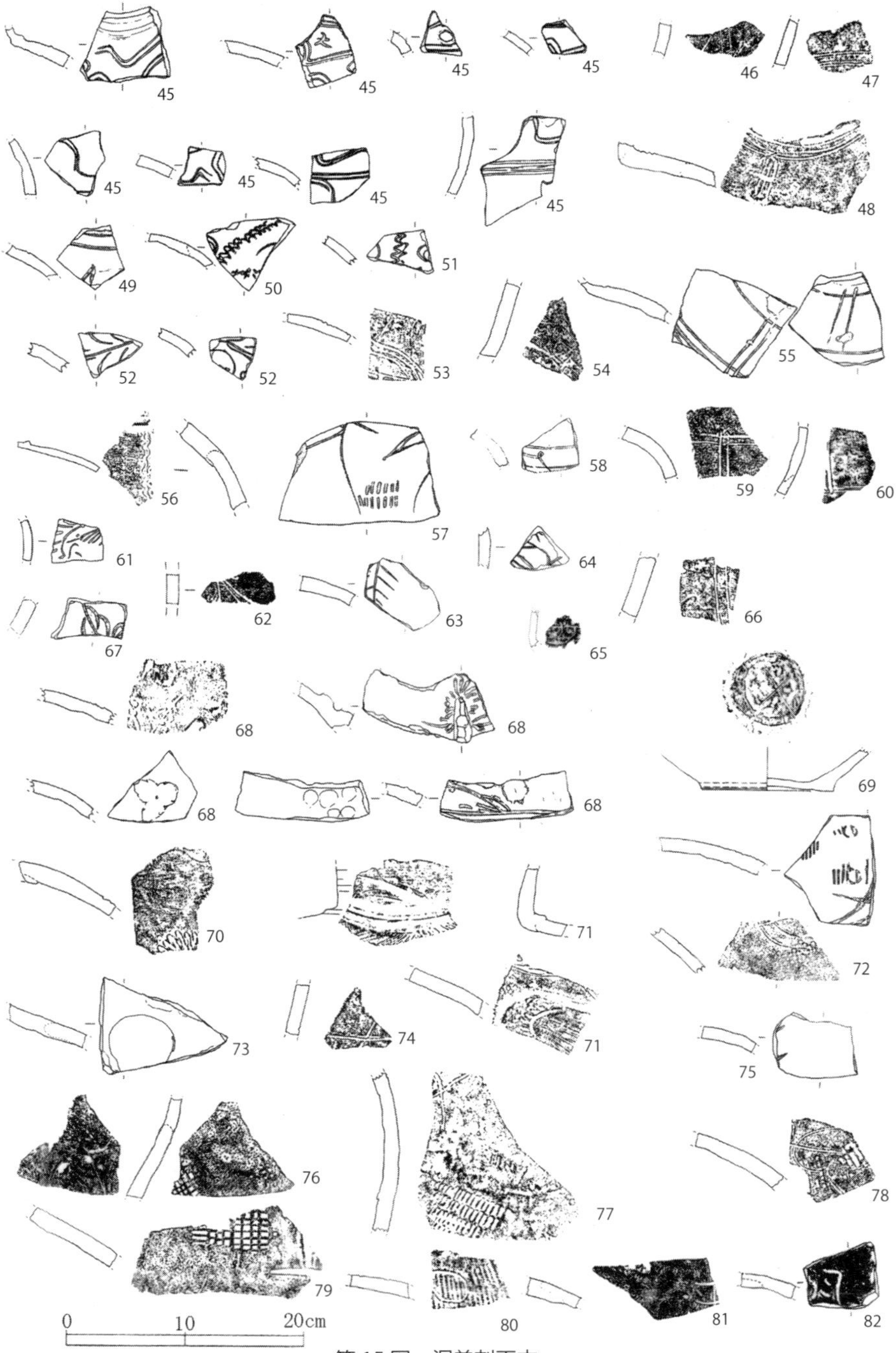
45
45
45
45
46
47
45
45
45
45
48
49
50
51
52
52
53
54
55
56
57
58
59
60
61
62
63
64
65
66
67
68
68
68
68
69
70
71
72
73
74
71
75
76
77
78
79
80
81
82
0
10
20cm

第 15 図　渥美刻画文

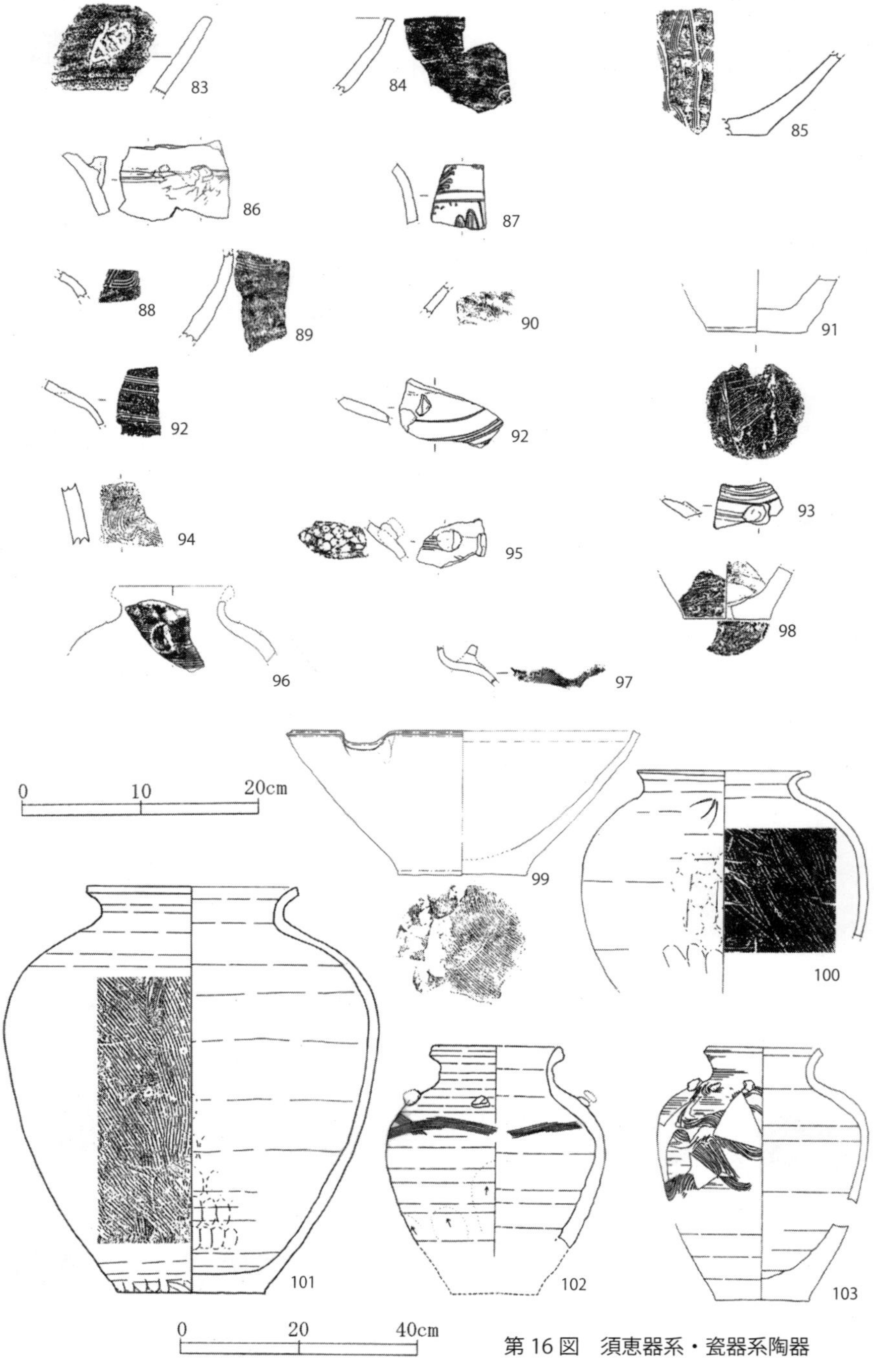

第16図　須恵器系・瓷器系陶器

第２表　国産陶器一覧

No.	種類	器種	部位	出土遺跡	備考
1	常滑	三筋文壺	胴	泉屋	細単線
2	常滑	三筋文壺	胴	泉屋	櫛目
3	常滑	三筋文壺	胴	衣関	櫛目
4	常滑	三筋文壺	胴	白山社	複線
5	常滑	三筋文壺	胴	毛越Ｖ	複線
6	常滑か猿投	三筋文壺	口縁	柳之御所	複線か
7	常滑か猿投	三筋文壺	口縁～胴	柳之御所	複線
8	常滑	三筋文壺	胴	毛越Ⅱ	複線
9	常滑	広口瓶	接合完形	柳之御所	
10	常滑	四耳壺	接合完形	泉屋	突帯付
11	常滑	四耳壺	口縁～胴	柳之御所	
12	常滑	大甕	接合完形	柳之御所	連弧文押印
13	常滑	三筋文壺	口縁～肩	柳之御所	複線
14	常滑	三筋文壺	頸～肩	柳之御所	櫛目
15	常滑	三筋文壺	口縁～胴	志羅山	櫛目
16	常滑	三筋文壺	胴～底	伽羅之御所	太単線
17	常滑	三筋文壺	胴～底	柳之御所	太単線
18	常滑	三筋文壺	完形品	金鶏山	太単線
19	常滑	三筋文壺	接合完形	志羅山	櫛目　風化
20	常滑	三筋文壺	接合完形	柳之御所	太単線
21	常滑	三筋文壺	口縁～肩	柳之御所	複線
22	常滑	三筋文壺	口縁～胴	志羅山	櫛目
23	常滑	片口鉢	接合完形	白山社	輪花　刻文
24	常滑	長頸瓶	頸～肩	志羅山	頸付け根に沈線
25	渥美	有耳壺	肩	柳之御所	唐草文　縦耳
26	渥美	刻画文壺	肩	柳之御所	
27	渥美	刻画文壺	肩	柳之御所	
28	渥美	刻画文壺	肩	柳之御所	突帯　竹管文
29	渥美	刻画文蓋	蓋	柳之御所	
30	渥美	刻画文蓋	蓋	泉屋	
31	渥美	刻画文壺	肩	柳之御所	紅葉文
32	渥美	刻画文蓋	蓋	柳之御所	
33	渥美	刻画文壺	肩	志羅山	唐草文
34	渥美	刻画文蓋	蓋	柳之御所	
35	渥美	小鉢	口縁	柳之御所	注口付
36	渥美	刻画文壺	肩	柳之御所	押印後に施文
37	渥美	刻画文壺	肩	柳之御所	藤の花か
38	渥美	袈裟襷文壺	接合完形	柳之御所	蓮弁文
39	渥美	袈裟襷文壺	完形品	金鶏山	
40	渥美	刻画文壺	口縁	柳之御所	唐草文
41	渥美	刻画文壺	肩	柳之御所	唐草文
42	渥美	大甕	接合完形	柳之御所	現存する渥美最大甕
43	渥美	大甕	接合	柳之御所	12 世紀前半
44	渥美	片口鉢	接合品	柳之御所	輪花
45	渥美	刻画文壺	肩	柳之御所	幾何学文
46	渥美	袈裟襷文壺	胴	柳之御所	縦位沈線
47	渥美	袈裟襷文壺	胴	柳之御所	
48	渥美	袈裟襷文壺	肩	柳之御所	縦耳
49	渥美	刻画文壺	肩	柳之御所	
50	渥美	刻画文壺	肩	柳之御所	
51	渥美	刻画文壺	肩	柳之御所	
52	渥美	刻画文壺	肩	柳之御所	唐草文か

No.	種類	器種	部位	出土遺跡	備考
53	渥美	刻画文壺	肩	柳之御所	ヘラによる施文
54	渥美	刻画文壺	肩	柳之御所	草花文
55	渥美	袈裟襷文壺	肩	柳之御所	
56	渥美	刻画文壺	肩	柳之御所	突帯付
57	渥美	刻画文壺	肩	志羅山	樹文か
58	渥美	刻画文壺	肩	志羅山	
59	渥美	袈裟襷文壺	肩	柳之御所	
60	渥美	袈裟襷文壺	肩	志羅山	
61	瀬戸	梅瓶	肩	泉屋	14 世紀
62	渥美	刻画文壺	胴	花立II	
63	渥美	刻画文壺	肩	柳之御所	木葉文
64	渥美	刻画文壺	肩	花立I	
65	須恵器系	刻文壺	頸	柳之御所	
66	水沼	袈裟襷文壺	胴	志羅山	
67	渥美	刻画文壺	胴	伽羅之御所	草花文
68	渥美	刻画文壺	肩	柳之御所	縦耳　貼花文
69	渥美	刻文甕	底	柳之御所	内底に刻文
70	渥美	刻画文壺	肩	柳之御所	菊座
71	渥美	刻画文壺	頸～肩	柳之御所	鳥貼花文
72	渥美	刻文甕	肩	柳之御所	刻文の一部
73	渥美	刻画文壺	肩	柳之御所	円形の貼花文剥離痕
74	渥美	刻文甕	胴	柳之御所	偶然ヘラが当たったものか
75	渥美	刻文甕	肩	柳之御所	刻文の一部
76	渥美	甕	胴	柳之御所	内面に木葉圧痕あり
77	渥美	刻文甕	肩	柳之御所	刻文の一部
78	渥美	刻文甕	肩	柳之御所	刻文の一部
79	渥美	刻文甕	肩	志羅山	刻文の一部
80	渥美	刻文甕	肩	柳之御所	刻文の一部
81	渥美	刻文甕	肩	柳之御所	刻文の一部
82	渥美	刻文甕	肩	柳之御所	月か風
83	瓷器系	刻文鉢	口縁	柳之御所	14 世紀　伊豆沼か
84	須恵器系	刻文鉢	口縁	柳之御所	
85	須恵器系	波状文鉢	体～底	志羅山	
86	水沼	有耳壺	肩	柳之御所	突帯付　縦耳
87	擬水沼	刻画文壺	肩	柳之御所	
88	須恵器系	波状文壺	肩	柳之御所	
89	須恵器系	波状文壺	胴	柳之御所	
90	須恵器系	波状文壺	胴	柳之御所	珠洲か
91	須恵器系	波状文壺	底	志羅山	静止糸切
92	須恵器系	櫛目文壺	肩	志羅山	櫛目が波状にならない
93	須恵器系	櫛目文有耳壺	肩	柳之御所	櫛目が波状にならない
94	須恵器系	波状文壺	胴	柳之御所	大型品
95	須恵器系	波状文有耳壺	肩	志羅山	
96	須恵器系	波状文有耳壺	肩	志羅山	
97	須恵器系	波状文有耳壺	肩	白山社	
98	須恵器系	波状文壺	底	志羅山	静止糸切
99	須恵器系	片口鉢	接合品	柳之御所	静止糸切
100	須恵器系	短頸壺	接合品	柳之御所	刻文
101	須恵器系	大壺	接合品	柳之御所	砂底
102	須恵器系	波状文四耳壺	接合品	志羅山	珠洲か
103	須恵器系	波状文四耳壺	接合品	柳之御所	

弁文壺、第15図46は水沼窯産の袈裟襷文壺である。

②刻画文

第14図40と41は、同一個体と推定される唐草文有耳壺。同31には、渥美大アラコ窯の製品同様の紅葉文が施されている。第14図29・30・32・34は刻画文が施された蓋。第15図45は半裁竹管による幾何学文が施された有耳壺で、「大」の文字が見える。同68は三つ葉のような貼花文の剥離痕跡を有する縦耳壺破片であり、剥離痕跡の中央に点が認められることから、前もって貼花文の位置を決め、バランスよく配していたらしい。同71は鳥の羽を貼花した壺。第14図35は刻画文が施された注口付鉢であり、注口の付け根には菊座が描かれている。

③刻文系

刻文も全体が分かるものは少ない。第12図23は片口鉢外面に「M」状の記号を櫛書きしたもの。第16図83は一四世紀前後の鉢破片だが、内面に花押状の記号が描かれている。

④突帯文系

第16図86は宮城県石巻市で発見された渥美系の水沼窯の突帯付有耳壺。第13図10は常滑突帯付横耳四耳壺である。

⑤波状文系

波状文系刻画文陶器には、直線的で波状を示さないもの、起伏の少ない波状のもの、起伏の激しいものがある。底部は、静止糸切りの後ヘラで調整されている。珠洲と確実視できる破片は少なく、産地不明のものが多い。

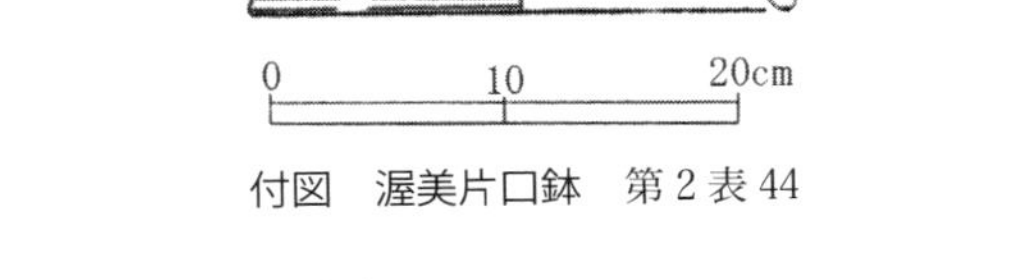

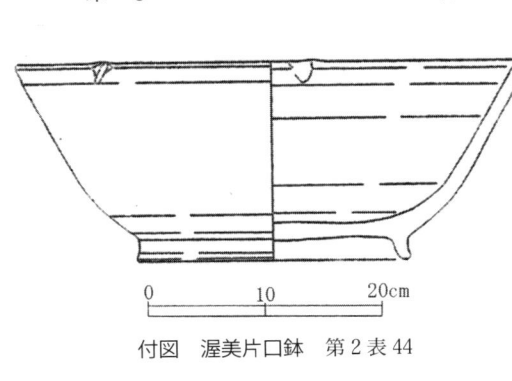

付図　渥美片口鉢　第2表44

5 小結

(1)概観

国産陶器は、常滑窯産と渥美窯産で9割以上を占め、残りに猿投窯産や水沼窯産、産地不明の須恵器系や瓷器系陶器が含まれる。年代観としては、一二世紀前葉から始まり後半にピークがあり、一三世紀になるとその数は、明確には示せないものの1／1000以下にはなる。

器種は、甕が最も多く、常滑窯産と渥美窯産を合計するならば、200個体に迫るだろう。その中でも器高50チセン以上の大甕が多いことが特徴といえる。次に片口鉢そして壺類と続く。広域に流通しない山茶椀や小皿が、一定量含まれているのも、甕や壺などが大量に運ばれたことに付随してのことであろう。この概観は、現在も変わらない。

(2)花立窯跡

①中世陶器窯業史における意義

花立窯跡は、中世窯業の黎明期ともいえる一二世紀第1四半期に、愛知県の渥美窯の工人が来て造られたものであった。一二世紀第1四半期とは、猿投窯が中世陶器窯へと転換し、常滑窯や渥美窯が興ったその時期である。そのため灰釉陶器からの流れを引く椀は、精緻に作ることができても、甕はいまだに技術が安定しておらず、片口鉢にいたっては試行錯誤というよりも模索の段階であった。

技術的には、甕と片口鉢ともに稚拙なのだが、両者を比較すると甕の方が一歩前進している。その理由は、甕が古代から存在すること、片口鉢がこの花立窯跡から制作され始めたことによる差異と考えている。もう一つ重要なのは、花立窯跡の片口鉢がシンゼの変形版だということである。あれだけ大きなシンゼならば、粘土紐を輪積みしていけば、間違いなく大甕になろう。つまり片口鉢は、大甕を制作する過程において、シンゼを変形させることによって生まれたもの、もしくは逆に大甕の成形が、片口鉢を作る過程で可能になったということも考えられる。花立窯跡では、大甕が生産されずに片口鉢が先行していることを勘案すると、後者であることは疑いないだろう。

しかし後には、甕も片口鉢も成形技術が安定し、甕は成形台からの剥離剤として砂を用いた砂床と下胴部は縦ヘラケズリ、片口鉢は砂床と灰床と下胴部は横ヘラケズリ、というように技術が分岐していく。甕に灰床がほとんど見られないのは、大型になり片口鉢に比べて成形に時間がかかることによって、灰床では台に密着してしまう可能性が高いからである。また下胴部のケズリ調整が縦横と異なるのは、回転台を使用しているか否かの差と考えられる。

おそらくこの頃の窯跡が極端に少ないことに起因しているのだろうが、このような甕や片口鉢が出土する窯跡は、愛知県、というよりも全国でもまったく知られていない。すなわち現在のところ花立窯跡は、甕や片口鉢を生産する最古の瓷器系中世陶器窯といえるのである。花立窯跡の出土遺物は、中世窯業の成立を考えることができる資料として重要であり、一二世紀後半から爆発的に展開する常滑窯や渥美窯の隆盛をみるならば、さらに様々な方向から検討しなければならないものであろう。また窯業の中心ではない平泉から発見されたことは、陶器生産に限らず様々な技術伝播が、中世初期においては政治権力の介在をなくしてはありえないことを如実に物語っているのである。

大椀は、灰釉陶器の流れを引く工人が、片口鉢の代替品として作成したものだと考えている。おそらくはこの窯の工人は片口鉢を作るよりは容易に成形できたのだろうが、のちの片口鉢と比較して、底部切り放しが糸切なため砂床よりも手間がかかること、椀の延長にあるため器壁が薄くなり大型には作れないこと、やはり同様の理由から潰したり擂ったりこねたりするには耐久性に欠けること、高台が椀同様なため高く弱いこと、などからこの器種は一気に衰退したものと推定される。

口縁部を水挽き状にしたものが何点かあったのは、大型椀を作ろうとした苦労の痕跡である。また高台の切離痕跡は、椀の高い高台を切ることによって耐久性を持たせようとした結果とも考えられる。片口部分が小さく弱々しいのは、初めて片口を付けたため、すなわち試行錯誤の段階だからであろう。報告書の作図について苦言を呈させていただいたのは、片口鉢の片口とは成形が異なるという点からであった。また乾燥の仕方が、正位逆位ランダムなこと、椀に比べて法量の均一性が低いことも、成形技術が安定していないことの表れと考えている。窯の遺存部分による可能性もあるが、大椀がこの窯において最も点数が多いという事実は、片口鉢の需要が高まっていること、つまり社会が中世的な生活様式へ変化していることを示しているのだろう。

整理すると、花立窯跡から判明した中世陶器窯の展開は、片口鉢から大甕の生産へと続き、片口鉢の成形が安定すると大椀は消滅する。すなわち大甕と大椀は共存しないことも予想できる。また古代的な灰釉陶器椀の流れが大きく変化する片口鉢と大甕の出現こそが、中世的な生活様式への完全な移行を示しているのかもしれない。いずれ大椀は、中世陶器窯へと移行する時期の資料のメルクマールとなる可能性がある。今後、大椀が愛知県で発見されることを期待したい。

最後に指摘しておきたいのは、刻画文が皆無なことである。水沼窯跡に刻画文に含まれる袈裟襷文壺があったところから、刻画文が施され始めるのは、一二世紀第2四半期である可能性が高い。

②平泉研究への示唆

また平泉という空間を考える上でも花立窯跡は、大きな示唆を与えている。少なくとも花立窯跡周辺には、重要な施設が設けられていないことは確実であり、以前から論じられていたことだが、この頃は中尊寺と柳之御所遺跡を結ぶラインが平泉なのである。その様相は、館と宗教施設の集まりとでもいうべき状態であり、都市と呼ぶにはほど遠い。

窯を開く場所は、当然ながら地勢や燃料の確保などの自然条件が折り合わなければならないが、窯業地でもない平泉の中において選定する地には、間違いなく政治的な意図が隠されていると考えている。そもそもはるばる愛知県から渥美窯の工人を連れてきている事自体が、パフォーマンスといえる。花立窯跡の位置は、中尊寺と柳之御所遺跡を結ぶラインの南側に位置し、おそらくは当時の平泉の南限といえる。そして近隣には、花立山と金鶏山の裾野同士が作り上げた谷筋が、南北に通っていた。すでに指摘されていることだが、この谷筋こそが当時、東北地方を縦断していた最重要幹線である奥大道ではないかと考えられているのである［羽柴 二〇〇一］。この説は、花立窯跡がこの位置から発見されたことにより、更なる傍証を得たといえる。

一二世紀第1四半期に常滑窯に先駆けて渥美窯の製品が、平泉に入ってきていることは以前に述べている［八重樫 二〇〇三］。また渥美窯製品がいち早く導入された理由については、王朝国家期の寺院を造る平泉藤原氏と、古代猿投窯にも通じる施釉と刻画文の技術を有する渥美窯との間に、共通点があることを中心に論じてきた［八重樫 二〇〇二b］。しかし今回の施釉や刻画文を施した陶器を生産していない花立窯跡の発見は、そのような技術を有する前の渥美窯とすでに平泉が関わりがあったことを明確に示している。

もはやこの渥美窯工人の移動は、平泉藤原氏の政治的な吸引力によるものとしか考えられない。渥美半島のどの辺の工人が来たのかは分からないが、一二世紀中葉に参河守に任ぜられた藤原顕長と平泉の関係が指摘されていることから［菅野 一九九四］、そのような政治的な間柄がさらに遡る可能性もあるだろうし、また伊勢神宮領もあることから別の権門とのつながりも読み込めるのかもしれない。いずれ平泉藤原氏は、有力者から情報をもらい、またその仲介を経て、花立窯構築にたどり着いたのであろう。

ここまでの考察により、黎明期の渥美窯に平泉藤原氏が深く関わっていたことは、疑う余地がない。というよりも渥美窯の成立自体に平泉藤原氏が、関与していた可能性も考えられるのである。確証はないが、施釉や刻画文を施した製品を求めたのも平泉藤原氏であったかもしれない。多彩な刻画文壺が、平泉から多数出土する現状から、完全否定はできないのではないだろうか。

③陶器窯を希求する意味

最後に考えなければならないのは、なぜ窯が必要なのかということについてである。近年、南北の境界論が盛んだが［法政大学 二〇〇九］、似て非なる両境界には、年代が異なるものの九世紀後半からの五所川原須恵器窯跡［五所川原市教委 一九九八］と一一世紀からのカムイヤキ古窯跡［安里 二〇〇六］が展開している。この両窯跡が成立した背景を考察しているものは多くはないが、当然ながら焼き物に価値を見出したことだけは疑いない［飯村 二〇〇九］。これらの焼き物が、特に五所川原須恵器窯の場合は須恵器が古代官衙の使用物という点から、威信財［小野 一九九七］であったことは確実であり、焼き物を生産する窯を有するということは、おそらくかなりのステータスだったのだろう。すなわち平泉藤原氏初代清衡は、平泉建設にあたって、館や寺院の建設といったハード部分の整備だけではなく、威信財を生産することができる陶器窯を構築することによって、ソフト面も整えようとしていたと考えている。

前九年・後三年合戦を絶妙なバランス感覚で生き抜いた清衡は、常に京都を警戒しており、そのためには情報も収集していたに違いない。その中に黎明期の渥美窯も含まれていたのだろう。元々は五所川原須恵器窯の再興を考えていたのかもしれないが[5]、結果として目新しい中世陶器窯である渥美窯が選択され、そののち渥美半島の窯業は平泉藤原氏と同様の隆盛を極め、また衰退していくのである。

しかし花立窯は、生産に失敗した。その理由は精緻な椀を見る限り、成形技法というよりも耐火度と可塑性の低い粘土によるものであろう。この頃は渥美窯本体もそれほど生産力はなく、常滑窯も同様であり、国産陶器はほとんどないといっていい。そのため二代基衡は、平泉ではない北上川の河口に再び水沼窯を構築したのである。水沼窯製品は、平泉のほかでは多賀国府域とも考えられている宮城県多賀城市新田遺跡［多賀城市埋文 一九九〇］、あとは平泉藤原氏の直系が営む岩手県央の紫波町比爪館跡とその周辺のみからしか出土していない。(6) いかに水沼窯製品を有することが、重要な意味を秘めていたのか一目瞭然である。

しかしこの頃から愛知県産陶器は生産力が上がってくる。一二世紀も後半になるならばその流通は、陸奥一円に広がっている。もはやこの頃には、自ら生産する意義はなくなり、威信財としてより新しい、より高価なものを買い求めるようになっていったのである。

(3) 刻画文陶器

三筋文が、櫛目文⇒複線文⇒単線文と一二世紀の内に変化していくことは、すでに論じられている[中野 一九九〇]。しかしながら『愛知県史』においても三筋文壺の編年は、積極的には論じられていない[愛知県 二〇一二]。それは形態がバラエティに富んでいることに起因している。以下では消費地である平泉からみた流れを示す。

形態的に最も古いと推定される三筋文壺は第12図15であるが、頸部の接合部分に常滑甕1b形式に認められる手びねり痕跡が残るなど、一二世紀中葉の様相を示す。また複線と単線で、三筋文壺の8割を占めるが、平泉の常滑甕で最も多いのが、2形式であることから、これらの三筋文壺も同様の時期と推定される。最後に、釘のような工具で施された細い単線のものでは、猿投と推定される第13図7が柳之御所遺跡の最終遺構から出土していること、またわずかに数点しか確認されていないことから、平泉藤原氏の吸引力が急速に弱まる滅亡直前の一二世紀第4四半期に出現すると考えている。

柳之御所遺跡は調査面積4万2555㎡から149個体、志羅山遺跡は1万7532㎡から40個体の刻画文陶器が出土している。前者は286㎡/点、後者は438㎡/点となり、柳之御所遺跡が1.5倍程度多く出ていることが分かる。内容にも差異がある。柳之御所遺跡では波状文壺が9個体しかないにもかかわらず、志羅山遺跡は13個体もある。

波状文壺は、白磁壺類や常滑や渥美の壺類に比べて、その色相から観賞価値が低いと考えられる。よって波状文壺は、壺としての機能を重視して持ち込まれたというよりも、内容物を入れた容器として搬入されたと推定している。その壺の比率が高いということは、主要な産地である日本海域の物資が志羅山遺跡に集積されていた可能性が高い。

一二世紀の壺がこれほど多数出土する生活遺跡は、他にはない。一三世紀になるとこれらは姿を消すことから、平泉藤原氏が好んでいたことは疑いないだろう。ではこの壺の用途は何であろうか。

平泉からは大量のかわらけが完形品で出土することが多い。これらは宴会を行った後の一括廃棄と考えられている。宴会を行うためには、大量の酒が必要であり、いまだ桶のない時代、常滑や渥美の大甕は酒造には最適である。しかしながら大甕は、内容物を入れるならば移動は不可能となる。そこで酒を小分けにし移動可能にするものが、壺の役割と考えられる。

当時の宴会は、儀礼を伴うものであり、そしてそこは座席の位置によって上下関係を明示する序列の確認と合意形成を図る場である[飯村 二〇〇九]。その宴会において壺は、酒器として重要な役割を担った。酒を満たした壺は、参集した人々には権威の象徴として映ったはずだからである。すなわち宴会の主催者は、より美しい高価な壺を酒器として使用することにより、自らの威信を参集者に示したのであろう。刻画文陶器は、それらの役割を担うのにうってつけのものだったのである。

（1）渥美坪沢1号窯では20度～23度、2号窯では22度～30度、3号窯では13度～25度、鴫森1号窯（ＳＹ1）では10度弱から16度ほど、2号窯（ＳＹ2）では20度～30度、3号窯（ＳＹ3）では10度弱～15度である。対して常滑鎗場御林古窯[常滑市教委 一九八五]でも、概して20度前後～30度ほどであり、造られた年代にもよることは十分に考えられるが、渥美・常滑両窯の焼成室の傾斜に、それほどの差異は認められない。ただし分炎柱の焼成室側が平坦であったり、低くなっている傾向は、渥美窯に多い[小野田・赤羽 一九七七]。

（2）甕と壺の分類には、常に主観的な曖昧さがつきまとっている。しかし本稿では、口縁が外反し、肩部が口縁と同等かそれ以上に張り出し、底径が口径よりも小さいものを甕としている。また花立窯跡からの出土資料は、押印が施されていることからも、甕とすべきである。

（3）大椀について報告書では、「東海地方では大山茶椀と呼び得るもの」としているが、管見に触れる資料はなかった。ただし渥美窯製品の未報告資料の中に存在する可能性がある。

（4）静岡県石室寺経塚から一一二六年銘の銅製経筒が出土しているが、この経筒が収められていた外容器の小甕が渥美製品であった。実見したが、肩部に灰釉がかけられ格子状の押印がランダムに施文されるこの小甕は、管見に触れる渥美の甕では最古の紀年銘資料である［愛知県陶磁資料館 一九九六］。

（5）秋田県払田柵跡や大鳥井山遺跡、平泉町柳之御所遺跡などで出土している須恵器甕破片が、五所川原須恵器窯のものではないかという指摘は以前からあった。同時期の土師器がほとんど出土せず、また須恵器自体が接合されることが少ないことから、その須恵器甕破片は破片の状態で持ち込まれているのではないか、という論が近年示されている［横手市教委 二〇〇九］。

（6）羽柴直人が比爪館跡出土遺物の再整理を行い、見出している。また1点であるが縦耳が付く水沼窯製品が、平成二一年度に調査された比爪館跡の周辺に広がる南日詰小路口Ⅰ・Ⅱ遺跡からも出土している。

第3章　かわらけ

1　種類と器種構成

かわらけには、土師質土器など別称もあるが、本稿においては『枕草子』に倣いかわらけで統一する。(1) また古代の土師器がかわらけに変化する画期については、器形が大型坏のみから大型小型坏に変化する一〇世紀中葉とする[井上二〇一〇]。

かわらけは、成形にロクロを使用するか不使用かによって、ロクロかわらけと手づくねかわらけに分けられる。ロクロかわらけは官衙の土師器からの系譜上にあり、手づくねかわらけは京都系の技術といえる。器形は、坏型大小、椀型大小、皿型大小、扁平なコースター状の内折れかわらけ、器台状の柱状高台、以下はごく少数の特殊な器形の鉢、古代の箸置に似る耳皿、内面を黒色処理した内黒坏などである。かわらけの使用例としては、地鎮具、宗教用具、燈明皿、漆等のパレット、まじないとして破却するもの、宴会儀礼に伴い一括廃棄されるものなどがある。

2　年代観

一一世紀後半以降のかわらけは、官衙の土器の流れの延長にあるロクロ椀型かわらけ大小段階から、ロクロ坏型かわらけ大小と手づくね皿型かわらけ大小、ロクロ皿型かわらけ大小と手づくね皿型かわらけ大小へと変化する。年代観としては、一二世紀初頭のロクロかわらけのみの段階、一一五〇年前後、一二世紀中葉のロクロ坏型かわらけ大小と手づくねかわらけの技術が搬入される段階、その後のロクロかわらけが急速に皿形に変化し、さらに手づくねかわらけに席巻されていく段階へと移行する。

平泉のかわらけの編年研究に関しては、羽柴直人によるロクロかわらけを中心とした一二世紀全般の編年案［羽柴二〇〇二］、及川司による一一〜一二世紀かわらけの2期区分による大別案［及川二〇〇三］が示された。その後、羽柴は6区分に分けた詳細な編年試案を示している［羽柴二〇一二］。そしてこれらを包括する形で、井上雅孝が4期に分けた編年を構築している［井上二〇一〇］。

6時期の分類は、平泉藤原氏の当主である清衡、基衡、秀衡をそれぞれ前後に分けたもので、4時期分類は一二世紀を四半期に分けたものである。細分化できることが理想ではあるが、一括廃棄の完形かわらけを見れば、6時期分類はもとより4時期分類でさえ、前後の両時期の形態のものが少なからず交じり合っている。この状況から現在は、3時期分類が限界ではないかと考えているが［八重樫二〇一一e］、以下では井上の4分割編年を使うこととしたい。

3　京都と鎌倉との比較

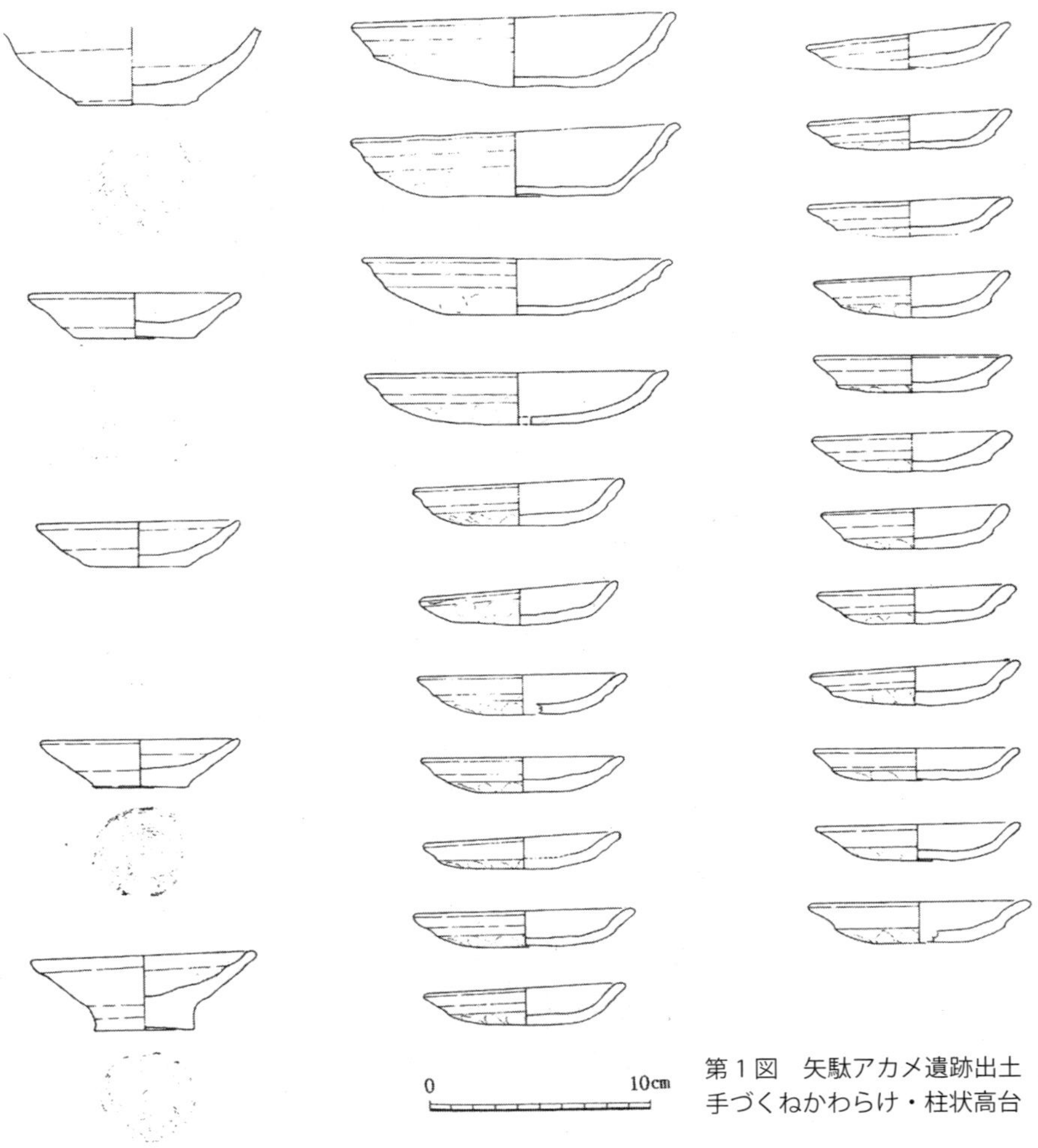

第１図　矢駄アカメ遺跡出土手づくねかわらけ・柱状高台

（1）京都からみた平泉のかわらけ

　手づくねかわらけの技術は、平泉にどのようにして伝わったのであろうか。かつては、京都産と考えられるかわらけが平泉から出土していないことから、かわらけ自体がもたらされたのではなく、技術すなわち工人が移動してきたと考えていたこともあった［八重樫一九九九c］。

　興味深い手づくねかわらけが、一九九五年に調査された石川県矢駄アカメ遺跡から出土している［石川埋文 一九九八］。柱状高台やロクロ小皿とともに大小手づくねかわらけが、23点発見された。京都編年や共伴した柱状高台から一二世紀前半に位置づけられる資料であるが、これらの形態は京都のか

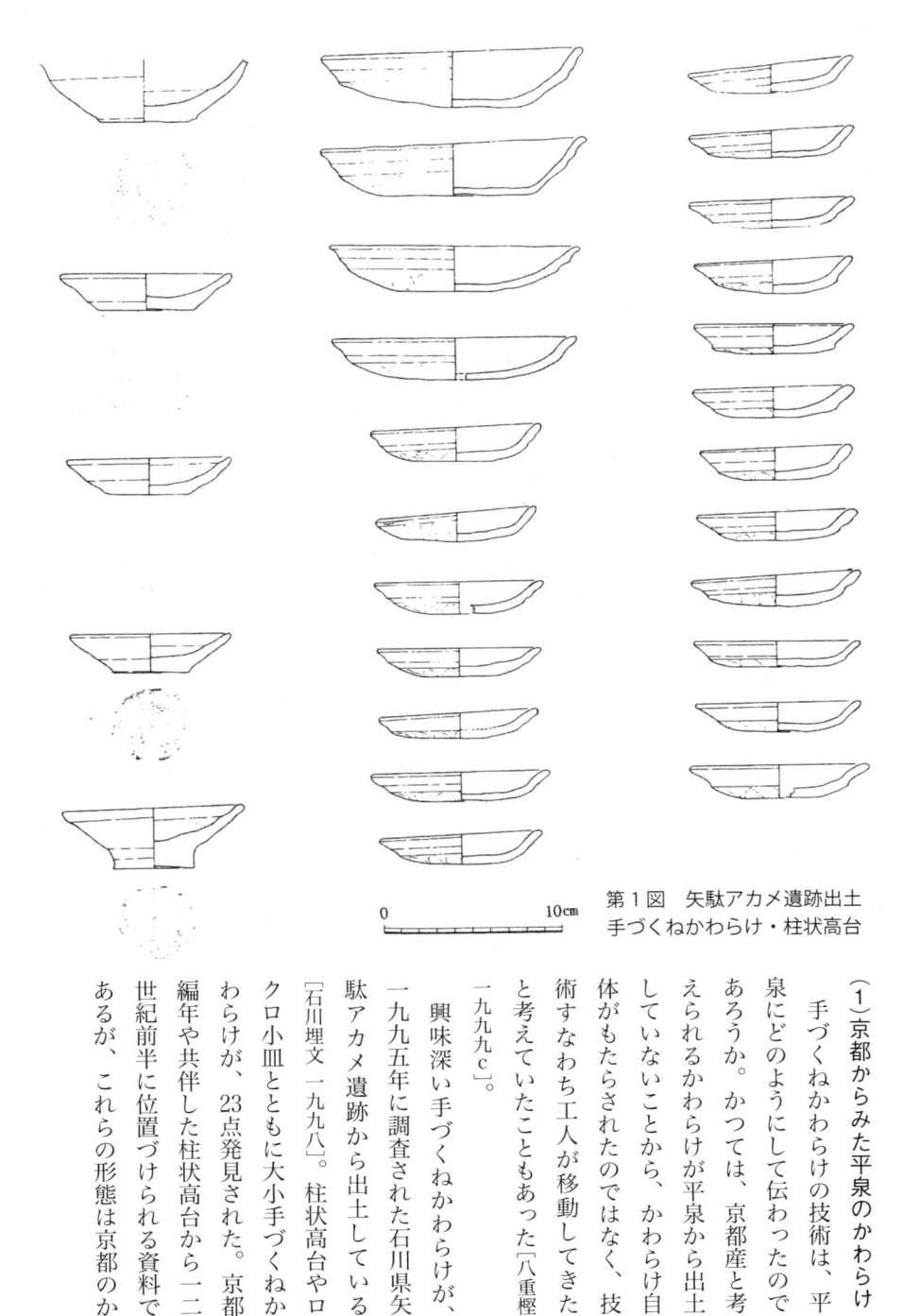

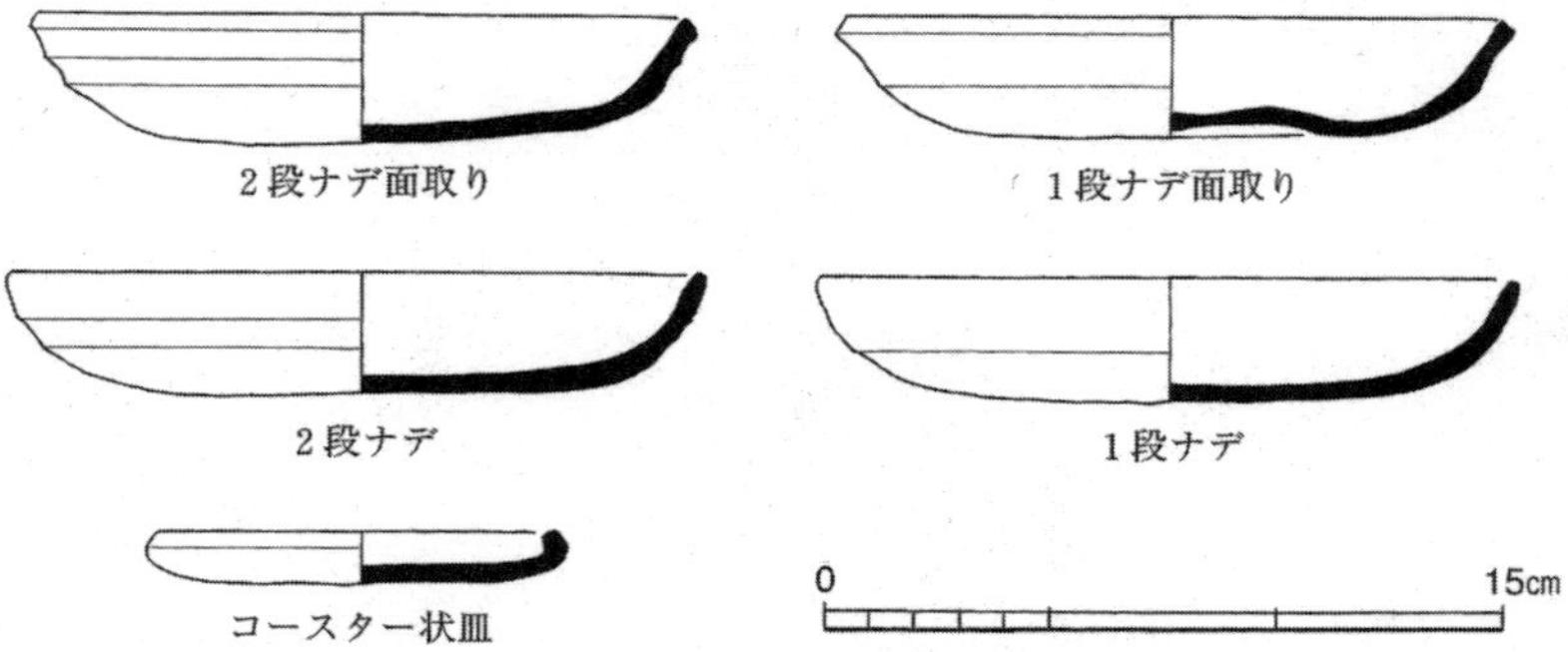

第2図　京都　12世紀後半のかわらけ

わらけに非常に類似したものであった。胎土が異なるため容易に京都産ではないと判別できるが、実測図では区別することは難しい。京都周辺であればこのような事例は多いが、距離が離れた石川県から発見されたため非常に驚いた。まさしくこの事例は、京都からかわらけ工人が移動した事例であろう。このかわらけは、京都のかわらけの一次模倣型であり、洛南の深草周辺の工人が移動した可能性がある[伊野一九九八]。

この遺跡の発見で明確になったことは、京都の工人が移動したのであれば、胎土は異なるかもしれないが、形態は間違いなく京都のかわらけに非常に近いものになるという、当然のことであった。ということは、すなわち平泉や源頼朝の流刑地である伊豆韮山、鎌倉のかわらけ工人は、京都から直接来たものではないということになる。

この問題に関し数多く言及しているのが、中井淳史である[中井二〇〇三]。中井は、器壁の厚さが決定的に異なっていることを指摘している。京都かわらけの厚さは、3～4ミリ前後で推移していくのに比べ、平泉かわらけの厚さは5ミリ強、韮山と鎌倉のかわらけの厚さは6～7ミリ前後にも及ぶという。京都から工人が移動したのであれば、このような差異が生まれるはずはなく、中井は在地のロクロ工人が再編されて手づくねかわらけを作っているとした。

この器壁の相違は、指摘のとおりであり、研究者の間では共通認識となっている。さらに感覚的な部分も多く含まれるが、色合いと質感も異なる。色合いは、京都かわらけは白色に近く、平泉は灰白色から肌色、韮山は肌色から橙色、鎌倉は橙色から赤褐色といった具合に、大きくは白色から赤色に変化していく様相が見て取れる。質感は、京都かわらけが硬質なのに対し、平泉と韮山、鎌倉のものは、やや軟質である。このように京都と他地域のかわらけは、極論するならば識別はそれほど難しくはない。

中井はさらに重要な指摘をしている。口縁部のナデ技法にも違いが見られるというのである。平泉では上段ナデを強調する傾向が強く、鎌倉では逆にナデの境界部分への意識が強いという。そしてこれらは京都のかわらけには見られない特徴であるとし、器壁の問題も含めると、京都からかわらけ工人が下向し、生産の中核を担った可能性はまず排除してよいとする。そのうえで、京都かわらけの模倣という点で不完全なかわらけがそれぞれの地で大多数を占めていることを想起したとき、生産の中心となっていったのは在地の土器工人とみて間違いないと断ずる。

そして最後には、平泉と韮山、鎌倉間での模倣や影響関係の有無についても言及している。つまり地方から地方への工人の動きがあったかのかどうか、ということだが、平泉は一二世紀後半、韮山と鎌倉は一三世紀前半の京都かわらけの口縁部形態に近いことから、導入時期が異なるとし、さらに口縁部のナデにもそれぞれ相違があることから、工人の移動ではなく、各々の地域独自の動向としてとらえるべきであるとした。

(2)鎌倉、大倉幕府周辺遺跡で発見されたかわらけ

良好なかわらけ一括資料が、大倉幕府周辺遺跡の二階堂荏柄38番2地点から、何例か発見されている[斉木 二〇一二]。鎌倉のかわらけは、一括廃棄を「かわらけ溜り」と呼ぶことが示すとおり、窪地のようなところに捨てられることが多いわけだが、この資料は意外にも井戸跡から出土している。鎌倉ではあまり例のない出土状況であり、そのため一括性は非常に高い。

それら井戸跡への一括廃棄の中、最も古いと考えられるのが、遺構769である。口径が120センチの円筒形の素掘りの井戸跡から、常滑と渥美の甕破片とともにロクロと手づくねかわらけが多数出土している。実測図が掲載されているもの

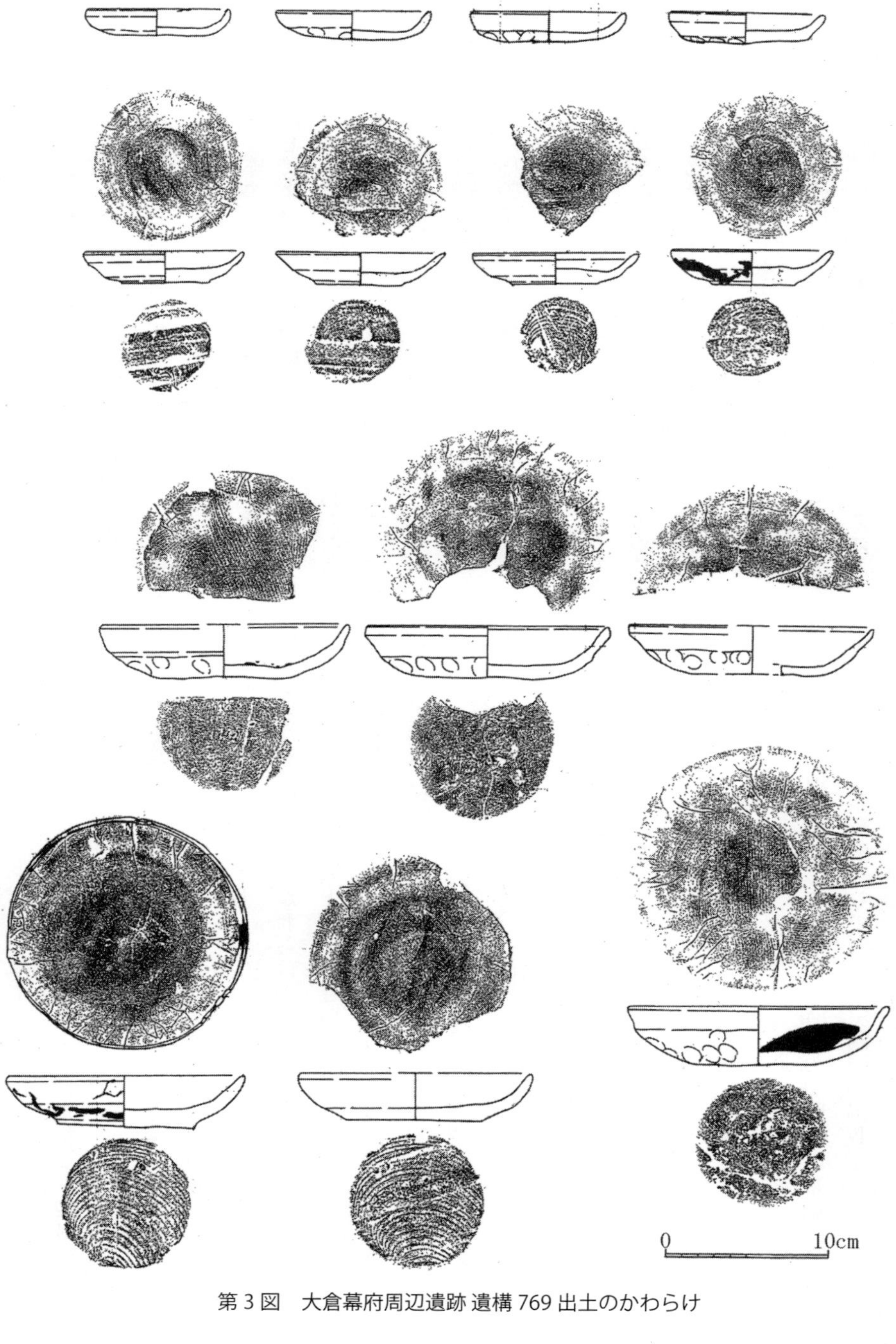

第 3 図　大倉幕府周辺遺跡 遺構 769 出土のかわらけ

は、ロクロ小型35点、ロクロ大型5点、手づくね小型17点、手づくね大型7点であり、すべての色合いは平泉でよく見かける灰白色であった。ロクロ小型は底径の小さいものが多く、一二世紀でも中葉の様相を呈するが、内底にナデが施されるものや外底に板状圧痕が認められるものがある。対してロクロ大型は、比較的底径が大きく一二世紀後半のタイプであるが、やはり内底ナデや板状圧痕が認められる。

手づくねかわらけはすべてが一段ナデであり、小型は9㌢、大型は15㌢を超える口径のものがある。また内底には、平泉と同様のササラ状工具によるナデ目が施されている。平泉の編年観でいえば、一二世紀第3四半期の手づくねかわらけといえる。

このかわらけを検討する研究会が、平成二四年に開催されている〔鎌倉遺跡調査会 二〇一二〕。会場には、平泉、韮山など多くのかわらけが集められ、現物を見ながら会は進められた。

第一に確認したのは、この資料が鎌倉では最古のかわらけ一括廃棄であるということである。鎌倉の研究者からは、「この資料よりも古いかわらけが出土している」などの声も聞かれたが、かわらけの場合、1点1点を抜き出して議論しても、そのバリエーションの多さからあまり意味はない。いうまでもなくかわらけの編年研究には、一括廃棄資料の形態の差異と組み合わせを整理していくことが最も有効である。そして一括資料という点でこの資料よりも古いものは、鎌倉では見つかっていない、ということについて、憮然とした表情の方々もいたが、概ね合意できたと感じた。現実に、報告されている一括資料には、この資料よりも古いと考えられるものは、皆無といえる。

次には年代観である。鎌倉で最も古いとなれば、基本的には源頼朝が鎌倉に入部した一一八〇年を上限とすべきと考えるが、ここでも鎌倉の研究者から異論が出た。「一括廃棄資料ではない少数資料だが、間違いなくこれらよりも古いものが存在する」というのである。事実としてそのような資料は、わずかに認められるわけだが、遺構769のバリエーションの範疇に入る可能性もあることから、現在のところはこの資料は一一八〇年とするべきと考えている。

(3)大倉幕府周辺遺跡のかわらけによって判明したこと

京都産と考えられるかわらけは、鎌倉で最古と考えられるこの一括資料の中にも含まれていなかった。この様相は平泉も同様である。現在までに400箇所以上の発掘調査が行われているにもかかわらず、京都のかわらけが見つからないという事実は、平泉にも鎌倉にも京都からかわらけが運ばれてきていないということを示している。

一一八〇年ごろの平泉の手づくねかわらけは、口径は13チセンほどにまで小さくなっているし、歪みなども著しい[井上二〇一〇]。対して大倉幕府の手づくねかわらけは、口径は15チセンほどもあるし、何よりも精緻に作られている。この様相から中井の指摘どおり、平泉から鎌倉への技術移入がなかったことは確実といえる。しかしながらこの時期の京都のかわらけの口径は、14チセンほどしかない[中井 二〇〇三]。つまり鎌倉最古のかわらけは、京都のかわらけの大きさとも一致しないのである。

器種構成にも興味深い部分が認められた。大倉幕府周辺遺跡の資料は、小型かわらけが非常に多いのである。東北地方のかわらけ編年で小型が大型を凌駕する時期は、かわらけが大量に使われ始める一二世紀初頭前後といえる。鎌倉でかわらけが大量に使われ始める時期の器種構成が、半世紀以上も前の平泉のそれと類似することには、どのような解釈がなされるのか。

また廃棄状況であるが、平泉の場合、一二世紀中葉までは土坑などに廃棄せずに、平坦面に捨てられることが多い。それが後葉になると土坑や井戸に廃棄される例が大半を占めるようになる。この状況からも大倉幕府周辺遺跡の例は、一二世紀後葉ということができよう。類似した一括廃棄事例が、鎌倉において今までほとんどなかったという事実からは、この時期の遺構が今まで発見されていなかったということも見えてくる。

韮山では、良好なかわらけ一括資料に恵まれていないものの、大倉幕府周辺遺跡のかわらけよりも若干年代的に下る資料が発見されている［池谷 二〇〇八］。様相的には鎌倉と非常に類似していることから、調査が進展すれば同時代の資料が発見されるのは時間の問題といえる。

（4）考　察

①かわらけ導入期の器種構成

平泉の器種構成は、一二世紀第1四半期から第2四半期はロクロのみであり、小型が多数を占める状況から徐々に大型が多くなってゆく。第3四半期になると手づくねかわらけが導入されるが、やはり大型が多い。第4四半期も大型が多いが、ロクロかわらけはほとんど見られなくなる［井上 二〇〇九］。

対して大倉幕府周辺遺跡のかわらけは小型が多いのである。この点も平泉の同時期の様相とは、明確に異なる。鎌倉のかわらけもこののちは大型が多くなっていく状況が見て取れるのであるが、かわらけ導入期から最盛期に向けての大小の組成の変化が同様ということは、実年代には半世紀以上の開きがあるにもかかわらず、饗膳形態の変化が同じということを示している。

②導入期の手づくねかわらけ

平泉の手づくねかわらけ導入期のものは、志羅山遺跡から出土したものであり［平泉町教委 一九九五年a］、異論は出ていない。ただし年代については、一一三〇年代以降とする編年［羽柴 二〇一二］と一一五〇年とする編年［井上 二〇一〇］がある。これについては、類似かわらけの共伴陶磁器等を加味するならば、上がったとしてもせいぜい一一四〇年ほどであり、基本的には後者であろうと考えている。

この手づくねかわらけの口径（第4図23）は、15～16センチ弱と非常に大きく、器高も4センチほどを計る。二段ナデのかわらけで精緻に作られてはいるものの、同時期の京都のかわらけに比べて、一回り大きい。対して大倉幕府周辺遺跡の

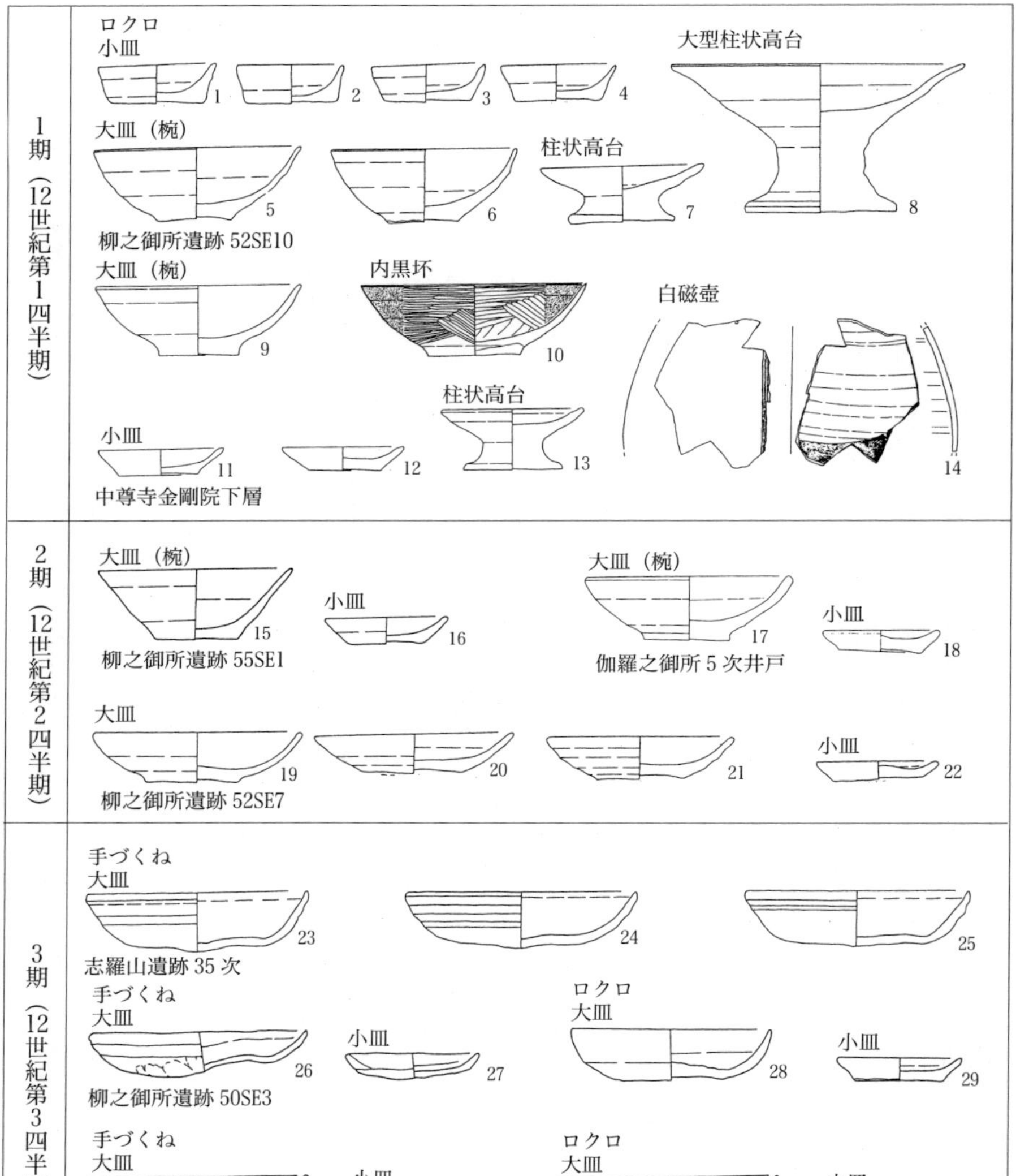
1期（12世紀第1四半期）
ロクロ
小皿
1
2
3
4
大型柱状高台
8
大皿（椀）
5
6
柱状高台
7
柳之御所遺跡 52SE10
大皿（椀）
9
内黒坏
10
白磁壺
14
柱状高台
13
小皿
11
12
中尊寺金剛院下層
2期（12世紀第2四半期）
大皿（椀）
15
小皿
16
柳之御所遺跡 55SE1
大皿（椀）
17
小皿
18
伽羅之御所 5 次井戸
大皿
19
20
21
小皿
22
柳之御所遺跡 52SE7
3期（12世紀第3四半期）
手づくね
大皿
23
24
25
志羅山遺跡 35 次
手づくね
大皿
26
小皿
27
ロクロ
大皿
28
小皿
29
柳之御所遺跡 50SE3
手づくね
大皿
30
小皿
31
ロクロ
大皿
32
小皿
33
柳之御所遺跡 28SE16
0
10cm

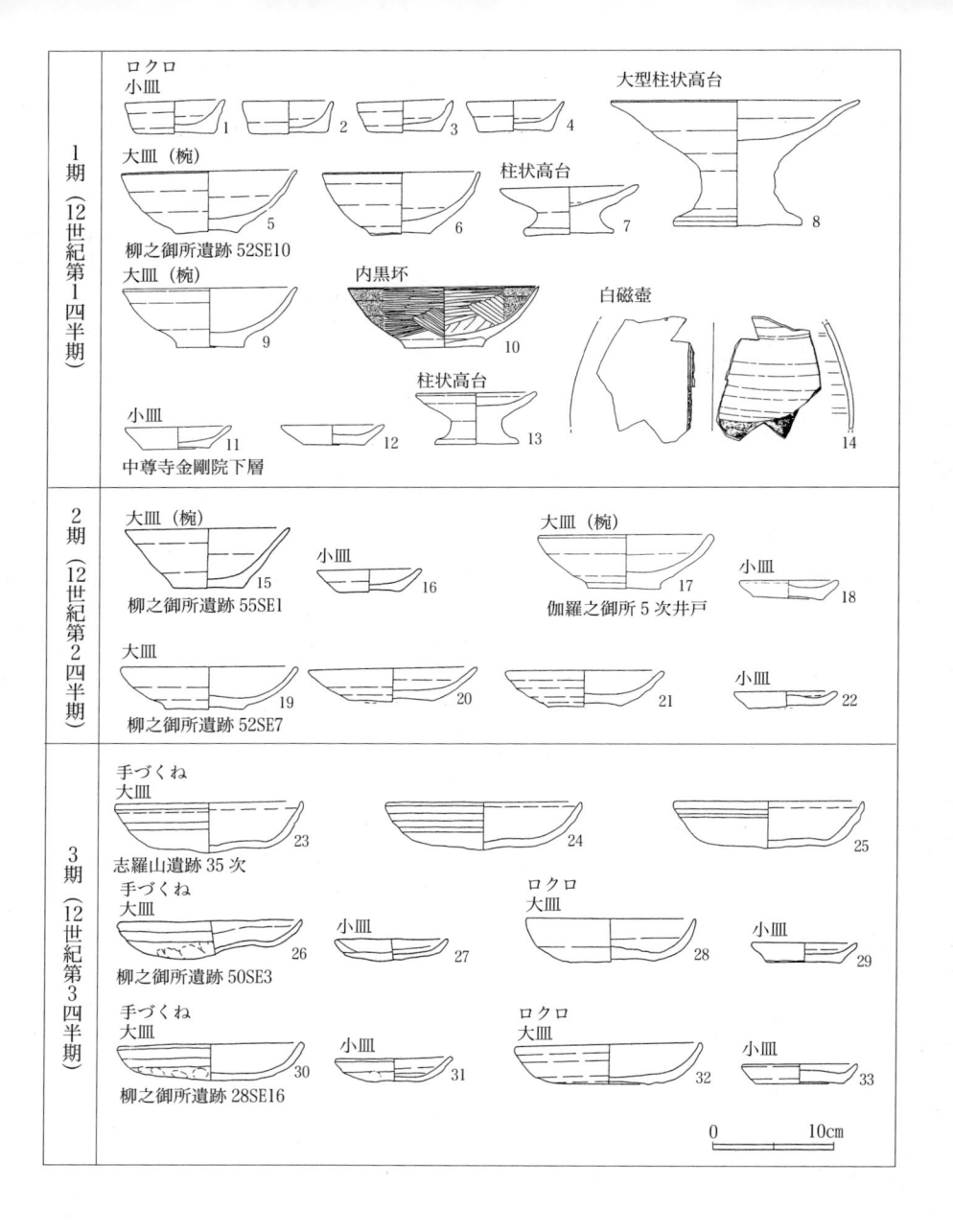

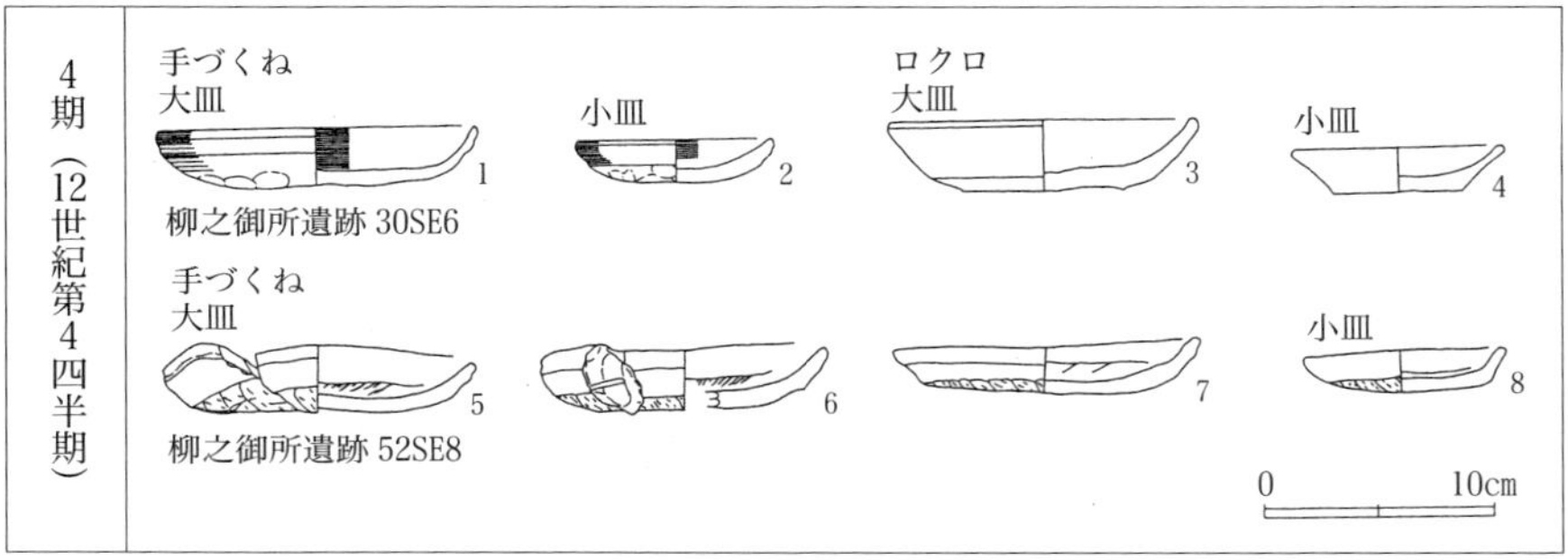

第４図　平泉のかわらけ編年図(井上 2010)

手づくねかわらけも、京都に比べて大きく作られていた。両者の年代観には三〇年ほどの開きがあり、さらには一段ナデと二段ナデの相違もあるのだが、大きさと灰白色という色合いはほぼ同じであった。

つまり導入期の手づくねかわらけは、京都のものに比べて、大きく作られているのである。この様相から、平泉と鎌倉ともに京都から工人が来ていないことは明らかといえるが、なぜ大きく作られるのだろうか。

③手づくねかわらけの伝播

手づくねかわらけは、導入直後に平泉内に一斉に広がっている。この様相から手づくねかわらけの導入は、計画的かつ組織的に行われたとみるべきであろう［八重樫一九九九c］。しかしながら工人が京都から来ていないことは明らかであるし、見本となる京都そのものと考えられるかわらけもない。ではどのようにして手づくねかわらけの技術はもたらされたのであろうか。

繰り返しになるが、一一五〇年頃と考えられる平泉のかわらけは二段ナデであり、一一八〇頃と推定される大倉幕府周辺遺跡のかわらけは一段ナデであった。このナデの様相は、当時の京都のかわらけと一致する。すなわち平泉で初めて手づくねかわらけを作った工人は、この時期の京都のかわらけが二段ナデであることを知っており、同様に鎌倉の工人も一段ナデと分かっていたことになる。つまり京都の情報が、間をおかずに直接的にもたらされているのである。また平泉でも鎌倉でも、手づくねかわらけとロクロかわらけの胎土は異なる。体部の調整を知っており、それを製品に反映でき、さらに粘土もそれなりのものを使うとなれば、かわらけに関する知識がそれなりに必要である。やはり在地のロクロ工人が制作したとしか考えられない。

では彼らはどこでその技術を学んだのであろうか。現在のように京都に研修に行くなどは、到底考えられない時代である。ここまで考察を進めると平泉の手づくねかわらけは、発見されてはいないものの、やはりごく少数持ち込まれた京都のかわらけを手本にし、生産が開始されたとしか考えざるを得ないのではないだろうか。

④手づくねかわらけ導入の意図

では、なぜ手づくねかわらけは導入されたのか。東国の中で平泉がいち早く導入したことは、すでに指摘されているが、概ね他地域でも一一八〇年前後には使い始めているようである［羽柴 二〇一二］。東国一円で手づくねかわらけが使われるとなると、その時期に活発な活動をしている武士たちが、導入に関わっていると考えるのが普通であろう。

武士たちは、主従関係を結ぶことで強硬なつながりを有するようになり、やがて鎌倉幕府を開く。その主従関係を媒介したものが、宴会である。もともと宴会は、京都で貴族が行っていたものであり、上下関係の確認と合意形成の場であった。それを二列対座という極端な形にし、主従関係を結ぶことに利用していったのである［入間田 二〇一二］。その際に必要だったものが、手づくねかわらけであったと考えている。

平泉内には、多数の京下りの貴族がいたことが知られる。源頼朝に対する大江広元のように、彼らが平泉藤原氏のブレーンになっていったことは、疑う余地はないだろう。すなわち京下りの貴族が、宴会の重要性を説き、さらには京都の手づくねかわらけそのものを平泉にもたらしたのである。

⑤京都の影響

一一五〇年ごろに平泉に導入された手づくねかわらけは、二段ナデで口径は15㌢を超えるものであったが、一二世紀第4四半期には一段ナデで口径も12㌢台のものが現れる。鎌倉に至っては、一三世紀代に入ると非常に厚手で深くなり、もはや京都のかわらけの面影は残さなくなる。

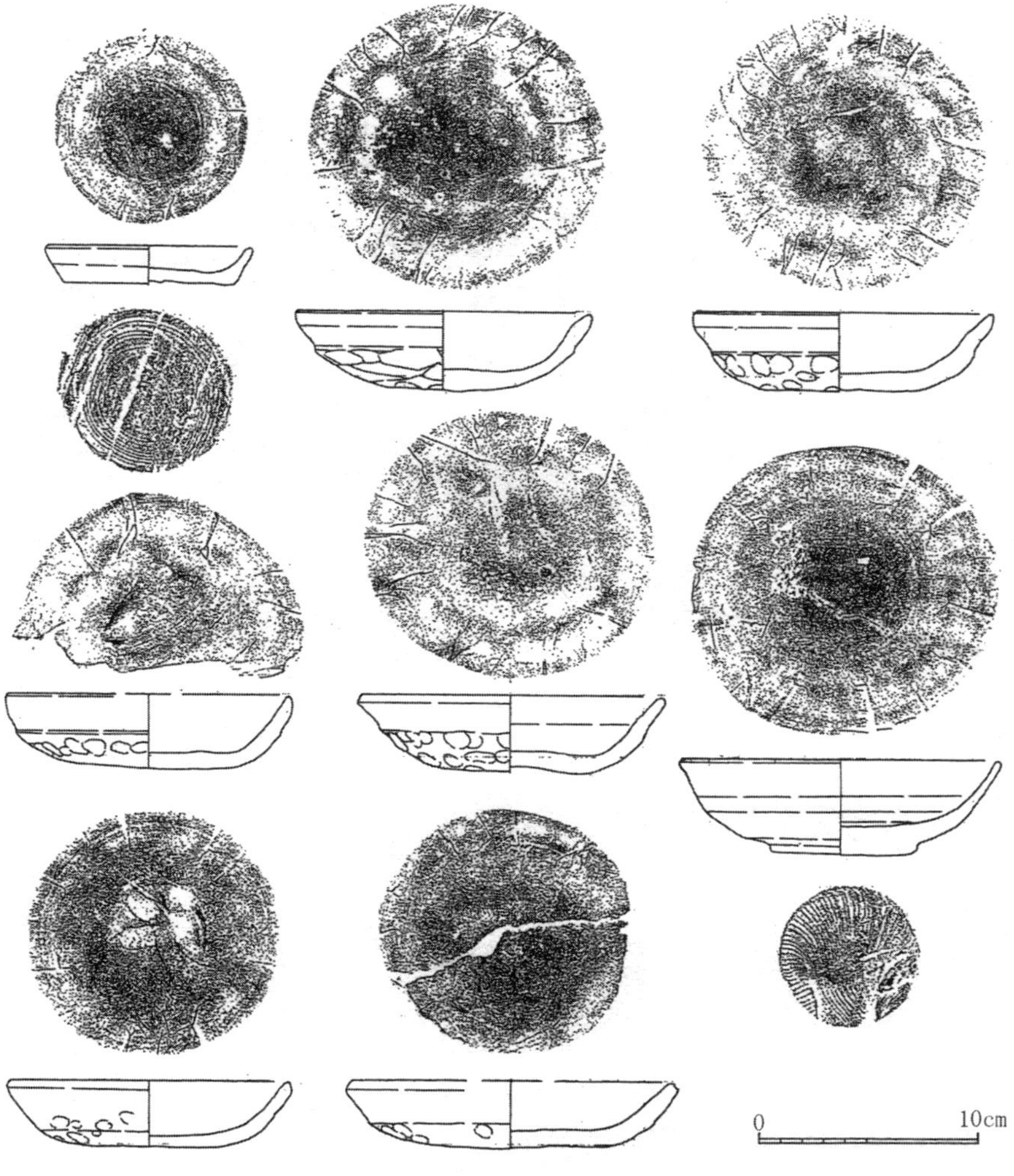

第５図　大倉幕府周辺遺跡の13世紀のかわらけ

平成の初め頃に、平泉の一二世紀第４四半期のかわらけを見た京都の研究者が、「一三世紀中ごろのかわらけで間違いない」と率直な感想を漏らしたのが、今でも忘れられない。また鎌倉で行われた大倉幕府周辺遺跡のかわらけ検討会においても、同様の意見が述べられているし、鎌倉の一三世紀の手づくねかわらけについては、京都には存在しない形態なので、コメントさえなかった。

これらはどういうことかというと、京都のかわらけが変化するスピードに対して、平泉のそれが速いこと、鎌倉においては手づくねというだけで全く別のものへと変わってしまっていることを示している。すなわち平泉と鎌倉の手づくねかわらけは、京都と同様に変化をしていないのである。つまり手づくねかわらけは、導入後、京都の影響はまったく受けていないということになる。

4 分布傾向

第1表　完形かわらけ
柳之御所遺跡内部地区

	次数	面積㎡	完形品数	一括廃棄数
1	11		72	0
2	13 ～ 15		32	0
3	緊急調査	33072	1332	16(うち 100 点以上 3)
4	47 ～ 49	880	29	0
5	50	1800	71	2
6	52	2500	275	3（52SE8、160 点）
7	55	3100	531	4（55SX2、350 点）
合計		41352	2342	25

柳之御所遺跡外部地区

	次数	面積㎡	完形品数	一括廃棄数
1	12		9	0
2	16		2	0
3	18		81	0
4	20		40	0
5	24		82	0
6	25		49	0
7	27		114	0
8	29		168	1
9	30		112	1
10	35		29	0
合計		9483	686	2

一二世紀前葉のかわらけは、柳之御所遺跡内部地区と中尊寺に集中する傾向があるが、中葉のかわらけは志羅山遺跡や白山社遺跡にも広がり、そして後葉のかわらけは平泉全体から出土するようになる。

刊行されている報告書を分析すると、かわらけに関して出土重量を書いていないものや、残存率が記載されていないもの、観察表すらないものもあり、なかなかデータ化することは難しい。そこで本稿では、完形品の点数を比較してみることとする。その際、完形と記載されているものは当然のこと、略完形や接合完形、残存率90%以上のものを完形品として扱った。柳之御所遺跡については、二〇〇三年以降刊行の報告書は、復元整備に向けた再調査などが主になっており、すべての遺構を完掘

志羅山遺跡

	次数	面積㎡	完形品数	一括廃棄数
1	2	155	0	0
2	3	190	0	0
3	6	450	0	0
4	9	178	0	0
5	21	522	84	1
6	28	51	6	0
7	24	224	0	0
8	47	981	57	1
9	56	2000	44	0
10	67	550	5	0
11	73	105	27	0
12	80	766	22	0
13	46・66・74	4994	81	1
14	13	86	0	0
15	15	164	6	0
16	16	210	1	0
17	17	129	32	1
18	18	206	5	0
19	20	125	0	0
20	19・22	63	2	0
21	26	102	2	0
22	27	32	1	0
23	23	194	12	0
24	29	203	6	0
25	30	235	6	0
26	31	106	0	0
27	32	141	14	0
28	37	176	3	0
29	69	372	194	1（約160点）
30	71	164	28	1
31	75	279	14	0
32	77	161	66	1
33	78	174	15	0
合計		14488	733	7

しているわけではないため、集成の対象外とした。柳之御所遺跡との比較対象は、平泉内では柳之御所遺跡に次いで調査面積が大きく、出土遺物も多い志羅山遺跡とした。志羅山遺跡に関しては、大規模調査が報告された二〇〇一年までの報告書を対象としている。両遺跡ともに陶磁器集成の時に基準とした調査面積より増減しているのは、調査の報告書のデータを整理し、取捨選択した結果によるものである。

柳之御所遺跡の内部地区は、4万1352㎡の調査を行って、2342点、外部地区は9483㎡の調査面積で686点、志羅山遺跡は1万4488㎡で733点の完形かわらけが出土している。調査面積を出土点数で割ると17.7㎡／1点、13.8㎡／1点、19.8㎡／1点となり、最もかわらけが出土する遺跡は、外部地区ということになり、内部地区と志羅山遺跡が続く。

次には、20点以上の廃棄遺構の数を見てみたい。20点という数値を根拠としたのは、10点とするとかなりの遺構が存在するが、20点以上となると、極端に少なくなるからである。当然のこと完形品で20点以上なわけであるから、破片を含めた出土かわらけすべてを見ると、廃棄されるまでに割れ、接合されないものなどが数多く含まれており、それらを考慮すると、実際には倍以上の使用数があったと推定される場合が多い。

20点以上の廃棄遺構の数を比較してみると、内部地区では25、外部地区で2、志羅山遺跡で7遺構となる。この様相から最もかわらけが多かった外部地区は、一括廃棄とはいえない遺物包含層からの出土が多いことが分かる。逆にいえば内部地区には、遺物包含層が少ないともいえる。さらに100点以上の廃棄遺構は、内部地区5、外部地区0、志羅山遺跡1遺構となる。しかも内部地区は、内堀を除く4基すべてが1万㎡ほどの広さの堀内部に存在する遺構なのである。そこには100点にわずかに足りない一括廃棄遺構もあり、外部地区や志羅山遺跡に比べて、内部地区とりわけ堀内部は、大規模なかわらけ一括廃棄遺構が突出して多いことが分かる。内部地区のかわらけ一括廃棄遺構は、最大のもので350点ほど出土している遺構もある〔八重樫 二〇一五a〕。

5 小結

かわらけ編年は、時期区分を細分した編年試案が示されているものの、現在は3時期に分けるのが限界と考えている。

導入期の手づくねかわらけは、平泉も鎌倉も京都のものよりも大きく作られていた。おそらくそれは、見本となる少数の京都のかわらけを見て作ったため、デフォルメされてしまった結果なのではないだろうか。また両方とも同じ灰白色という色合いは、ロクロかわらけを焼成していた窯によって焼いたためと考えられる。手づくねかわらけの制作技法が安定するのは、焼成からみれば、平泉では肌色に焼きあがる一二世紀第3四半期後半、鎌倉では赤褐色になる一三世紀前後である。

大倉幕府周辺遺跡のかわらけの発見によって、同時期の平泉のかわらけとは、形態、器種構成が明確に異なることが確認された。すなわち平泉から鎌倉への技術移入は、認められないのである。また京都から平泉、鎌倉への直接的な技術移入もなかったことは、もはや疑う余地はない。おそらく韮山も同様であろう。すでに中井が指摘しているとおり、かわらけ生産は、各々の地区が独自に行っていったものと考えられる。

京都の手づくねかわらけは、京下りの貴族によってもたらされ、主従関係を結ぶ宴会のアイテムとして定着していった。しかしながらその後、鎌倉の手づくねかわらけは、京都の影響を全く受けないことから、一三世紀に入ると手づくねというだけで異なる形態になっていく。もはや京都系という手づくねにこだわる必要は、無くなったといっていい。承久の乱を経て名実ともに武士の世が来ると、必然的に手づくねかわらけは消滅していくのである。

分布傾向からは、完形かわらけが最も多く出土している遺跡は、面積比率を換算すると柳之御所遺跡外部地区ということになり、内部地区と志羅山遺跡が続く。しかしながら20点以上の完形一括廃棄遺構数となると、内部地区が圧倒的に多い。換言すれば、外部地区は遺物包含層からの出土が多いことになるし、内部地区は遺物包含層が遺存していないともいえる。一括廃棄遺構は、内部地区の中でも堀内部に集中している。

（1）『枕草子』の「きよしとみゆるもの」の中で清少納言は、最初に「土器」を挙げ、さらに「かわらけ」とルビを振っている。「きよしとみゆるもの」とは穢れのないものという意味であり、かわらけが清浄な器と認識されていたことが分かる。

第4章　遺物からみた平泉

1　年代観と範囲

文献史学の研究によって示された平泉藤原氏の年代は、平泉に初代清衡が移動した一二世紀初頭から、源頼朝に滅ぼされる一一八九年までである。

輸入陶磁器は、一一世紀後半から一二世紀全般のものが多数出土しており、一三世紀以降といえる蓮弁文椀などは、一二世紀の量と比較して1／100以下の出土量しかない。常滑と渥美は、一二世紀第1四半期から第4四半期までが中心であり、それらに比べて一三世紀以降の点数はおおよそ1／1000にまで減っている。また花立窯跡の製品は、一二世紀第1四半期に位置づけられるものである。

これらの様相から考古学は、文献史学による平泉藤原氏の年代観を否定する材料を何一つ持ち合わせていないことが判明した。すなわち藤原氏が築いた平泉という空間の年代観は、一一〇〇年から一一八九年までである。

範囲については、近年、北上川東岸の氾濫原からも手工業関連の遺物が出土するなど、中心域とは異なった生活空間が存在していたことが判明している。しかしながら遺物の出土点数からいえば、中心地区とは明らかに異なる。輸入陶磁器や国産陶器、かわらけの出土点数からは、東は北上川、南は太田川、西は毛越遺跡が境界である。

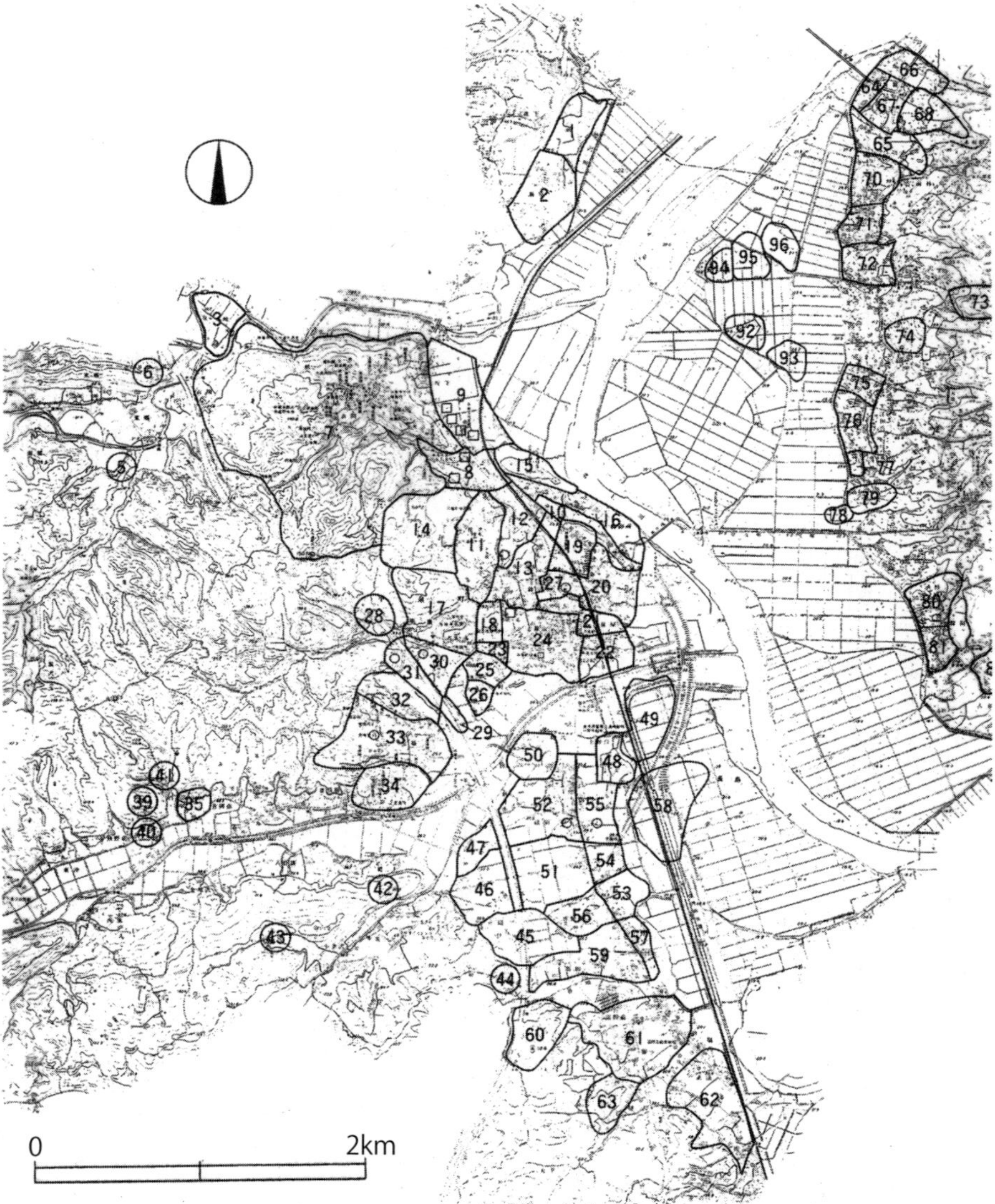

第１図　平泉の中心と周辺

番号	遺　跡　名	所　在　地	調　査　状　況	種　　別
1	瀬原Ⅰ遺跡	字瀬原	一部調査	散布地
2	瀬原Ⅱ遺跡	字瀬原	一部調査	散布地
3	泉ヶ城跡	字泉ヶ城	未調査	城館
4	伊能館跡	字西郷	未調査	城館
5	鶴ヶ館跡	字南郷	未調査	城館
6	南宗塚遺跡	字東郷	未調査	経塚
7	中尊寺跡	字衣関	一部調査	寺社、経塚、散布地
8	衣関遺跡	字衣関	一部調査	寺社、屋敷地
9	坂下遺跡	字坂下	一部調査	寺社、散布地
10	猫間が淵遺跡	字柳御所	一部調査	沢跡
11	金鶏山遺跡	字花立	一部調査	経塚
12	花立Ⅰ遺跡	字花立	一部調査	寺社、城館
13	花立Ⅱ遺跡	字花立	一部調査	寺社
14	鈴懸けの森遺跡	字大沢	未調査	経塚
15	高館跡	字柳御所	一部調査	居館、城館
16	柳之御所跡	字柳御所	一部調査	居館
17	毛越寺跡	字大沢	一部調査	寺社
18	観自在王院跡	字志羅山	一部調査	寺社
19	無量光院跡	字花立	一部調査	寺社
20	伽羅之御所	字伽羅楽	一部調査	居館、屋敷地
21	鈴沢の池跡	字鈴沢	一部調査	池跡？沢跡
22	泉屋遺跡	字泉屋	一部調査	屋敷地
23	倉町遺跡	字倉町	一部調査	屋敷地
24	志羅山遺跡	字志羅山	一部調査	屋敷地
25	国衡館跡	字倉町	一部調査	屋敷地
26	高衡館跡	字倉町	未調査	屋敷地
27	白山社遺跡	字鈴沢	一部調査	寺社、屋敷地
28	大沢遺跡	字大沢	一部調査	散布地
29	毛越Ⅰ遺跡	字倉町	一部調査	寺社、屋敷地
30	毛越Ⅱ遺跡	字大沢	一部調査	寺社、屋敷地
31	毛越Ⅲ遺跡	字毛越	一部調査	寺社、屋敷地
32	毛越Ⅳ遺跡	字毛越	未調査	寺社、屋敷地
33	毛越Ⅴ遺跡	字毛越	一部調査	寺社、居館
34	毛越Ⅵ遺跡	字毛越	一部調査	寺社、屋敷地
35	善阿弥遺跡	字善阿弥	未調査	散布地
36	西光院跡	字北沢	一部調査	寺社、城館
37	窟Ⅰ遺跡	字窟	一部調査	散布地
38	窟Ⅱ遺跡	字窟	一部調査	
39	安土城跡	字要害	未調査	城館
40	要害Ⅰ遺跡	字要害	未調査	散布地
41	要害Ⅱ遺跡	字要害	未調査	散布地
42	鳥屋崎館跡	字小金沢	未調査	城館
43	比久尼寺跡	字黄金沢	未調査	寺社
44	黒沢館跡	字片岡	未調査	城館
45	片岡Ⅰ遺跡	字片岡	一部調査	散布地、城館
46	片岡Ⅱ遺跡	字片岡	未調査	散布地
47	新井田遺跡	字新井田	一部調査	散布地
48	上野台Ⅰ遺跡	字上野台	一部調査	散布地
49	上野台Ⅱ遺跡	字上野台外	一部調査	散布地
50	樋渡遺跡	字樋渡	一部調査	散布地

番号	遺　跡　名	所　在　地	調査状況	種　別
51	祇園Ⅰ遺跡	字祇園	一部調査	屋敷地、寺社
52	祇園Ⅱ遺跡	字祇園	未調査	散布地、寺社
53	三日町Ⅰ遺跡	字三日町	一部調査	散布地
54	三日町Ⅱ遺跡	字三日町	一部調査	散布地
55	三日町Ⅲ遺跡	字三日町	未調査	散布地、寺社
56	佐野原遺跡	字佐野原	一部調査	散布地
57	佐野遺跡	字佐野	未調査	散布地
58	高玉遺跡	字高玉	一部調査	散布地、近世屋敷地
59	高田遺跡	字高田	一部調査	散布地、近世屋敷地
60	新城館跡	字高田前	未調査	城館
61	宿遺跡	字宿、高田前	一部調査	散布地
62	正法遺跡	字大佐	未調査	散布地
63	大仏遺跡	字樋ノ沢	未調査	城館
64	月館Ⅰ遺跡	字月館	一部調査	散布地
65	新山権現社遺跡	字月館	一部調査	散布地
66	月館Ⅱ遺跡	字月館	一部調査	城館
67	月館Ⅲ遺跡	字月館	未調査	散布地
68	東福寺Ⅰ遺跡	字月館	未調査	寺社
69	東福寺Ⅱ遺跡	字赤羽根	未調査	寺社
70	二反田Ⅰ遺跡	字二反田	未調査	城館
71	二反田Ⅱ遺跡	字二反田	未調査	散布地
72	滝ノ沢遺跡	字滝ノ沢	未調査	散布地
73	長部館跡	字滝ノ沢	未調査	城館
74	道綱館跡	字竜ヶ坂	未調査	城館
75	竜ヶ坂遺跡	字竜ヶ坂	一部調査	散布地
76	佐藤屋敷跡	字新田	一部調査	居館
77	新田遺跡	字新田	未調査	散布地
78	矢崎Ⅰ遺跡	字矢崎	一部調査	散布地
79	矢崎Ⅱ遺跡	字矢崎	一部調査	散布地
80	館岡Ⅰ遺跡	字舘岡他	未調査	散布地
81	館岡Ⅱ遺跡	字舘岡	未調査	城館、散布地
82	小島館跡	字古館	未調査	城館
83	猪岡館跡	字須崎	一部調査	城館
84	下平遺跡	字下平	未調査	散布地
85	中村Ⅰ遺跡	字中村	一部調査	散布地
86	中村Ⅱ遺跡	字中村	一部調査	散布地
87	下西風Ⅰ遺跡	字下西風	未調査	経塚
88	下西風Ⅱ遺跡	字下西風	未調査	塚
89	下田遺跡	字下田	未調査	散布地
90	長島焼跡	字下田	未調査	窯跡
91	経塚山遺跡	字深山	未調査	経塚
92	本町遺跡	字本町	一部調査	散布地
93	畑中遺跡	字畑中	一部調査	散布地
94	里前Ⅰ遺跡	字里前	未調査	散布地
95	里前Ⅱ遺跡	字里前	未調査	散布地
96	里遺跡	字里	一部調査	散布地
97	経壇長根遺跡	字山谷	未調査	経塚
98	経壇坂遺跡	字平石沢	未調査	経塚
99	万福寺跡	字山谷	未調査	寺社
100	阿弥陀堂跡	字平石沢	未調査	寺社

衣川遺跡群
衣川
中尊寺
北上川
高館
無量光院跡
柳之御所遺跡
金鶏山
花立廃寺
観自在王院
毛越寺
伽羅之御所跡
志羅山遺跡
泉屋遺跡
倉町遺跡
伝国衡館
至 達谷窟
祇園社

第２図　平泉の中心部分

北に関しては、衣川以北の奥州市接待館遺跡から大量のかわらけが出土していることから、中心地区に含めるべきとの意見もあろうが、堀で囲まれた地区以外からの出土数は極端に少ない。この様相からは、接待館遺跡は単独の館または宗教施設である可能性が高い。やはり中心地区の北の境界は、衣川である。

この中心地区内では、寺院の維持や生活者の食料など、多くの需要が生まれたはずである。そのため周縁には、それらの需要に対応すべく手工業者や農業者など、多くの人間が集まったと考えている。

2　盛衰

輸入陶磁器とかわらけからは、柳之御所遺跡内部地区がいち早く成立している。かわらけの様相からは、中尊寺も同時であった可能性が高い。その後に外部地区や志羅山遺跡が胎動を開始し、さらに全体へと広がっている。すなわち平泉は、計画的に全体が一様に開発されたわけではなく、必要に迫られ各地区が開発されていったと考えている。

藤原氏以後の鎌倉時代の平泉は、内部地区がほとんど使われなくなり、志羅山遺跡が中心となる。中世後期になると平泉内から遺物がほとんど見られなくなり、寒村化するが、興味深いのは、一六世紀になると内部地区からも遺物が出始めることである。内部地区のタブーは、この頃になると忘れ去られるようである。

3　様相

内部地区と中尊寺が、最初に動き始める。しかしかわらけ一括廃棄としては小規模なものしかない。この時期には大甕がないため、大量に酒を造ることは難しかったと考えられる。酒器としての壺には、白磁四耳壺があるに過ぎない。平泉藤原氏初代清衡は、この状況を改善することを目的の一つとし、花立窯を構築した。しかしながら耐火度の低い粘土から花立窯は、焼成に失敗している。やや内部地区に遅れて、外部地区が成立する。

一二世紀中葉になると志羅山遺跡も胎動を開始し、平泉は面的な広がりを有するようになる。少ないながらも渥美大甕や常滑1b形式の甕が搬入され、それに伴いかわらけの一括廃棄の回数も多くなってゆく。さらに手づくねかわらけが持ち込まれた一一五〇年前後になると、常滑や渥美の生産力も上がり、多数の大甕や多種多様に及ぶ壺が大量に入ってくるようになり、大規模な宴会儀礼が可能になる。このころに限定するならば平泉は、常滑渥美の最大の消費地といえる。そしてこれらを使った大規模な宴会を何度も行っている場所が、内部地区である。

4　平泉からみた遺物の諸相

平泉からは稀有な陶磁器が多数認められるが、黄釉褐彩四耳壺の例のとおり、報告例はないものの認識されていないだけで、京都からも白磁Ⅱ系の大型四耳壺も出土していると考えている。すなわち平泉に特殊な輸入陶磁器が多いことは疑いないが、博多から瀬戸内を通ってそれらは平泉に運ばれたとしか考えられないため、そのルート上に位置する平泉以上の吸引力を有している京都から、平泉同様の輸入陶磁器が出土しないことはあり得ないだろう。ただし常滑と渥美の刻画文壺は、窯の位置からも平泉に直接来ていると考えている。白磁四耳壺とこれらの壺が多いことが、平泉の最大の特徴といえる。

希少な陶磁器としては、白磁ではⅡ系の大型壺、青磁では龍泉窯系青磁0類椀、常滑では横耳突帯付四耳壺、渥美では鳥の貼花文壺などが挙げられる。一二世紀第1四半期は、ロクロかわらけと化粧土の施された白磁、終わりごろになって渥美大甕が搬入される。第2四半期はロクロかわらけと化粧土が施された白磁、渥美常滑が徐々にもたらされ始める。第3四半期には、ロクロかわらけと手づくねかわらけ、化粧土が施された白磁がわずかになり代わって化粧土のない白磁、常滑や渥美などの国産陶器が席巻するようになる。龍泉窯系青磁や青白磁も出現する。第4四半期には、手づくねかわらけと化粧土のない白磁、国産陶器が大半を占め、一定数の龍泉窯系青磁や青白磁が確認され、同安窯系青磁が出現する。

国産陶器の大甕の生産が安定するのは、一二世紀中葉のことであり、おそらくは武士団の勃興と大きく関わっていると推定している。同様に壺類が多数流通し始めるのもこの時期であり、壺と甕は酒器としてセットである可能性が高い。また、片口鉢の内面は、非常に磨滅している。おそらくは粉食が増えたことに起因しているのであろうが、食生活も大きく変化したことがうかがえる。

手づくねかわらけが搬入されるのもこの時期であり、これら宴会のセットが揃うのは、もはや偶然とは思えない。第II部第3章で詳述するが、柳之御所遺跡の内部地区が、京都的に変化するのも同じ頃であり、平泉が大きく変わる時期である。

第Ⅱ部　遺構から遺跡を考える

第1章　東北地方の四面庇建物

1　系　譜

四面庇建物は、東北地方では官衙成立以前には存在しない建物であることから、国家権力が持ち込んだ建物形態ということができる。そのため梁行2間を基調とした身舎の四面に庇を回す建物は、律令型とも呼ばれている［宮本 二〇〇二］。高橋與右衛門はその考えを発展させ、「梁行2間以上の身舎に四面庇を付し、身舎内に間仕切りや床束などの内柱を配置しない建物」を律令型建物とした［高橋與 二〇〇三］。

四面庇建物は、用途等に関する研究も行われている。平泉の四面庇建物は、四面に庇が廻るという形態と比較的大きな建物規模、そして周辺に大量のかわらけが廃棄されている状況から饗宴儀礼を行う場であり、個人の邸宅の可能性もあると論じられた［松本 一九九七］。また、四面庇建物が権力と密接に関わっているとするならば、大型四面庇建物は強固な権力の表れとも考えられる。さらに、土器の大量廃棄遺構が検出される遺跡では、身舎に対して庇空間の面積が2倍以上の四面庇建物が確認でき、その庇は宴会儀礼空間であり、その系譜は直接的には国司の館に求めることができる、と結論付けられた［飯村 二〇一二］。

第１表　東北の四面庇建物

No.	遺跡名	遺構名	身舎の規模	身舎の柱間	庇の出	年代	全体柱筋	身舎柱筋	備考	文献
1	平泉柳之御所	12次4号建物跡	1×1	梁1.9桁2.0	同	12C	通らない	通らない		町1集
2	平泉柳之御所	24SB13	1×3	梁2.2桁2.4	同	12C	通らない	通らない		町38集
3	平泉柳之御所	24SB7	2×2	梁2.3桁2.3	同	12C後半	通らない	通らない		町38集
4	平泉柳之御所	28SB3	2×2以上	梁3.0桁3.0	同	12C前半	通る	通る	40%調査	県118集
5	平泉柳之御所	11次1号建物跡	2×3	梁2.5桁2.3	同	12C後半	通らない	通らない		町1集
6	平泉柳之御所	11次2号建物跡	2×3	梁2.7桁2.3	同	12C後半	通らない	通らない		町1集
7	平泉柳之御所	24SB8	2×3	梁2.3桁2.3	同	12C後半	通らない	通らない		町38集
8	平泉柳之御所	24SB11	2×3	梁2.2桁2.2	同	12C後半	通らない	通らない		町38集
9	平泉柳之御所	28SB1	2×3	梁2.9桁2.9	同	12C	通らない	通らない		県113集
10	平泉柳之御所	28SB2	2×3	梁2.8桁2.8	同	12C後半	通らない	通る		県121集
11	平泉柳之御所	30SB2	2×3	梁3.1桁3.1	同	12C中葉	通る	通る	西に孫庇　床束	町38集
12	平泉柳之御所	50SB5	2×3	梁2.3桁2.1	同	12C	通らない	通らない	庇柱小	県107集
13	平泉柳之御所	52SB18	2×3	梁2.4桁2.1	同	12C	通らない	通らない		県111集
14	平泉柳之御所	52BS25	2×3	梁2.7桁2.7	3.1~3.8	12C後半	通らない	通る	庇柱小	県111集
15	平泉柳之御所	52SB26	2×3	梁2.1桁2.1	同	12C	通らない	通らない		県111集
16	平泉柳之御所	55SB12	2×3	梁2.3桁2.3	同	12C	通らない	通らない	東に孫庇柱小	県111集
17	平泉柳之御所	56SB1	2×3	梁2.7桁2.4	同	12C	通らない	不明	庇柱小	県117集
18	平泉柳之御所	56SB2	2×3	梁2.5桁2.3	同	12C	通らない	不明	庇柱小　庇軸方向不一致	県117集
19	平泉柳之御所	50SB9	2×4以上	梁2.0桁2.2	同	12C	通らない	不明	30%調査	県107集
20	平泉柳之御所	28SB7	2×5	梁2.6桁2.6	同	12C中葉	通らない	通らない		県118集
21	平泉柳之御所	30SB1	2×5	梁2.5桁2.5	同	12C後半	通らない	通る	No.11より新　西孫庇	町38集
22	平泉柳之御所	50SB6	2×5	梁2.5桁2.4	同	12C中葉	通らない	通らない	間仕切り	県107集
23	平泉柳之御所	50SB4	2×6	梁2.5桁2.2	同	12C後半	通らない	不明	間仕切り	県107集
24	平泉柳之御所	28SB4	2×7	梁2.7桁2.7	同	12C後半	通る	通る	間仕切り	県121集
25	平泉志羅山	37次3号建物跡	1×2以上	梁2.3桁2.3	同	12C後半	通らない	通らない	30%調査	町44集
26	平泉志羅山	47次3号建物跡	1×2以上	梁2.4桁1.9	同	12C	不明	不明	25%調査	埋文352集
27	平泉志羅山	37次2号建物跡	2×2	梁2.2桁2.6	同	12C後半	通らない	通らない		町44集
28	平泉志羅山	37次1号建物跡	2×2以上	梁2.4桁3.5	1.6	12C後半	通らない	不明	50%調査　庇柱小	町44集
29	平泉志羅山	1次7号建物跡	2×3	梁2.2桁2.2	同	12C	不明	不明	北孫庇	町6集
30	平泉志羅山	1次8号建物跡	2×3	梁2.2桁2.2	同	12C	不明	不明		町6集
31	平泉志羅山	69次1号建物跡	2×3	梁2.2桁2.1	1.2	12C後半	通らない	通らない	三面庇の可能性高い	町71集
32	平泉志羅山	74SB1	2×2以上	梁2.2桁2.5	同	12C後半	通らない	不明	30%調査	埋文312集
33	平泉志羅山	74SB4	2×2以上	梁2.4桁不明	同	12C後半	不明	不明	20%調査　非四面庇？	埋文312集
34	平泉志羅山	74SB6	2×2以上	梁2.6桁3.1	同	12C後半	不明	不明	25%調査	埋文312集
35	平泉志羅山	95次1号建物跡	2×3	梁2.5桁2.5	1.2	12C後半	通らない	通らない	40%調査	町108集
36	平泉志羅山	76次1号建物跡	2×3	梁2.5桁2.5	同	12C後半	通る	通る	50%調査	町73集
37	平泉志羅山	21次1号建物跡	2×3以上	梁2.4桁2.4	同	12C中葉	不明	不明	50%調査 西孫庇後補	町34集
38	平泉志羅山	21次2号建物跡	2×2以上	梁2.2×桁2.2	同	12C後半	不明	不明	40%調査 床束 孫庇	町34集
39	平泉泉屋	2次建物跡	2×3	梁2.4桁2.4	同	12C	通らない	通る	庇柱小	町23集
40	平泉泉屋	13SB3	2×3	梁2.0桁2.4	同	12C	通らない	通らない		埋文247集
41	平泉泉屋	13SB25	2×3	梁不明桁2.2	同	12C	通らない	不明	撹乱で不明な点が多い	埋文247集
42	平泉泉屋	13SB26	2×3	梁2.2桁2.3	同	12C	通らない	通らない		埋文247集
43	平泉泉屋	16SB6	2×3	梁3.0桁3.0	同	12C後半	通る	通る	50%調査　東西孫庇柱小	埋文399集
44	平泉泉屋	16SB46	2×3	梁2.0桁2.0	同	12C	通らない	通らない		埋文399集
45	平泉泉屋	21SB1	2×3	梁2.2桁2.3	同	12C	通らない	通らない	60%調査	埋文399集
46	平泉国衡館	2次1号建物跡	3×3	梁2.0桁2.6	同	12C	不明	不明		町21集
47	平泉国衡館	2次2号建物跡	2×2以上	梁2.2桁2.2	1.2	12C後半	通らない	通らない	30%調査	町21集
48	平泉祇園Ⅰ	1次1号建物跡	4×5	梁3.0桁2.5		12C中葉	通る	通る	30%調査	町47集
49	平泉祇園Ⅰ	1次2号建物跡	2×2以上	梁2.3桁2.2	1.4~2.2	12C後半	不明	不明	30%調査	町47集
50	平泉祇園Ⅰ	1次3号建物跡	1×1以上	梁2.3桁2.2	1.8~2.2	12C後半	不明	不明	20%調査　庇柱小	町47集
51	細田	1次SB12	2×3	梁2.2桁2.2	同	12C後半	通る	通る		埋文523集
52	岩崎台地	CVu19-1	2×2	梁2.5桁3.3	同	11C	通らない	通らない	No.53より新	埋文214集
53	岩崎台地	CVu19-2	2×2	梁3.3桁3.4	同	11C	通らない	通らない	No.54より新	埋文214集
54	岩崎台地	CVu20	2×2	梁3.2桁3.3	同	11C	通らない	通らない		埋文214集
55	岩崎台地	CVx18	2×3	梁2.9桁2.9	同	11C	通らない	通る	No.56より新	埋文214集
56	岩崎台地	CVx19	2×3	梁3.0桁2.8	同	11C	通らない	不明	庇軸方向不一致	埋文214集
57	稲荷町	RB403	2×4	梁2.9桁3.1	1.2	12C後半	通らない	通らない	間仕切り	盛岡市
58	比爪館	8SB81	1×1	梁3.3桁3.2	1.6	12C後半	通らない	通る		紫波町
59	大鳥井山	9SB1	2×5	梁2.6桁2.0	同	11C	通る	通る		横手市

60	鳥海柵	13次1号建物跡	2×2以上	梁2.7桁2.5	同	11C	通る	通る	50%調査	金ヶ崎54集
61	鳥海柵	13次2号建物跡	2×1以上	梁2.4桁2.5	同	11C	不明	不明	40%調査	金ヶ崎54集
62	鳥海柵	15SB1	2×3？	梁2.3桁3.3	同	11C	通らない	通らない	50%調査　非四面庇	金ヶ崎63集
63	鳥海柵	17SB1	2×3	梁3.1桁3.2	同	11C	通らない	通る	床束	金ヶ崎67集
64	陣が峯城	SB03	2×5	梁2.0桁2.2	1.5	12C前半	通らない	通らない	床束	会津坂下町
65	宮ノ北	第1号建物跡	2×3	梁2.4桁3.0	1.5	11C後半	通らない	通る	総柱	会津坂下町
66	宮ノ北	第12号建物跡	2×5	梁2.6桁2.4	1.0~1.4	11C後半	通らない	通る	床束	会津坂下町
67	笹間館	C VI f7	1×2	梁3.6桁2.3	2.1~2.4	15C	通らない	通らない		埋文124集

町：平泉町教育委員会報告書、県：岩手県教育委員会報告書、埋文：(財)岩手県埋蔵文化財センター報告書

このように四面庇建物は、律令型建物といえ、宴会儀礼と深く結びつき、その面積は権威に比例するというのが、現在の研究の到達点といえよう。たしかに大筋では異論はない。しかしながらいつも考えることは、権威の象徴ともいえるその四面庇建物とは、構造的にどのような建物であったのか、ということである。

建築史とは、現存する建築遺構、すなわち礎石建物を研究する学問である。中近世を通して普遍的だった掘立柱建物は、明治初期頃までは遺存していたようだが、現在は存在しない。よって多くの遺跡で立体復元されている掘立柱建物は、建築史によって礎石建物の技術を用いて建築されたものなのである。この建物復元の大きな問題は、礎石建物と掘立柱建物の構造を同一とみなしていることである。両者の遺構平面図を比較すれば明瞭だが、礎石建物は礎石が直線的に並び、柱筋が通るが、対して掘立柱建物は柱筋が通るものは多くはない。この状況を建築史は当然把握しているのだが、掘立柱建物を復元するにあたって建築史は、礎石建物の技術以外を持ち合わせていないのである。

現存するものがない掘立柱建物は、考古学を介して建物として把握される。しかしながら考古学が示すことができるのは、掘立柱建物の基礎構造のみである。つまり上屋構造を推定するには、考古学と建築史による学際的研究が不可欠といえるが、両者はこの問題を今まで看過してきたのである。

そこで本章では、東北地方の一一世紀以降の四面庇建物を集成し(第1表)、詳細に検討してみたい。四面庇建物の細部の検討によって掘立柱建物の構造が、浮かび上がってくる可能性もあるからである。またその結果は、東北地方において四面庇建物が最も集中している平泉にとっても、さまざまな示唆を与えるものとなる。なお、あえて断らない場合、四面庇建物とは掘立柱四面庇建物のことを指す。

2　四面庇建物の集成

一〇世紀以前の四面庇建物は、官衙関連建物として捉えられてきた。その理由は官衙と同様の方形に近い巨大な掘り方を有し、柱筋が通る精緻な建物が多いからである。これらと一一世紀以降の四面庇建物は、明確に分けることができる。その相違点から両者の間には、類似性は認められるものの、構造に関して大きく異なる点があると考えている。

(1)集　成

67棟の四面庇建物を集成したが、遺構名は建物跡、ＳＢ、ＣＶ、ＲＢと調査主体によって大きく異なっている。細部を検討した結果、№31と№62は、主要な部分から柱は見つからず、またあまりにも柱筋が合わないことから、四面庇建物ではない可能性が高い。遺跡別に見ると平泉遺跡群が最も多く、51棟発見されている[1]。ついで岩手県北上市の岩崎台地遺跡群、岩手県金ヶ崎町の鳥海柵遺跡と続く。平泉遺跡群内での検出事例は他を圧倒するが、細かく見ていくと検出年は大規模調査が多かった平成一〇年以前に偏っている。つまり四面庇建物は、その面積も大きいため、ある程度の広さを持った調査でない限り見つからないという特徴があるのである。面積が少ない近年の調査では、平泉遺跡群においても発見される棟数が減少すると予想される。また岩崎台地遺跡群の5棟の四面庇建物は、棟方向を変えて並立した2棟の建物が2回、3回と建て替えられたものである。

年代別には、一一世紀は前九年・後三年合戦関連遺跡である鳥海柵遺跡と秋田県横手市の大鳥井山遺跡、福島県会津坂下町の宮ノ北遺跡、岩崎台地遺跡群、一二世紀前半として会津坂下町の陣が峯城跡と柳之御所遺跡28ＳＢ3、一

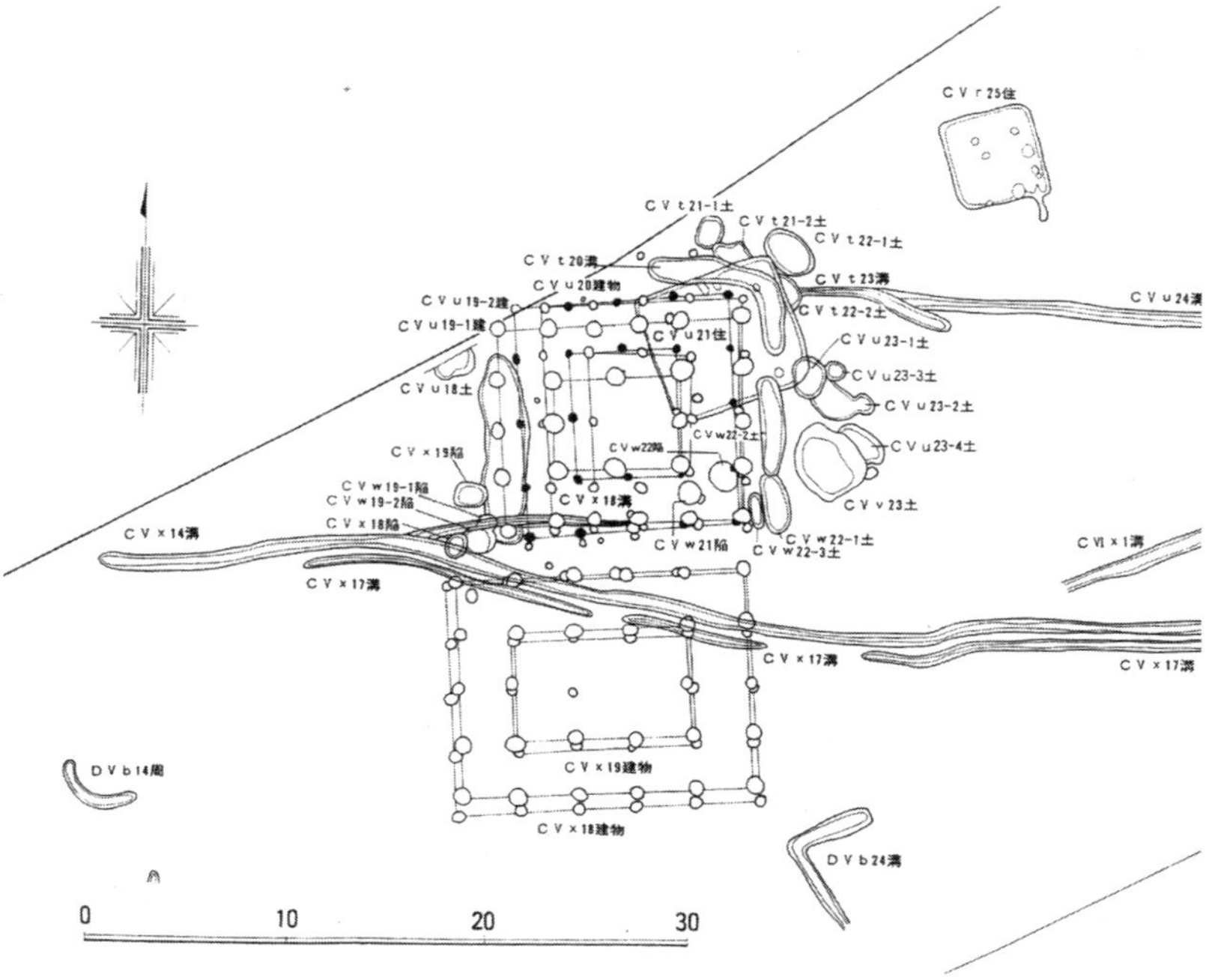

第１図　岩崎台地遺跡群の四面庇建物

二世紀として平泉遺跡群、一三世紀以降としては平泉遺跡群では例がないため、岩手県花巻市の笹間館遺跡の例を挙げた。これらのうち、宮ノ北遺跡と岩崎台地遺跡群の四面庇建物は、一一世紀から一二世紀と報告されていたものであるが、前者は出土土器から一一世紀後半、後者は数時期にもわたって建て替えられているにもかかわらず、出土土器が皆無なことから、土器が少ない時代と判断して一一世紀としている。

一三世紀以降の四面庇建物は、全国的にみてもほとんど知られていない。調査の難しさも加味しなければならないが、鎌倉市にいたっては皆無という状況である。その様相からも四面庇建物は、律令型の建物ということができる。後述するが笹間館跡の四面庇建物は、庇の出幅や柱位置から、平面形は似ているものの一二世紀代の四面庇建物とはまったく異なるものだと考えている。

平泉遺跡群と岩手県紫波町の比爪館跡は、平泉藤原氏関連としてまとめることができる。出土遺物からは岩手県盛岡市の稲荷町遺跡も同じく含まれる可能性が高い。大鳥井山遺跡は出土土器から清原氏関連、鳥海柵遺跡は安倍氏関

第2表　出羽・陸奥北半（秋田・山形・岩手県）の城柵における掘立柱正殿跡の規模（高橋学 2010 を一部改変）

No.	時期	遺跡・遺構名	身舎の規模	身舎の柱間	平面形状	柱穴掘り方	柱痕	備考
1	8 世紀前半（733 年）	秋田城跡 I 期 SB748B	4×5	梁 3.2 桁 3.6	南庇掘立柱建物跡	一辺 1.2 ～ 2.0 m の隅丸方形		
2	8 世紀末・9 世紀初頭	秋田城跡Ⅲ期 SB745	3×5	梁 4.0 桁 3.3	南庇掘立柱建物跡	一辺 1.1 mの方形		
3	9 世紀初頭（801 年か）	払田柵跡 I 期 SB110	4×5	梁 3.0 桁 3.5	南庇掘立柱建物跡	一辺 1.2 mの方形	径 45~60㎝	
4	9 世紀初頭（802 年）	胆沢城跡 I 期 SB450	2×5	梁 3.0 桁 3.0	四面廻縁掘立柱建物跡	一辺 1.2 ～ 1.5 m の方形	径 40㎝	II 期以降は礎石建物に
5	9 世紀初頭（803 年）	志波城跡 SB500	2×5	梁 3.0 桁 3.0	四面廻縁掘立柱建物跡	一辺 1.1 ～ 1.4 m の方形	柱はすべて抜き取り	白壁と廻縁のみ改修
6	9 世紀前半	城輪柵跡 I 期 SB001	3×5	梁 3.0 桁 3.0	四面廻縁掘立柱建物跡	方形	径 50㎝	昭和 40 年の調査
7	9 世紀前半（812 年頃か）	徳丹城跡 B1 建物跡	2×5	梁 2.9 桁 2.9	四面庇掘立柱建物跡	一辺 0.9 ～ 1.1 m の方形	径 40㎝	簡易な調査で詳細不明
8	9 世紀後半（878 年以降）	秋田城跡Ⅴ期 SB744	3×5	梁 3.3 桁 3.0	南庇掘立柱建物跡	径 1.4 ～ 1.6 mの円形 一辺 1.4 mの方形	径 50㎝	白壁建物
9	10 世紀初頭（907 年）	払田柵跡Ⅲ期 SB111B	3×5	梁 3.8 桁 3.3	南庇掘立柱建物跡	一辺 1.3 ～ 1.9 m の方形、不整形	径 45㎝	
10	10 世紀中頃	払田柵跡Ⅴ期 SB112	2×5	梁 3.3 桁 2.9	庇等無掘立柱建物跡	径 1.0 ～ 1.2 mの円形	径 35㎝	

連と考えられている。陣が峯城跡と宮ノ北遺跡は越後城氏関連と推定されている。岩崎台地遺跡群は、周辺から一一世紀後半の柱状高台が出土していることから、安倍氏関連の建物跡である可能性が高い。

(2)官衙政庁正殿の掘立柱建物(第2表)

城柵における正殿は、掘立柱建物から礎石建物へ変化したり、また掘立柱建物に戻ったりと変貌を繰り返している。それらのうち、陸奥・出羽北半の掘立柱正殿については、すでにまとめられているので、それを引用したい[高橋学二〇一〇]。

高橋学によれば掘立柱正殿の規模は、2間×5間の身舎に南側もしくは四面に庇が付くものが基本であり、そして時代が新しくなるにつれて柱間は10尺に近い数値になる傾向を読み取れるという重要な指摘を行っている。また一辺1㍍以上の方形もしくは隅丸方形の柱穴の掘方は、時代が下がるにつれて円形に向かい、そして小さくなること、さらには出羽には四面庇の形態をとるものがほとんど存在しないことを示した。

3　分　析

(1) 柱間寸法

柱間寸法が3㍍を越すものは16棟あり、これらのうち、梁桁の両者が3㍍を越すものは7棟含まれている。この7棟は、個々の建物の柱間は異なるものの、建物内の梁桁柱間がほぼ類似するという特徴を示し、平泉遺跡群3棟、岩崎台地遺跡群2棟、比爪館跡と鳥海柵遺跡でそれぞれ1棟という構成を示す。年代別にみると、一一世紀が3棟、一二世紀前半から中葉が2棟、一二世紀後半が2棟となっており、一二世紀中葉以前に多いという傾向がある。これは官衙の政庁正殿が一一世紀に向かうにつれて10尺間に近くなっていくという流れ［高橋学二〇一〇］を継承したものと考えることができる。

(2) 身舎の規模

ここでは身舎の規模が明確になっているものを対象とする。

① 梁行1間（第2図）

1×1は2棟しか検出されていない。非常に特殊な建物であり、一般的には仏堂と考えるべきであろう。秋田県横手市の観音寺廃寺跡からは、「御佛殿前申」と墨書された一二世紀の木簡が出土しているが、周辺からは掘立柱建物しか検出されていない［秋田県教委二〇〇二］。つまり礎石ではない掘立柱建物でも宗教施設は存在したのである。

梁行1間・桁行2間の建物は、笹間館跡しかない。詳細は後述するが、先にも述べたとおりこの建物は、本稿で扱っている四面庇建物と呼べるものではないと考えている。梁行1間・桁行3間の建物には№2が該当する。この建物

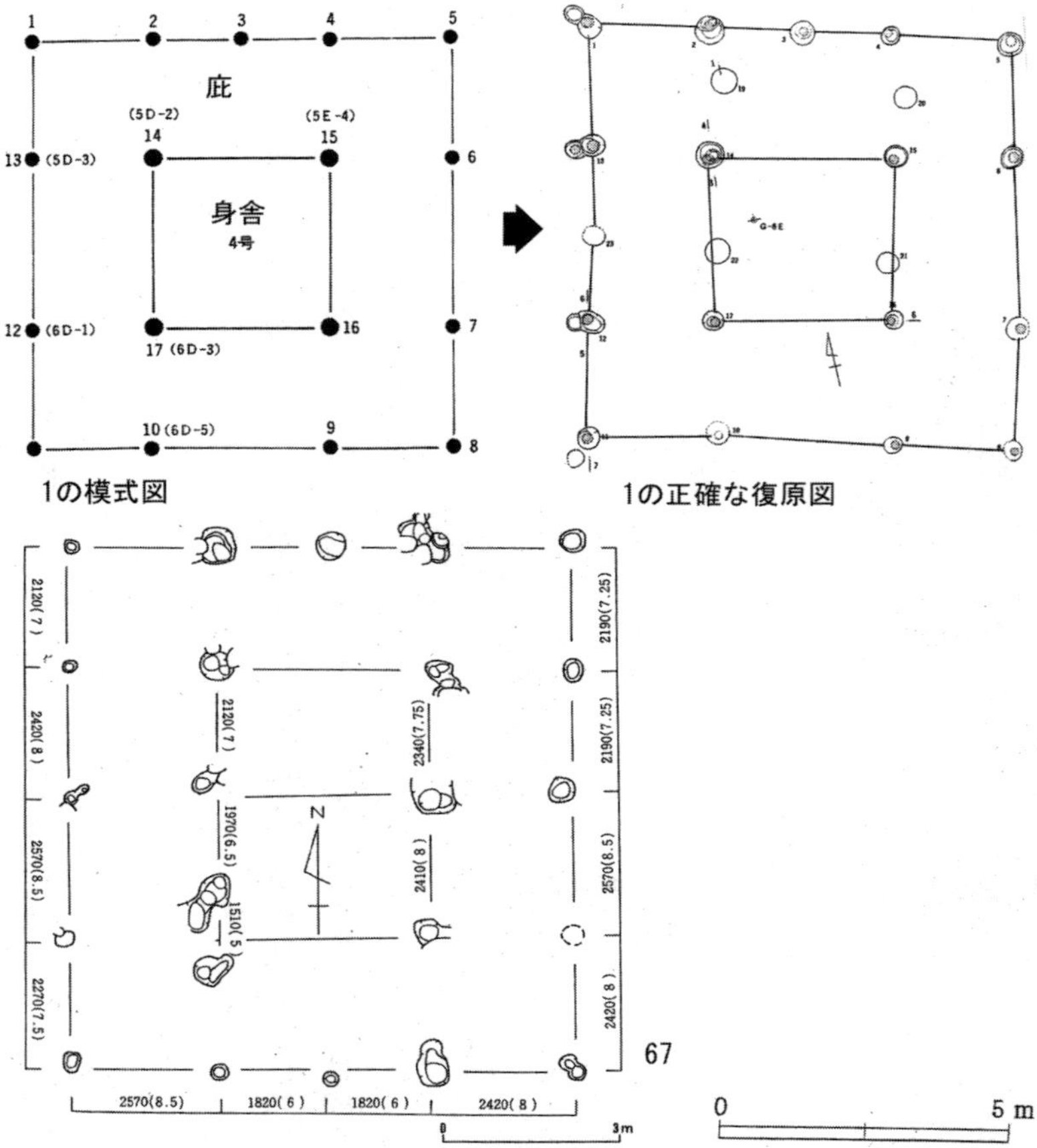

第２図　梁間１間の四面庇建物

は、柳之御所遺跡堀外部地区の段切り上に地業された地区から検出されており、宗教施設と考えられている建物群の一部である。以上、梁行1間のものは、宗教施設であることが多いという傾向を読み取れる。

②梁行2間（第3図）

梁行2間のものは半数以上の44棟を占め、その中にはそれぞれ桁行2間、3間、5間、6間、7間の建物跡が検出されている。桁行2間のものは5棟検出されているが、3棟は岩崎台地遺跡群で重複しているものである。岩崎台地遺跡群の四面庇建物は、同規模のものを同位置に3度も建てていると、その形態と位置に意味があったことは明白であり、やはり宗教施設であった可能性が高い。

桁行3間のものは、最も多く31棟、

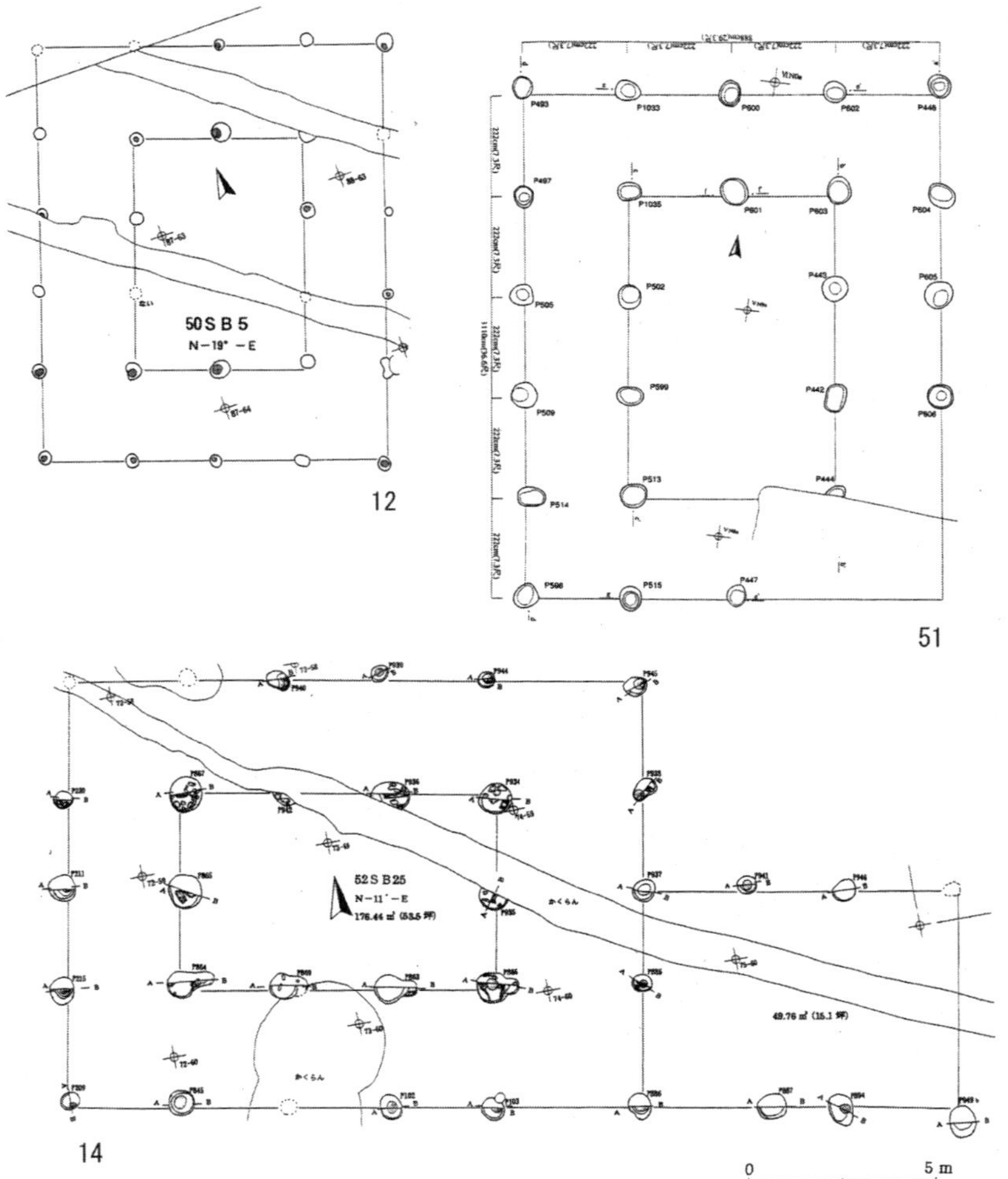

第3図　梁間2間の四面庇建物

全体の46％を占める。調査区に一部しか入っていないことから不明であるものの、桁行3間の可能性がある13棟を含めればその割合は、66％まで跳ね上がる。この状況から梁行2間・桁行3間の身舎の建物は、一一世紀以降の最も普遍的な四面庇建物ということができる。

　桁行5間のものは6棟あり、柳之御所遺跡から3棟、大鳥井山遺跡1棟、陣が峯城跡1棟、宮ノ北遺跡1棟である。柳之御所遺跡の2棟は一二世紀中葉、以外のものは一二世紀前半以前に収まるものばかりであり、桁行5間の建物は比較的古手の建物ということが

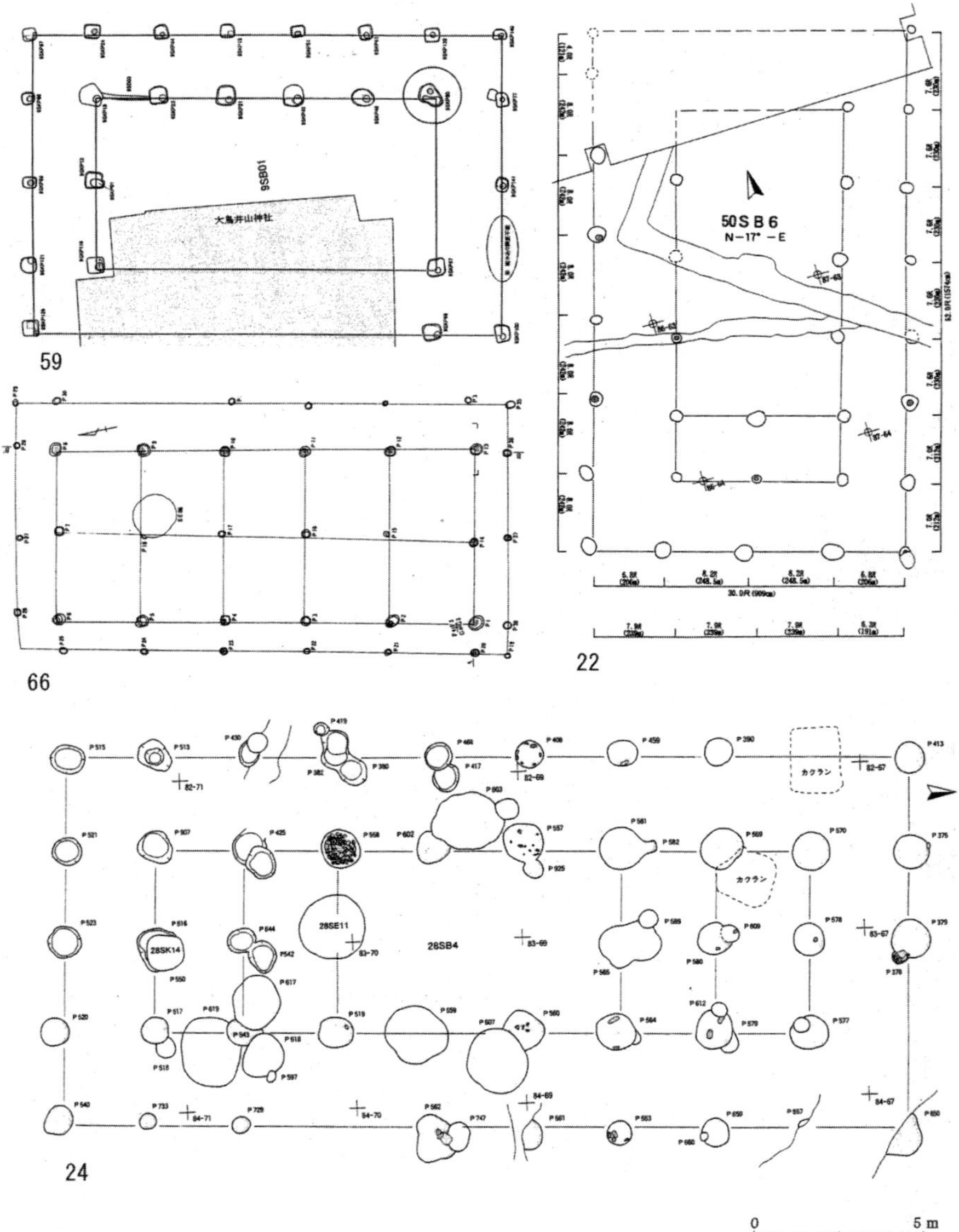

第４図　桁行が５間以上の四面庇建物

できるのかもしれない。しかしながらそのほかに桁行6間、7間のものがあるが、これらは一二世紀後半の建物と把握されている。

③その他(第4図)

梁行3間・桁行3間の建物が1棟、梁間4間・桁行5間の建物が1棟、検出されている。非常に特殊な建物であることは間違いないものの、性格等については不明。

(3)庇について

身舎柱間より庇の出幅の長いものが1棟、短いものが12棟、孫庇がつくものが7棟ある。身舎の柱穴に比べて庇の柱穴が小規模なものが8棟あるが、孫庇の柱穴の多くは、小さいものが多い。

松本建速と飯村均によれば、庇空間は宴会儀礼空間と考えられ、非常に重要な意味をもっている［松本 一九九七、飯村二〇一二］。唯一身舎の柱間よりも庇の出幅が長い№14は、四面庇建物の中でも特殊な建物ということになる。しかしながら身舎の柱間程度の庇出幅を有する建物が最も多く、年代も一二世紀代全般に及んでいることには、注意を払わねばならない。

これらに対して庇の出幅が短いものの年代をみると(第5図)、一一世紀後半が2棟、一二世紀前半が1棟、一二世紀後半が8棟、一五世紀が1棟となっている。一一世紀後半から一二世紀前半の3棟は、すべてが会津坂下町から検出されており、一様に総柱的な形態をとるなど特異な様相を示す。会津は食文化が示すように日本海と直結しており、大量の輸入陶磁器が出土する。そして3棟の建物は、越前や越後のものと類似するのである。つまりこれらの建物は、福島県に位置するものの、陸奥や出羽の伝統の中にはないものだといえる。

笹間館跡の建物は、柱筋はまったく通らず柱間も不統一という中世後期に多い様相を呈するが、四面庇として把握

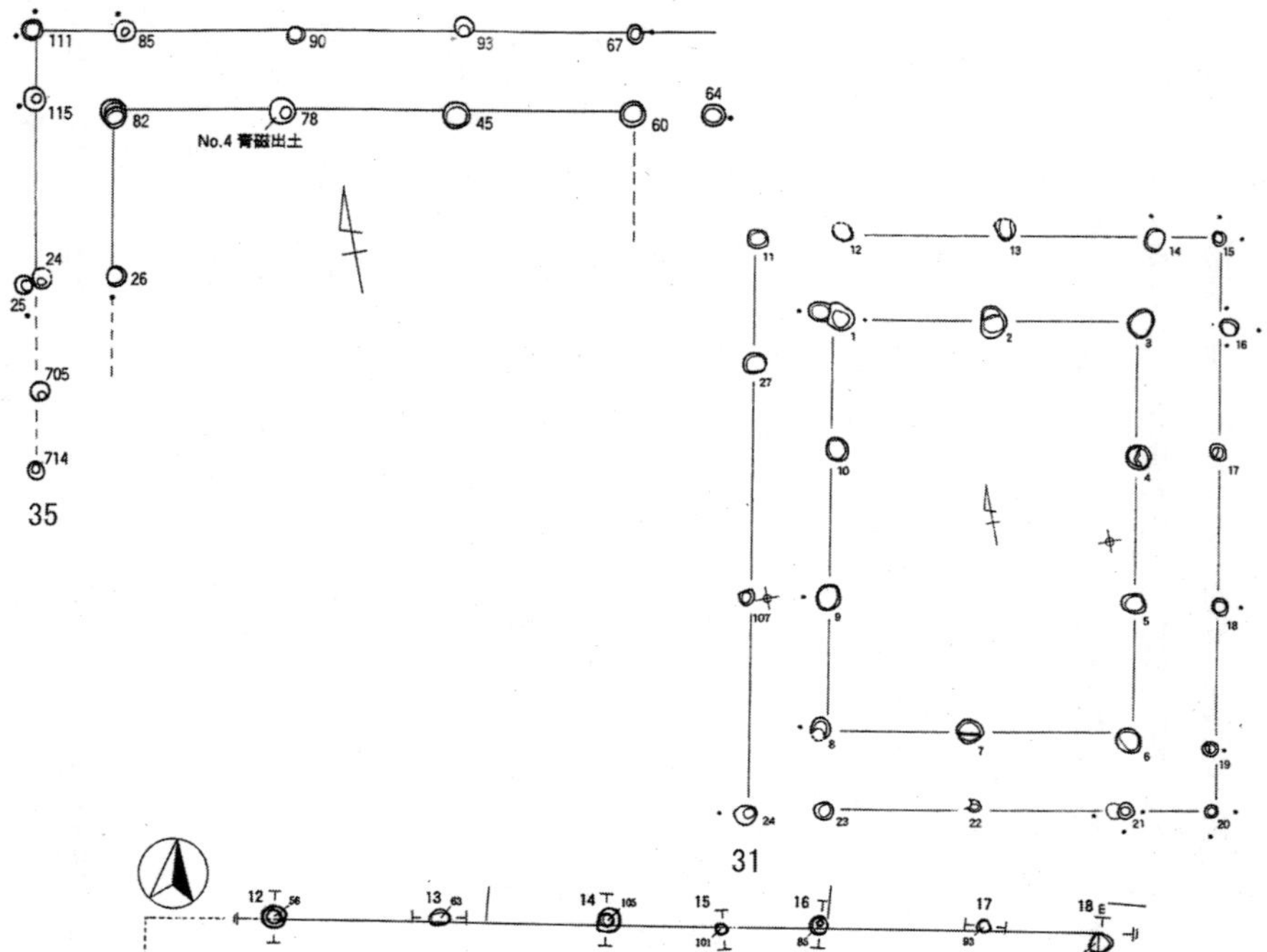

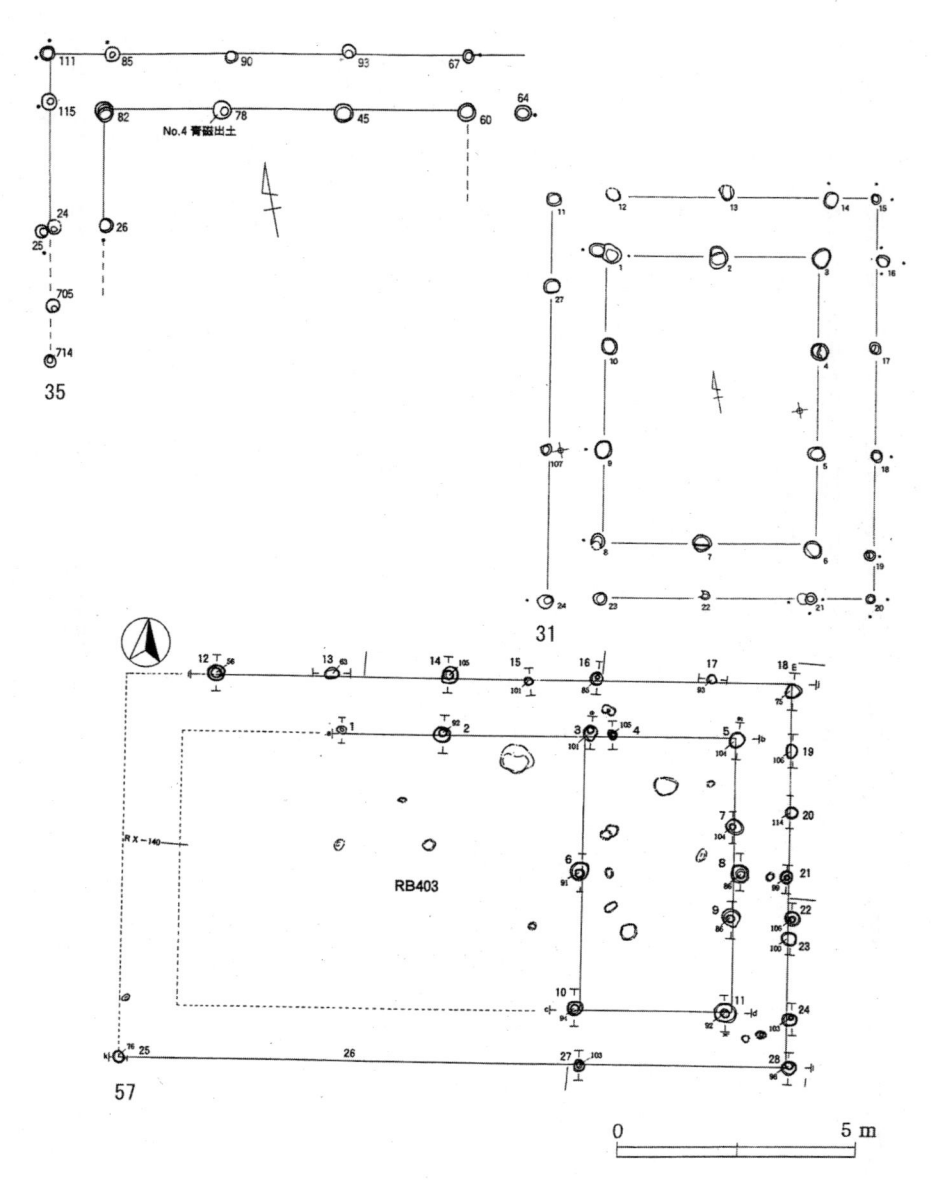

第５図　庇の出が短い四面庇建物

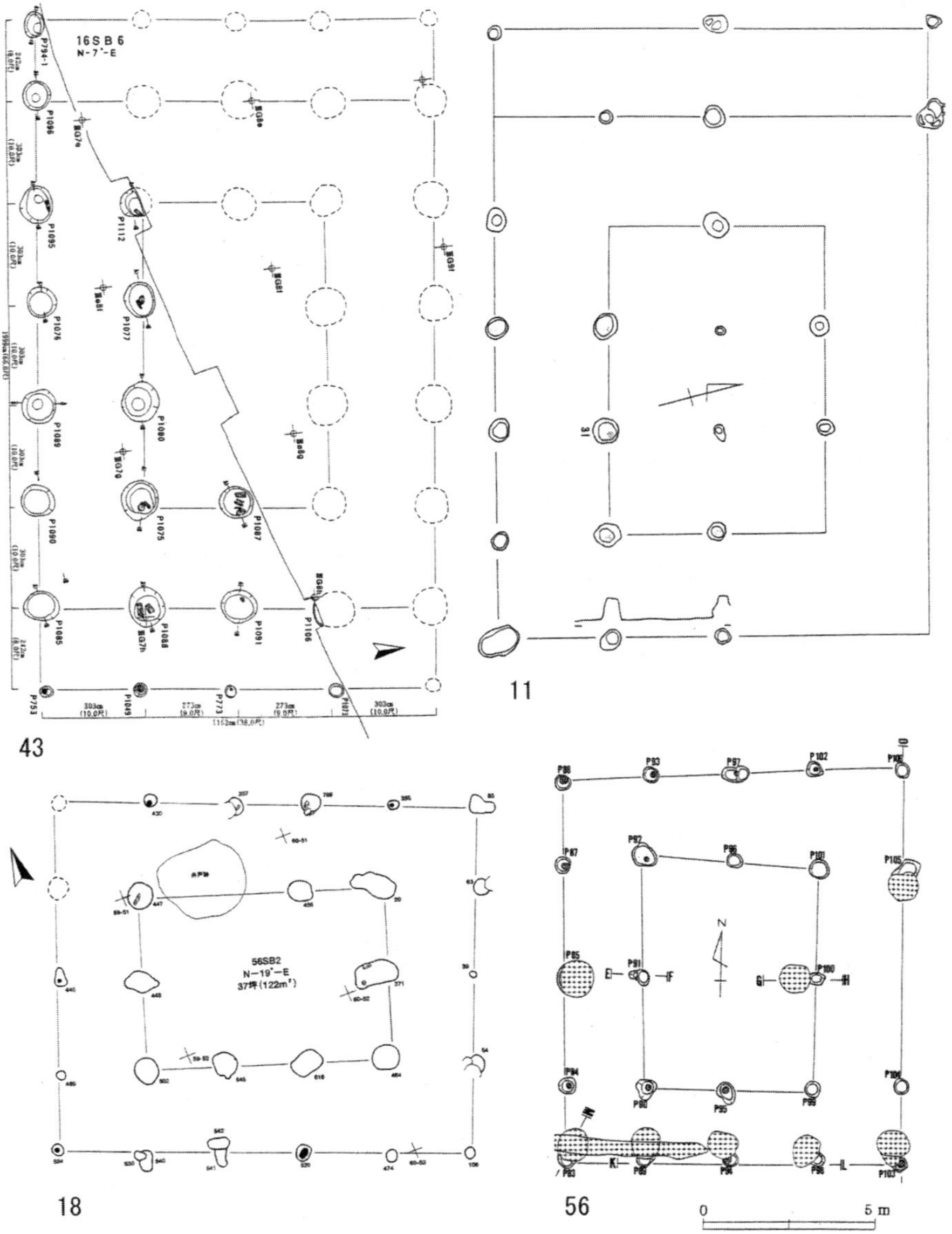

第6図　孫庇、庇後補の四面庇建物

することについては非常に疑問が残る。身舎が1×2間の四面庇建物が他に類例がないことからも、この建物はやはりまったく異なる建物なのであろう。

このように整理すると、庇の出幅の短いものは、会津地方を除く東北では、一二世紀後半にしか存在しないことになる。ただし気をつけねばならないは、身舎同様の出幅のものやわずかに1例ではあるものの庇の出幅の長いものが、同時存在していることである。つまり一二世紀後半に向かうにつれて庇の出幅が短くなる傾向があるのではなく、一二世紀後半に庇の出幅の短い四面庇建物が出現するということなのである。儀礼の場である庇空間の縮小は、大きな意味を持っている。

孫庇は庇空間をより広くするために設けられている。孫庇を有する6棟をみると、すべてが身舎の柱間に対して四面庇の出幅が同様のものばかりである。つまり前記した庇の出幅の短いものには孫庇は付かない。この様相から庇の出幅の短かいものは、偶然の産物として出現するのではなく、広い庇空間が必要ないという意図をもって造られたことになる。宴会儀礼の場が狭くともよいということは、宴会儀礼自体が変化し始めたことを表していると考えている。

また一一世紀の四面庇建物に孫庇のあるものが存在しないことも示唆に富んでいる。一一世紀には、孫庇が必要なほど庇空間を欲しがっていなかった、つまり多くの人数を擁する宴会儀礼を行っていなかったとも考えられるからである。

（4）床束等

身舎内部にある小さな柱穴は床束と判断した。No.11・No.38・No.63・No.66の4棟は、床束を有する建物である。これらの柱筋をみると4棟ともに桁方向には合致せずに梁方向にのみ乗る。つまり床を張るときには、梁方向の部材を先に渡してから桁方向をかけていることが分かる。以上の整理により明確な総柱建物は、No.65の1棟しかないことにな

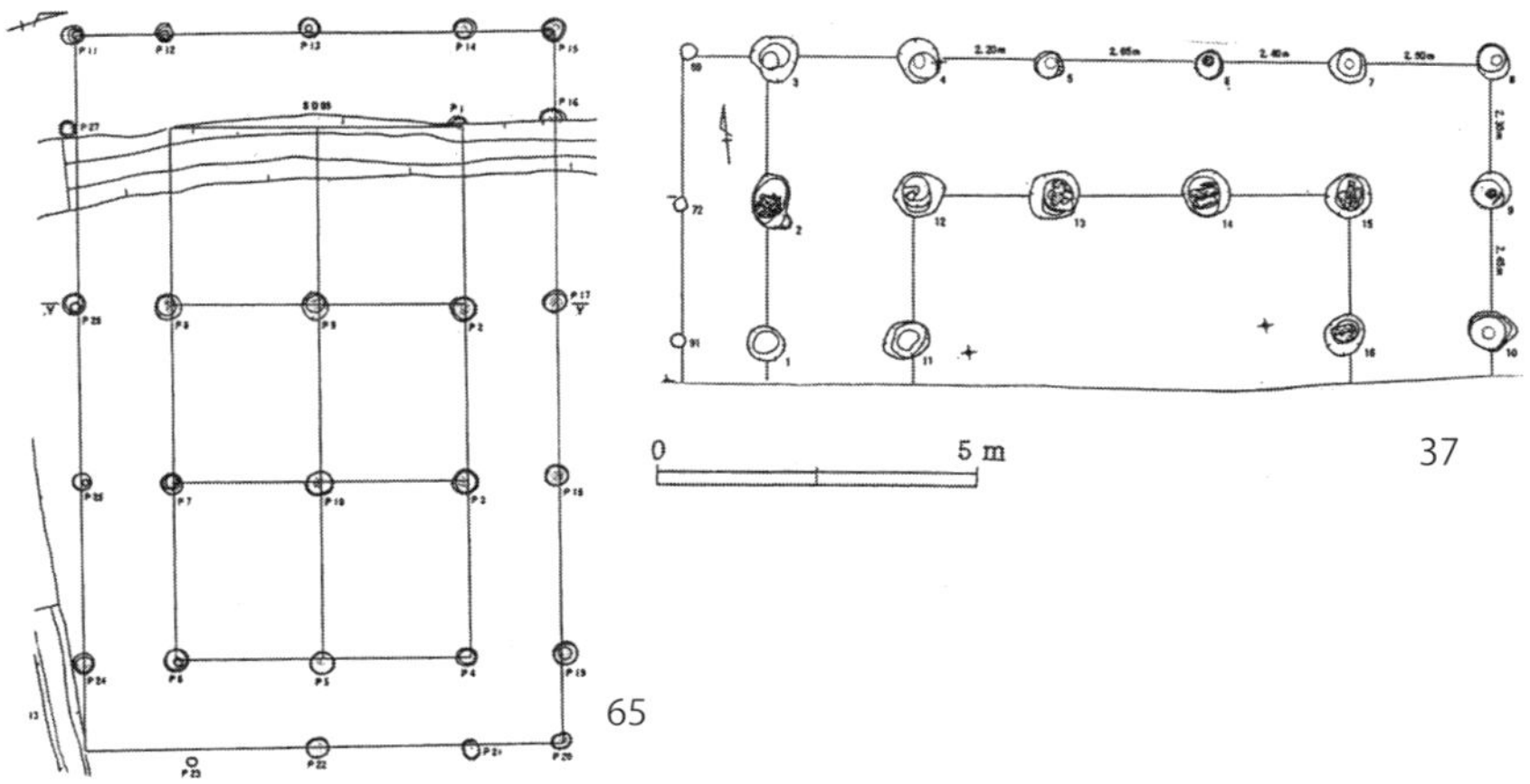

第7図　総柱建物と孫庇後補建物

る。

現在までの検討によって四面庇建物が、非常に重要な意味を持っていることは明らかである。四面庇建物の多くは、床張り建物であったと考えられるが、No.65を除いて床束の柱穴は非常に浅く小さいため、後世の削平によって床束が失われてしまい、側柱建物のような状態で検出されることが多いのであろう。

(5)間仕切り

間仕切りを有するものが4棟検出されている。身舎は一様に、2間×4間以上の建物である。3棟は、間仕切りを設けることによって、2×3間の空間が形作られるようになっている。いずれ間仕切りが設けられる建物はこの程度の数しかないことから、特殊な建物であるといえる。

(6)柱　筋

全体の柱筋が通るものは、9棟13%に及ぶ。一般的な掘立柱建物に比べて非常に高い数値であり、四面庇建物が特殊な建物であることを如実に物語っている。これらの中には身舎の梁桁間がともに3㍍以上の3棟が含まれている。年代と身舎の規模に統一性は見出せないが、庇はすべてが身舎の梁桁出幅同様のものばかりである。孫庇が付くものが2棟、床束を伴うものが1棟含まれている。これらのうち、孫庇が付くNo.11とNo.43は規模的にみれば、かなり格上の建

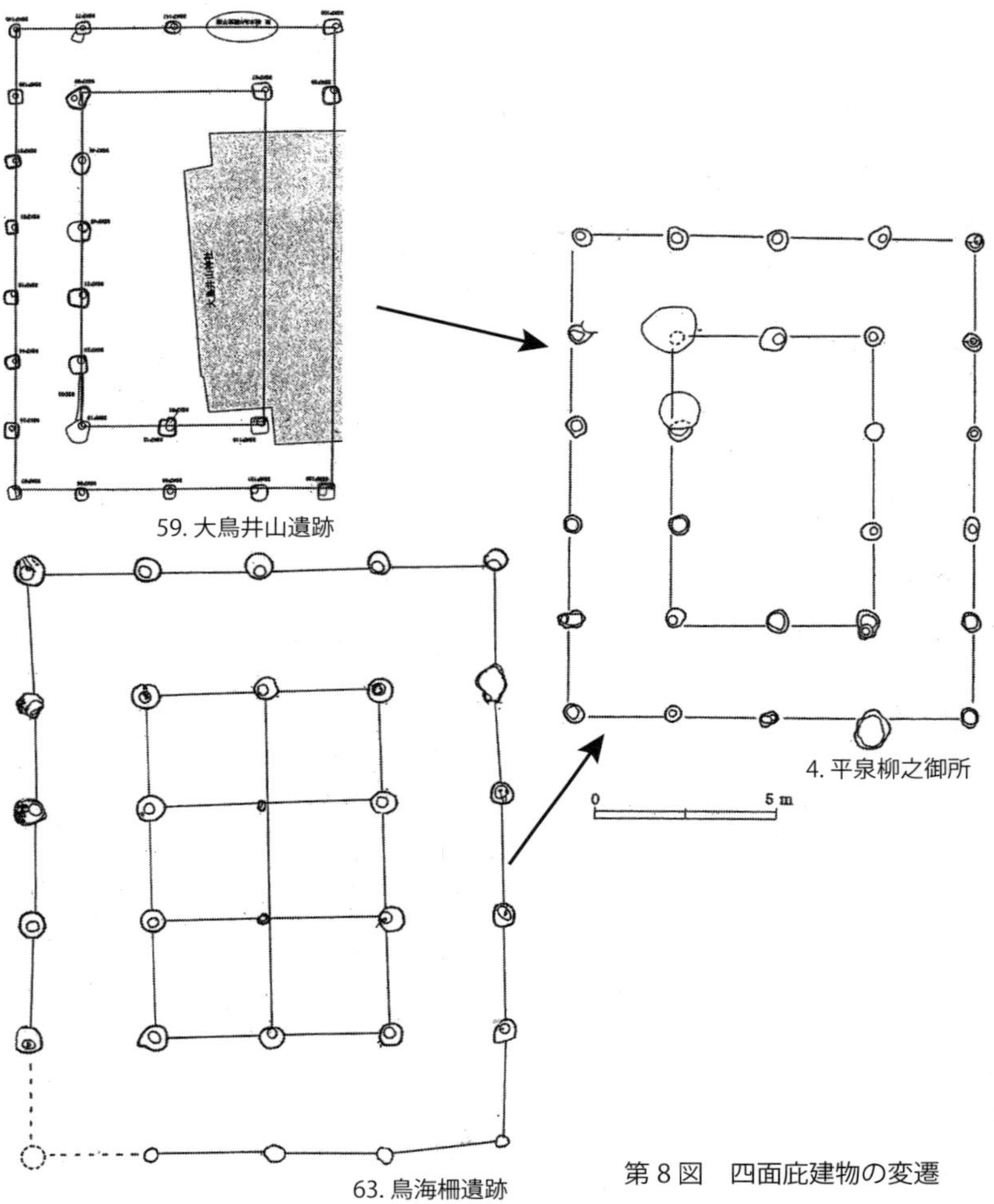

第8図　四面庇建物の変遷

物ということができる。また2箇所の間仕切りをもつ建物もほかにないことから、No.24も特殊な意味づけの建物といえる。年代的に四面庇建物は、大鳥井山遺跡のNo.59と鳥海柵遺跡のNo.63に始まり、平泉遺跡群へと続く(第8図)。

身舎だけ柱筋が通る建物が9棟ある。身舎部分が精緻に造られている割に、庇部分が粗末と感じる。従来の雨落ち溝跡を切って孫庇の柱穴が掘られていることから、孫庇が後からつけられたことが分かる第7図No.37の事例もあるが、これらの建物は身舎部分が先に造られた後に、何らかの必要性から庇部分が付け足されたものだと考えている。典型的なものは庇の出幅がもっとも長かったNo.14(第3図)

である。

また第8図№63の柱穴について断ち割り調査を行ったところ、身舎に対して庇の柱穴のほうが一律に深く掘り込まれていた［金ヶ崎町教委 二〇一二］。力学的には、庇の柱穴を身舎の柱穴よりも深く掘る必要はなく、むしろ浅いものが一般的である。にもかかわらず庇の柱穴が深く掘られていたということについて、考えられるのはひとつであろう。それは、身舎の柱穴の深さが分からなかった、つまり身舎が建っているところに後から庇を付け足したから起きた事象である。何らかの理由によって、庇が必要になったと考えている。

同様のことは、身舎と庇部分の軸線が合わないものにも指摘できる。№18と56の2棟（第6図）があるが、まったく柱筋は合わない。身舎と庇が別の論理で造られたと理解するほかないものである。

4　考　察

(1) 系　譜

四面庇建物の系譜が官衙にあることは明白だが、官衙の何を模倣したのかが問題である。今回集成した四面庇建物の身舎は、2間×3間が最も多い。しかしながら官衙政庁正殿の身舎は、2間×5間が基本である。同様のことは国司の館にもいえる。この状況から一一世紀以降の四面庇建物のモデルは、国司よりも若干下の役人の屋敷なのではないだろうか。鳥海柵遺跡などの一一世紀の四面庇建物の主は、国司などよりも下の役人、もしくはそれらの建物を模倣できる立場の人間であったと考えられる。

では少数ながら検出されている5間四面以上の存在はどのように考えればよいのだろうか。身舎桁行が6間以上の建物は、1棟ずつしか検出されていないことから、イレギュラー的な特殊なものといえる。しかしながら5間のもの

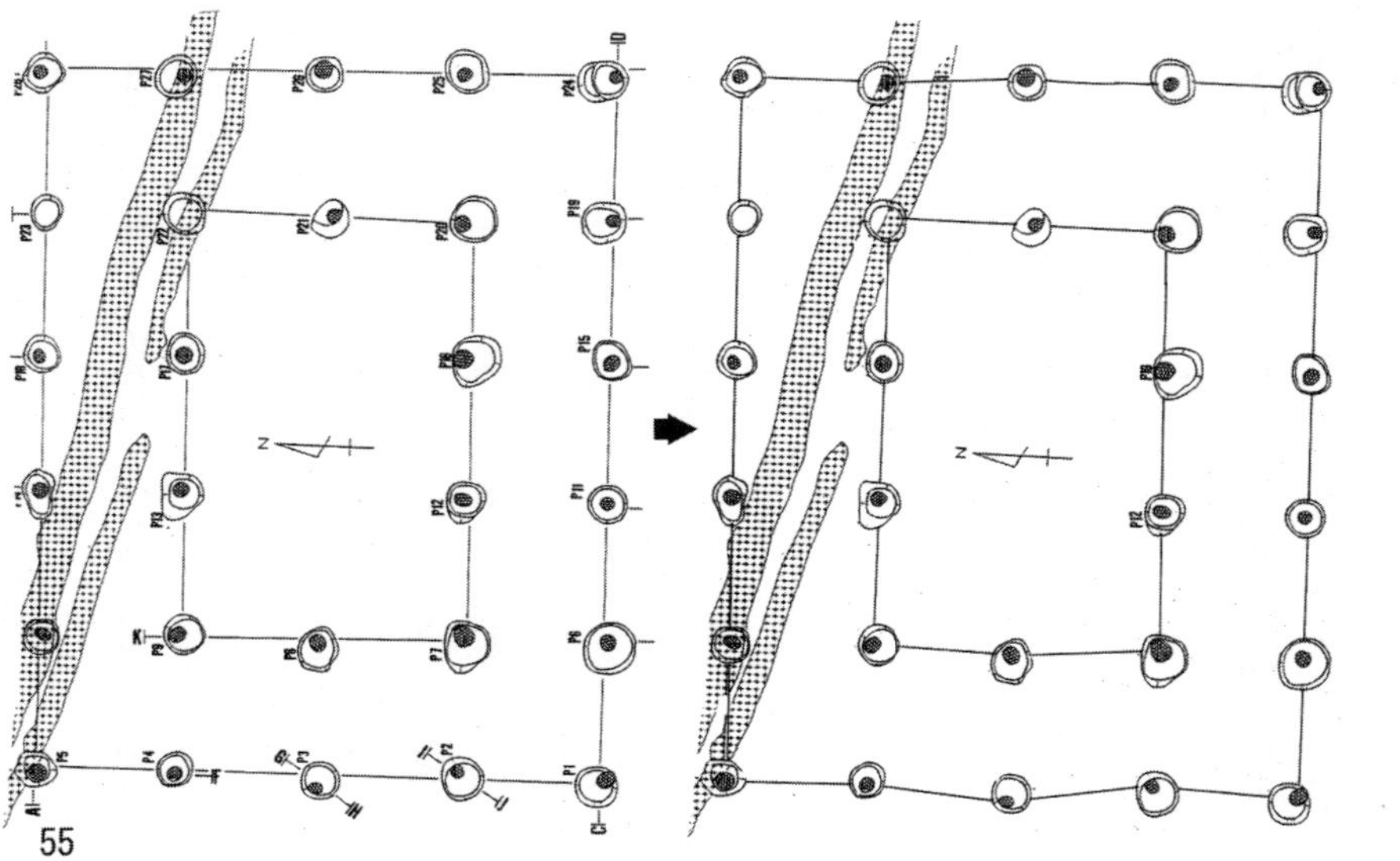

55

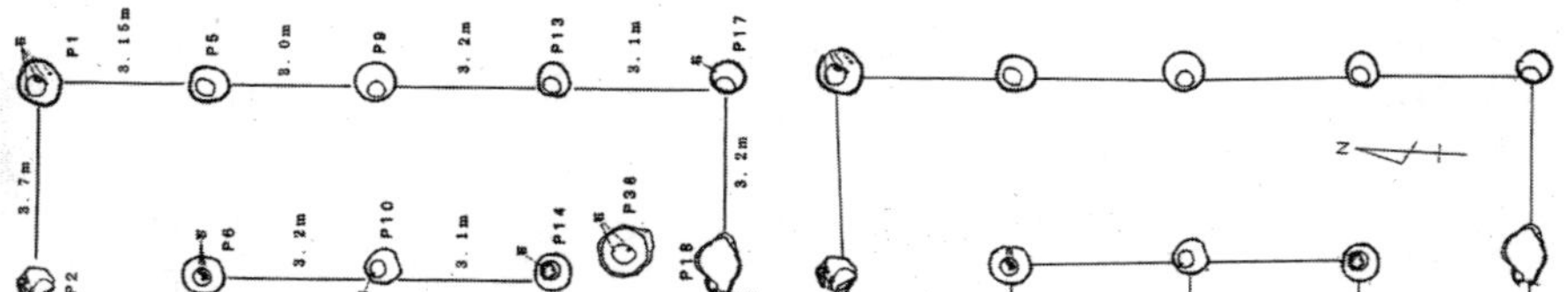

63

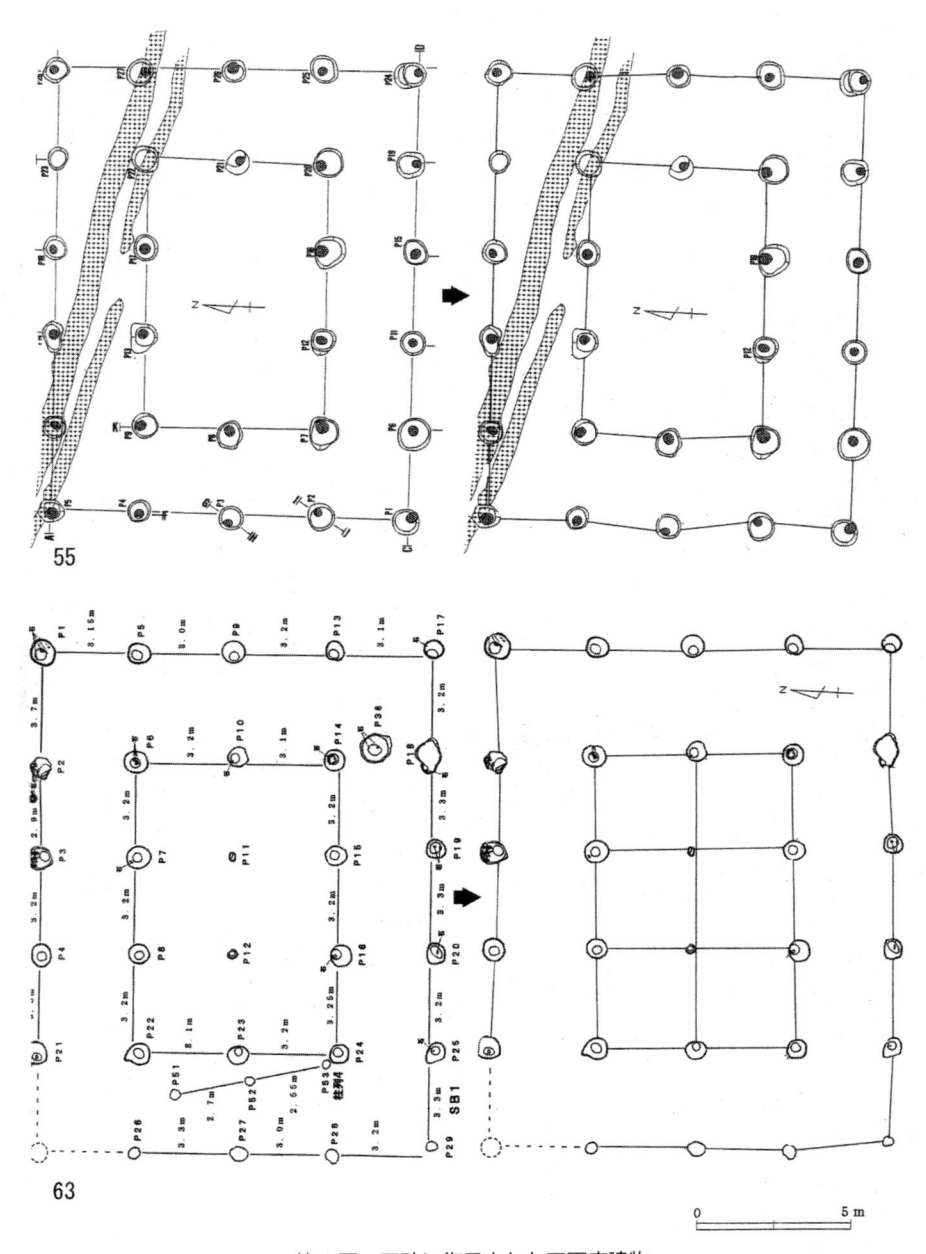

第９図　正確に復元された四面庇建物

は6棟あり、大半が一二世紀中葉以前の年代観を示す。これこそが国司館に端を発したものといえる可能性が高いのではないだろうか。

(2)構　造

礎石建物と掘立柱建物を比較した場合、前者には柱筋が通るものが大半であるが、後者には少ない。なぜこのような現象が起きているのかというと、礎石建物の柱は自立するものの礎石に乗っているに過ぎず、軸組み構造を多用しないと強固な建物を構成しえないのに対し、掘立柱は地面に柱を埋めるため柱自体が強く自立できることから、柱筋が通っていなくともある程度の建物を造れるためだと単純に考えている。

しかし柱筋が通らずに天端の桁や梁部分で方形に組めたとすれば、屋根はかけやすいものの柱が曲がっていたことになり、垂直な壁面は構築できない上、側面から見ても出入りの多い壁面になるだろう。さらに天端でも方形に組めないとしたならば、屋根の形も相当いびつなものになることは間違いない。さらに内部を考えると、柱筋が通らない建物に建具を入れることは、相当な困難を伴う。たとえば現場あわせで扉をつけたにしても、柱等が直角に組まれていないとすれば、開閉するためにはかなりの技術を要したはずである。

また直角を基調に建てられた建物は、力学的には強い建物といえる。そういった意味からは、掘立柱建物は概念的にはなるがそれほど長持ちはしない。そもそも地面に直接柱を埋めているわけであるから、柱が腐食することは織り込み済みであり、ある一定期間さえもてばいい建物と規定することも可能である。ゆえに改めて柱筋を通す必要もないのかもしれない。

このように建物において柱筋が通るか通らないかは、建物の強度すなわち耐久年数に影響することではあるが、それ以外にも重要な意味を有する。繰り返しになるが柱筋が通らないということは、垂直ではなく出入りが多い壁、さらに屋根もいびつになり、まったく外観が異なったものになるということである。近世民家でも各々の柱間において5％ほどの誤差しかないともいわれている［高橋與 二〇〇四］。すなわち視覚的には、両者は同じ間取りであっても別の建物に見えた可能性が高いといえる。つまり掘立柱建物には、少数の柱筋が通るものと多数の柱筋が通らないもの、すなわち大別して2系統があるのである。柱筋が完璧に通る建物は、古代的で精緻で構造的に強固な建物であった。

これらのうち、特に大鳥井山遺跡の四面庇建物No.59は、柱間が若干短いものの身舎規模は2×5間であり、さらに大鳥井山頂部に象徴的に建つ。建て替えの痕跡がなかったため、存続期間を短く想定していたが、今回の考察により比較的長く建っていた可能性を考えなければならないだろう(2)。

建築史と考古学によって掘立柱建物を考えるというテーマの研究会は、過去に何回か行われてきている。残念だがその中で、柱筋が問題にされたことはない［高橋與 一九九二・二〇〇四、東北中世考古学会 二〇〇一、玉井 二〇〇一・二〇〇七、日本建築学会 二〇〇六、総研大 二〇〇八］。しかしながら権威を視覚に訴えることが多い中世においては、外観は非常に大きな意味をもつ。よって柱筋が通るのか通らないのかは、重要な要素と考えている。

以上により考古学サイドでも今後は、「柱筋は必ず通る」という幻想を捨て、実態に即して建物を復元しなければならない。そうすることによって第一には、方形というイメージがなくなり、当時の人々が見た感覚に非常に近くなっているように感じる。またそれに伴って細部の検討も可能になる。No.63（第9図）は東と南庇は精緻だが、西側庇の柱筋が振れていることが明瞭となる。この建物は、東と南を意識して建てられているのである。No.55（第9図）は、西側部分において身舎も庇も膨らんでいる。何らかの意図が感じられる様相である。

(3) 柳之御所遺跡の様相

柱筋が通って柱間が3㍍以上のNo.4（第8図）は、堀内部地区における一二世紀前半の中心建物である。中葉のNo.11

(第6図)も同様の意味から、堀外部地区の主要な建物であろう。後半の№24(第4図)は、柱間が若干短いものの2間×7間の身舎に二つの間仕切りをもつという特殊な建物であり、平泉藤原氏の政庁である平泉館の一部であることは疑いない。

以上の3棟は、柱間も広く精緻に造られ、さらに構造的に特殊なところもあった。他に例をみない建物ということができる。しかしながら規模のみをみれば、№14(第3図)もかなり大きく庇の出も最も長い。ところが庇部分の柱筋がかなりぶれている。大きな庇をつけていることからもそれなりの建物であったことは疑いようがないものの、前3棟とはまったく質の異なる建物だったと考えられる。

(4)意　味

四面庇建物は、律令国家によって生み出された割に、それが崩壊した後に全国展開をしている。律令という縛りがなくなったことにより、力をつけた武士たちが模倣を始めたのである。鳥海柵遺跡の大きな四面庇建物№63の庇が、あとから付けられた可能性が出てきたことは、非常に示唆的である。この建物の主は、庇空間が必要になったと考えられるからである。ある意味においては、当初はいらなかった儀礼空間が欲しくなるまでに成長したのであろう。

しかしながら模倣当初は、財力的にも技術的にもかなり及ばなかったため、柱筋の通らないものが大半を占めたと考えている。事実として3㍍以上の柱間で柱筋の通るものは、一一世紀には少ない。ところが柱筋は通らなくても3㍍以上の柱間の建物は、一二世紀に比べると多いのである。一一世紀代の四面庇建物においては、柱筋が通った精緻な建物よりも、柱筋が通らなくとも3㍍以上の柱間の建物、すなわち建物規模のほうが重要視されたということが読み取れる。このように類推すると、鳥海柵遺跡№63と大鳥井山遺跡№59の新旧は遺物ではつけがたいが、建物の構造から大鳥井山遺跡№59のほうが若干あとのものである、ということも可能になる。

平泉藤原氏の段階になると四面庇建物は多くなるが、比率的には柱間3㍍のものは減少していく。また柱筋が通るものが増えてもいない。おそらくは、安倍氏や清原氏が国司に準ずる人たちの建物を模倣したように、平泉藤原氏の建物をその家人たちがまねて作ったからではないかと考えている。

一二世紀も後半になると、四面庇建物は増え続けるが、庇の出の短いものも出現する。武士たちの儀礼が変化を始めた証左である。その状況は徐々に加速し、一三世紀に入ると四面庇建物は消滅する。入れ替わって中門廊が付く建物が出現するという[小野 二〇〇八]。

このように四面庇建物は、黎明期の中世武士にとって、なくてはならないものであった。しかし四面庇建物は、武士独特の宴会儀礼の確立によって自然に消滅していったのである。

(1) 一般的には平泉遺跡群には含まれないと考えられる奥州市衣川区の細田遺跡ではあるが、隣接する接待館遺跡等は平泉の主要遺跡に酷似している。すなわちある時期には、衣川が境界ではなくなって平泉の中心域が拡大したと考えている。細田遺跡は、衣川が境界であった頃に胎動を開始した可能性が高いが、最終的には平泉に取り込まれたと考えていることから、平泉遺跡群として包括している。

(2) 第4図№59をみると、丸印の部分の柱が定位置にない。調査者に確認したところ、作図の間違いであり、柱筋はすべてが通るとのことであった。

第2章　平泉の井戸

1　集成

(1)定　義

井戸とは、地下水を汲めるように地面に掘った竪穴をいうが、その規模や深浅に基準はなく、検出した遺構が、井戸であったかについては、石組や木組が見つからない限り、判別は付かない。つまり検出した素掘りの遺構は、調査担当者がその規模と形状から、主観的に井戸か否かを判断しているに過ぎないのである。すなわち考古学的には、地下水を汲みとるために意図的に掘られた遺構、との漠然とした定義しか見出せない。

よって本章で使用している資料には、各報告書で示されている判断結果に、さらに筆者の主観が含まれていることを明記しておく。

また、井戸の各部名称については、調査担当者によって表記が様々であり、混乱をまねく恐れがあることから、宇野隆夫の表記方法に従うこととする［宇野 一九八二］。

地上部分　　　　転落防止、汚水流入防止のために設ける部分　　　井桁

地下部分側面付近　　井戸の壁面、また壁面崩壊防止のために設ける部分　井戸側

口径 m	深さ m	上層堆積	出土遺物	年代 C	文献
		自然	1 完少 2 少 3 少	12 後半	1
約 1.5	約 2.6	人為	無	不明	2
約 1.0	約 2.7	人為	3 極少	12 以降	2
約 1.5	約 2.8	人為	1~3 極少桶	14 以降	2
約 1.7	約 2.9	人為	1~2 少 3 並	12 後半	2
約 1.7	3.6	自然	1 完 32 点 2 少 3 多	12 中葉	2
約 2.4	3.5	人為	1 完 31 点 2 少 3 多	12 後半	2
約 3.5	約 5.4	自然	1~3 少水注柄杓	12 後半	3
約 4.7	約 4.9	自然	1 完 36 点 2 多 3 少	12 後半	3
約 1.2	約 3.1	人為	1~3 極少	12	4
1.8×1.5	約 3.7	人為	3 少	近世	2
約 3.0	2.6	自然	1 完少 2 多 3 少	12 後半	5
2.2	2.1	自然	1 完 31 点 2 少 3 並	12 中葉	5
2.2	4.1	自然	1~2 少 3 並	12 後半	5
1.5	4.5	人為	無	近世	6
2.6×1.6	1.8	自然	1~3 少	12 後半	6
不明	不明	不明	不明	12?	19
約 1.8	約 4.2	自然	1 完並 2 少 3 並和鏡	12 中葉	7
約 1.5	約 1.3	不明	不明	近世？	8
約 2.4	4.0	自然？	桶	近世？	9
約 1.4	2.2	自然？	1 完並	12 後半	9
4.3×2.9	約 2.5	人為	1 少 3 少	12 後半	10
約 2.0	3.4	人為	無	12?	11
2.6×2.3	3.4	人為	無	近世以降	11
2.3	約 2.6	人為	1 完並 2 少 3 少	12 後半	11
約 1.8	約 3.8	人為	2 少桶	近世以降	11
3.2×2.3	4.0	人為	2 少	近世以降	11
約 1.6	4.2	人為	無	近世	11
約 2.2	2.0 以上	人為	2 少	18	11
1.9×1.5	4.0	人為	2 少	18 前半	11
2.0×1.8	3.5	人為	1 完少 3 少	12 後半	11
約 1.3	約 2.1	人為	1 完少 2 少ちゅう木	12 第 4	11
1.7×1.5	約 3.0	人為	1 少 2 多	12 第 4	11
2.2×2.0	2.2 以上	人為	2 少	近世後半	11
2.9×2.7	約 2.1	人為	1 完少 2 少	12 第 4	11
約 2.2	約 3.1	人為	1~3 少	12?	11
約 1.1	2.3	人為	1~3 少	12	11
約 1.6	2.6	人為？	1 少桶	近世後半	11
1.5	約 3.2	人為	2 多	18	11
1.8×1.6	約 3.8	人為	3 少	近世前半	11
約 1.2	約 2.1	人為？	無	不明	11
約 1.8	2.9	人為	2 少	18 前半	11
約 1.4	1.8	自然	1 完並	12 後半	11
1.4	約 1.4	自然？	2~3 少	18 前半	11
約 2.5	不明	人為？	無	近現代	11
約 2.2	約 2.4	人為	3 少桶	近世近代	11
1.8×1.5	約 2.0	人為？	1 完少	12	11
2.5×2.2	2.1	人為	無	近世近代	11
約 1.3	約 2.9	人為	2 少	18 前半	11

第1表　井戸一覧

No.	遺跡名	遺構名	井戸側	平面形	全体形	底形	底
1	志羅山	5次井戸	木組	隅丸方形	ロート形	隅丸方形	川原石
2	志羅山	14SE1	無	円形	円筒形	円形	ほぼ平坦
3	志羅山	14SE2	無	円形	円筒形	円形	ほぼ平坦
4	志羅山	14SE3	無	円形	円筒形	隅丸方形	段差
5	志羅山	14SE4	無	不整円形	円筒形	不整円形	ほぼ平坦
6	志羅山	14SE5	無	円形	円筒形	不整形	中央窪む
7	志羅山	14SE6	無	不整円形	円筒形	不整形	曲物設置
8	志羅山	21次1号	木組	不整円形	円筒形	隅丸方形	ほぼ平坦
9	志羅山	21次2号	木組	不整円形	ロート形	隅丸方形	ほぼ平坦
10	志羅山	24次1号	無	円形	フラスコ形	不整円形	ほぼ平坦
11	志羅山	25SE1	無	楕円形	円筒形	円形	ほぼ平坦
12	志羅山	33次2号	無	不整円形	ロート形	不整円形	平坦
13	志羅山	33次3号	無	円形	不整円筒形	円形	平坦
14	志羅山	33次5号	無	円形	ロート形	不整円形	ほぼ平坦
15	志羅山	38次井戸	無	円形	円筒形	円形	ほぼ平坦
16	志羅山	39次1号	無	楕円形	不整円筒形	円形	平坦
17	花立Ⅱ	1次井戸	木組	隅丸方形	長方体？	不明	不明
18	伽羅之御所	5次井戸	無	不整円形	円筒形	不整円形	ほぼ平坦
19	中尊寺	井戸囲状	石組	ほぼ円形	円筒形	楕円形	ほぼ平坦
20	泉屋	2次3号	無	不整円形	ロート形	円形	ほぼ平坦
21	泉屋	5次8号	無	ほぼ円形	ロート形	不整円形	平坦？
22	泉屋	7次井戸	無	不整形	不整円筒形	方形	中央窪む
23	泉屋	11SE1	無	不整円形	円筒形	不整円形	凹凸
24	泉屋	13SE1	無	不整円形	不整円筒形	楕円形	平坦
25	泉屋	13SE2	無	不整円形	ロート形	平行四辺形	平坦
26	泉屋	13SE3	無	円形	円筒形	不整円形	ほぼ平坦
27	泉屋	13SE4	無	卵形	ロート形	不整円形	ほぼ平坦
28	泉屋	13SE5	無	不整円形	円筒形	円形	ほぼ平坦
29	泉屋	13SE6	無	ほぼ円形	円筒形？	不明	不明
30	泉屋	13SE7	無	楕円形	不整円筒形	円形	ほぼ平坦
31	泉屋	15SE1	無	不整円形	円筒形	不整円形	ほぼ平坦
32	泉屋	15SE2	無	円形	円筒形	円形	平坦
33	泉屋	15SE3	無	不整円形	不整円筒形	不整円形	ほぼ平坦
34	泉屋	15SE4	石組	不整円形	不明	不明	不明
35	泉屋	15SE5	無	不整円形	フラスコ形	不整円形	中央窪む
36	泉屋	15SE6	無	円形	円筒形	円形	平坦
37	泉屋	15SE7	無	ほぼ円形	円筒形	ほぼ円形	ほぼ平坦
38	泉屋	15SE8	無	円形	円筒形	不整円形	ほぼ平坦
39	泉屋	15SE9	無	円形	不整円筒形	楕円形	ほぼ平坦
40	泉屋	15SE10	無	不整円形	円筒形	ほぼ円形	中央窪む
41	泉屋	15SE11	無	不整円形	円筒形	不整円形	平坦
42	泉屋	15SE12	無	ほぼ円形	円筒形	不整円形	中央窪む
43	泉屋	15SE13	無	ほぼ円形	不整円筒形	平行四辺形	平坦
44	泉屋	15SE14	無	ほぼ円形	円筒形	ほぼ円形	平坦
45	泉屋	15SE15	無	不整円形	不明	不明	不明
46	泉屋	15SE16	無	不整円形	不整円筒形	台形	ほぼ平坦
47	泉屋	15SE17	無	不整円形	不整円筒形	不整円形	中央窪む
48	泉屋	15SE18	無	楕円形	円筒形	台形	中央窪む
49	泉屋	15SE19	無	円形	円筒形	円形	ほぼ平坦

口径 m	深さ m	上層堆積	出土遺物	年代 C	文献
1.6×1.3	約 3.0	人為	桶	18 後半	11
約 1.6	約 3.1	人為	自然木少	近世？	11
2.7×2.2	約 3.7	人為	無	12 中葉	11
2.0	約 2.8	人為	2~3 少	近世前半	11
3.9×3.5	2.6	人為	1 完少 3 少	12 後半	11
約 1.1	約 3.3	人為	無	12?	11
3.8	約 2.8	自然？	1 完並 2~3 少	12 後半	12
約 1.5	約 3.0	人為	1~3 少瓦多	12 後半	13
約 2.0	約 2.1	人為	1~2 少鞘	12 後半	14
約 1.2	約 2.9	人為？	1 完少 2 少ちゅう木多	12 後半	14
1.4	約 3.3	人為？	1 完少 2 少ちゅう木多	12 後半	14
3.1×2.9	約 4.7	自然	1 完 41 点 1 少完形曲物 2	12 後半	15
約 2.0	約 5.5	人為	1 完並 2 多 3 並	12 後半	15
約 1.5	約 3.8	人為	1 完 203 点 2 少 3 並	12 後半	15
約 2.0	2.5 以上	人為	1 完 70 点 2 少	12 後半	15
1.9×1.7	約 2.4	人為	1~3 少	12 中葉	16
約 1.8	約 6.0	人為	1 完 ~3 少刀子	12 後半	16
約 4.0	10.0 以上	自然	1 完 ~3 少	12 第 4	16
1.8	4.5	自然	1 完 ~3 少曲物 2	12 後半	16
2.5	4.4	自然	1 完 ~3 少刀子	12 後半	16
1.4	5.8	人為	1~3 少	近世近代	16
2.4	3.4	自然	1 完 ~3 少	12 第 3	17
1.8	2.3	人為	1 完少 2 少	12 第 3	17
1.5	2.3	人為	1 完 ~3 少	12 第 3	17
3.0	2.5	自然	1 完 ~3 少	12	17
2.3	2.0	自然	1 完少 2 少	12 第 3	17
1.9	2.5	人為	1 完少 2 少	12 第 3	17
1.2	2.4	人為	1 完少 2 少	12 後半	17
1.0	2.7	人為	1 完少 2 少	12 第 3	17
約 1.4	約 2.2	自然	1 完 ~2 少瓜種子多	12 第 4	15
1.9×1.6	約 4.0	人為	1 完 41 点 3 多	12 後半	15
1.6×1.6	約 2.4	自然	1 完並 2~3 少	12 第 4	15
2.2×2.2	約 4.6	自然	1 完 124 点 2 少 3 並	12 後半	15
1.5×1.5	約 3.7	人為	1 完並 2 少 3 多	12 第 3	15
2.2×2.0	約 5.3	自然	1 完少 2~3 少	12 後半	15
1.7×1.4	約 2.5	自然	1 完 ~3 少	12 第 4	15
1.8×1.5	約 3.3	人為	1~3 少	12 後半	15
2.4×2.0	約 4.3	自然	1 完並 2~3 少	12 後半	15
1.8	約 1.9	人為	1 完 ~2 少	12 後半	15
1.8	約 4.4	自然	1 完並 2 少 3 並	12 第 4	15
1.3×1.3	約 1.9	人為	1 完 ~3 少	12 後半	15
1.3×1.3	約 2.6	人為	1 完 ~3 少	12 後半	15
1.0×0.8	約 3.6	自然	1~3 少	12 後半	15
1.9×1.8	約 2.0	人為	1 完 35 点 2~3 少	12 後半	15
1.7×1.5	約 3.2	人為	1 完並 2 少 3 多	12 後半	15
1.6×1.3	約 2.3	人為	1 完 ~3 少	12 後半	15
1.2×1.2	約 2.9	人為	1 少	12 後半	15
3.0	2.4	自然	1 完 ~2 少	12 第 3	17
2.6	約 3.3	人為	1 完 ~3 少	12 後半	18
約 2.3	約 1.8	人為	1~3 少	12 後半	18

No.	遺跡名	遺構名	井戸側	平面形	全体形	底形	底
50	泉屋	15SE20	無	楕円形	円筒形	円形	ほぼ平坦
51	泉屋	15SE21	無	円形	円筒形	不整円形	ほぼ平坦
52	泉屋	15SE22	無	不整円形	不整円筒形	隅丸長方形	ほぼ平坦
53	泉屋	15SE23	無	円形	不整円筒形	円形	ほぼ平坦
54	泉屋	15SE25	無	不整円形	不整円筒形	不整円形	中央窪む
55	泉屋	15SE26	無	不整円形	円筒形	不整円形？	ほぼ平坦
56	柳之御所堀内	11 次 1 号	無	ほぼ円形	円筒形	隅丸方形	ほぼ平坦
57	柳之御所堀内	13 次 4C2	木組	ほぼ円形	長方体形	隅丸方形	川原石
58	柳之御所堀外	18 次 7 号	無	不整円形	円筒形	円形	中央窪む
59	柳之御所堀外	18 次 17 号	無	不整円形	円筒形	円形	ほぼ平坦
60	柳之御所堀外	18 次 27 号	無	不整円形	円筒形	円形	ほぼ平坦
61	柳之御所堀内	21SE1	無	ほぼ円形	ロート形	不整円形	ほぼ平坦
62	柳之御所堀内	21SE2	木組	円形	円筒形	楕円形	ほぼ平坦
63	柳之御所堀内	21SE3	無	円形	円筒形	円形	ほぼ平坦
64	柳之御所堀内	21SE4	木組	隅丸長方形	不明	不明	不明
65	柳之御所堀外	24SE1	無	隅丸方形	長方体形	方形	平坦
66	柳之御所堀外	24SE2	無	不整円形	円筒形	不整円形	段差
67	柳之御所堀外	24SE3	木組	不整円形	ロート形	不明	不明
68	柳之御所堀外	25SE1	無	円形	不整円筒形	隅丸方形	平坦
69	柳之御所堀外	25SE2	無	不整円形	ロート形	円形	中央窪む
70	柳之御所堀外	25SE3	無	円形	円筒形	円形	中央窪む
71	柳之御所堀外	27SE1	無	不整円形	ロート形	不整円形	平坦
72	柳之御所堀外	27SE2	無	不整円形	ロート形	ほぼ円形	平坦
73	柳之御所堀外	27SE3	無	円形	円筒形	不整円形	平坦
74	柳之御所堀外	27SE4	無	不整円形	ロート形	楕円形	平坦
75	柳之御所堀外	27SE5	無	不整円形	ロート形	不整円形	中央窪む
76	柳之御所堀外	27SE6	無	円形	ロート形	ほぼ円形	平坦
77	柳之御所堀外	27SE7	無	ほぼ円形	円筒形	不整円形	平坦
78	柳之御所堀外	27SE8	無	不整円形	円筒形	ほぼ円形	平坦
79	柳之御所堀内	28SE1	無	不整円形	円筒形	円形	中央窪む
80	柳之御所堀内	28SE2	無	不整円形	長方体形	長方形	平坦
81	柳之御所堀内	28SE3	無	隅丸方形	不整円筒形	不整円形	中央窪む
82	柳之御所堀内	28SE4	無	隅丸方形	長方体形	方形	平坦
83	柳之御所堀内	28SE5	無	ほぼ正方形	長方体形	ほぼ正方形	平坦
84	柳之御所堀内	28SE6	無	隅丸方形	長方体形	ほぼ長方形	平坦
85	柳之御所堀内	28SE7	無	隅丸方形	長方体形	ほぼ長方形	平坦
86	柳之御所堀内	28SE8	無	不整形	円筒形	不整円形	平坦
87	柳之御所堀内	28SE9	無	ほぼ楕円形	円筒形	楕円形	ほぼ平坦
88	柳之御所堀内	28SE10	無	不整円形	円筒形	ほぼ方形	平坦
89	柳之御所堀内	28SE11	無	不整円形	円筒形	ほぼ長方形	平坦
90	柳之御所堀内	28SE12	無	やや正方形	長方体形	ほぼ方形	傾斜
91	柳之御所堀内	28SE13	無	隅丸方形	長方体形	隅丸方形	ほぼ平坦
92	柳之御所堀内	28SE14	無	楕円形	円筒形	楕円形	平坦
93	柳之御所堀内	28SE15	無	隅丸方形	長方体形	ほぼ正方形	平坦
94	柳之御所堀内	28SE16	無	不整円形	長方体形	ほぼ正方形	平坦
95	柳之御所堀内	28SE17	無	不整円形	円筒形	不整円形	中央窪む
96	柳之御所堀内	28SE18	無	ほぼ正方形	長方体形	ほぼ正方形	平坦
97	柳之御所堀外	29SE2	無	不整円形	ロート形	ほぼ円形	ほぼ平坦
98	柳之御所堀外	30SE1	無	円形	ロート形	不整円形	平坦
99	柳之御所堀外	30SE2	無	ほぼ円形	円筒形	ほぼ円形	平坦

口径 m	深さ m	上層堆積	出土遺物	年代 C	文献
1.6×1.1	約 3.2	人為	1 完少	12 後半	18
約 3.0	4.3	不明	1 完 ~2 少	12 後半	18
3.0	3.4	自然	1 完並 2~3 少	12 第 4	18
1.6×1.2	3.7	人為	1 完 40 点 2~3 少	12 第 4	18
1.9	2.1	人為	1~2 少	12 後半	18
1.8	1.9	自然	1~2 少	12 後半	18
約 2.0	約 3.1	自然	1~2 少	12 後半	18
1.8	2.3	人為	1 少	12 後半	18
2.0×1.9	約 6.2	自然	1~3 少	12 後半	15
2.0×1.9	約 3.7	自然	1 完並 2 少 3 並和鏡	12 中葉	15
1.8×1.6	約 2.1	人為	1 完並 2~3 少	12 後半	15
2.3×1.3	3.4	人為	1 完 ~3 少	12 後半	15
1.8×1.8	約 3.4	自然	1 完並 2 少	12 後半	15
2.4×1.8	5.8	自然	1 完 106 点 2 少箸多	12 後半	15
1.7×1.5	約 2.6	自然	1 完少 3 少並	12 後半	15
1.1×1.0	2.9	自然	1 完 ~3 少	12 後半	15
0.9×0.8	約 2.9	人為	1 完 ~2 少 3 並	12 後半	15
2.2×2.0	約 3.4	人為	1 少 3 少息抜き竹	12 後半	15
2.0×1.9	3.1	人為	3 少	12 後半	15
2.0×1.7	約 2.7	不明	2 少	17	15

18 後半	18	近世前半	近世後半	近世	近世？	近世以降	近世近代	近現代	不明
1	2	2	3	3	3	2	3	1	2

No.	遺跡名	遺構名	井戸側	平面形	全体形	底形	底
100	柳之御所堀外	30SE3	木組	隅丸方形	長方体形	不整円形	平坦
101	柳之御所堀外	30SE4	無	不整円形	ロート形	円形	凹凸
102	柳之御所堀外	30SE5	無	不整円形	フラスコ形	隅丸方形	ほぼ平坦
103	柳之御所堀外	30SE6	無	隅丸方形	長方体形	不整円形	平坦
104	柳之御所堀外	30SE7	無	円形	円筒形	ほぼ円形	平坦
105	柳之御所堀外	30SE8	無	不整円形	ロート形	円形	平坦
106	柳之御所堀外	30SE9	無	不整円形	ロート形	ほぼ円形	ほぼ平坦
107	柳之御所堀外	30SE10	無	不整円形	円筒形	楕円形	平坦
108	柳之御所堀内	31SE1	無	正方形	長方体形	正方形	平坦
109	柳之御所堀内	31SE2	無	隅丸方形	長方体形	ほぼ正方形	平坦
110	柳之御所堀内	31SE3	無	不整円形	円筒形	隅丸方形	ほぼ平坦
111	柳之御所堀内	31SE4	無	隅丸方形	不整円筒形	不整円形	中央窪む
112	柳之御所堀内	31SE6	無	隅丸方形	長方体形	長方形	平坦
113	柳之御所堀内	31SE7	無	不整楕円形	長方体形	長方形	平坦
114	柳之御所堀内	31SE8	無	不整長方形	長方体形	不整円形	中央窪む
115	柳之御所堀内	36SE2	無	隅丸方形	不整円筒形	円形	ほぼ平坦
116	柳之御所堀内	36SE3	無	ほぼ正方形	長方体形	楕円形	ほぼ平坦
117	柳之御所堀内	41SE1	無	不整円形	長方体形	隅丸長方形	中央窪む
118	柳之御所堀内	41SE2	無	不整円形	不整円筒形	円形	中央窪む
119	柳之御所堀内	41SE3	無	不整楕円形	円筒形	不整円形	ほぼ平坦

出土遺物の凡例
1: かわらけ　2: 陶磁器　3: 木製品　完：完形品　少 :10 点未満　並 :10~30 点　多 :31 点

文献
1: 平泉町教育委員会『わたしたちの平泉』1993 年
2: (財)岩手県埋蔵文化財センター『志羅山遺跡 14・25 次発掘調査報告書』1995 年
3: 平泉町教育委員会『平泉遺跡群発掘調査報告書』1993 年
4: 平泉町教育委員会『平泉遺跡群発掘調査報告書』1994 年
5: 平泉町教育委員会『平泉遺跡群発掘調査報告書』1995 年
6: 平泉町教育委員会『平泉遺跡群発掘調査報告書』1996 年
7: 平泉町教育委員会『平泉遺跡群発掘調査報告書』1992 年
8: 平泉遺跡調査会『中尊寺』1983 年
9: 平泉町教育委員会『平泉遺跡群発掘調査報告書』1991 年
10: (財)岩手県埋蔵文化財センター『泉屋遺跡発掘調査報告書』1993 年
11: (財)岩手県埋蔵文化財センター『泉屋遺跡 10・11・13・15 次発掘調査報告書』1997 年
12: 平泉町教育委員会『柳之御所跡発掘調査報告書』1983 年
13: 平泉町教育委員会『柳之御所跡発掘調査報告書』1984 年
14: 平泉町教育委員会『平泉遺跡群発掘調査報告書』1987 年
15: (財)岩手県埋蔵文化財センター『柳之御所跡』1995 年
16: 平泉町教育委員会『柳之御所跡発掘調査報告書』1990 年
17: 平泉町教育委員会『柳之御所跡発掘調査報告書』1991 年
18: 平泉町教育委員会『柳之御所跡発掘調査報告書』1992 年
19: 平泉町教育委員会『鈴沢地区緊急発掘調査』1975 年

第 2 表　井戸の年代分布

年代	12 中葉	12 第 3	12 第 4	12 後半	12	12 ?	12 以降	14 以降	17	18 前半
基数	6	8	10	58	4	4	1	1	1	4
比率	72%					28%				

地下部分底面付近　地下水を溜めるために設ける部分　水溜

井戸側の有無やその素材に関する名称としては、井戸側を有しないものを素掘り井戸、木材の井戸側を用いているものを木組井戸、石を用いているものを石組井戸と表記する。

12	近世	調査面積 / 近世	近代	不明	その他
1	2	8,766㎡ /1 基	0	1	2
2	13	1,029㎡ /1 基	0	1	10
1	1	42,555㎡ /1 基	0	0	1
0	1	33,072㎡ /1 基	0	0	0
1	0		0	0	1
4	16	4,592㎡ /1 基	0	2	13

(2)報告された井戸

集成は、検出遺構を基本的にすべて完掘していた一九九七年度までに刊行された報告書、関連書籍から行っている。119基に及ぶ井戸が調査されていた。以後、各井戸については、第1表の番号で表記する。

(3)分　布

年代的な分布を第2表に示す。全体としては、一二世紀の井戸が72%、一二世紀後半のものだけでも半数を占める。鎌倉時代の明確な井戸は、検出されていない。

地域的な分布は、第3表に示す。調査が進んでいることにもよるが、志羅山遺跡、泉屋遺跡、柳之御所遺跡の3遺跡で116／119基を占める。調査面積は、志羅山遺跡1万7532㎡、泉屋遺跡1万3382㎡、柳之御所遺跡4万2555㎡（堀内部3万3072㎡、堀外部8483㎡）である。

井戸は、柳之御所遺跡から多数検出されているが、その多くが一二世紀に帰属する井戸であり、この様相は他遺跡と大きく異なる。前記3遺跡では、一二世紀の井戸を1基検出するには、864㎡の調査を行わなければならないという結果が出ている。平泉で最も密度が高いのは、柳之

第3表　井戸の主要遺跡の分布

遺跡名	検出数	12総数	12総数：検出数	調査面積/12総数	12中葉	12後半	調査面積/12後半
志羅山遺跡	16	11	69%	1,594㎡/1基	2	8	2,191㎡/1基
泉屋遺跡	36	12	33%	1,115㎡/1基	1	9	1,487㎡/1基
柳之御所遺跡	64	62	97%	686㎡/1基	2	59	721㎡/1基
内部地区	36	35	97%	945㎡/1基	1	34	973㎡/1基
外部地区	28	27	96%	351㎡/1基	1	25	379㎡/1基
3遺跡合計	116	85	73%	864㎡/1基	5	76	954㎡/1基

御所遺跡堀外部地区であり、350㎡程度で1基検出されるというデータが出ている。柳之御所遺跡全体でも密度は高く、志羅山遺跡の3倍、泉屋遺跡の約2倍の密度である。しかし近世になると逆転し、泉屋遺跡が群を抜いて密度が高くなる。この傾向は、輸入陶磁器からも看取される［第Ⅰ部第1章］。

2　形態と規模

井戸の覆い屋や井桁が明確に分かるものがないため、形態とは井戸側の有無をいう。井戸側は、さらに木組と石組に分かれる。曲物や桶を井戸側にしたものは検出されていない。規模に関しては、開口部径は調査中にも崩落により変化することが多いため、比較するには注意が必要である。

(1)素掘り井戸（第1図）

素掘り井戸は、その形態から円筒形、長方体形、ロート形、フラスコ形に大別される。前2者は使用された当初の形態と考えられるが、ロート形は井戸を掘る時の造作によるものか崩壊か判断がつかない。フラスコ形は、壁の崩壊によるものである。

深さについては、近世の例だが、44が1．4㍍と最も浅い。一二世紀の例では、43の1．8㍍が最も浅く、108の6．2㍍が最も深い。

底の状態は、平坦なもの、凹凸のあるもの、片側に傾斜するもの、中央に傾斜するもの、中

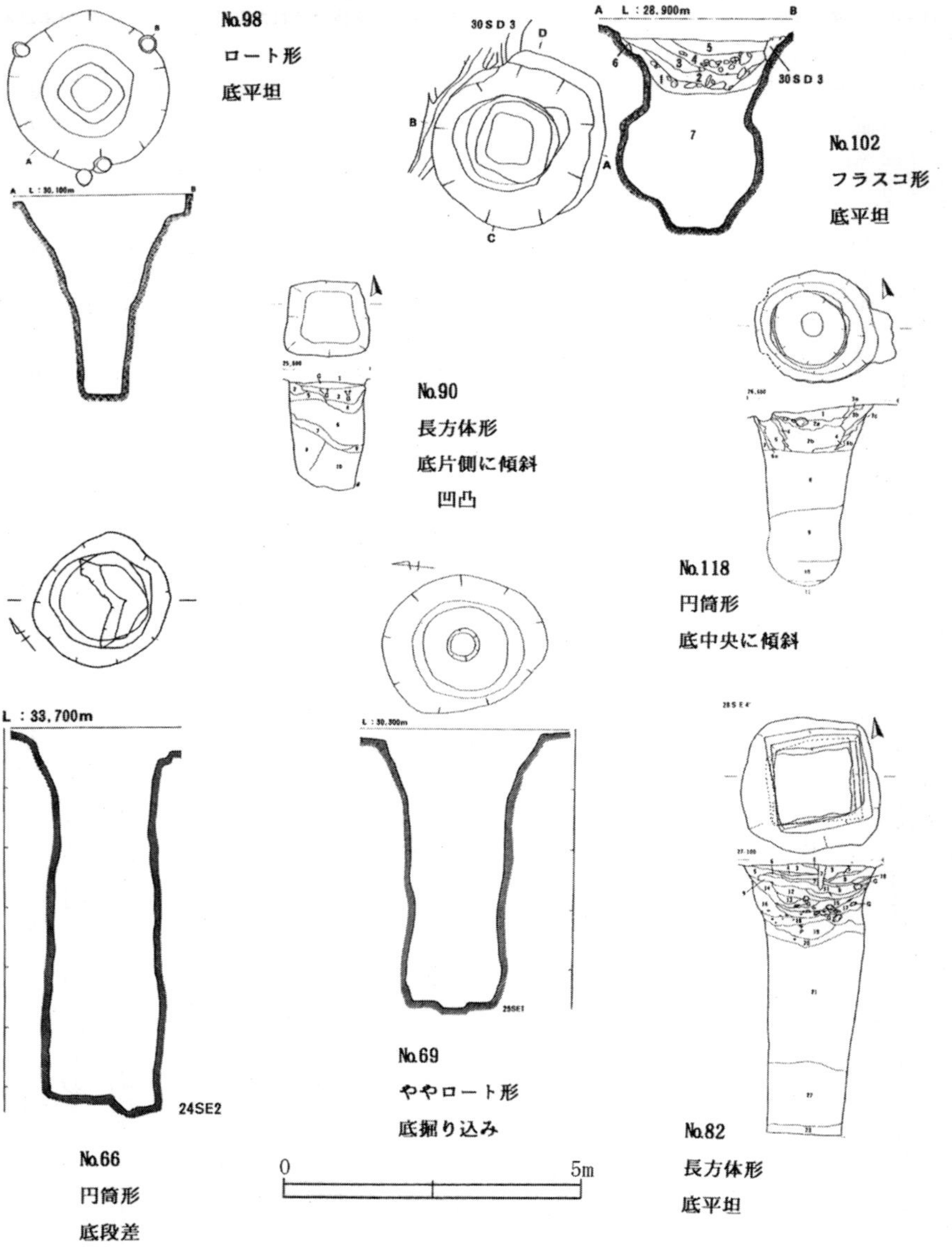
No.98
ロート形
底平坦
A L : 30.100m B
30SD3
A L : 28.900m B
No.102
フラスコ形
底平坦
No.90
長方体形
底片側に傾斜
凹凸
No.118
円筒形
底中央に傾斜
L : 33,700m
24SE2
No.66
円筒形
底段差
L : 30.300m
25SE1
No.69
ややロート形
底掘り込み
No.82
長方体形
底平坦
0
5m

第１図　素掘りの井戸

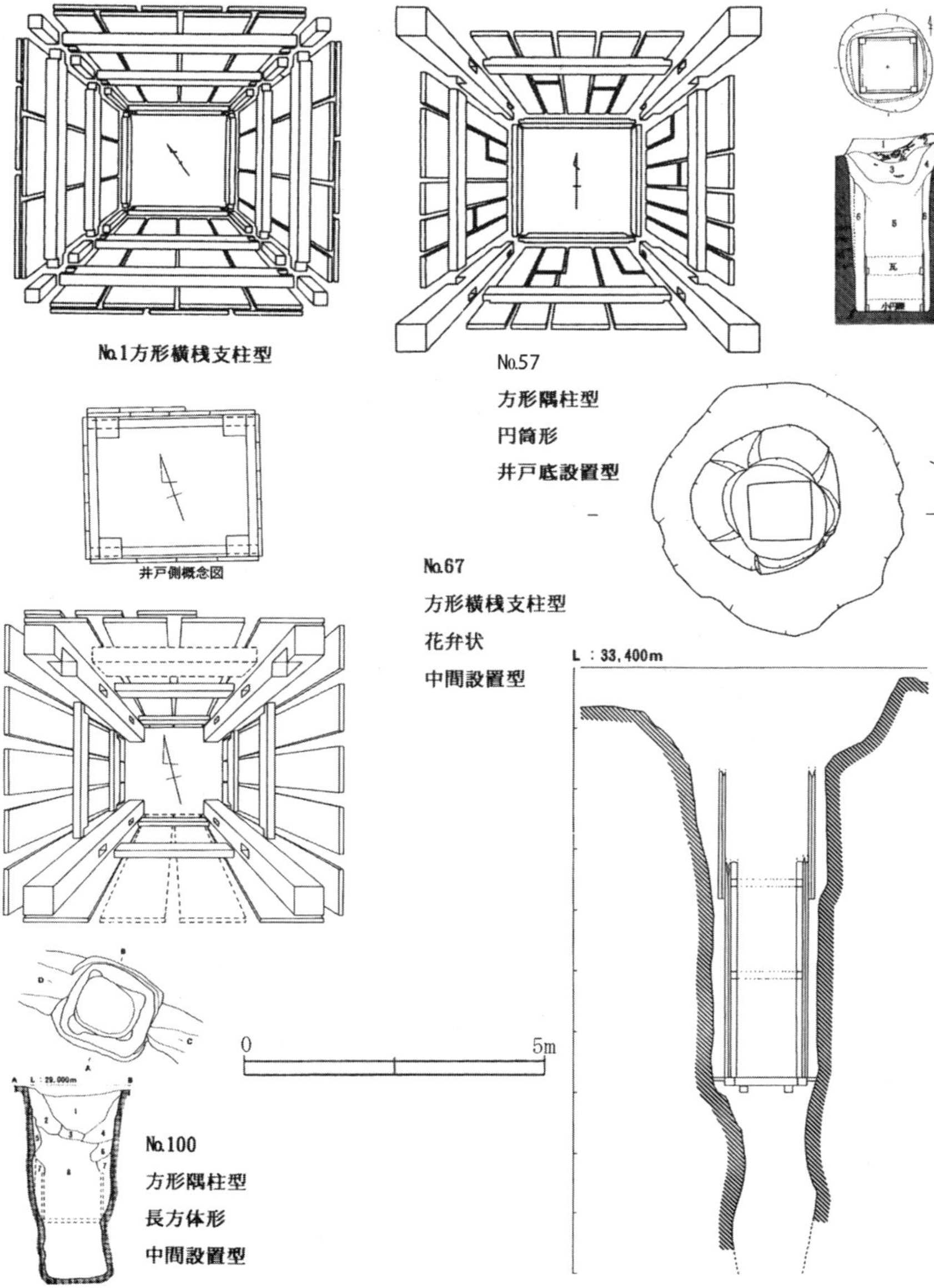
No.1方形横桟支柱型
No.57
方形隅柱型
円筒形
井戸底設置型
井戸側概念図
No.67
方形横桟支柱型
花弁状
中間設置型
L : 33,400m
0
5m
L : 29.000m
No.100
方形隅柱型
長方体形
中間設置型

第2図　木組井戸

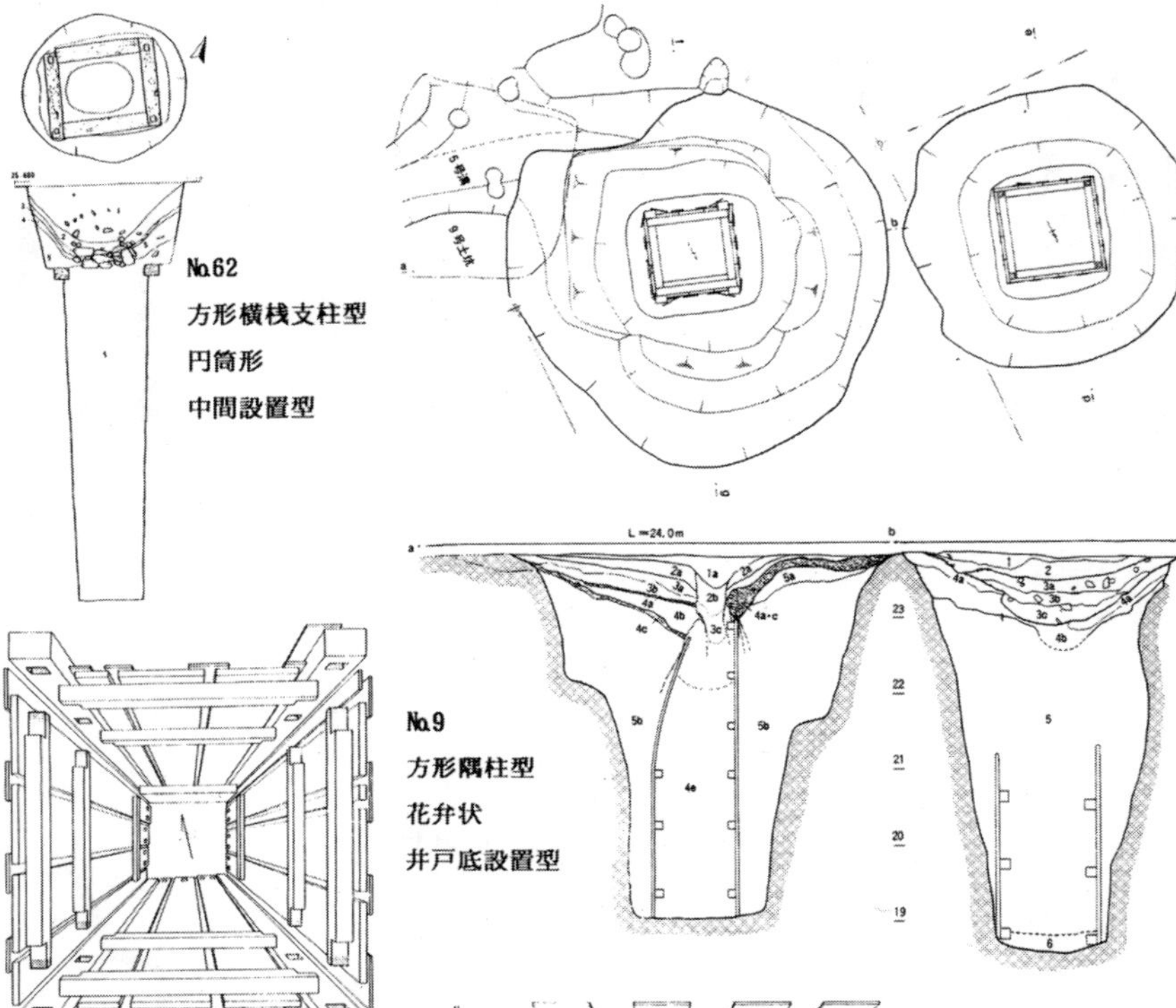
No.62
方形横桟支柱型
円筒形
中間設置型
No.9
方形隅柱型
花弁状
井戸底設置型
No.8
方形横桟支柱型
円筒形
井戸底設置型
No.19
石組井戸跡
0
5m

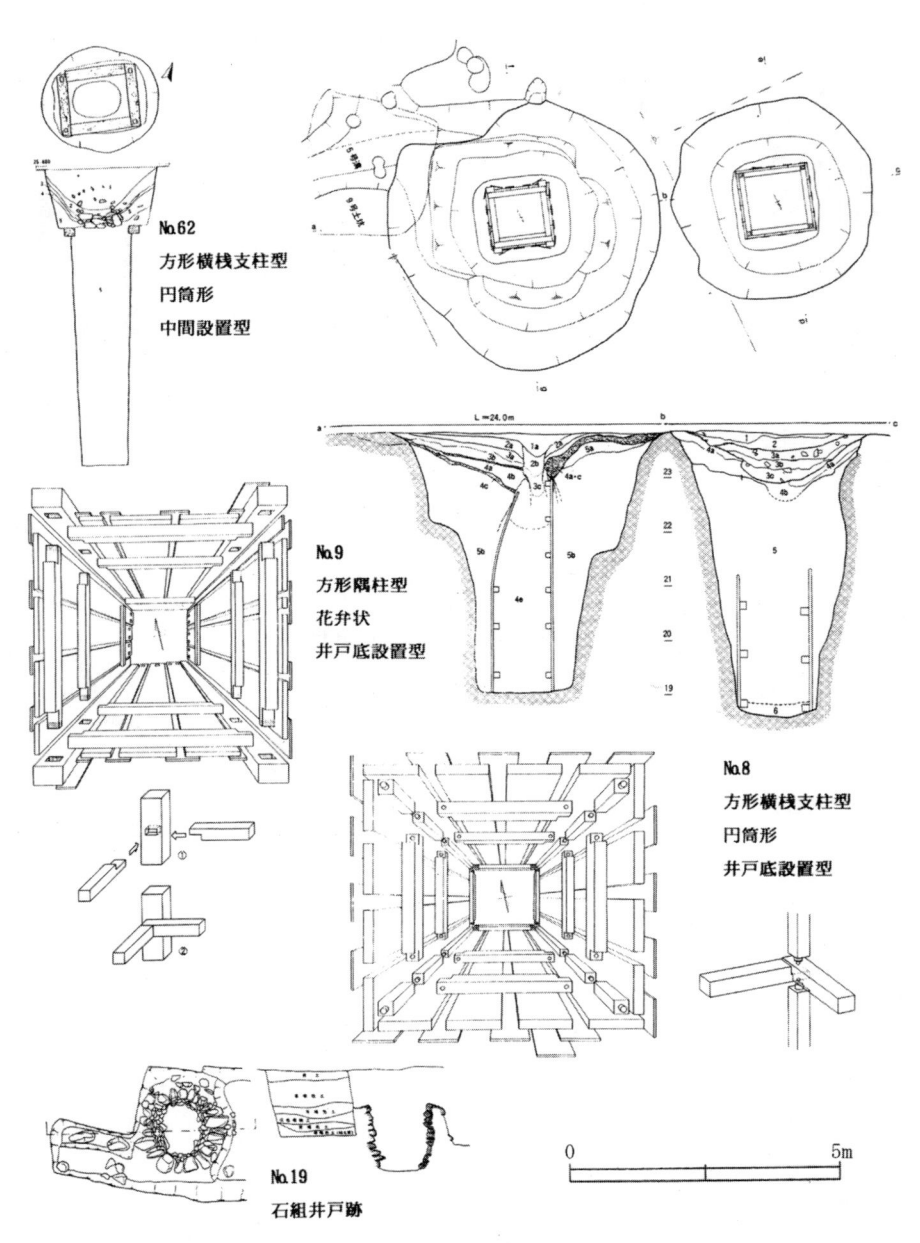

第3図　木組・石組井戸

央に掘り込みのあるもの、段差の付くものがある。平坦なものと中央に傾斜するものが多い。全体形と底の状態の組み合わせには、法則は認められない。

(2)木組井戸（第2図）

木組井戸は、一九九七年の段階では9基しか検出されていない。深さは、浅いもので3．0㍍、深いもので10㍍以上を測った。井戸側の1辺は1．1〜1．3㍍の長さがある。57は、底に川原石が敷かれていた。すべてが一二世紀に帰属する。一二世紀の井戸全体における比率としては、1割程度ということになる。

井戸側はその構造から、方形横桟支柱型と方形隅柱型の2種類に大別される。方形横桟支柱型とは、底に四隅を組み繋いだ横桟と呼ばれる方形の枠を置き、その四隅に上の枠を支える支柱の角材を立て、これを繰り返しながら枠の外に縦に並べた側板を支えるというものである。対して方形隅柱型とは、底の四隅に柱を立て、柱に刻まれた枘穴に横木を差して組み上げ、これによってやはり側板を支える構造となっている。

方形横桟支柱型　1・8・62・67
方形隅柱型　9・57・100
不明　17・64

方形横桟支柱型では、1が典型である。8と62は、支柱と横桟も枘で繋がれるという方形横桟支柱型の変形版。67は、井桁の地下部分と推定される縦板が遺存していた。方形隅柱型では、縦板を継いでいるという特殊性がみえるものの、57が典型といえるが、9と100は横桟を組み隅柱に固定する方形横桟隅柱型とでもいうべきものである。17は写真しか残っていないため、64は調査せずに埋め戻したため、ともに詳細は不明。

木組井戸は、井戸側の構造以外に、井戸側の設置位置、掘り方にも相違が認められる。井戸側の設置位置は、底に設置されているものと、途中に設置されているものの2種類がある。木組井戸の掘り方は、ロート形か長方体形が基本的なのだが、掘り方を突き固めやすくするために、井戸側の一面に対して弧状に掘り込み、全体としては花弁状のものもあった。井戸側の構造、設置位置、掘り方の組み合わせには、法則は認められない。

井戸底設置型	1・8・9・57
中間設置型	62・67・100
ロート形	1・8
長方体形	57・62・100
花弁状	9・67

(3)石組井戸

石組井戸は、2例しか検出されていない。19は出土遺物の記載がないため詳細は不明である。34は完掘していないが、近世後半の遺物が出土している。2基の未報告の井戸の調査事例があるが、ともに近世であった。調査事例が少ないため確実なことはいえないが、石組井戸は平泉では近世になってから普及するようである。

3 出土遺物

かわらけは、近世の井戸からも多数出土するが、完形品となると一二世紀に限定される。そのほかには、かわらけを乗せる盆の用途の折敷などの木製品、まじない関連遺物が発見されている。特に呪術関連遺物は、遺物自体に呪術性があったとしても、井戸底等に意図的に納置された状況が確認されない限り、考古学的にはまじないなどが行われたとは判断がつかないため、出土状態についても詳しく分析する。出土遺物を整理することは、当時の生活の一端を再現することにつながると考えているからである。

(1)完形かわらけ・折敷・箸

完形かわらけが多数出土したものは9基、略完形もしくは完形の折敷が出土したものは6基、完形の箸が多数出土したものは2基だが少数出土したものを含めると8基ある。日常的なものとは考えられないが、かわらけ・折敷・箸は、供膳具として密接なかかわりをもっている。しかしかわらけの出土量に折敷や箸が比例するような傾向は看取されない。この結果から導き出されるものは、基本的にかわらけは完形であっても、つまり器としての機能があっても廃棄されるものであるが、折敷や箸は分別されて廃棄されたか、転用されるものだったということになろう。

折敷の転用例として確認されているのは、ちゅう木と呼ばれるいわゆる糞ベラが挙げられる[八重樫 二〇一一a]。平泉遺跡群からは、多数の便所遺構が検出されているが、それらから出土したちゅう木の中に、絵が描かれた折敷を転用したものなどが含まれていた。縁が完全に残っている完形折敷が出土していないという状況からは、完形のものは利用し、一部でも破損したものを廃棄や転用していたと推定される。

箸が多数出土した例は、2例しかない。113から400点を超す箸が出土しているが、そのうち300点ほどは端部が折れたり焦げたりしていた。やはり箸も破損するまで使用していたと考えられ、不具になった時に廃棄したのであろう。出土点数が少ない状況からは、廃棄する場合、穴などに投げ込まなかった可能性が高い。

(2)曲物・漆器

略完形、完形の曲物が出土した井戸は、5基しかない。下層からの出土は多いものの、底に設置されていた例は、

第4表　井戸出土遺物

No.	遺跡名調査	かわらけ	折敷	箸	曲物	漆器	呪術関連遺物
1	志羅山遺跡	完少				半椀1	
5	志羅山遺跡	破少	略完1		破少		
6	志羅山遺跡	完多	破少	完多	破少		
7	志羅山遺跡	完多	破少	完並	略完1		曲物は底に設置
8	志羅山遺跡	破少					完形水注1完形柄杓1欠櫛1
9	志羅山遺跡	完多				破椀少	鳥型1　木札1
12	志羅山遺跡	完少					溶解鉄入り竹製花入1
13	志羅山遺跡	完多				完皿1	笹塔婆1
14	志羅山遺跡	破少		破少			未製品完形下駄2
16	志羅山遺跡	破少				完皿1	
18	伽羅之御所跡	完並	半4	完少			和鏡1経箱1刀子1笹塔婆1
22	泉屋遺跡	破少				略完椀1	
25	泉屋遺跡	完並			完1		
31	泉屋遺跡	完少			欠少		
37	泉屋遺跡	破少			欠少		
54	泉屋遺跡	完少			欠少		
56	柳之御所遺跡	完並			欠少		
58	柳之御所遺跡	破少				欠椀1	完形白木鞘1
61	柳之御所遺跡	完多			完2	完椀1	欠刀子1曲物は下層出土
62	柳之御所遺跡	完並	欠1			完皿2欠椀1	
63	柳之御所遺跡	完多	欠少	完少			
66	柳之御所遺跡	完少			略完1		底から完形刀子1
67	柳之御所遺跡	完少			欠少	欠椀1	
68	柳之御所遺跡	完少			完2		曲物は下層出土
69	柳之御所遺跡	完少				欠椀1	下層から完形刀子1
74	柳之御所遺跡	完少					下層から完形瓢箪柄杓1
80	柳之御所遺跡	完多	略完7欠4				
81	柳之御所遺跡	完並	略完1				完形小宝塔1
82	柳之御所遺跡	完多	破少	完少		欠椀5	完形代少　人面墨書かわらけ1
83	柳之御所遺跡	完並					欠櫛1
84	柳之御所遺跡	完少		完少			
85	柳之御所遺跡	完少			欠少		
89	柳之御所遺跡	完並	略完6欠4				刀子鞘1欠轡1
90	柳之御所遺跡	完少					欠糸巻少
92	柳之御所遺跡	破少					形代2
94	柳之御所遺跡	完並	略完7				呪符2物差1欠糸巻多
95	柳之御所遺跡	完少	欠少				欠刀子少
98	柳之御所遺跡	完少					底から欠刀子1
103	柳之御所遺跡	完多	略完1半1				形代2笹塔婆1
106	柳之御所遺跡	破少					中層から青色鉛ガラス玉1
108	柳之御所遺跡	破少				完椀1	大杓子1
109	柳之御所遺跡	完並					底から和鏡
112	柳之御所遺跡	完並	略完1				
113	柳之御所遺跡	完多		完多	欠少		
114	柳之御所遺跡	完少					欠糸巻多
115	柳之御所遺跡	完少		欠少			
116	柳之御所遺跡	完少		欠少	欠少		
117	柳之御所遺跡	破少					節抜き竹1
118	柳之御所遺跡	破少		完少			呪符1

（略完はほぼ完形、半は1/2、欠は1/3、破は破片、少は10点未満、並は10～20点、多は31点以上）

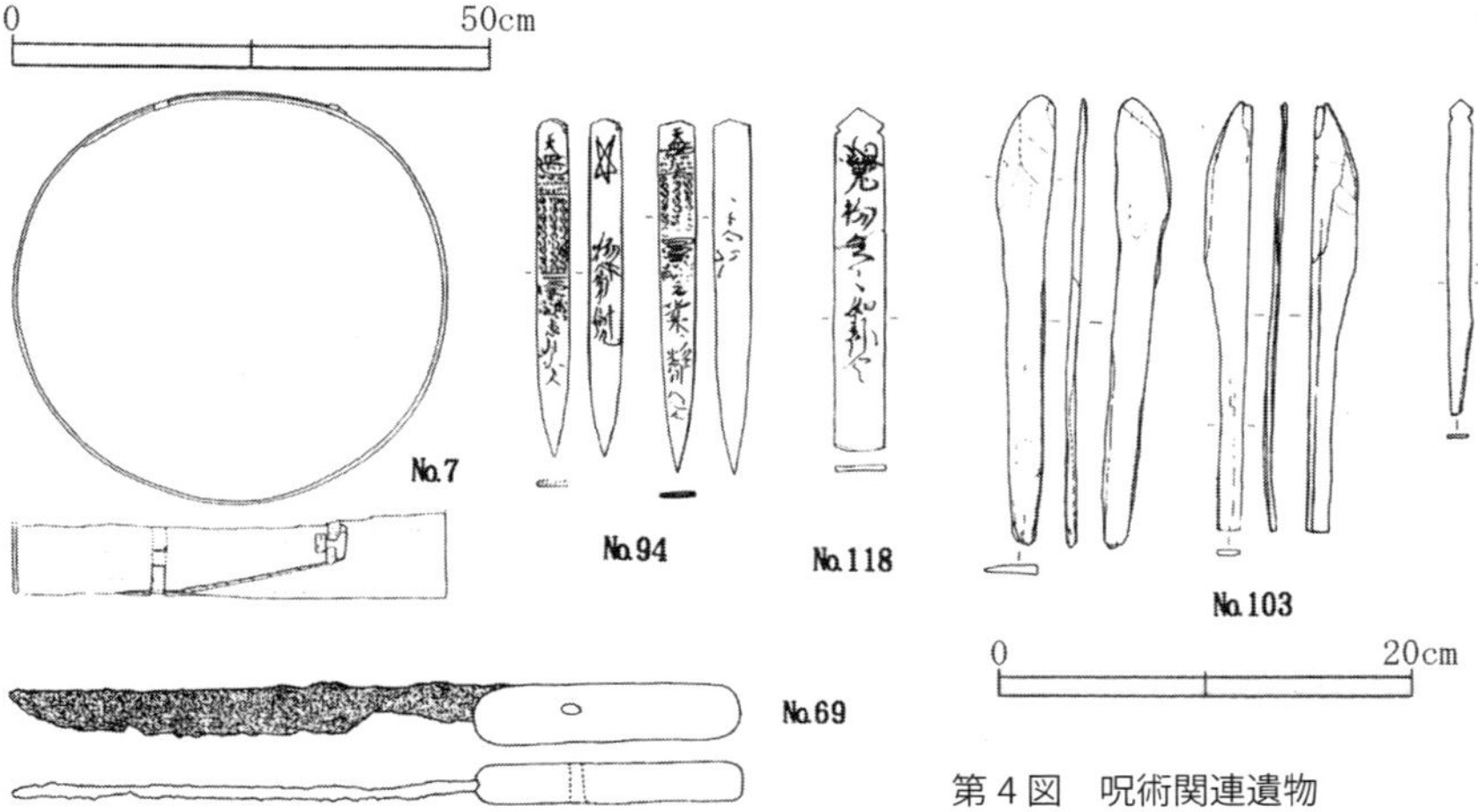

第４図　呪術関連遺物

7のみである。7は底板が抜かれていたので、水溜として用いられたものと考えられる。完形の曲物が2点ずつ出土した例が2例あるが、どのような経緯で曲物が入れられたか不明である。

略完形、完形の漆器椀皿が出土した井戸跡は、6基ある。底に設置されているような例はなく、すべてが覆土中から出土している。漆器椀皿は、すべて彩色が施されない内外面黒漆のものである。出土点数が少ない割にこれらは、完形率が高い。つまりかわらけ同様に器としての機能があるにもかかわらず、漆器椀皿は廃棄されていることになる。同様の出土状況は、鎌倉でも確認されていることから[斉木 一九九五]、漆器椀皿にもかわらけ的な用途があったと考えている。

(3)呪術関連遺物

井戸を廃棄し埋める途中でもまじないは行われ、その結果、中層から笹塔婆や呪符が出土すると推定している。しかしこれらの遺物は、埋め戻す時の土とともに偶然に入り込んだものと区別がつかない。そのためここでは、底から出土したもののみについて考察を進める。

8からは、木組井戸底から完形白磁水注と完形曲物製柄杓が出土している。柄杓は逆位で曲物部を井戸側北西隅に、水注は注口部が下になるように横倒し状態で口縁部が南西隅に、それぞれ置かれていた。明らかに意図的な配置であ

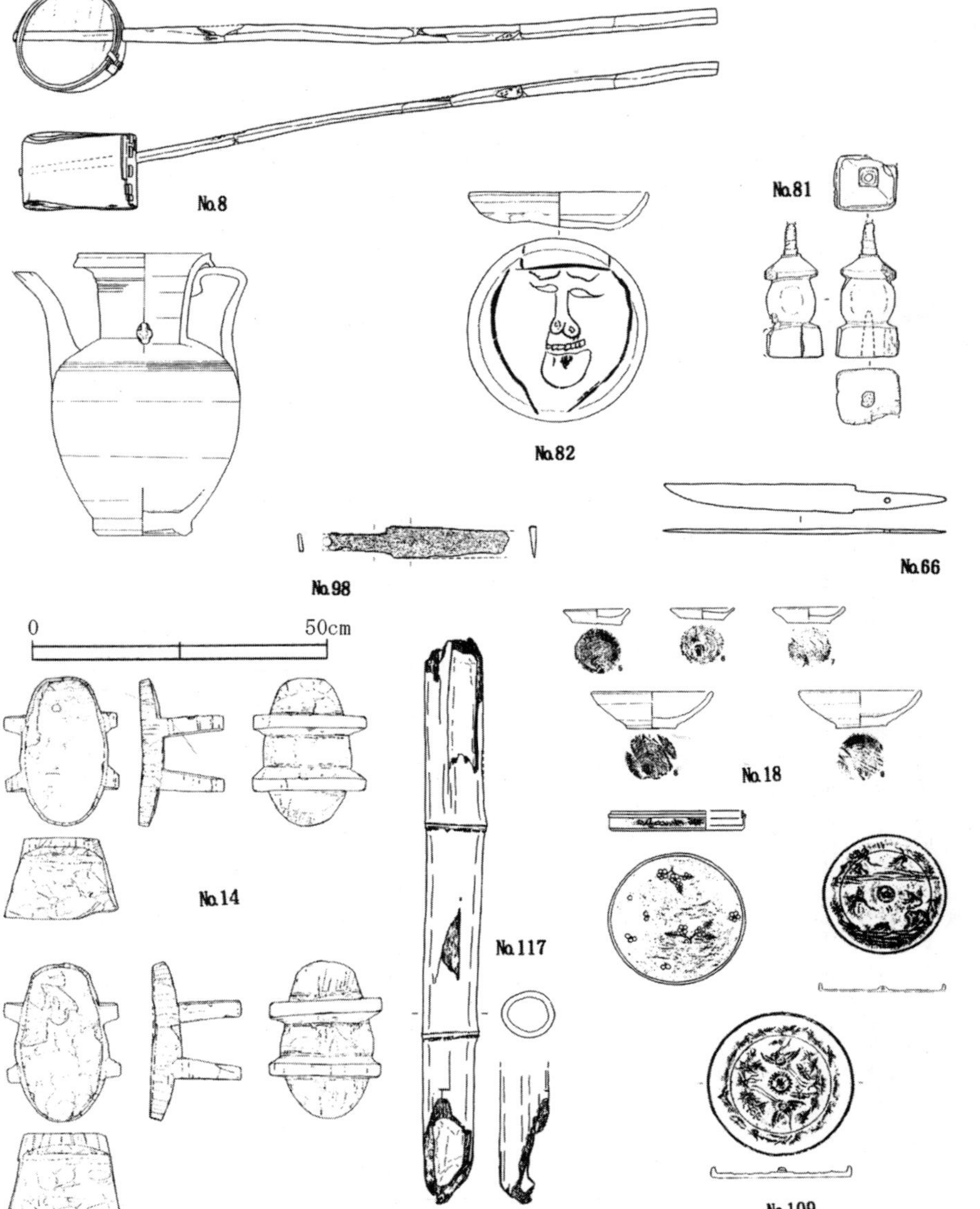
No.8
No.81
No.82
No.66
No.98
0
50cm
No.18
No.14
No.117
No.109
0
20cm

第５図　呪術関連遺物

る。

14底からは、一対の下駄が出土している。この下駄は、非常に大きく荒削りのままのもので、鼻緒の穴があけられていない。

18の底付近には、大小5～7点ずつのロクロかわらけが不規則に置かれていたが、それらを取り除くと、底から蒔絵経箱身に収まった和鏡が逆位で発見されている。かわらけは被熱しており、周辺からも多数の炭化物が発見されたものの、配列に規則性を見出せないことから、井戸外で何らかの儀礼を行い、井戸に納置したと推定している。経箱は正位に置かれていたが、和鏡は逆位で鏡面が上を向いており、さらに蓋がなかったことから、光が反射するような位置関係となっていた。

58からは、北側壁面に接し、剣先を下にし、底から垂直に立った状態で湾曲刀の白木の鞘が出土している。鞘の現在の長さは約50㌢を計るが、息抜き竹の代用品として用いられた可能性がある。

66の底の水溜部分からは、木製の柄はないものの状態の良い完形の刀子が出土している。他の木製品が遺存していることから、木製柄と鞘は納置の際に意図的に除かれたものと考えられる。

98底からは、欠損した刀子が出土した。66の例に類似するが、腐食などではなく当初から欠損したものを置いた事例である。

109底中央からは、鏡面を下にした状態の和鏡が出土している。

117からは、壁面に接し底から垂直に立った状態で竹が出土している。下端は片刃状にカットされていたが、底には突き刺さっていなかった。節が抜かれているため土圧でつぶれていたが、1．5㍍程の長さを計った。本来はもっと長かった可能性があると報告されている。

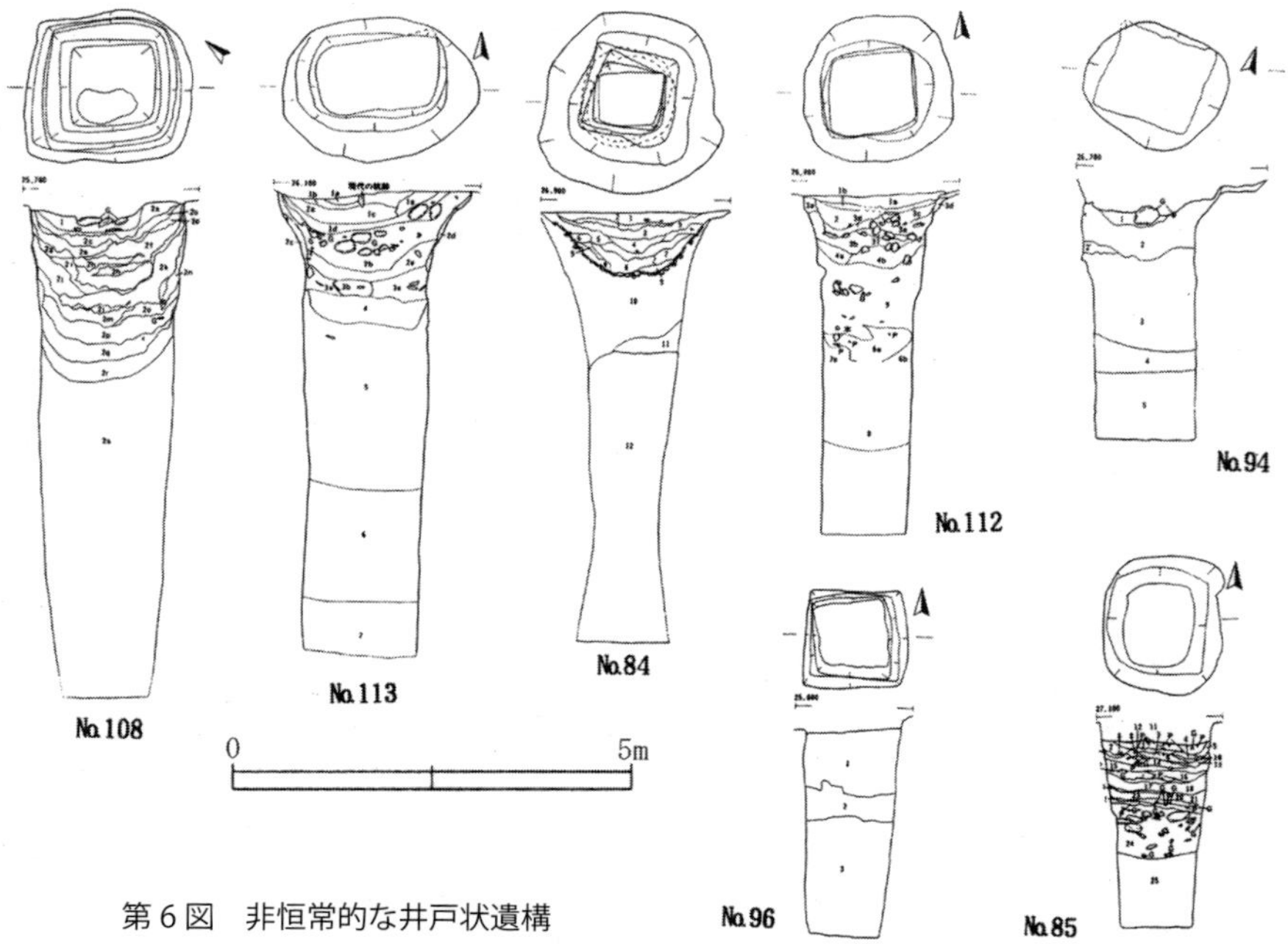

第６図　非恒常的な井戸状遺構

４　考察

(1)非恒常的な井戸状遺構

本章で掲載した119基の井戸は、すべてが井戸として使用された可能性がある。井戸跡の明確な定義がない以上、井戸かどうかを議論するのは不毛である。ただし、恒常的な井戸であったかについては、ある程度推測できる。その推定のポイントは、壁の崩壊である。

深さが3㍍を超す井戸になると、完掘するまでに1週間以上を要する。その間にも粘性の強い地山であるために、壁面や開口部の崩壊は進む。つまり素掘りの井戸で壁面に崩壊が認められるものは、恒常的な井戸ということができるのである。

ところが、柳之御所遺跡堀内部地区に集中する長方体形の井戸状遺構は、壁の崩壊が全く認められない。80・82～85・94・96・108・109・112～114の12基だが、深さに規則性は見出せないものの、底はすべてが平坦である。円筒形の井戸よりも崩壊しやすい長方体形であるにもかかわらず、一切崩壊していないということは、これらの井戸状遺構は掘ってすぐに埋めたものとい

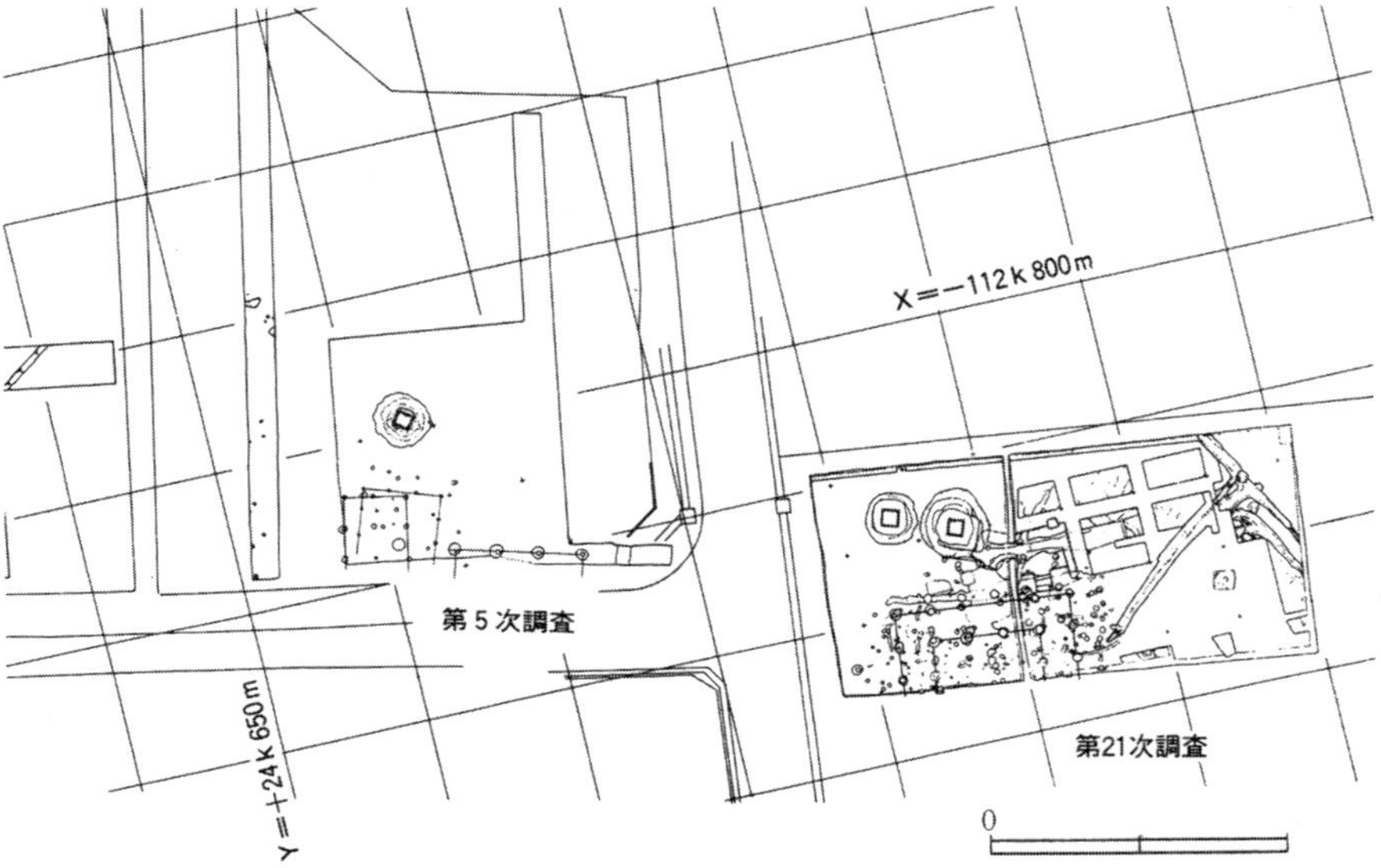

第７図　志羅山遺跡に集中する木組井戸

うことになる。

大量のかわらけが出土した土坑があることから、遺物廃棄穴との考えもあろうが、遺物が出土していないものもある。底から和鏡が出土した土坑も含まれていることから、祭祀に関わる遺構という推測も成り立つが、やはり同様の理由から可能性は低い。詳しくは次節で述べるが、これら非恒常的な井戸状遺構は、井戸ではなく、粘土採掘坑であったと推定している。

(2)年代差・地域差

柳之御所遺跡は、一二世紀の井戸の密度が高いが、その中でも外部地区が351㎡に1基と最も高い。対して内部地区は、その1／3程度の密度の945㎡に1基しかない。かわらけ一括廃棄遺構の多さから宴会儀礼空間と考えられている内部地区は、井戸の密度は泉屋遺跡の１１１５㎡／1基と大差がないことが分かる。

志羅山遺跡は、１５９４㎡／1基と最も低い数値を示す。この結果は志羅山遺跡が宅地密集地であり、1調査区の面積が少ないことに起因している。さらに志羅山遺跡は、一二世紀の地割が現在まで受け継がれている部分が多いため、地割端部に配置されることが多い井戸は、大半が調査区外となったためと考えている。すなわち外部地区の井戸の密度が高いことは動かないが、内部地区と泉屋遺跡、志羅山遺跡にはそれほどの差はない。しかし近世になるとこの傾向は逆転し、泉屋遺跡が最も高くなり、柳之御所遺跡ではほとんど井戸は見られなくなる。

恒常的な井戸と考えられる木組井戸は、志羅山遺跡に多い。しかし検出地点をみると柳之御所遺跡の木組井戸は点在するのに対し、志羅山遺跡の木組井戸は半径20㍍の円の中にすべてが収まる。特に併設されていた8と9の木組井戸（第7図）は、前後関係にあるものであろう。

輸入陶磁器の分布傾向から判明した北は衣川、東は北上川、南は太田川、西は毛越地区という一二世紀の平泉の中心地区［第Ⅰ部第1章］外からは、一二世紀の井戸は検出されていない。遺物は少数であるものの遺跡は検出されるので、生活が営まれていなかったわけではない。この状況から考えられるのは、少人数であれば、川から水を汲むなどして生活しても支障はないが、人間が密集して生活する場合には井戸が必要になるということである。

(3)井戸廃棄に関する儀礼

水注と柄杓が出土した8同様の事例が、若干下る一三世紀前半の資料ではあるものの、石川県穴水町西川島遺跡群御館遺跡で確認できる［穴水町教委 一九八七］。御館遺跡2号井戸は木組井戸であるが、北東隅底から口縁部を打ち欠いた珠洲壺が、南西隅底からは柄を井戸側に立て掛けるような状態で完形柄杓が出土している。壺と柄杓の位置こそ逆であるが、8同様の意識で納置されたことは、疑う余地はない。距離的に離れた石川県と岩手県で類似した廃棄儀礼が確認されたことは、他に管見に触れるものはなかったが普遍的な廃棄儀礼であった可能性、あるいは両者に存在する白山信仰に伴うものということも考えられる。

金属を納置したものが4基あり、2基は和鏡、他は刀子である。2点の和鏡には、完形であること、錫の含有量が

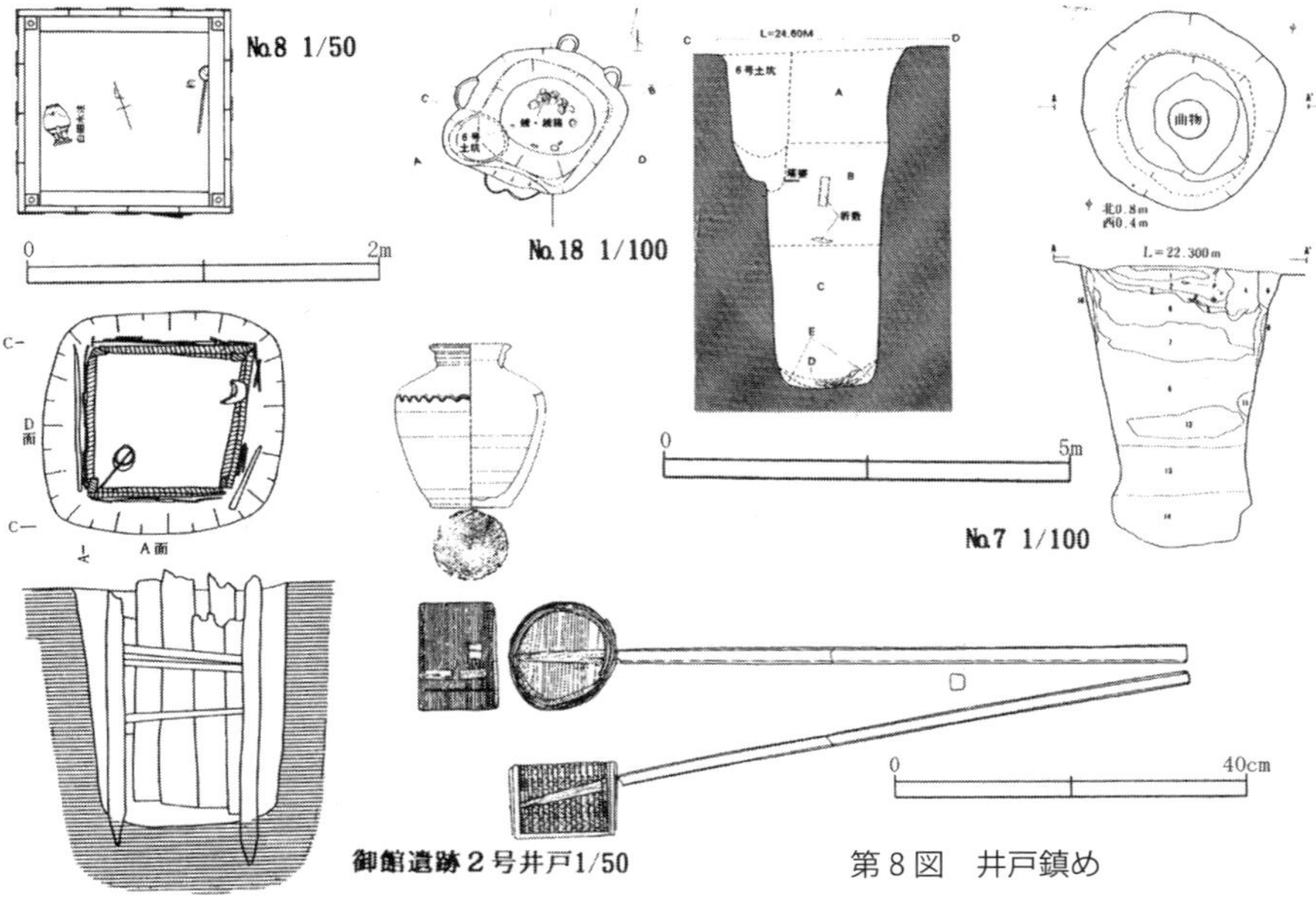

第８図　井戸鎮め

多い銀色の白銅鏡という共通点がある。刀子は1点が完形、もう1点は欠損している。刀子は疫神などを避けるために置かれたものであろうが、光り輝く和鏡を埋めたのは太陽を遮るような慈雨を期待してのこととも考えることができよう。

竹と鞘が直立していた例がそれぞれ1基ずつある。竹は節が抜かれていたことから息抜き竹であり、白木の鞘も同様の意図があったものと思われる。

5　小結

一二世紀の平泉の井戸には、木組井戸と素掘り井戸があった。石組井戸は平泉では近世にならないと出現しない。素掘り井戸は、その断面形から円筒形、ロート形、長方体形、フラスコ形に大別される。深さは1．4㍍～6．2㍍までと企画性はなく、底は平坦なもの、凹凸があるもの、片側に傾斜するもの、中央に傾斜するもの、中央に掘り込みのあるもの、段差のつくものがある。

木組井戸は、9基しか検出されていない。深さは3㍍～10㍍以上、底には川原石がまかれているものがあった。井戸側の一辺は1．1㍍～1．3㍍程度であり、方形横桟支柱型と方形隅柱型に分けられる。しかし細部まで同様の木組井戸は発見されていない。

併設されていた8と9は、重複はしていなかったものの前後関係にあると推定された。8が人為的に埋め戻されていたのに対し、9は上層まで自然堆積であったし、さらに出土遺物の年代観からその関係は、8が古く9が新しいと考えられた。この検討結果から木組井戸としては、方形横桟支柱型が方形隅柱型に先行する可能性が高く、両者が同時存在する鎌倉市でも同様の結果が導き出されている［斉木 一九八九］。

木組井戸の使用期間は、素掘り井戸よりは長いことが予想されるが、井戸を設ける際の時間と費用も素掘り井戸よりは比較にならないほど要するはずである。現実に木組井戸は、全体数の1割程度しか検出数がない。ここまで考察を進めると木組井戸は、特定の人物が使用する井戸、特定の空間に設けられる井戸、またはある程度の範囲の人々が使用する共同の井戸ということになろう。分布傾向からは、共同の井戸であった可能性が高い。

一二世紀、平泉の中心地区外からは、井戸は検出されていない。すなわち井戸は、多くの人間が集住するにあたって必要となるものということができる。そして最初に設けられる井戸が、素掘りの井戸である。その後、さらに多くの人々が生活するようになると、木組井戸が登場するのではないだろうか。

井戸廃棄に関する儀礼としては、壺や柄杓を納置するもの、金属を納置するもの、棒状のものを立てるものがあった。完形の刀子や呪符、笹塔婆が覆土中から出土した例を鑑みると、多種多様な廃棄儀礼の存在を考える必要があろう。

最後に井戸が廃棄される理由を考えてみたい。鈴木孝之は廃棄理由を自然的要因と人為的要因に大別している［鈴木 一九九〇］。自然的要因はさらに①河川などの氾濫による埋没、②井戸自体の崩落、③湧水がなくなるか不足する、④病気の発生、⑤その他に細分している。平泉の場合、①は当てはまらず、④も近隣に井戸を設けているから可能性は低く、多くは②か③と考えられる。人為的要因としては、①住居の移動、②集落の移動、③使用水量の増加、④その他に細分される。平泉では①②は当てはまらないが、③は集住する人間が増えるにしたがって起こりうる。

平泉の井戸の廃棄理由は、自然的要因である井戸の崩落もしくは湧水がなくなったことが第一であろう。この他に平泉では、何らかの禁忌による廃棄(1)や、屋敷地の変革に伴い使用可能な井戸を廃棄する場合も考えられる。

(1) 八重樫[一九九八a]の中で筆者は、8の木組井戸の廃棄理由が、鈴木孝之が指摘する要因すべてに当てはまらないことから、何らかの禁忌による廃棄を想定している。

第１図　柳之御所遺跡概念図

第3章　柳之御所遺跡

1　概要

名称柳之御所は、中世末から近世初頭に成立したことが文献史学によって整理されている［大石 一九九一］。そののち明治になってから字名に用いられるようになった［千葉 一九九二］。これを用いて遺跡名が誕生している。つまり柳之御所遺跡は後世の名称であり、平泉藤原氏が活躍した平安時代に何と呼ばれていたのかが、大きな問題なのである。国史跡に指定されて以降、緊急調査で掘られた部分も再調査され、後述する堀内部地区においては70％ほどが調査されている。これらの調査成果を体系的に整理するならば、柳之御所遺跡が当時何と呼ばれていたのか、判明するはずである。

柳之御所遺跡は、東北の大河である北上川の西岸の河岸段丘の上に位置する。北側は北上川に接し、南側は猫間が淵と呼ばれる沢によって限られ、細長い舌状台地を呈する。遺跡総面積は約11万㎡あり、その中が堀で区切られ、堀に囲まれた堀内部地区（以下内部地区）約6万㎡、堀外部地区（以下外部地区）約5万㎡からなる。

堀は何度か改修されたらしく、二重堀に見える部分もあるが、同時存在はしておらず、内側の堀が新しいとされる［岩手県教委 二〇一二］。幅は5～10㍍、深さは3～5㍍を測る巨大な堀である。内部地区は、さらに板塀によって区切られ、その中に園池や四面庇建物が配されていた。外部地区は、区画溝によって何ブロックかに分けられ、その中には宗教施設や大型四面庇建物が配されている。

内部地区と外部地区ともに、一二世紀前半から後半までの遺物が出土しており、その中でも後半の遺物が多いことは共通している。しかしながら内部地区は、一二世紀前半の遺物が一定量あり、一三世紀以降、一六世紀中葉までの遺物がほぼ皆無という特徴をもつ。対して外部地区は、一二世紀前半の遺物は柱状高台とそれに伴う小皿にほぼ限られ、また鎌倉時代の遺物も少数ながら認められるという差異を有する〔八重樫 一九九六b〕。

外部地区に関しては、区画溝によってブロック分けされるという特徴はあるものの、それ以外については、志羅山遺跡などの他遺跡とそれほどの大差はない。よって以下では、内部地区について詳細に検討を加える。

2　堀の系譜

平泉遺跡群の中で堀を有する遺跡は、柳之御所遺跡以外に無量光院跡や白山社遺跡、高館跡、国衡館跡、中尊寺境内、接待館遺跡がある。堀とは明確に区分はできないが、直線的な区画溝によって囲まれそうな伽羅之御所跡なども存在する。

これらのうち、無量光院跡と白山社遺跡は、宗教施設と推定されることから、柳之御所遺跡の堀とは一線を画する。特に無量光院跡の土塁に関しては、「(宇治)平等院から(無量光院が)鳳凰堂空間のみを抜き取ったために、外界から遮断する自然景観的な施設として、どうしても必要なものだった」と解釈している〔八重樫 二〇〇九〕。すなわち堀というよりも土塁が必要だったわけである。無量光院跡と同じくコの字型に土塁が配される割に、やはり同様に建物の背後にしか堀が認められない白山社遺跡も、類似した施設といえるであろう。

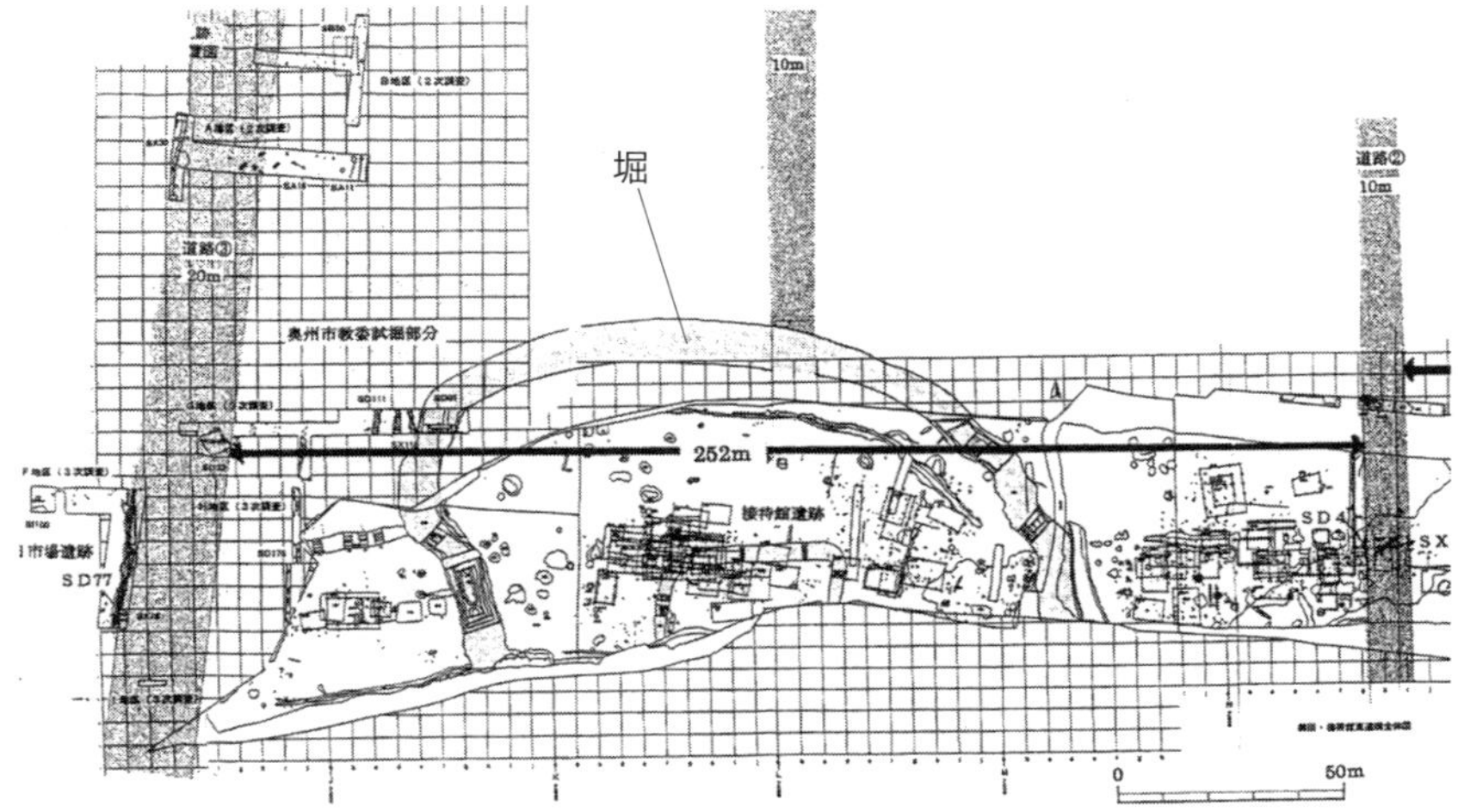

第２図　接待館遺跡

高館跡と国衡館跡、中尊寺境内の堀は、一部しか調査されておらず、全容は定かではないものの、前2者の堀は一二世紀、中尊寺境内の堀は一〇世紀ごろと推定されている。また接待館遺跡の堀は、規模は若干小さいが、衣川に接する部分を除いて不整形に堀を配する様相が、柳之御所遺跡に酷似するとされてきた。

そこで柳之御所遺跡の堀の配し方を観察する。堀は、ラグビーボールのように不整形に取り囲む。しかし台地全体を囲んではおらず、U字状を呈し北側の開放している部分は北上川に接している。そのうち、東側と南側は低地との接点部分、すなわち台地の縁辺部に配しているが、西側は柳之御所遺跡が乗る東西に長い舌状台地を分断している。つまり機能的には、東と南側は堀を設けなくとも低地によって防御性は失われないのである。そこにこそ柳之御所遺跡の堀の意味が隠されている。

対して接待館遺跡の堀は、形態は似ているものの、地形に沿ったものというよりもすべての個所で台地を分断している。つまり堀の配し方は、柳之御所遺跡のそれを模倣していると推定されるが、本質的な意味が異なると考えられる。柳之御所遺跡の二重にみえる外側の堀は、一二世紀前半に設けられたとされるが、接待館遺跡の堀は、配し方が異なることから、それに続くもの、つまり柳之御所遺跡の外堀以降である可能性が高い。

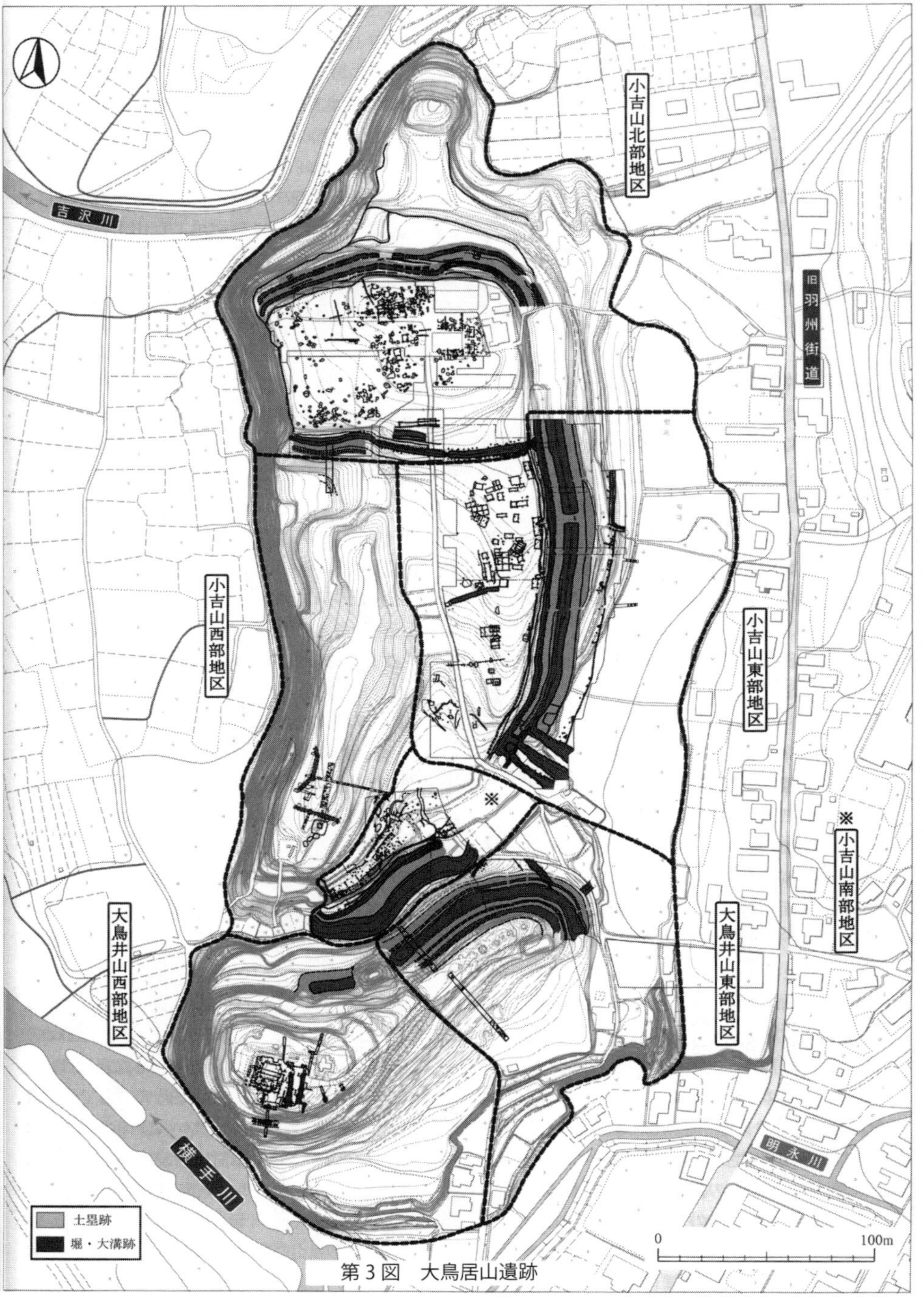
小吉山北部地区
吉沢川
旧羽州街道
小吉山西部地区
小吉山東部地区
※
※小吉山南部地区
大鳥井山西部地区
大鳥井山東部地区
明永川
横手川
土塁跡
堀・大溝跡
0
100m
第３図　大鳥居山遺跡

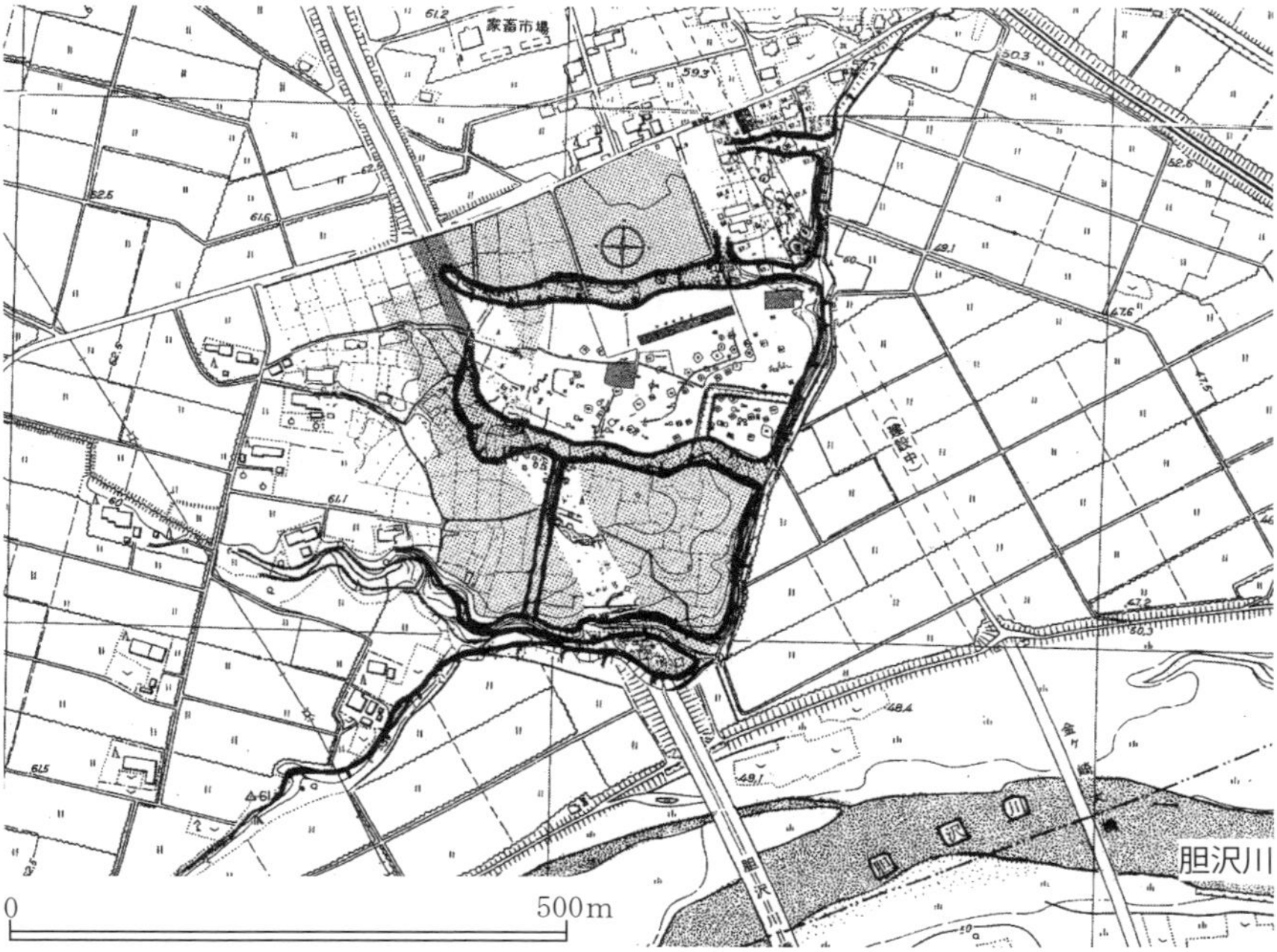

第４図　鳥海柵跡

では、これらの系譜は、どこに求められるのか。柳之御所遺跡の堀の系譜に関しては、これらの遺跡の調査が進んでいない二〇年ほど前に二説、近年に一説が唱えられている。胆沢城の城柵の系譜を引くというもの［斉藤 一九九二］と、安倍・清原の居館の系譜を引くというもの［大平 一九九四］、さらに安倍氏の交通遮断施設としての堀の系譜を引く［羽柴 二〇〇六］という三説である。

結論をいえば、陸奥の胆沢城の堀は築地塀とセットで直線的であり、それを模倣した安倍氏の鳥海柵跡［金ヶ崎町教委 二〇一三］は、築地塀はないものの台地を分断する直線的な堀を有する。対して出羽の払田柵跡の囲郭施設である不整形な角材列を模倣した清原氏の大鳥井山遺跡［横手市教委 二〇〇九］は、やはり角材列はないが、地形に沿った不整形な堀を設けた。すなわち両豪族の居館の堀は、ともに官衙の模倣なのである。そしておそらく、築地塀や角材列が堀に変化した理由は、官衙の衰退によって治安が乱れ、それがやがて軍事的緊張へと発展したことによって、防御施設として囲郭するものを急激に欲した社会情勢が根底にあると考えている。そして堀が選択された理由は、築地や角材列に比べて、構築に技術と費用

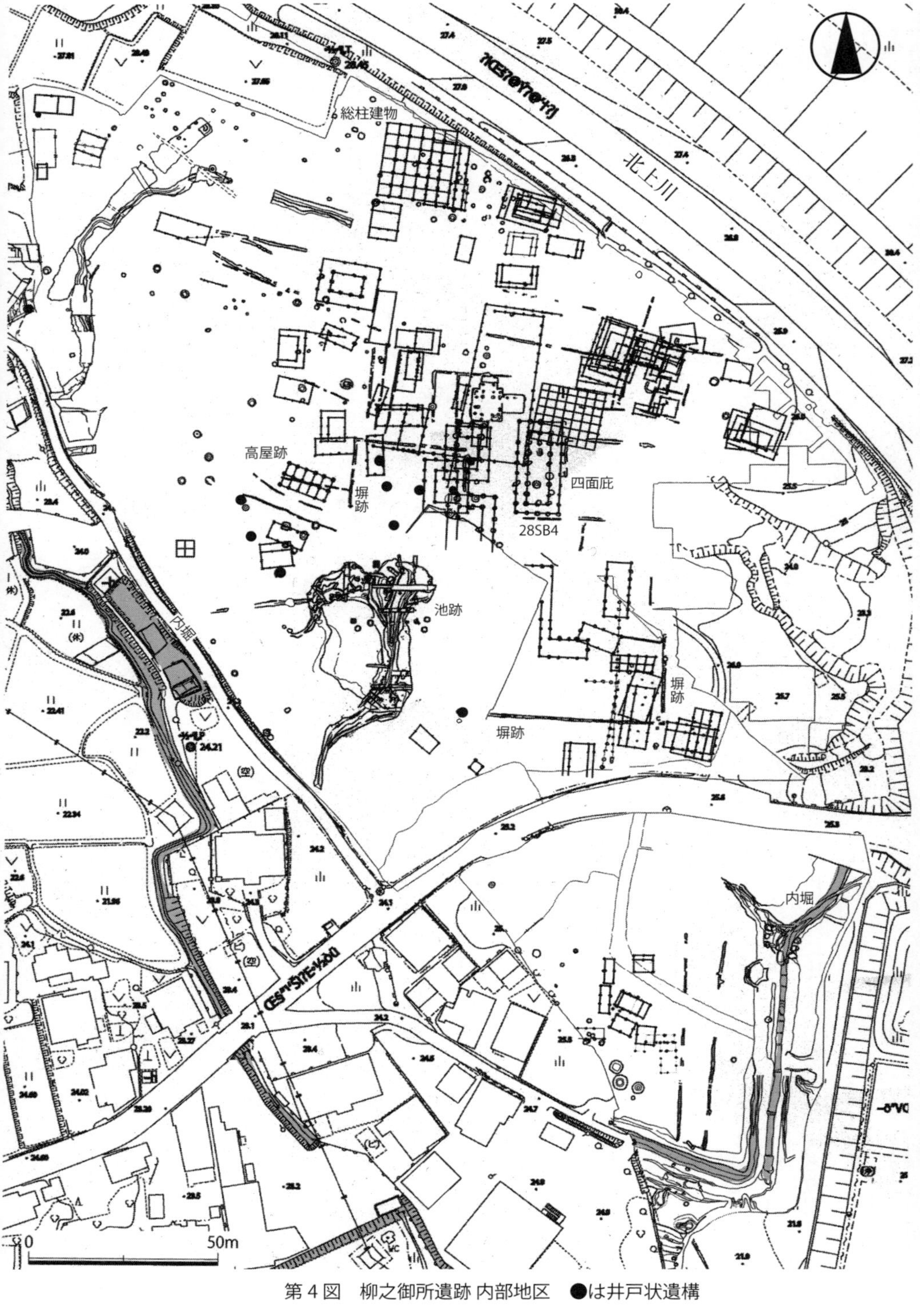

第 4 図　柳之御所遺跡 内部地区　●は井戸状遺構

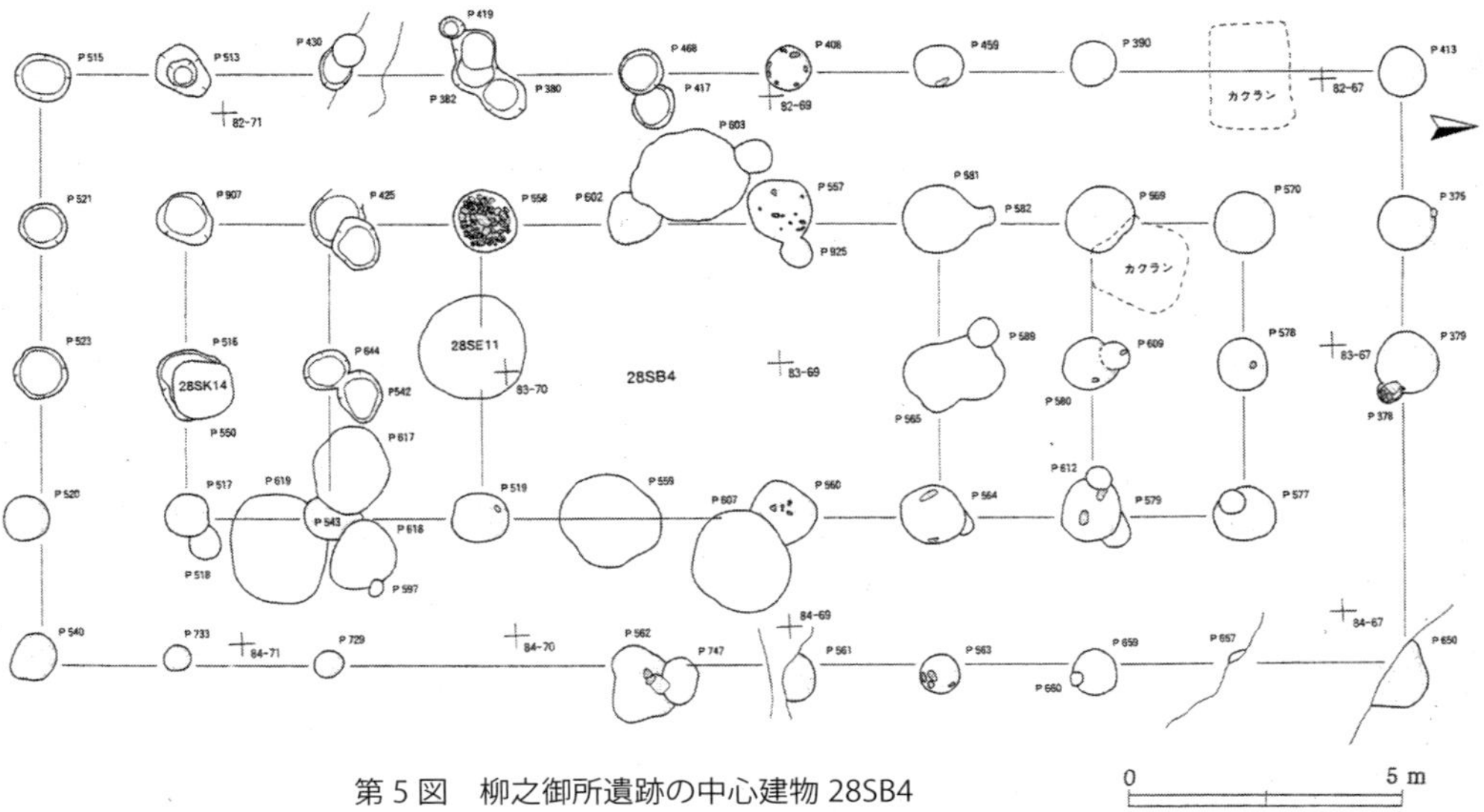

第5図　柳之御所遺跡の中心建物 28SB4

そして時間を要さないからである。これらを踏まえて柳之御所遺跡の堀を見ると、鳥海柵跡のように台地を分断する部分と、大鳥井山遺跡のように地形に沿った部分があり、平泉藤原氏の出自どおり安倍・清原氏の系譜を引いていたといえる［八重樫 二〇一二b］。

3　内部地区の特徴

内部地区には、その性格を表すと推定される遺構や遺物がいくつかある。以下はそれらについて考察を進める。

(1)四面庇建物跡

まず第一に挙げなければならないものは、掘立柱四面庇建物跡（以下四面庇建物跡）であろう。東北地方の一一世紀から中世全般の四面庇建物跡に関しては、集成したうえで詳細な検討を加えている（第Ⅱ部第1章参照）。系譜としては、官衙に端を発していることは疑いようがないものの、2間×3間という身舎の規模から、国司よりもワンランク下の役人の屋敷を模倣していると考えられた［八重樫 二〇一一d］。そして庇空間は、武士たちの秩序を確認する宴会儀礼と深く結びついている［松本 一九九七、飯村 二〇一二］。

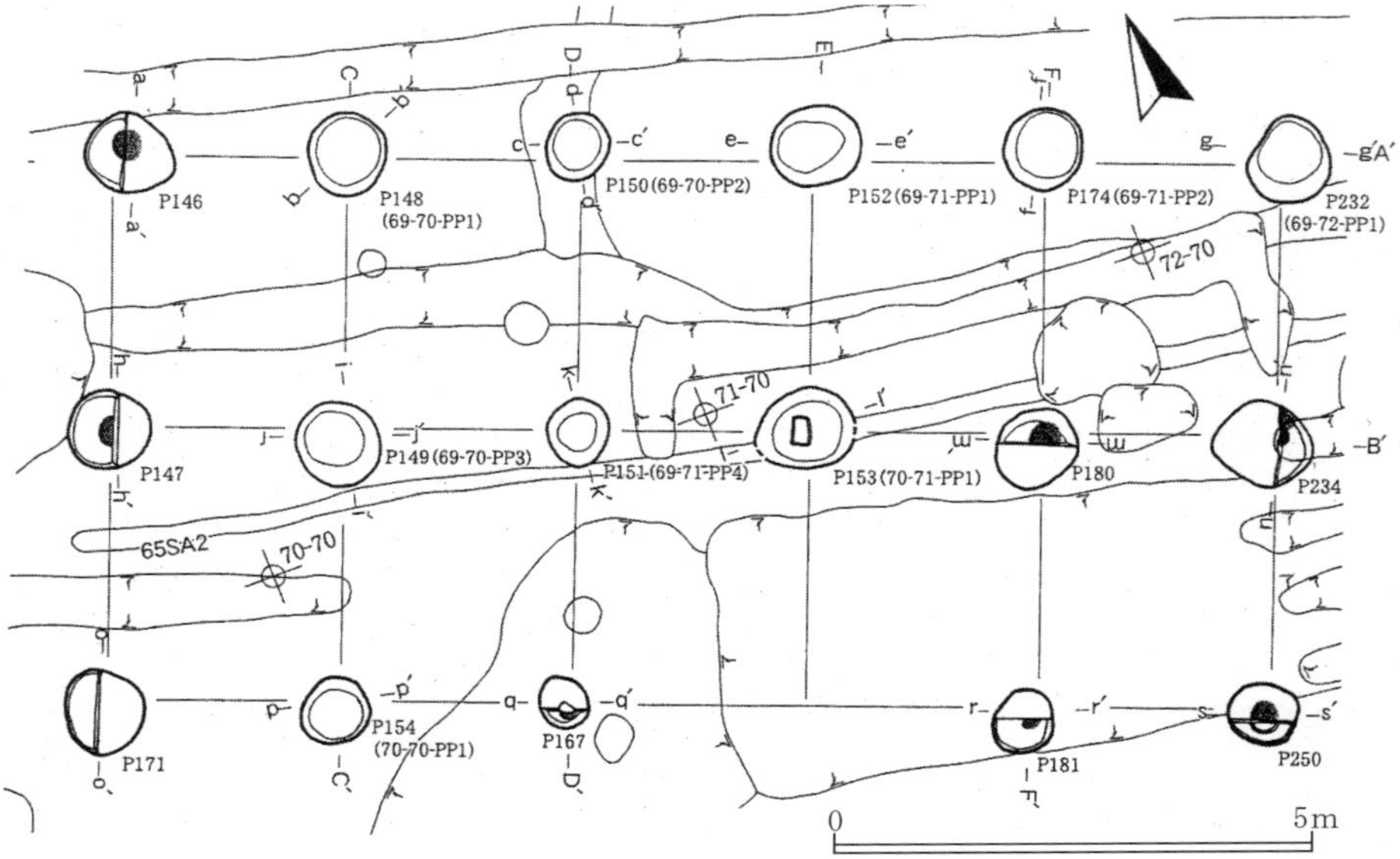

第６図　柳之御所遺跡の高屋

内部地区からは新旧関係があるものが大半だが、17棟検出されており、平泉遺跡群内で最も密度が高い。しかも堀内部には、柱筋が通って柱間が3㍍を超す一二世紀前葉の四面庇建物跡も存在する。同位置には、後葉に位置づけられる28ＳＢ4という2間×7間の身舎に二つの間仕切りを持つという非常に特殊な建物もある。内部地区の中でも堀内部が、四面庇建物跡からも特殊な空間であることは疑いようがない。

(2)高屋跡

観自在王院跡前の倉町遺跡から、2間×5間という特殊な掘立柱建物跡が検出されている。この建物を構成する柱穴は、1㍍ほどの径を測り、しかも深いことから、背の高い蔵的な建物であると推定された。さらに周辺から、希少な輸入陶磁器破片が多数出土したことから、『吾妻鏡』にみえる観自在王院の南にあったという高屋跡であると判断されている[平泉町教委 二〇〇四]。その後、東隣地からほぼ同規模のもう1棟の高屋跡が検出されたことから、高屋跡は非常に企画性が高いことが判明している。

その高屋跡と同様の掘立柱建物跡が、内部地区から発見されている。

平泉遺跡群からは300棟を超す掘立柱建物跡が見つかっているが、観自在王院跡の南で検出された高屋跡と同様のものは、この内部地区のものを除いて他にはない。すなわちこの建物跡は、考古学的に高屋跡と断定できる［八重樫 二〇一一c］。調査報告者は、高屋跡との類似性を指摘しつつも、棟方向が主要建物と異なることから、建築年代が若干古いという推定を示し、明言を避けている［岩手県教委 二〇〇九］。

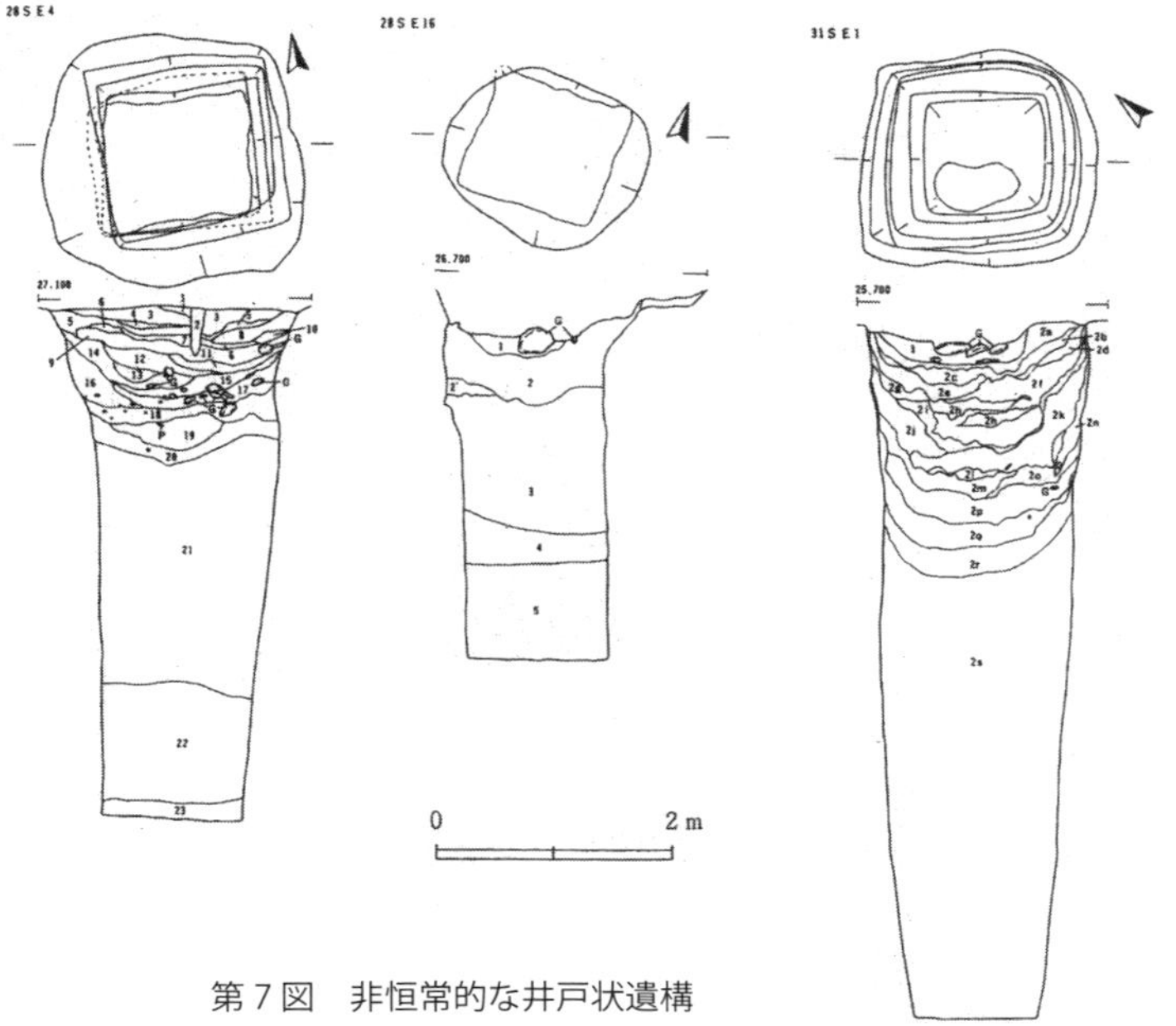

第７図　非恒常的な井戸状遺構

(3)非恒常的な井戸状遺構

深い浅いに関わらず、水を汲んだ穴状のところは井戸と考えられるわけだが、堀内部地区には短期間しか使用していないと推定される井戸状遺構と呼ばれる特殊な遺構が12基存在する。それらの特徴は、平面形は角が明瞭な方形で、開口部から底までほぼ垂直に壁が下り、全体的には長方体形を呈する。[1] 素掘りの井戸は、ロート形や円筒形やフラスコ形が多く、この長方体形は現在のところ柳之御所遺跡にしか見られない［第Ⅱ部第2章、八重樫 一九九八］。

井戸跡は、完掘までに一週間以上の期間を有するが、地山が良好な粘土質の平泉では、その間にも乾燥しすぎて一部が崩壊することが多い。ところがこれら井戸状遺構は、壁に崩れた様相が全く認められないのである。加えて方形という平面形から、井戸側が配されていた可能性もあるのではないかと調査時にも考えたが、その痕跡も確認できなかった。そして覆土は、多くが人為的に埋め戻されたものである。

素掘りの井戸は、ロート形か円筒形のものが一般的で、フラスコ形はそれらの壁が崩れて変化したものと推定される。なぜロート形や円筒形が多いかというと、筒状になっていることから壁が崩壊しにくく、長期使用に耐えうるからである。対して長方体形は、角が明瞭で壁面が平坦なため、力学的にも崩れやすい。にもかかわらずそのような状態で検出されているということは、掘られてから短期間に埋め戻されたことを物語っている。つまり「掘る」という行為に意味があったとしか考えられないのである。

平面形や深さには規則性は認められず、定型的ではないものの、底は平坦である。なかには5㍍という深いものも含まれている。このような穴を掘って即座に埋め戻す理由には、いったいどのようなことが想定されるのだろうか。大量の遺物を出す井戸状遺構があることから、モノを埋めるための廃棄穴とも考えられるが、遺物が少ないものもあるので、それは該当しない。遺物は埋め戻す過程で意図的に入れられたと考えるべきなのだろう。和鏡や人面墨書かわらけなど特殊な遺物が出土しているものもあり、何らかの儀礼に関わる遺構とも考えられる。調査報告者もマジカルな遺構であるとしているが［岩手県埋文 一九九四］、具体的なことは示していない。

これらの遺構の分布を見ると（第4図）、園池周辺のみにしか存在しないことが分かる。園池北側は、大型の四面庇建物が何回か建て替えられており、柳之御所遺跡の中心区域と考えられている。すなわちこれら井戸状遺構は、中心区域にあって、「掘ることに意味がある」ものだったということになる。

近隣から焼けた土壁が多数発見されていることから、園池北側の中心建物には、土壁が用いられていたことが判明している。井戸状遺構は、それらの原材料を得るための粘土採掘坑だったのではないだろうか。粘土採掘坑であれば、より多くの粘土を得るため、方形に掘るものもあるし、即座に埋め戻すことも理解できる。

また園池周辺からは、下向き陰刻剣頭文瓦が大量に出土しているが、平泉で唯一確認されている瓦窯跡である鈴沢瓦窯跡では、陽刻剣頭文瓦のみを焼成していた可能性が高く［平泉町教委 一九九五a］、陰刻剣頭文瓦の生産地が不明な

第１表　非恒常的井戸状遺構からの出土遺物

No.	遺構名	深さ（m）	かわらけ	木製品	重要遺物	年代
1	28SE2	4.0	完形 41 点	折敷多数	寝殿造りの板絵	第３四半期
2	28SE4	4.6	完形 124 点		人面墨書かわらけ	第３四半期
3	28SE5	3.7	完形５点			第３四半期
4	28SE6	5.3	完形３点			第３四半期
5	28SE7	2.5	完形３点			第２四半期
6	28SE16	3.2	完形 22 点	糸巻多数、折敷多数、呪符２点	人々給絹日記	第３四半期
7	28SE18	2.9	なし			第２四半期
8	31SE1	6.2	なし	板屋根部材多数	大篦	第２四半期？
9	31SE2	3.7	完形３点	建築部材多数	松鶴鏡	第２四半期
10	31SE6	3.4	完形 15 点	折敷１点		第３四半期
11	31SE7	5.8	完形 106 点	格子部材少数		第３四半期
12	31SE8	2.6	完形４点	糸巻多数		第３四半期

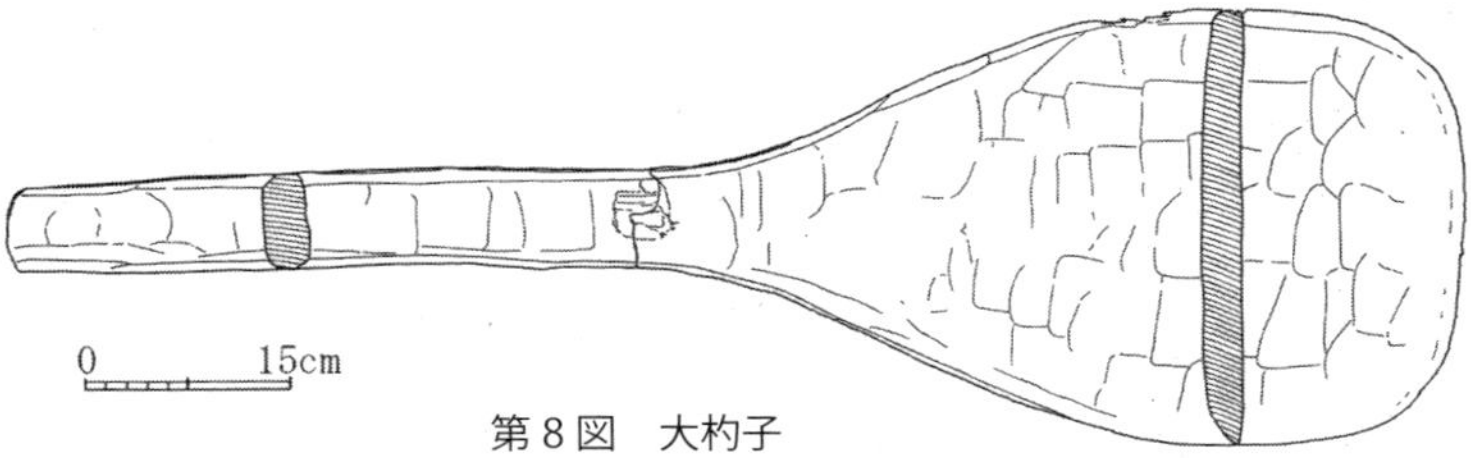

第８図　大杓子

のである。この陰刻剣頭文瓦もこれらの井戸状遺構によってもたらされた粘土を用い、柳之御所遺跡周辺で焼成された可能性が高い。

平泉の他地区にも粘土採掘坑はあったはずであるが、井戸との区別が難しいためか判然としない。しかしながら柳之御所遺跡のこれらの井戸状遺構は、特殊形態を示し、中心区域にのみ分布する。中心区域で使うものの原材料を現地から調達し、さらにそこで使った象徴的なものを意図的に廃棄する遺構、それこそが長方体形の井戸状遺構の正体と考えている。

(４)非恒常的な井戸状遺構からの出土遺物

掘って即座に埋め戻したとなれば、そこからの出土遺物は、まさしくその年代やその時に行われた行為そのものを示すものといえる。完形かわらけの出土数には定数はないものの、100点を超すものが認められる。出土かわらけからこれらの遺構は、一二世紀第２四半期から第３四半期に掘られたものと考えられる。逆にいえば、第１四半期や第４四半期には、非恒常的な井戸状遺構は掘られていない。

ここで誤解しないでいただきたいのは、この中心区域からの土坑等の出土かわらけをみれば、第1四半期に胎動を開始し、第4四半期まで存続していることが確認できる。しかし非恒常的な井戸状遺構を必要としたのが、一一五〇年を中心とした前後二五年、つまり五〇年ほどということである。

かわらけの数よりも異常なのは、折敷、糸巻、建築部材の数の多さであり、他地区に比べても特異性が際立つ。しかもこれらの木製品は、完形率がかなり高く、他では当然リサイクルするものである。再利用できる建築部材、糸巻、折敷などをあえて廃棄した理由は、完形かわらけを一括廃棄する行為と共通するものなのであろう。非常に特殊な儀礼空間といえる。

その他の重要遺物としては、数多く論じられている寝殿造りの板絵、人面墨書かわらけ、人々給絹日記と命名された墨書折敷、松鶴鏡が出土している。これらすべては調査当時、全国紙の紙面をにぎわしたものである。

もう一つ全く注目されていないものに大杓子がある。この大杓子は、ここでの行為そのものを裏付ける最重要な遺物と考えている。長さ70チセン、最大幅23チセンほどの大型の杓子であり、このような杓子を使う調理には、大型の鉄鍋が必要であろうし、実験してみたところ、100食分のカレーを簡単に作ることができた。このような大量な食事を中心地区で作っていたことは、非常に重要な示唆を与える。

(5) かわらけ

かわらけの編年研究に関しては、試行錯誤を繰り返してきたが、現在では、一二世紀を3分割するのが適当だろうという結論に達している[第I部第3章、八重樫 二〇一一e]。前葉、中葉、後葉とし、平泉藤原氏初代清衡(一〇五六～一一二八)の時期と重複するのは、おおよそ前葉のかわらけといえる。そして過去に何度も指摘してきたことであるが、前葉のかわらけが一定量出土するのは、中尊寺境内と柳之御所遺跡の中でも内部地区しかない[八重樫 二〇一〇a、羽柴二〇一一」。外部地区にも前葉のかわらけはある程度あるものの、宗教用具的な柱状高台とそれに伴う小皿が大半を占め、宴会儀礼に使われた大小の坏状のロクロかわらけはほとんど出土していない。

かわらけの使用例としては、地鎮具、宗教用具、燈明皿、漆等のパレット、まじないとして破却するもの、宴会儀礼に伴い一括廃棄されるものなどがある。刊行されている報告書を分析すると、かわらけに関して出土重量を書いていないものや、残存率が記載されていないもの、観察表すらないものもあり、なかなかデータ化することは難しい。そこで本章では、完形品の点数を比較してみることとする。その際、完形と記載されているものは当然のこと、略完形や接合完形、残存率90％以上のものを完形品として扱った。柳之御所遺跡については、二〇〇三年以降刊行の報告

第３表　主要遺跡かわらけ出土点数

内部地区

	次数	面積㎡	完形品数	一括廃棄数
1	11		72	0
2	13 ～ 15		32	0
3	緊急調査	33072	1332	16(うち 100 点以上 3)
4	47 ～ 49	880	29	0
5	50	1800	71	2
6	52	2500	275	3（52SE8、160 点）
7	55	3100	531	4（55SX2、350 点）
合計		41352	2342	25

外部地区

	次数	面積㎡	完形品数	一括廃棄数
1	12		9	0
2	16		2	0
3	18		81	0
4	20		40	0
5	24		82	0
6	25		49	0
7	27		114	0
8	29		168	1
9	30		112	1
10	35		29	0
合計		9483	686	2

志羅山遺跡

	次数	面積㎡	完形品数	一括廃棄数
1	2	155	0	0
2	3	190	0	0
3	6	450	0	0
4	9	178	0	0
5	21	522	84	1
6	28	51	6	0
7	24	224	0	0
8	47	981	57	1
9	56	2000	44	0
10	67	550	5	0
11	73	105	27	0
12	80	766	22	0
13	46・66・74	4994	81	1
14	13	86	0	0
15	15	164	6	0
16	16	210	1	0
17	17	129	32	1
18	18	206	5	0
19	20	125	0	0
20	19・22	63	2	0
21	26	102	2	0
22	27	32	1	0
23	23	194	12	0
24	29	203	6	0
25	30	235	6	0
26	31	106	0	0
27	32	141	14	0
28	37	176	3	0
29	69	372	194	1（約 160）
30	71	164	28	1
31	75	279	14	0
32	77	161	66	1
33	78	174	15	0
合計		14488	733	7

書は、復元整備に向けた再調査などが主になっており、すべての遺構を完掘しているわけではないため、集成外としている。柳之御所遺跡との比較対象は、平泉内では柳之御所遺跡に次いで調査面積が大きく、出土遺物も多い志羅山遺跡とした。志羅山遺跡に関しては、大規模調査が報告された二〇〇一年までの報告書を対象としている。

柳之御所遺跡の内部地区は、4万1352㎡の調査を行って、2342点、外部地区は9483㎡の調査面積で686点、志羅山遺跡は1万4488㎡で733点の完形かわらけが出土している。調査面積を出土点数で割ると17.7㎡/1点、13.8㎡/1点、19.8㎡/1点となり、最もかわらけが出土する遺跡は、外部地区ということになり、内部地区と志羅山遺跡が続く。

次には、20点以上の廃棄遺構の数を見てみたい。20点という数値を設定した根拠は、10点とすると多数の遺構が存在するが、20点以上になると、極端に少なくなるからである。当然のこと完形品で20点以上であるから、破片を含めた出土かわらけすべてをみると、廃棄されるまでに割れ、接合されないものなどが数多く含まれており、それらを考慮すると、実際には倍以上の使用数があったと推定される場合が多い。

20点以上の廃棄遺構の数を比較してみると、内部地区では25、外部地区で2、志羅山遺跡で7遺構となる。この様相から最もかわらけが多かった外部地区は、一括廃棄とはいえない遺物包含層からの出土が多いことが分かる。逆にいえば内部地区には、遺物包含層が少ないともいえる。さらに100点以上の廃棄遺構は、内部地区5、外部地区0、志羅山遺跡1遺構となる。しかも内部地区は、内堀を除く4基すべてが1万㎡ほどの広さの塀内部に存在する遺構なのである。そこには100点にわずかに足りない一括廃棄遺構もあり、外部地区や志羅山遺跡に比べて、内部地区とりわけ塀内部は、大規模なかわらけ一括廃棄遺構が突出して多いことが分かる。最大のもので350点ほど出土している遺構もある。

(6)内部地区の小結

内部地区の考古学的な知見をまとめてみたい。最初に一三世紀から一六世紀中葉までの遺物がほとんど出土していないことが挙げられる。これだけの面積の調査を行っているため、この結果は偶然ではない。現在のところ、平泉遺跡群の中で5000㎡以上の調査を行った遺跡では、内部地区のみである。これは何らかの禁忌が生きており、再びの使用を拒んだ結果と考えている〔八重樫 一九九九d〕。

すべてが同時期に存在したわけではないが、四面庇建物跡が多く、その中でも大型のものが集中している地区である。主要建物跡と軸線が異なるものの、高屋跡も発見されている。非恒常的な井戸状遺構が12基検出されており、その中からは、糸巻、折敷、建築部材などが多数出土している。なかでも大量な食事を作っただろう大杓子の存在は、非常に注目される。かわらけの一括廃棄遺構が多数あり、特に点数も多い。また外部地区とのかわらけ出土量の比較によって、内部地区は遺物包含層がない、すなわち当時の生活面が削平されてしまっていることも明らかとなっている。

4 伽羅之御所跡

(1)遺跡名としての伽羅之御所跡

『吾妻鏡』にみえる加羅御所から、近世に入って伽羅御所、伽羅之御所と奥州藤原氏の旧跡名として変化してゆき、遺跡名伽羅之御所跡が生まれている。しかしながら正確には、加羅御所跡とすべきであろう。

(2)伽羅之御所跡の概要

伽羅之御所遺跡は、約9万㎡が周知の遺跡として把握されている。無量光院跡の東門付近と推定されている県道平泉停車場中尊寺線の屈曲部［八重樫 一九九九a］に接した東側の微高地すべてを含むことから、この遺跡の範囲内に加羅御所跡が存在することは、疑いようはない。

東側に一部土塁が残っているし、発掘調査によって遺跡を囲郭すると推定される区画溝跡も検出されている。刊行された報告書は、第19次調査までであり、報告されないものを除き調査面積は1424㎡である。第5次調査区から金銀蒔絵を施した鏡箱に収まった山水飛雁鏡と呼ばれる和鏡が出土し、一時期、加羅御所本体近隣かとも類推された。しかしながら現在の編年研究により、共伴したかわらけが一二世紀前半に位置づけられたことから、後述する加羅御所の年代観と一致しないことにより、無関係の遺物と思われる。また20点以上のかわらけの一括廃棄遺構も皆無という状況である。

このように伽羅之御所跡は、点的ではあるものの19か所、1400㎡ほど調査を行いながら、区画溝跡を除けば、加羅御所の実態はまったく見えないことになる。この状況から加羅御所は、ほとんど調査されていない無量光院の東門近隣の狭い範囲であった可能性が高いと考えている。

5　平泉館と加羅御所

(1)平泉館

平泉館とは、『吾妻鏡』の平泉関連の記事にしばしば登場する重要施設であり、文献の中の名称であることをあえて明記した上で論を進めたい。最も有名な部分では、「館の事(秀衡)」とある。その機能については、多くの研究者が述べているが、ここでは多数は引用せずに、代表的な数本に止めることとする。

斉藤利男は、平泉藤原氏三代秀衡が「御館」と呼ばれていたことから、「御館」の意味を考察し、「国府の主である国司本人か国司館をさすものであった。しかも御館を後者の意味で使う場合、それは国司の私邸ではなく、国司の庁=国府政庁を意味していた」とし、同様に平泉館も平泉政庁であったとしている。そしてこの解釈を補強するのが、平泉館内に「奥州・羽州両国の省帳・田文已下の文章」が存在していたことを示す『吾妻鏡』の記事であるという［斉藤 一九九二］。

省帳田文とは、本来は国衙にあるべき土地台帳のことである。土地台帳は、租税を徴収するには不可欠。これによって、平泉館に政庁機能があったことは、疑いようがない。

それでは秀衡と四代泰衡が、平泉館の主と『吾妻鏡』に記載されているからには、彼らがいつの間にか国司並みの権力を持っていたことになる。このことについて入間田宣夫は、『陸奥話記』の中で、平泉藤原氏の母方の豪族である安倍氏が「安大夫」、平泉藤原氏の太祖ともいうべき藤原経清が「亘理権大夫」と呼ばれていたことに注目し、前九年合戦(一〇五一～一〇六二)の頃に彼らは「鎮守府の在庁官人のトップ」であったとしている。

ところが『奥州後三年記』によると、そののちの後三年合戦(一〇八三～一〇八七)時には、清原真衡の居所が「真ひらがたち」と記されており、「在庁官人のトップ」である大夫から、館を構えられるまでに政治的な立場が変化したことが分かる。このことを明らかにした入間田は、「広義における在庁官人の呼称に甘んじていたことにくらべれば、格段の上昇である」とその成長ぶりを認めている。そして初代藤原清衡も『吾妻鏡』によれば宿館を構えていたことから、「豊田の御館、そして平泉の御館、と呼ばれていたに違いない」とし、清衡の時期にすでに平泉館が存在したことを明確にしている［入間田 二〇一〇］。

すなわち平泉館とは、突然に京都から持ち込まれたものではなく、国司館の影響を受けながら在地の論理の中で形作られ、成長していって生まれたものということができる。重要な指摘である。

ではその平泉館とは、どのような広さのものだったのか。『吾妻鏡』には、「周囲数町はひっそりとして人影もなかった。代々が住んでいた郭の内は、みな滅んで、土地のみがあった。ただざっと吹く秋風が幕に入る響きを送っていたのみで、静かな夜雨が窓を打つ音を聞くことはできなかった。ただし西南の隅に一棟の蔵があり、延焼の難を免れていた」と、焼けた平泉館のことが記されている［五味・本郷 二〇〇八］。この様子からは、かなりの広さがある施設といえる。そして焼け残っていた蔵とは、後の記事から、「高屋」と呼ばれた宝物庫であったことが判明している［八重樫 二〇一一c］。『吾妻鏡』によれば、その「高屋」は、観自在王院前と平泉館内にあった。

さらに平泉館内では、どのようなことが行われていたのか。入間田は、鎌倉殿誕生儀礼における主従関係を確認する二列対座の盛大な宴会に着目し、「そのような特徴的な座列に象徴されるような儀礼が執り行われるようになったのは、国府から遠隔の地に台頭した軍事首長（豪族）、すなわち二人目の御館が立ちあらわれる辺りからだった。具体的には、清原真衡や藤原清衡が立ちあらわれる辺りからだった」とし、館内での盛大な宴会の存在を指摘している［入間田 二〇一二］。

最後に平泉館の位置についての考察を整理したい。『吾妻鏡』の記事に「金色堂の正方、無量光院の北に並んで宿館（平泉館と称する）を構えた。西木戸に嫡子国衡の家がある。同じく四男の隆衡の宅がこれと並んでいる。三男の忠衡の家は泉屋の東にある。無量光院の東門に一郭（加羅御所と称する）を構えて、秀衡の日常の居所とした。泰衡がこれを継いで居所としていた。」とある［五味・本郷 二〇〇八］。平泉館は、金色堂の正方にあったことが分かる。

では正方とはどこか。従来は正面方向と考えられていた。金色堂の正面方向と考えるならば、現在の高館あたりをさすこととなる。しかしながら正方を正面とする事例がほとんどみられないことから、正面方向とする場合には、「正面の示す範囲が指定できないことになる」と論じられている［飯淵 一九九五］。すなわち正方とは、金色堂からみて東側といった程度の表現ということになるようだ。

（2）加羅御所

前記の『吾妻鏡』の記事によれば加羅御所は、無量光院の東門の一郭にあり、秀衡の常の居所だったことが分かる。そして泰衡もそこを継承したという。加羅御所に関しては、その名称から中国すなわち唐に由来する、あるいは香木である伽羅木を使った建物、また京都を表す花洛にちなんでいるという指摘が、文献史学からなされている［入間田二〇〇三］。

秀衡の常の居所という表現からは、秀衡が平泉館とは別に寝起きする場所を持っていたと考えられている。そして無量光院の東門の一郭という位置関係から、「朝な夕なに西どなりの阿弥陀さま（無量光院の本尊）に手をあわせるというのが、秀衡の日課だったようだ」とし、平泉館、加羅御所、無量光院は三点セットであると入間田は解釈している。さらには秀衡が、一一七〇年代後半に「新御堂無量光院の建立と常の居所加羅御所の造営」を行ったという指摘もある［斉藤二〇一一］。

加羅御所の記事は、平泉の僧侶が提出した「寺塔已下注文」と呼ばれる部分にわずかに一か所しかなく、上記以外のことは不明である。平泉館に比べて非常に少ないこの様相から、『吾妻鏡』を編纂した鎌倉方にとっては、それほど重要視すべき施設ではなかったということもいえるのかもしれない。ただし京都の公卿クラスの居宅を指す「御所」という表現が使われていることには、注意を払う必要があろう。

6　小　結

（1）内部地区は平泉館

文献史学からは、安倍氏の時代には在庁官人のトップである「大夫」であったが、清原氏の段階には「館」を構えることができるようになったという。そしてその館とは、「国司館」に並ぶものだったとされる。国司との間に起きた前九年・後三年合戦を考えれば、安倍氏と清原氏は、まさしく国司と対等の力を有していた。その彼らの居館が備えていた堀を継承したものが、柳之御所遺跡の堀である。初代清衡の出自どおりであり、またその時期のかわらけ分布状況からも、清衡の館が柳之御所遺跡内部地区であったことは確実である。(2)

そののちの内部地区には、大型四面庇建物跡や園池が設けられ、多数の糸巻の存在から儀礼用の織物の配布を行い、大杓子やかわらけから大量の食事を伴う宴会儀礼が行われるようになっていったことは明らかであり、その規模は平泉内で最大といえる。まさしく文献史学が指摘している平泉館の姿であり、金色堂からの方角、広さ、高屋の存在、何一つ否定するものはない。そして清衡と秀衡と泰衡の館となれば、二代基衡の館も内部地区と考えるのが穏当である。また唯一、焼土層がないことを指摘する方もいるが［菅野 二〇〇六］、遺物包含層からの出土かわらけがほとんどない状況からも、当時の生活面が残っていないことは明らかであり、焼土面は削平され確認できない状況といえる。そして少なくとも堀内部付近の生活面は、まったく遺存していない。

柳之御所遺跡周辺には、平安時代から現在まで踏襲される道はない。対して毛越寺周辺には多い［八重樫 一九九九b］。これはどういうことかというと、ある時期に柳之御所遺跡が使用されなくなったことによって、人の往来がなくなりその記憶が失われたことを示しており、鎌倉から戦国期にかけての出土遺物がないという状況とも見事に合致する。そしてそれは、鎌倉軍に滅ぼされた藤原氏の館という禁忌が、ある一定期間において生きていた証なのであろう。

以上から、考古学によって確認された柳之御所遺跡内部地区は、『吾妻鏡』にみえる平泉館である。

(2)平泉館の主体とその周辺

内部地区の遺構変遷に関しては、調査者の岩手県教育委員会報告書でも何通りか示されており、明確ではない。さ

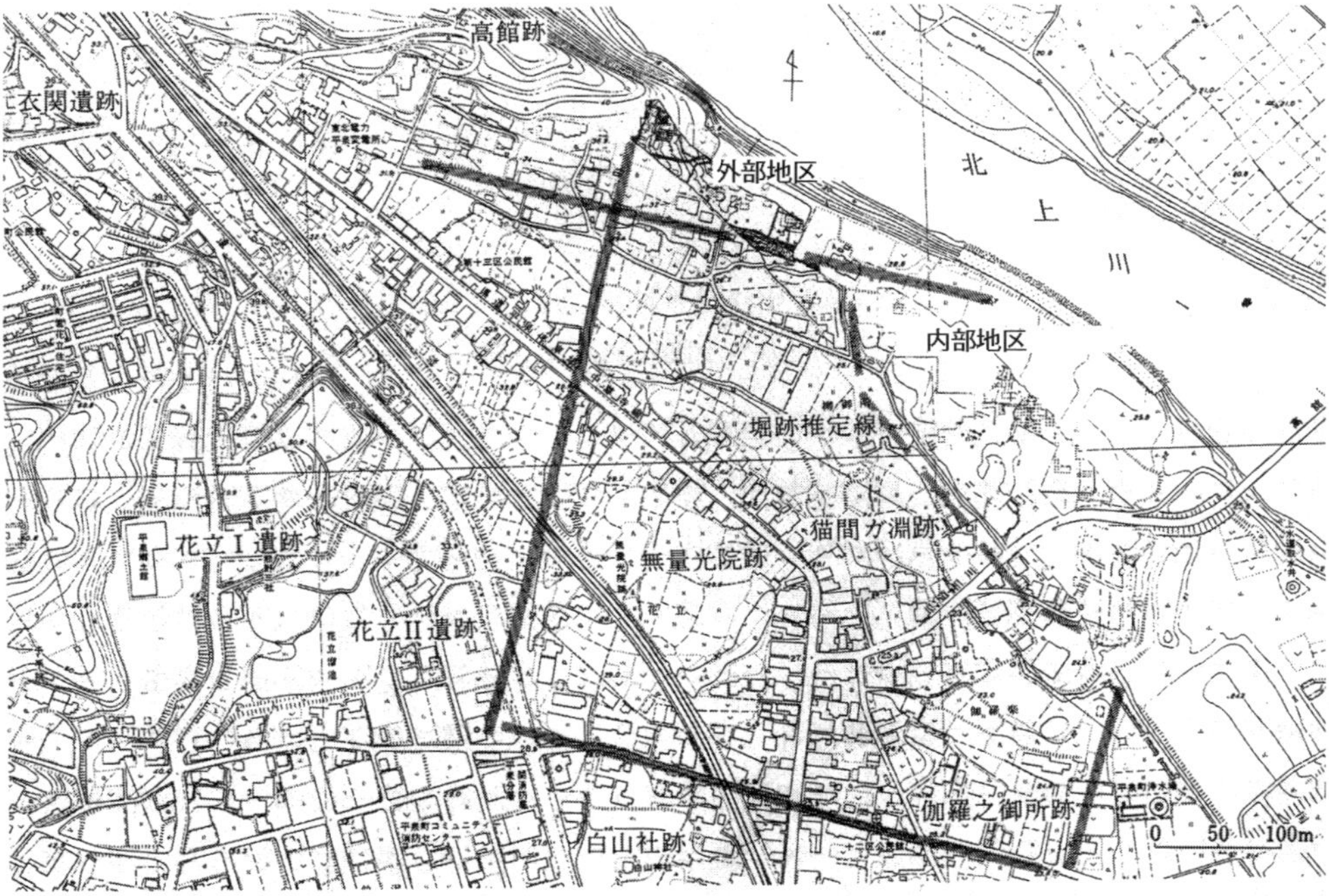

第９図　柳之御所遺跡周辺に見える大区画

らにそこに整備に向けての遺構と遺物の整理が入り込み、複雑な様相を呈する。園池周辺に主体が継続的にあったとか、北側に機能が移ったなど様々な議論がある。平泉館内の高屋の記事から推定すると、最終段階の平泉館の中心域は高屋の北東、すなわち堀の外であった可能性もあるかもしれないが、この問題に踏み込むには、かなりの時間とエネルギーを要するため、本章では触れないこととしたい。ただし園池周辺にかわらけ一括廃棄遺構が集中していることは、前記のとおりであり、基本的には園池周辺に主体があったものと考えている。

近年、内部地区の堀内部のみが平泉館であり、その堀の外側に国衡らの家や宅があったという説が示されている［入間田二〇一三］。すなわち内部地区に秀衡の子息がすべて住んでいたのだという。この説に対して感じるのは、堀の外側、特に西側に関しては、それほどの広さはなく、嫡子国衡が住んでいたとは、到底思えないということである。

もう一つ、堀の内側という意味を考えねばなるまい。堀は、安倍氏と清原氏の流れをくむこと、すなわち自らの出自の正当性を在地に示すものといえる。それが故に一二世紀後半になって、半分程度埋まり防御性がなくなっても、埋め戻されずに囲郭性を残しているのである［八重樫 二〇一二b］。そのような象徴的な空間の中に、自らは住まずに子息のみを配するだろうか。

無量光院跡の堀跡と外部地区の最も新しい区画溝跡の方向性が一致することから、無量光院が造営された時期に、柳之御所遺跡が再編成されるということを論じたことがある［八重樫 一九九三］。地割からは、無量光院跡を南西隅に配した450㍍ほどの大きな区画がみえ、その中には、外部地区や伽羅之御所跡北半などが含まれる。やはり外部地区に子息たちの家や宅があったと考える方が、蓋然性は高いのではないだろうか。

(3) 加羅御所の位置

繰り返しになるが加羅御所は、記録に残る情報が少なく、どのようなものなのか明らかではない。すなわちここまで考察を重ねるならば、内部地区イコール加羅御所説は、無量光院の東門の一郭という位置関係のみにしか根拠を見出すことはできないのである。

では加羅御所はどこにあるのか。考古学の成果から、加羅御所はそれほどの広さを持っていないか、加羅御所本体の建物を除いて、特徴的な遺構や遺物を有していない可能性が高い。現在のところ考古学において想定できるのは、無量光院跡の東門の推定地の直隣り、伽羅之御所跡の北半しかないと考えている。

(1) 平面図を見ると方形でない井戸状遺構もあるが、それは完掘したのち実測するまでの期間に崩れて変形したものである。

(2) 八重樫［二〇〇五］の中で、清衡館は柳之御所遺跡であるとしつつも、中尊寺から距離があることから、中尊寺周辺にあった可能性も指摘していた。しかしながら堀の系譜等が明確になった現在、清衡館は柳之御所遺跡内部地区をおいて他には考えられない。

第4章　金鶏山経塚

1　伝承とのはざま

序章でも触れたとおり、金鶏山を考えることは、平泉を考察することに必ずつながるが、まずは文献史学の成果を見るために、『平泉と東北古代史』〔佐々木 一九九一〕から拾うこととする。元禄九年（一六九六）の書上に金鶏山と見えるのが初出である。元禄六年ごろの成立といわれる『おくのほそ道』、また平泉古図の中でも最も古いとされる中尊寺利生院古図〔平泉郷土館 一九八八〕にも、金鶏山は見える。しかしこれら以前の文献には金鶏山の名称は出てこない。以上により名称金鶏山の成立は、一七世紀後半と推定される。

平泉藤原氏の旧跡名として、柳之御所などの名称も同様の時期に成立しているが、このころに多くの旧跡名が生まれたことも検証されている〔千葉 一九九二〕。恣意的に名称を操作したとも受け取れ、ある意味において平泉に関心が高かった時期ということもできる。

伝承内容は興味深い（第1表）。元禄の書上には名称が現われるのみであるが、№2以降は檀主が秀衡から基衡へ、さらには清衡や泰衡も見え始める。№4と5は内容的には同一であり、同じ物を原本にしているようだ。埋納物は雌雄か単体かを別にすると黄金の鶏で統一され、目的も基衡が檀主の場合のみ、平泉の鎮護か鬼門を祀るというから毛

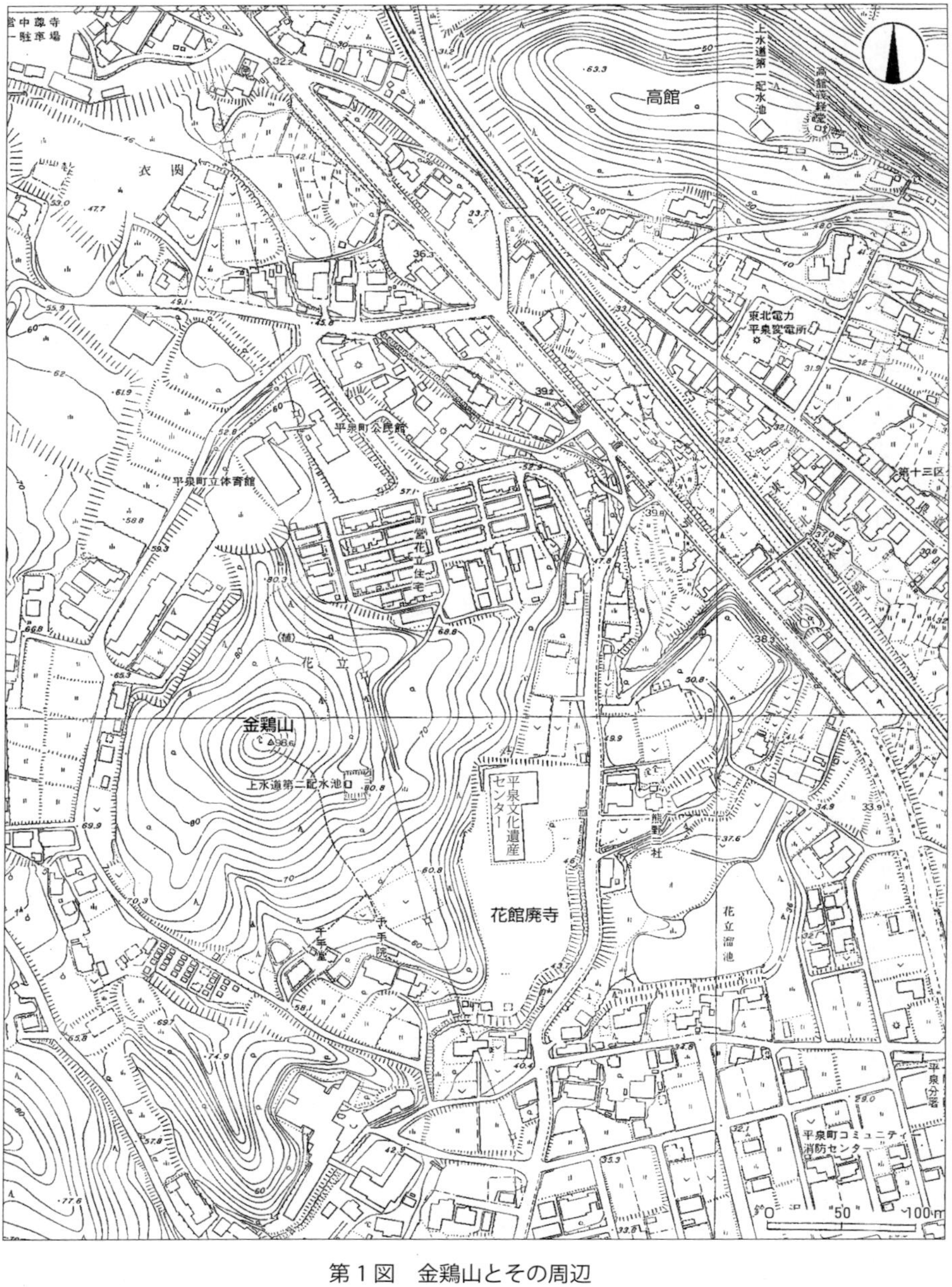

第１図　金鶏山とその周辺

第1表　金鶏山伝承文献一覧

No.	名称	年号	位置	壇主	埋納物	目的
1	元禄九年書上	1696年				
2	奥羽観蹟聞老志	1719年	中尊寺東南	秀衡	金鶏一匹	
3	奥劦平泉名所記	1734年	花立山之上也			
4	平泉旧蹟志	1760年	円隆寺の鬼門 高館未申にある山	基衡	黄金雌雄鶏	平泉の鎮護
5	封内風土記	1772年	円隆寺の艮隅 高館坤隅	基衡	黄金雌雄鶏	平泉の鎮護
6	嚢塵埃捨録	1779年	今六本松	基衡	黄金雌雄鶏	鬼門を祭る
7	かすむこまがた	1786年		清衡	黄金雌雄鶏	
8	北行日記	1790年	義経堂西南	泰衡	金の鶏	

越寺の鎮護となっている。金鶏山の位置表現も中尊寺東南から花立山の上を経て、毛越寺との関わりに変化している。このころ伊達家による平泉の寺院の復興が一段落し、毛越寺が勢力をもったため、[1]また相原友直による安永二年（一七七三）から始まる平泉研究［相原友一九九三］などにより、毛越寺と金鶏山の関係が論じられたため、このような表現になったと考えられる。さらに一八世紀後半になると造り山伝承までも含まれるようになる。この時期に金鶏山は、民話の世界にまで浸透するのである。

金鶏山に関する考古学的な知見としては、『史蹟名勝天然記念物調査報告』第十号［小田島一九三〇］が初見である。その中で小田島は、経塚であることを確認し、国鉄平泉駅により金鶏山頂に建立された祠の存在を嘆き、遺跡の保護保存を訴えている。しかし金鶏山は、この数ヵ月後に更なる試練を受けることになる。黄金の鶏を求めた大規模な調査が行われたのである。

2　昭和五年（一九三〇）の調査

金鶏山は、昭和五年九月～一〇月にかけて大規模に調査された。記録などがほとんど残っていないことからは、盗掘ともいうべき調査だったようである。この調査を見学した服部勝吉は非常に嘆いている［服部一九八八］。

当時の金鶏山の様子や調査状況については、服部の記録によって知ることができる。①中腹には河原石を積み上げた多数の塚が存在した。②頂上付近では6～7人の作業員が掘

No. 1

ヒライツミ
瀧澤

渥美袈裟襷文壺

本邦木炭の創造
四百年説を覆し
新記録を作りたる
約八百年前の木
炭一部分
昭和五年九月廿五日
平泉金鶏山にて發見
齋尾保雄

出土した木炭

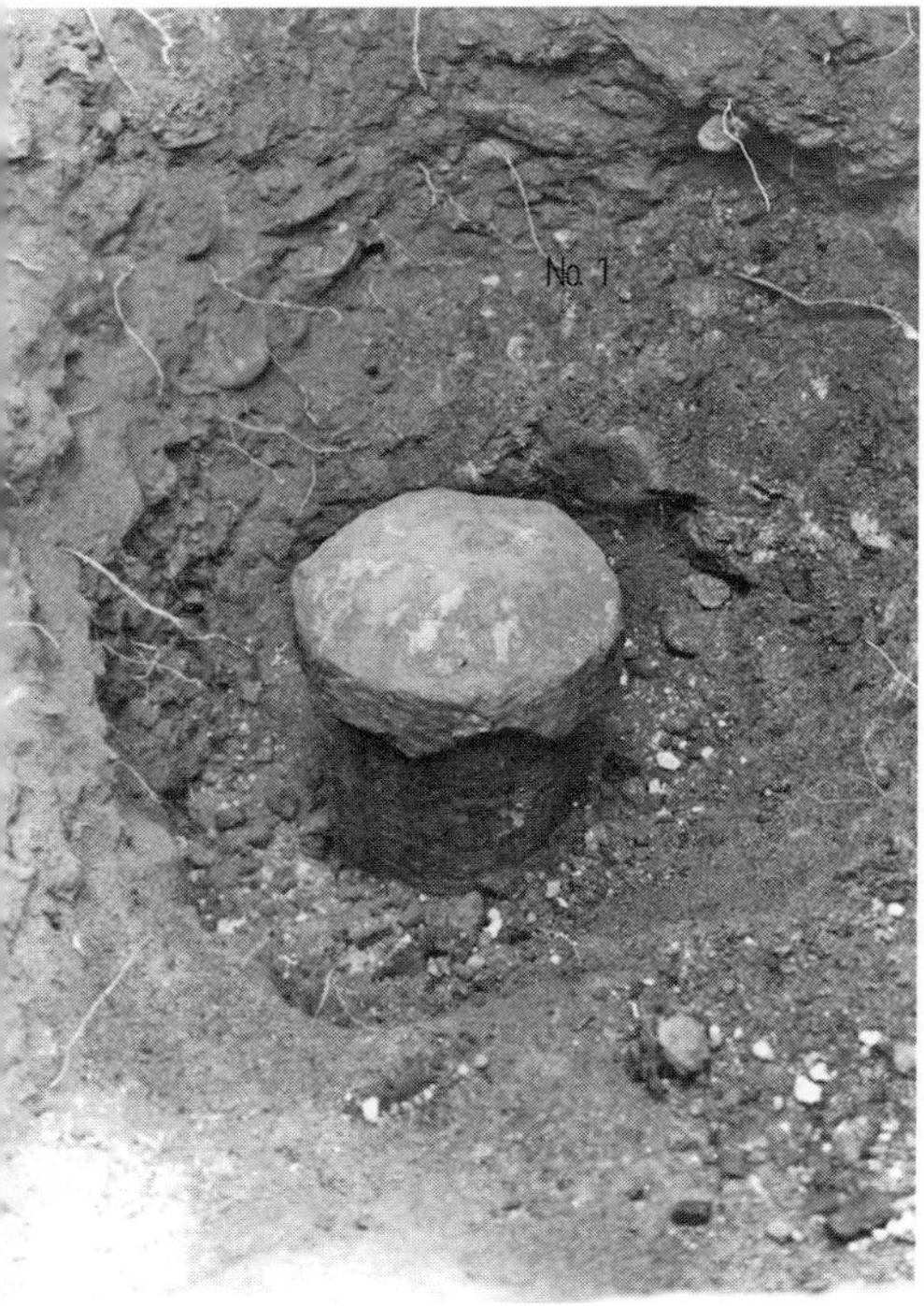
No. 1

石製外容器出土状況

東京博所蔵経筒と石製外容器

第 2 図　昭和 5 年の調査写真 1

っていた。③深さ1㍍ほどの穴には玉石が一面に敷き詰められていた。④数日前、経筒が出土した西隅の穴は、1.5㍍ほどの深さで地上から1㍍ほどまではやはり玉石敷き、その下には木炭を詰めていた。⑤北・東・南には刀子があったというが、発見の状態は判然としない。⑥調査以前の盗掘痕跡が認められるし、掘り起こした土を見ても、すでに盗掘を受けていたことは明らかである。

金鶏山経塚は、調査前にすでに一部盗掘を受けていたようである。しかしさらにこの調査によって金鶏山山頂は、半壊といってもいい状態に陥ることとなる。

平泉町で写真店を当時経営していた滝沢孝志は、調査者に要望して出土遺物の写真撮影を行っている。(2) 日付なども書かれた8枚の写真が残っており、現在では金鶏山経塚出土遺物を知る上で、貴重な資料となっている。写真の日付は、昭和五年九月二五日から一〇月一四日までであるが、新聞記事を見ると九月二五日以前から調査は行われたらしい。(3) 発見者は斎尾保雄と記されている。出土品の大半を発見者は、土地所有者である毛越寺千手院と東京国立博物館に寄贈している。

撮影された出土遺物は、石製経筒外容器1、銅製経筒3、平瓦1、玉1、刀子鉄鏃類13、壺甕8、多量の木炭である。現在、東京国立博物館では、宝珠鈕二段盛上げ蓋付銅製経筒1、平瓦1、漆器椀2、かわらけ1、漆皮膜多数、木片多数、刀子残片多数、鉄鏃残片多数、砂金、No.1渥美壺、No.2常滑甕、No.3常滑甕、No.4常滑甕、No.5常滑短頸甕を保管している(No.は第3~5図参照)。千住院ではNo.6常滑甕とNo.7常滑三筋文壺、写真に写っていないNo.8渥美片口鉢を保管している。この状況から、玉と砂金は同一である可能性があるものの、石製経筒外容器1点、平蓋の銅製経筒2点、壺1点がないことが分かる。写真を見る限り失われたNo.9壺は、形態こそ異なるが、岩手県盛岡市一本松経塚［日本考古学協会 二〇〇二］や、陸前高田市越戸内経塚［相原康 一九九九］から出土した渥美壺と同じ窯の製品である可能性が高い。(4) No.9壺と一本松経塚壺は、灰釉が筋状に流れ落ちている様相も酷似しているし、口縁端部は猿投や渥

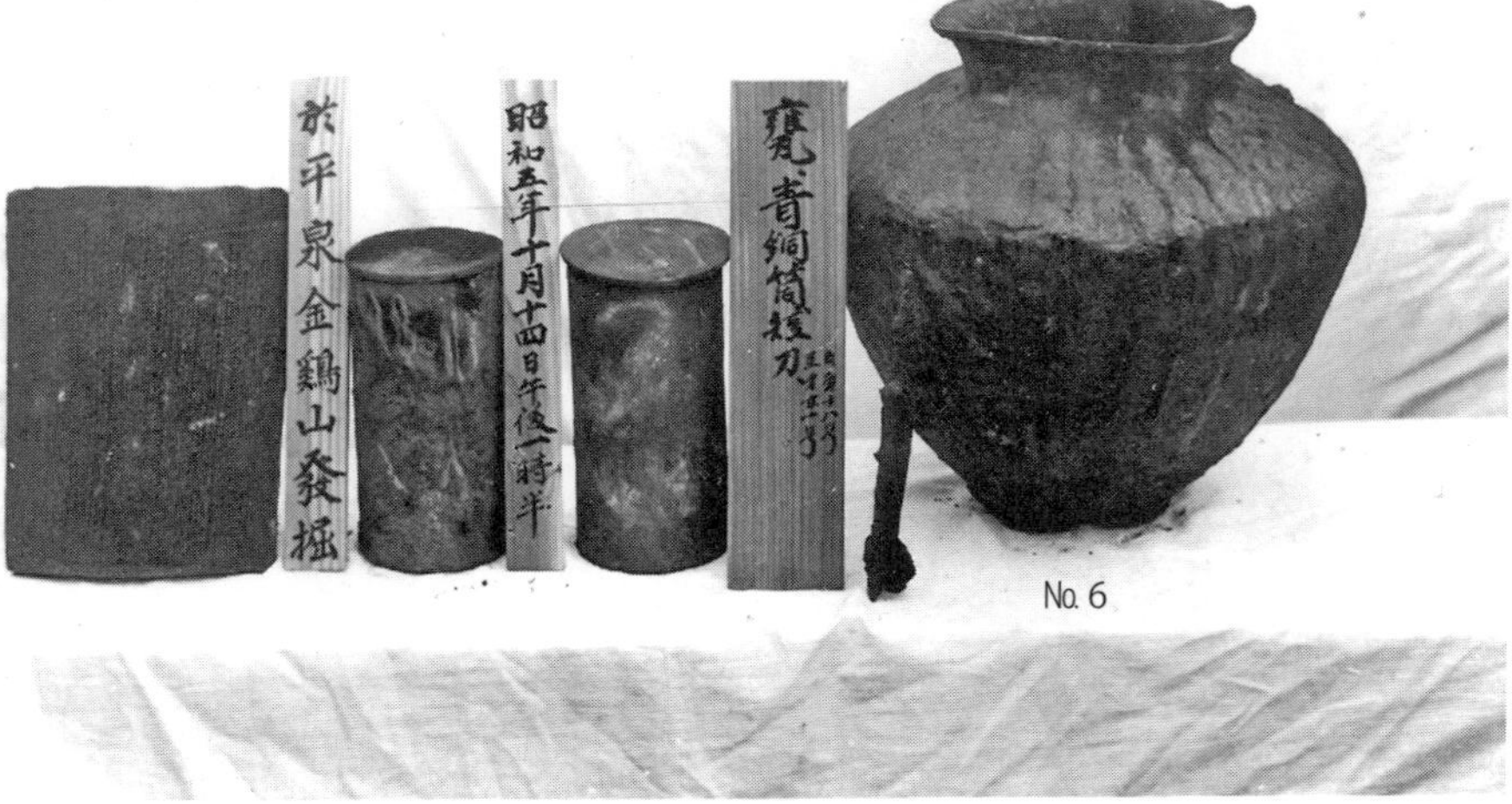

左から平瓦・不明経筒・不明経筒・No. 6 常滑甕

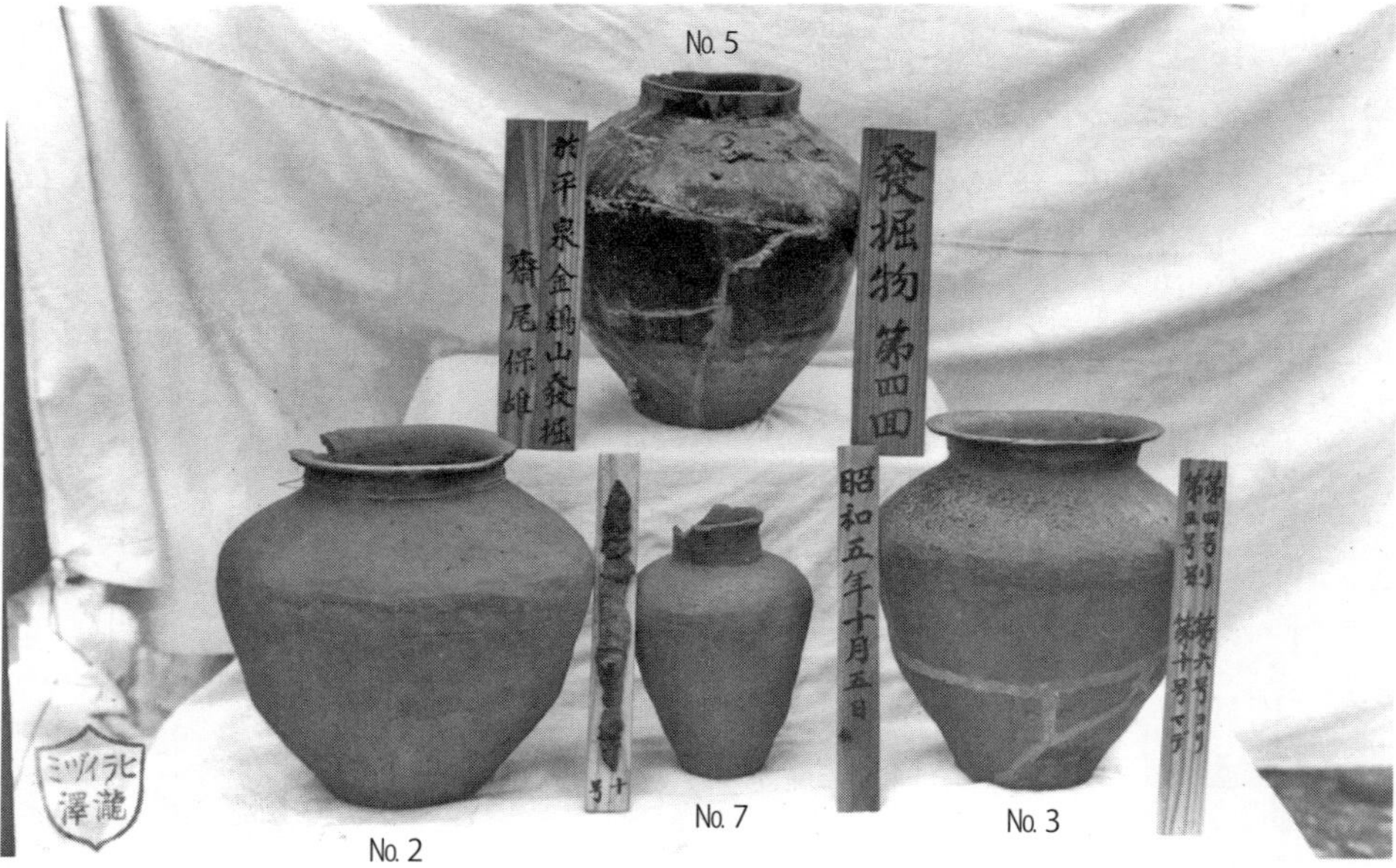

上：No. 5 常滑短頸甕　下：左からNo. 2 常滑甕・No. 7 常滑三筋文・No. 3 常滑甕

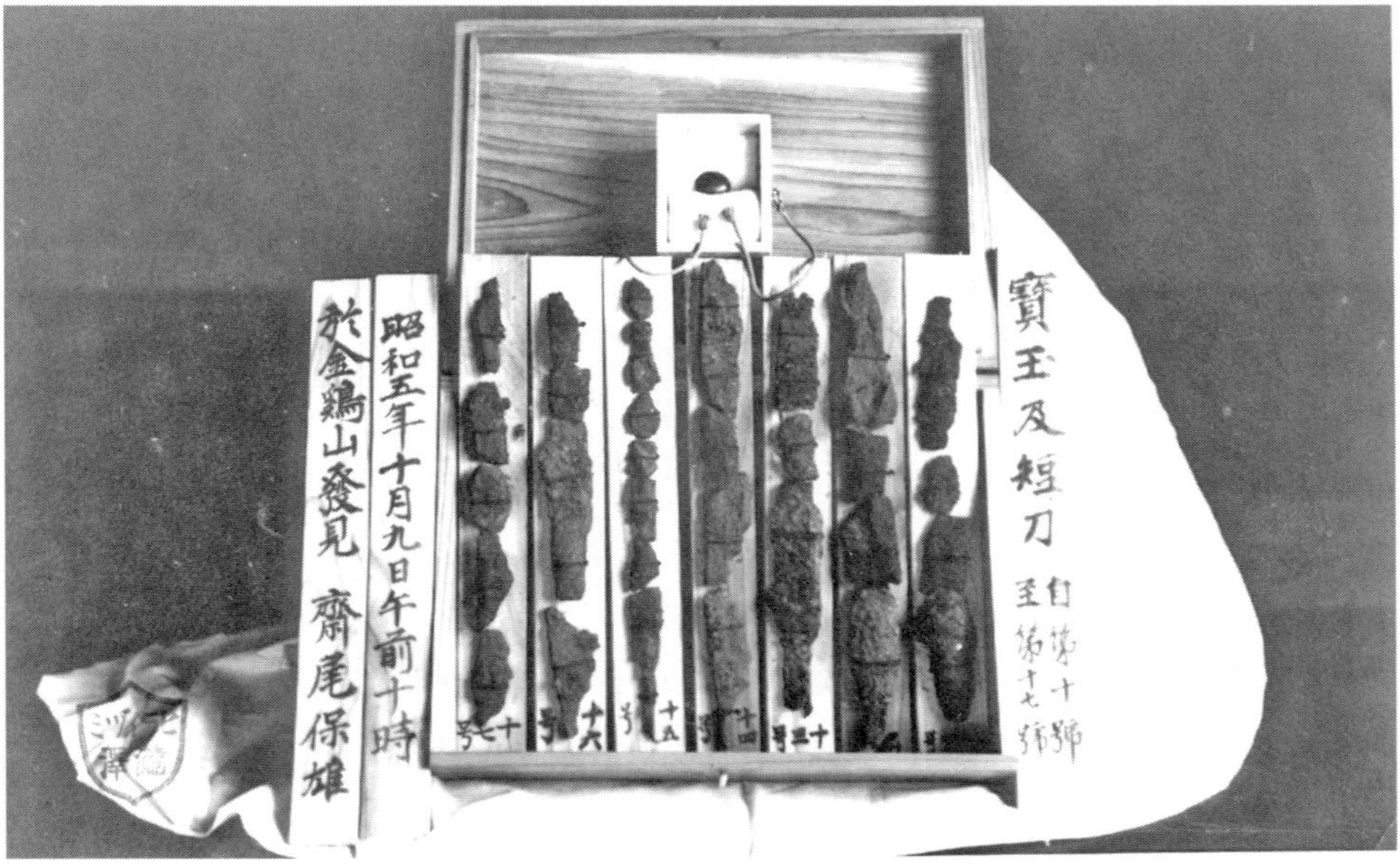

出土した玉と刀子・鉄鏃残片

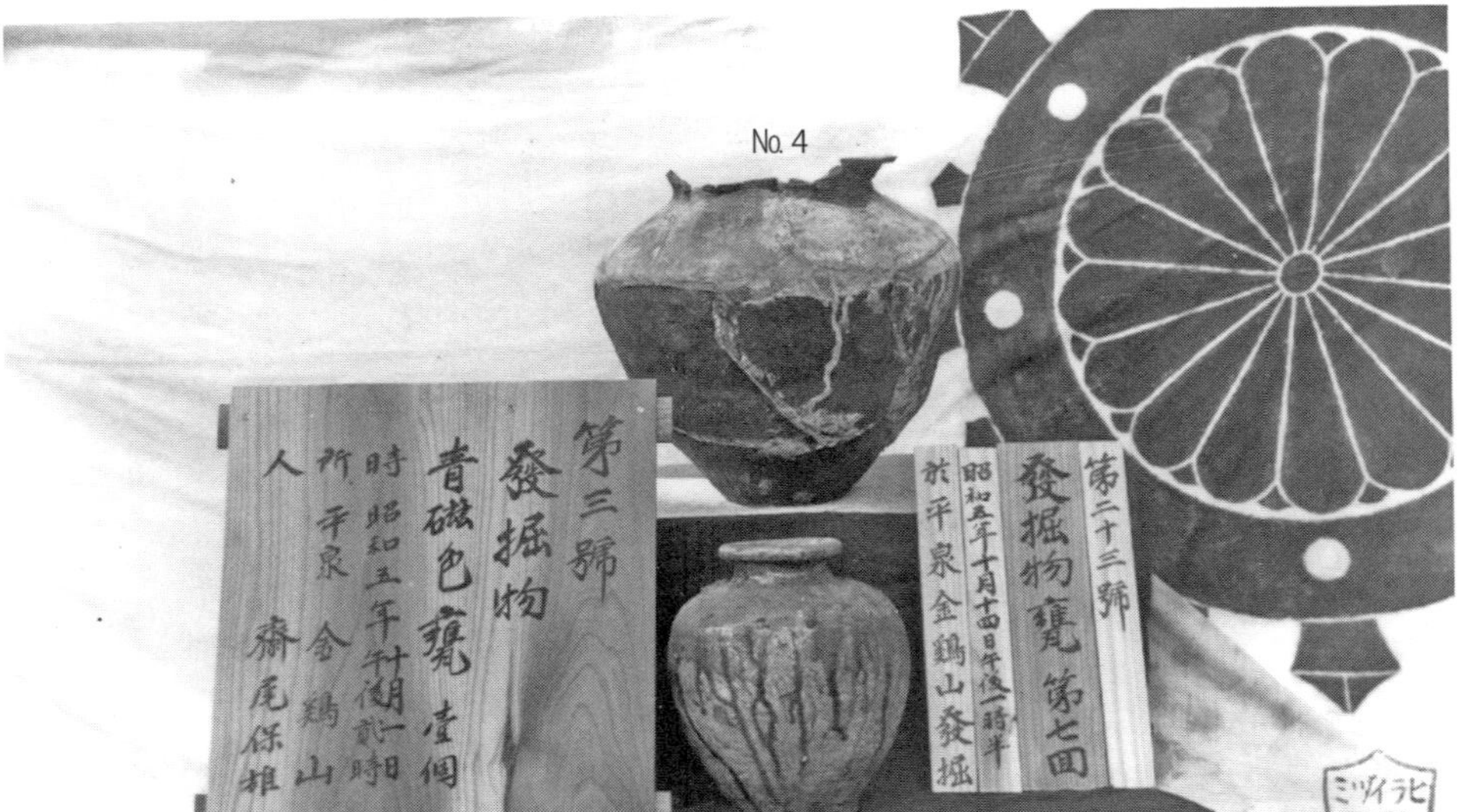

上：No. 4 常滑甕と下：No. 9 渥美壺

第３図　昭和５年の調査写真２

美の特徴的な「へ」の字を丸くしたような形態をしているように見える。この壺が、陶器で唯一所在不明なところをみると、形態や釉調が最も優れたものだったのであろう。後述するがこの壺の産地は、院の近臣が関わっていた国史跡渥美大アラコ窯〔菅野 一九九四〕、また近年注目されている夕窯〔愛知県史窯業編3〕、生産年代は一二世紀前半と推定される逸品である。

奈良国立博物館蔵品の中に、金鶏山経塚遺物と伝えられる経筒と陶製外容器がある〔奈良国立博物館 一九九一〕。口径13・1センチ、器高27・5センチを計る銅製経筒は、滝沢の写真に写っている金鶏山出土経筒の一つに類似するが、詳細に検討したところ、別物であった。さらに外容器は、口径20・0センチ、器高29・7センチとかなり大ぶりで、三段の突帯をもっている。このような陶製外容器は、東北では出土例がない上〔八重樫 二〇〇二a〕、滝沢の写真にも写っていない。金鶏山からの出土品ではなく、東海か畿内の経塚から見つかったものではないだろうか。

近年、筆者はこの経塚外容器を実測する機会に恵まれた。作図するにあたって詳細に観察したところ、この経筒外容器の産地は、渥美であることが判明している。

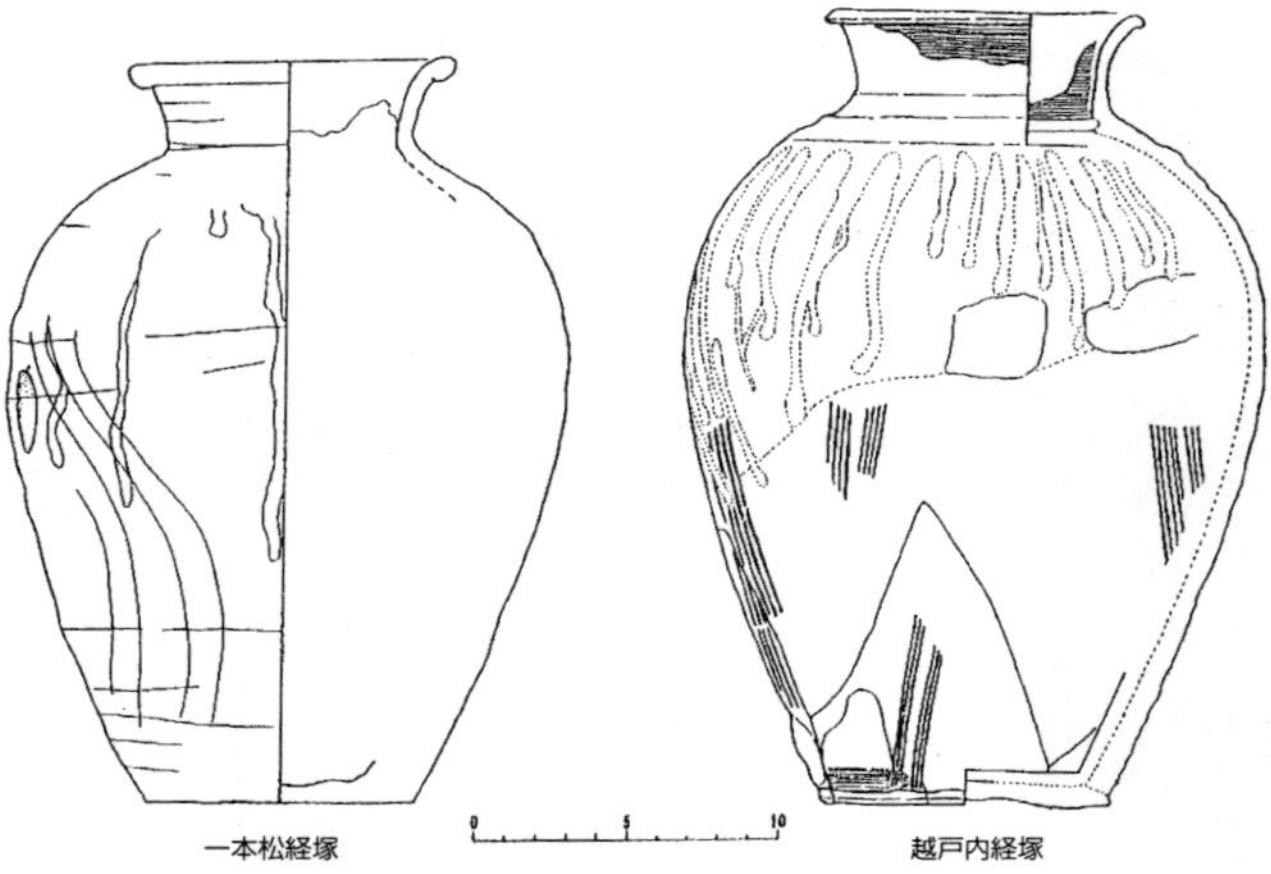

第４図　渥美大アラコ窯・夕窯製品

3　出土陶磁器の年代観

出土品のうち、ある程度年代が明らかなものは、陶磁器のみである。No.1の渥美壺は、口径13・8センチ、底径15・8センチ、

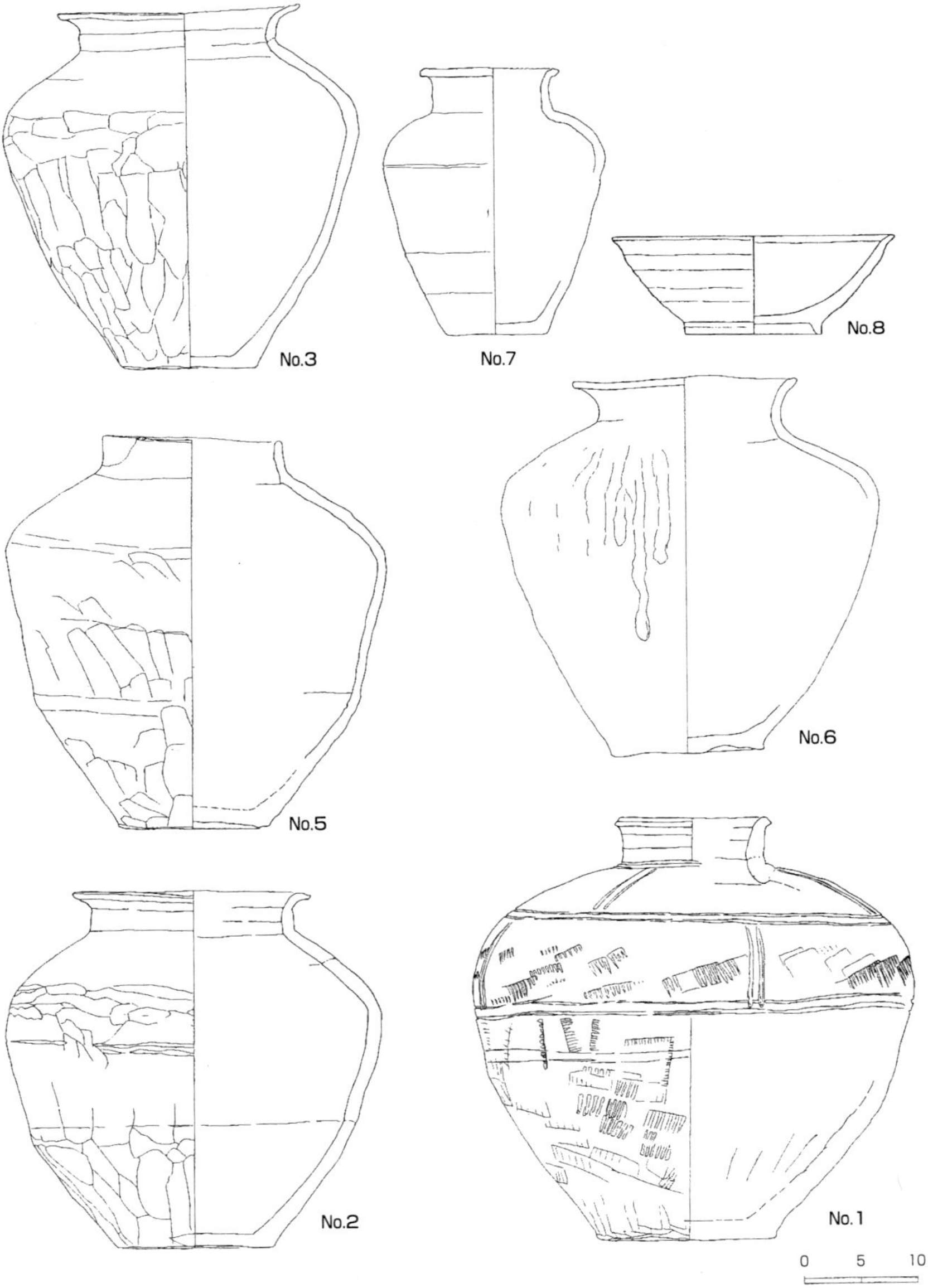

第５図　金鶏山経塚出土陶器

器高39.0チセンの法量を有し、頸部は直立し口縁は「へ」の字に折り曲げられ、幅の広い平行沈線により袈裟襷文が施されている。頸部からの3段の横位沈線内を縦線で千鳥に4分割している。全面に目の粗い押印がランダムに打たれた後、ヘラにより横位調整されている。肩部には灰釉が掛けられているが、焼成温度が低いため発色が悪い。この壺は、東京国立博物館陶磁室長(当時)に「渥美製品の中で三指に入る」と言わしめた逸品である[矢部 一九九二]。

渥美編年は、壺に関して未だに確立していない[中野 一九九五、八重樫 二〇〇一a、東海土器研究会 二〇一三]。とはいうものの直立する口縁、幅の広い平行沈線、肩部よりも下まで施される袈裟襷文、目の粗い押印、押印のランダム施文などを見る限り、この壺に一二世紀前半の年代を与えることには、異論はないと感じる。問題はどこまで上がるのかということである。渥美の最古の紀年銘資料(5)からは、一一二五年ごろが上限といえる。

No.2～6の大きさの常滑甕は、経塚などに使われることが多いことから経甕、または形態から広口壺などとも呼ばれるタイプのものである。

No.2は、口径21.2チセン、底径13.8チセン、器高32.8チセンの法量を有し、焼成はややあまく自然釉はかからない。紐輪積み痕跡を明瞭に残す。肩部にヘラによる雑な沈線が認められる。口縁部は比較的丁寧に作られているが、全体的に分厚い。常滑編年3形式(一一七五～一一九〇年)の甕である[赤羽・中野 一九九五]。

No.3は口径21.5チセン、底径12.0チセン、器高33.1チセンを計る。焼成は良好で肩部に緑色の自然釉がかかる。全面にヘラによるケズリ調整が行われている。典型的な常滑編年2形式(一一五〇～一一七五年)の甕である。

図はないもののNo.4は口縁部の大半が欠損している。推定口径22.3チセン、底径14.0チセン、器高46.2チセンの法量を有する。常滑編年2形式の最後のものであろう。

No.5はこれまで短頸壺と呼ばれてきたものである。しかし実見すると、口縁のラッパ型に広がる部分の粘土を積み上げずに、頸部で止めてしまったものであった。すなわち短頸甕とでもいうべき例のないものである。口縁部のカットには、蓋をしやすくする意図があったと推測され、当初から経容器または経筒外容器として製作された可能性が高い。平泉では特殊な東海産陶器が多いため、「注文生産を行っていたのでは」という疑問があったが〔八重樫 一九九五a〕、まさしくNo.5は注文品といえる。口頸16.0センチ、底径13.5センチ、器高36.3センチを計り、胴部は基本的に縦ヘラケズリ調整、口縁端部はヘラによって面取りを行っている。焼成は良好で肩部に緑色自然釉がかかるこの甕は、常滑編年2形式の典型的な甕である。

No.6〜8は千手院が保管している。No.6は口径20.5センチ、底径13.0センチ、器高35.8センチを計る。焼成は良好で暗緑色の自然釉が肩部にかかる。胴部は基本的に縦位ヘラケズリ調整がなされているこの甕は、典型的な常滑編年2形式の甕である。

No.7は常滑三筋文壺であるが、断面半円状の弱々しい単線によって三筋文は構成される。口径10.0センチ、底径8.0センチ、器高25.0センチを計り、焼成のややあまいこの壺は、一一七〇〜一一九〇年ごろに製作されたものである。

No.8は渥美片口鉢であり、口径25.2センチ、底径12.2センチ、器高9.1センチを計り、一二世紀後半に製作されたものである。

4　その他の調査と宝塔

金鶏山の裾野は、住宅建築に起因した発掘調査が何度かなされている。しかしすでに切り土造成されていたため、遺構は検出されなかった。すなわち昭和五年の調査を除いては、金鶏山での遺構検出例は皆無なのである。

東側に広がっている平泉文化遺産センターの敷地は、かつては平泉中学校が建っていた場所である。昭和二五年、岩手県教育委員会が校庭部分を調査したところ、翼廊付き礎石建物跡を検出した。出土した瓦は、一二世紀第2四半

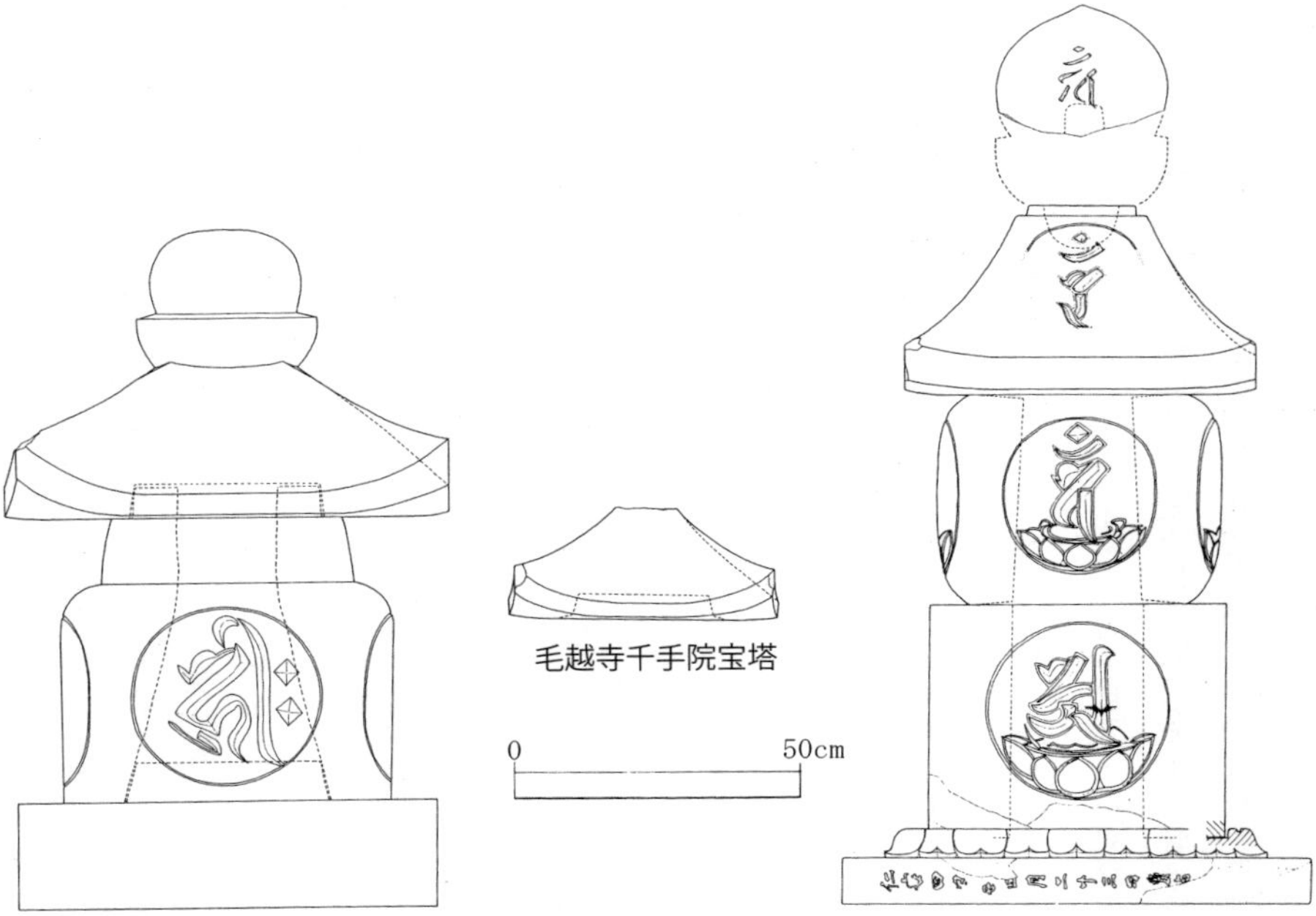

第9図　平泉型宝塔・五輪塔(狭川 1995)

期のものである。[6] この建物跡は花館廃寺と呼ばれているが、基壇が確認されておらず、寺院かどうか疑問もある。建物跡は柳之御所遺跡堀内部地区を向いて建てられていることから、その関連性が注目される。

問題は、東麓をカットして造られたこの建物跡が、背後にそびえる金鶏山と無関係のはずはないということである。この状況から、平泉藤原氏が金鶏山を意識し始めた年代、つまり金鶏山経塚の造営年代は、一二世紀第2四半期といえる。同様の結果が、花立窯の検討からも得られている(第I部第2章参照)。

金鶏山南側裾野に、毛越寺の古院である千手院が配されており、同院西側には金鶏山山頂への参道がある。その参道入口付近に、もともとは金鶏山山麓のどこかにあったものだという義経妻子の墓との伝承を有する2基の小型宝塔水輪が置かれている。その近隣には、地輪を失った同様の小型宝塔もある。これら小型宝塔は、重要文化財に指定されている中尊寺願成就院宝塔と同様であり、紛れもなく一二世紀のものである。これら独特の宝塔は、平泉近隣に多いことから、平泉型宝塔[狭川 一九九五]と呼ばれている。

5 考察

(1)歴史地理学的考察

金鶏山が毛越寺近隣の地割に影響を与えていることを最初に明言したのは、藤島亥治郎であった[藤島 一九六一]。金鶏山山頂から南に伸ばした子午線が、毛越寺東側土塁(築地か)に重複することを発見したのである(第Ⅲ部第3章:第2図参照)。このラインに平行または直交するように毛越寺近隣の地割は形成されていた。このラインに平行し東に30㍍の部分までが南北路、そこから120㍍の幅で観自在王院。逆に西に平行に約120㍍のラインは金堂円隆寺と中島を結ぶ毛越寺中軸線である。もはや毛越寺と観自在王院が、金鶏山からの子午線によって計画的に造られていることは疑いようがない。そして地割の単位は120㍍であったと考えられる。

京都の地割の単位は400尺である。400尺は約120㍍と換算される。平泉に認められる120㍍地割は、首都京都に倣った同様の間尺であり、その基準には金鶏山からの子午線が用いられていたのである[八重樫 一九九九b]。

無量光院は金鶏山を意識して造営されたことは、発掘調査報告書が指摘している[文化財保護委員会 一九五四]。たしかに中島~本堂の軸線を西に延長すると、概ね金鶏山の頂上にあたる。さらに菅野成寛は、無量光院堂内に観無量寿経の大意が描かれたという『吾妻鏡』の記事に注目した。菅野は、観無量寿経十六の観法の一つの夕日に対する信仰である日想観を堂内にとどまらず、ロケーションにまで反映させたのが、金鶏山を背景に取り入れた無量光院の壮大さであるとした[菅野 一九九二]。

このように金鶏山は、毛越寺や無量光院と深い関係を有している。平泉市街地の形成の契機には、これら両寺院の建立が大きく影響していたことは疑いない。すなわち金鶏山こそが平泉形成の基準ともいえるのである。

(2)経塚について

金鶏山経塚の大きな特徴としては、岩手県内経塚の場合、壺単体での出土例が多いのに比べ、外容器に使われた甕が多いこと、刀子や鉄鏃残片が多いこと、輸入陶磁器がないことなどが挙げられる。最初に行わなければならないのは、経容器と外容器について整理し、その組み合わせを検討することである。

経筒もしくは経容器としては、3点の銅製経筒とNo.1渥美袈裟襷文壺、No.7常滑三筋文壺、No.9渥美壺の6点が挙げられる。三筋文壺などの小型壺が経筒の役割を果たしていたこと、さらに東北の経塚の場合には、石室が外容器の役割を担っていたことが、すでに論じられている［鎌田 一九九七］。つまり東北では、壺は単体で出土し、甕の中から発見された例はないのである。しかし中型の袈裟襷文壺は、外容器ではないかという疑問もあろう。だがこの特殊な器形の壺は、異常に口縁が狭く内径で10チセン前後しかない。これでは比較的大きいこの時期の経筒は入らない。全体の大きさに若干疑問もあるが、この点から経容器であると判断した。No.9も同様である。

経筒を保護する役目の外容器は、石製経筒外容器とNo.2~6の常滑甕5点の計6点である。比較的大きなNo.1袈裟襷文壺やNo.9渥美壺を入れた外容器が存在しないことから、経容器の点数と一致するのは偶然である。蓋はNo.8渥美片口鉢と平瓦しかなく、外容器の数に比べて圧倒的に少ない。おそらくは扁平な石などを蓋として利用したと推定されるが、調査時には判断がつかず、拾い上げられなかったために蓋は少ないのであろう。

経筒と経容器と外容器の関係を整理すると、壺には入らないため銅製経筒3点には外容器が3点必要だが、うち1点は石製外容器であったため、2点の常滑甕が必要となる。写真に残る壺甕No.1~9のうち、No.1・7・9の壺3点は石室を設け経容器として直接埋納したと推定している。服部の記録からも、石室があったことがうかがえる。ここまでの考察により、6基の経塚があったことになる。しかし石製外容器を伴わない残った銅製経筒2点を2個の常滑甕に納めたとしても、まだ3点の常滑甕外容器が残っている。これらにもおそらく経筒が伴っていたとしか考えられない。つまり金鶏山には、最低でも9基の経塚があったことになる。

銅製経筒が少ないこと、また写真に写っていない遺物があることを疑問に思う方もいるだろう。写真が貴重な資料であることは疑いないが、全てを写しているとは限らない。現実にNo.8渥美片口鉢は写っていない。また昭和五年よりも古い盗掘痕跡が認められたというのであるから、その段階で銅製経筒が失われたことも充分に考えられるのである。

出土陶器の年代観を整理すると、最も古いものはNo.1渥美袈裟襷文壺で一二世紀第2四半期、ついでNo.9渥美壺一二世紀第2四半期、次にNo.3・4・5・6常滑甕の第3四半期、最後がNo.7常滑三筋文壺とNo.2常滑甕の第4四半期となる。No.1は平泉藤原氏初代清衡(一〇五六～一一二八)晩年か二代基衡(?～一一五七)前期、No.9は基衡期、No.3・4・5・6はおそらくは基衡期にかからず三代秀衡(一一二二～一一八七)期に重なる。No.7と2は秀衡晩期から泰衡期に位置づけられる。また石製外容器は陶磁器出現以前であるため、No.1並行期かさらにさかのぼる可能性もある。

(3)平泉における金鶏山

No.1と花館廃寺の瓦は、ほぼ同様の時期であろうと考えられている(7)。花館廃寺の瓦は、法勝寺系のものである。手づくねかわらけの導入や毛越寺の造営など、京都を強く意識するのは、二代基衡になってからのことであるため、花館廃寺同様にNo.1を埋めた最初に設けられた経塚は、基衡が造営した可能性が高い。

No.9は渥美大アラコ窯もしくは夕窯で焼成されたと推定している。大アラコ窯は後白河院の近臣であった参河守藤原顕長銘壺を作っていた窯として有名である。

二代基衡の相談役ともいうべき人物に藤原基成がいた。基成は陸奥守として多賀城に赴任してきたが、その後に政局にまきこまれ、平泉に戻っていた。基衡と基成の間柄は、嫡子三代秀衡の正妻に基成の娘が嫁いだことでも良く分かる。実はこの基成と顕長は、同じく後白河院の寵臣だったのである。顕長との関係を考えれば、大アラコの壺を平泉に持ってくることなど、基成には容易いことだっただろう。顕長が参河守であった時期は一一三六～一一四五年、一一四九～一一五五年の二回であり、基衡の治世と重なるのである[菅野 一九九四]。しかもその壺の使用目的が、毛越寺近隣の市街地形成の基準となる経塚への埋納となれば、基成も最高級品を運ぶように依頼しなければならないだろう。

毛越寺のモデルは、京都の天皇家ゆかりの法勝寺である。法勝寺のことや京都の400尺地割を平泉藤原氏に教示したのも、おそらくは基成だと考えている。『吾妻鏡』によれば、毛越寺未完成のうちに基衡は頓死したとある。没年は一一五七年ごろなので、No.9壺の埋納は、一一四〇年代後半である可能性が高い。

毛越寺しか周辺にない段階では、金堂円隆寺の鬼門にあたることから、金鶏山経塚は毛越寺のみの鎮護であった。しかし毛越寺近隣に徐々に同軸の市街地が形成されていくと、その基準点である金鶏山は、市街地すなわち平泉の鎮護という性格を帯びていったと考えている。

秀衡もことあるごとに金鶏山に経塚を造営した。たとえば鎮守府将軍や陸奥守就任のときに造営した可能性もある。無量光院が完成したときには、金鶏山に当然経塚を造ったことだろう。無量光院は、考古学的には一一七〇～一一八〇年前後に完成している[第Ⅲ部第3章]。そのときに埋納された陶器は、No.2・7である。

宝塔は、経塚の目印としてその上に置かれたと考えているが、度重なる経塚造営によって金鶏山山頂は聖地となった。もはや一般人が足を踏み入れられる場所ではない。

6 小結

金鶏山山頂には、最低でも9基の経塚が営まれていた。現存する銅製経筒は、東京国立博物館蔵品の1点である。写真に写っている2点の経筒の行方も分からないが、昭和五年以前に掘り出された可能性の高い経筒が、他に3点あったものと推定される。

金鶏山への最初の経塚造営は、二代基衡が行った。金鶏山は、柳之御所遺跡内部地区の基衡館から西に花館廃寺をのぞんだときの背景になる。その金鶏山に経塚を営むのは、当然である。

2基目の経塚造営も基衡が行っている。基衡は、一一四〇年代後半、京都の高級貴族である藤原基成から情報を得て、大アラコ窯もしくは夕窯の逸品を埋納した。広大な臨池伽藍である毛越寺の造営と、京都と同様の間尺の市街地形成は、院の近臣であった基成があって初めて行えたことである。市街地形成に伴い金鶏山の意味は、毛越寺の鬼門鎮護から平泉全体の鎮護へと変化していった。

秀衡もたびたび経塚を造営した。もはや金鶏山に経塚を造ることは、歴代当主の象徴的行為といえる。当然のごとく日想観を取り入れた無量光院完成時には、大々的に法要を営み経塚を造ったと推定される。そのときに埋納したものは、No.2か7である。これらの埋経行為により金鶏山は聖地と化し、山頂は禁足地として扱われたことだろう。

（1）現在の常行堂は一七二八年、仙台藩主伊達氏によって建立されたものである。
（2）滝沢は、平泉町平泉字志羅山で写真店を営んでいた。今回掲載した写真は、滝沢氏から寄贈され平泉文化遺産センターが保管しているものである。
（3）当時の新聞記事は、岩手県立博物館から提供いただいた。

（4）両壺は、底部付近までハケ塗り全面施釉している。このような渥美壺が存在することは、平泉からの出土破片を見ていて、ある程度予想はついていた。渥美製品の中でも最高級品である。

（5）渥美の紀年銘資料で最も古いものは、一一二二年の銘をもつ経筒である。渥美の開窯については、一二世紀初頭といわれる。当初は大甕の生産を行わずに、特殊品のみを焼成していたと考えられている。

（6）花館廃寺の出土遺物は、保管場所が火災を受けたため焼失している。しかしながら二〇〇〇年に行われた花館廃寺南側の花立Ⅱ遺跡第13次調査区から、同様の瓦が多数出土した。

（7）上原真人はこの瓦を一二世紀第1四半期と位置づけている［上原 二〇〇一］。しかし共伴したかわらけは第2四半期のものであった。よって瓦の年代観も第2四半期と考えている。

第Ⅲ部　寺院の実像

第1章　平泉の寺院遺跡

1　記録に残った寺院の姿

(1)天台宗関山中尊寺

『吾妻鏡』によれば中尊寺は、藤原氏初代清衡(一〇五六〜一一二八年)が建立する。その規模は寺塔四〇余宇、禅房三〇〇余宇を誇ったという。清衡が平泉に来て最初に行ったことは、当国の中心を計って山頂に一基塔を建てることだった。ここから中尊寺造営が始まったのである。

清衡が建立した中尊寺は、地形から三つのまとまりに分けられる。一つは、一基塔とその周辺にあった多宝寺(一一〇五年建立)と釈迦堂、もう一つは二階大堂と金色堂、最後が中尊寺建立『供養願文』にみえる一一二六年に完成した鎮護国家大伽藍一区である。

一基塔は、当国の中心を計って建立したというのだから、清衡の平泉中心思想の表れであり、平泉へ居館を移した最初の仕事という意味においては、『供養願文』に記された清衡の楽土建設構想の意思表示であったといっていい。この塔の正確な位置はわかっていないが、山頂という表現と意思表示という点からは、近郷近在から見える関山丘陵の高位部分付近にあったとみるべきであろう。ところが仮に最も高位な現釈尊院付近にあったとすると、この塔は北

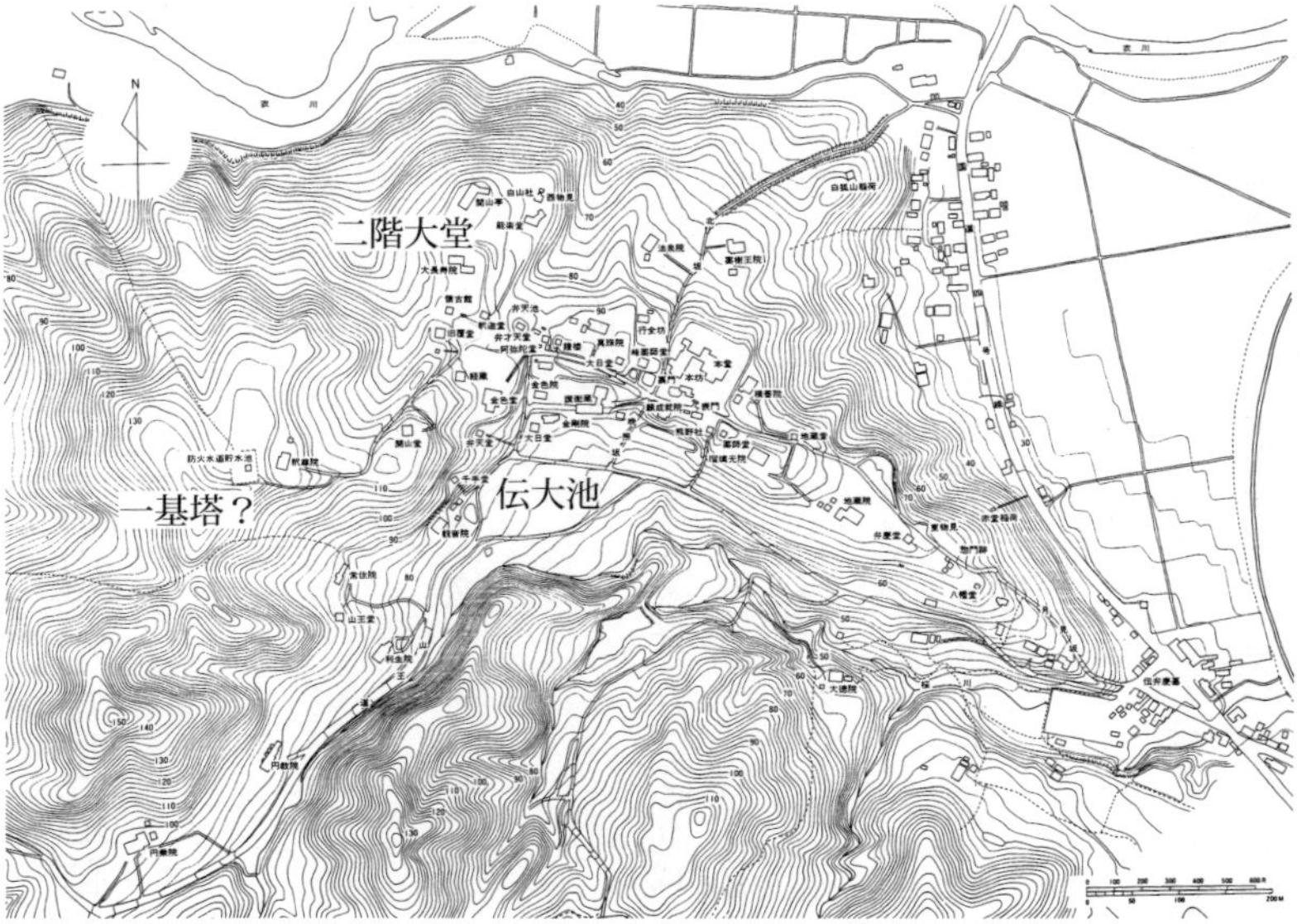

第１図　中尊寺境内

側からはよく見えるが、南に位置する毛越寺からはまったく見えないのである。

一段下がった部分に二階大堂（寺伝では一一〇七年建立）や金色堂（一一二四年建立）が建っていた。金色堂北側は現在広場になっており、観光客で賑わっているが、当時は三重の池が広がる儀礼空間であった。二階大堂は、高さが五丈もあり内部に九体の丈六阿弥陀如来像を安置していたから、類例のない大規模高層建築であり、平泉に進駐した頼朝も驚愕し、のちに鎌倉に模倣した永福寺（二階堂）を建立したという。しかしこの平泉最大の寺院も、北側と東側の一部からしか見えない。

清衡の最後の仕事が、鎮護国家大伽藍の造営である。この伽藍については、後に詳しく述べることとする。

(2)天台宗医王山毛越寺

『吾妻鏡』によれば毛越寺は、二代基衡（?〜一一五七年）が造営に着手する。毛越寺は、堂塔四〇余宇、禅房五〇〇余宇と中尊寺よりも規模が大きく、山林伽藍とは異なる臨池式平地伽藍である。南大門を潜ると眼前に大泉が池が広がり、中央に浮かぶ中島越しに金堂円隆寺が見える。丈六の薬師如来を本尊とする円隆寺には、

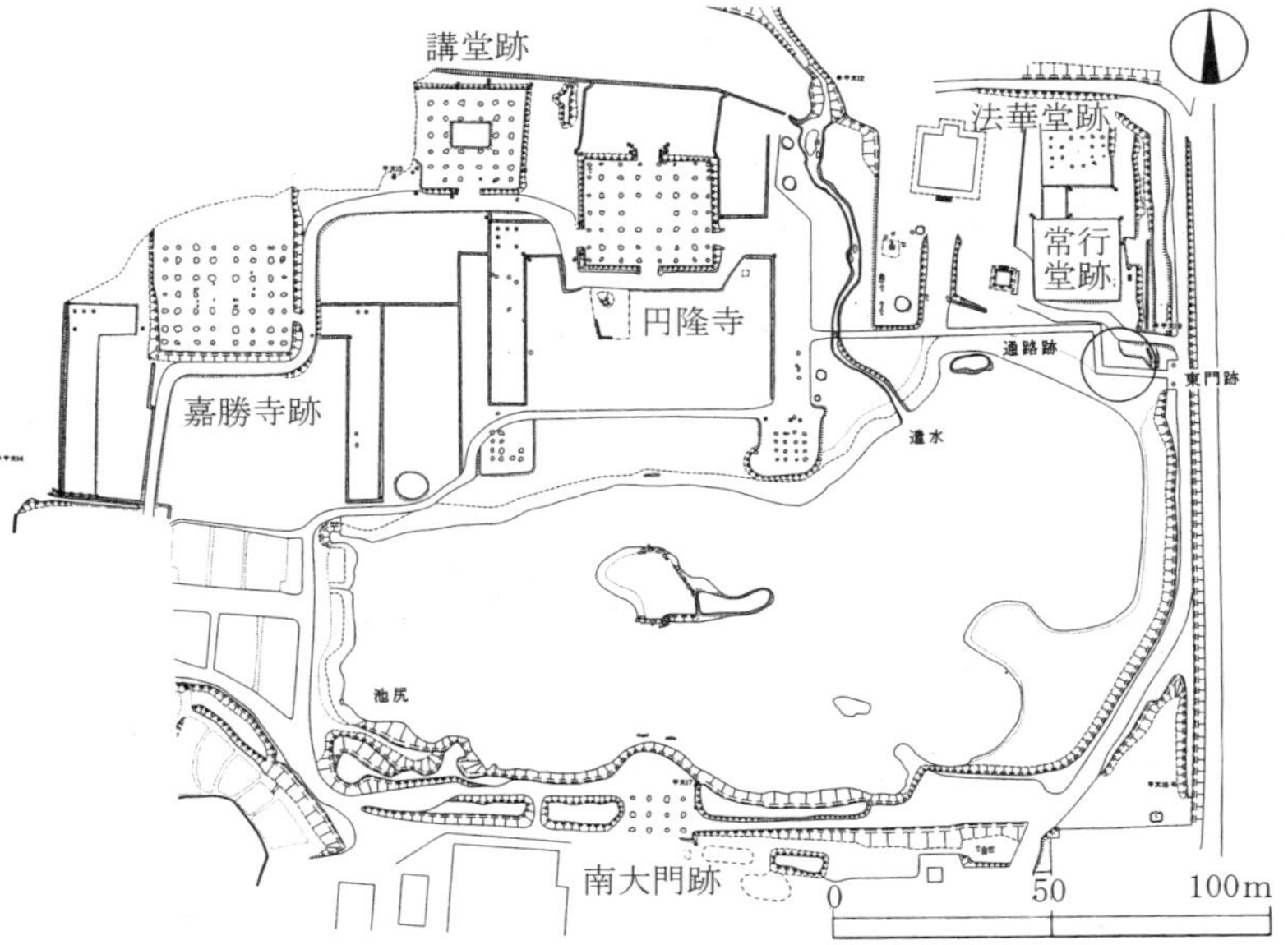

第２図　毛越寺跡

左右に長大な翼廊が付く。他に常行堂や講堂、嘉勝寺などがある。基衡は嘉勝寺落慶前に没しており、それを完成させたのは三代秀衡(一一二二～一一八七年)であった。嘉勝寺は円隆寺と同規模であり、何故同規模の寺院を建立したのかなどは議論を要するところである。

毛越寺の東側には、基衡の妻が建立した観自在王院跡がある。やはり臨池式の伽藍であり、池の北側に大小阿弥陀堂が建つ。内部には洛陽の霊地名所を描いていたという。

山林に設けられた中尊寺とは異なり、平地の毛越寺の建物軸線は一致しており、非常に整然としている。その基準は、金鶏山山頂から南に伸ばした子午線であった。そのラインは、毛越寺東に位置する南北築地塀(土塁の可能性もあり)の中心線に重なる。そのラインから西に約120㍍の距離に円隆寺中心線と南大門中心線を結んだ南北ラインが位置する。基準ラインから東に約30㍍の位置に観自在王院跡の西の南北築地ラインが位置し、その東に広がる観自在王院跡の東西幅は、約120㍍である。

毛越寺の南大門の前には、都市の基準となった20㍍幅の東西道路が走っていたが、のちにやはり30㍍道路に造り変えられていた。この変革の契機は後述するとして、このように毛越寺と観自在王院付近には、概ね30㍍と120㍍の地割が広がる。約30㍍は100尺、約120㍍は400尺に換算され、京都と同様に造られていたことが判明している。そして毛越寺南大門には、源頼朝が寺領安堵の「壁書」を掲げたという。他地区に「壁書」を掲げたところはない。すなわち毛越寺前の東西路は、平泉中の人々が往来するところだったのである。

（3）無量光院

『吾妻鏡』によれば無量光院は、秀衡が宇治平等院を模し建立している。無量光院の堂内には、平等院同様に観無量寿経の大意のほかに、自ら狩猟の絵までも描いたという。殺生禁断の堂内に狩猟の絵を描いた意図は、殺戮を生業とする武士である秀衡みずからの往生を願ってのことと考えられている［菅野 一九九二］。そしてさらに新御堂と号した。新御堂に対する旧御堂とは、無量光院が平泉館から分離独立する以前に、平泉館内にあった秀衡の持仏堂のことである［八重樫 二〇一五b］。

堂塔の多い中尊寺や毛越寺に較べて無量光院は、平等院よりも規模は大きくなっているものの、平泉全盛期の秀衡が造ったにしては、記録に出てくる他の建物は三重の宝塔のみである。秀衡期には出土遺物が爆発的に増えていることから、財力的に窮していたわけではない。第Ⅲ部第4章で詳しく述べるが、父親の遺業である毛越寺の完成に心血を注いだことと、中尊寺や毛越寺とは異なり、無量光院は秀衡みずからが極楽往生する施設であったことによると考えている。

（4）達谷窟

達谷窟は、平泉の市街地から西に6㌔程に位置する。鎌倉へ帰途についた頼朝が立ち寄り、縁起を聞いている。その内容は、窟の前面に坂上田村麻呂将軍が鞍馬寺を模した9間四面の精舎を建立したというものだった。現在も毘沙門堂が建ち、前面に中島を有する蝦蟇が池という園池がある。昭和六〇年の調査により達谷窟からは、玉石積護岸を有する園池を検出し、一二世紀後半の大量の手づくねかわらけを発見している［平泉町教委 二〇〇四］。

2 政治的・地理的立地

(1) 中尊寺

先にも述べたように中尊寺一基塔は、清衡の意思表示でもあったため、周辺から見える関山の高位部分に建てられていたと考えている。その一段下に平坦地を造成し、二階大堂と金色堂などを建立し、さらに低い伝大池付近に鎮護国家大伽藍を設けた。中尊寺造営が高位から低位に向って行われたことは、ある程度の土地利用計画をもっていた証左である。

中尊寺は関山丘陵に設けられていたが、都市部である平坦地から望むことができる堂塔は、ほとんどなかった。その堂塔とは、北から見た場合の一基塔と二階大堂、東から見た時の金色堂程度である。つまり中尊寺は、南からはまったく見えない。

中尊寺や毛越寺が交通の要衝地に設けられていることは、すでに先学の指摘するところであるが［菅野 一九九二］、さらに一歩踏み込めば中尊寺の場合、北側からしか見えない二階大堂建立までは、北を強く意識して造営されたといえる。そののち若干低い南側部分に鎮護国家大伽藍を築くのであるが、南で低いということは、南からすなわち京都から来る人間が最初に目にするのが、清衡期には鎮護国家大伽藍だったということになる。

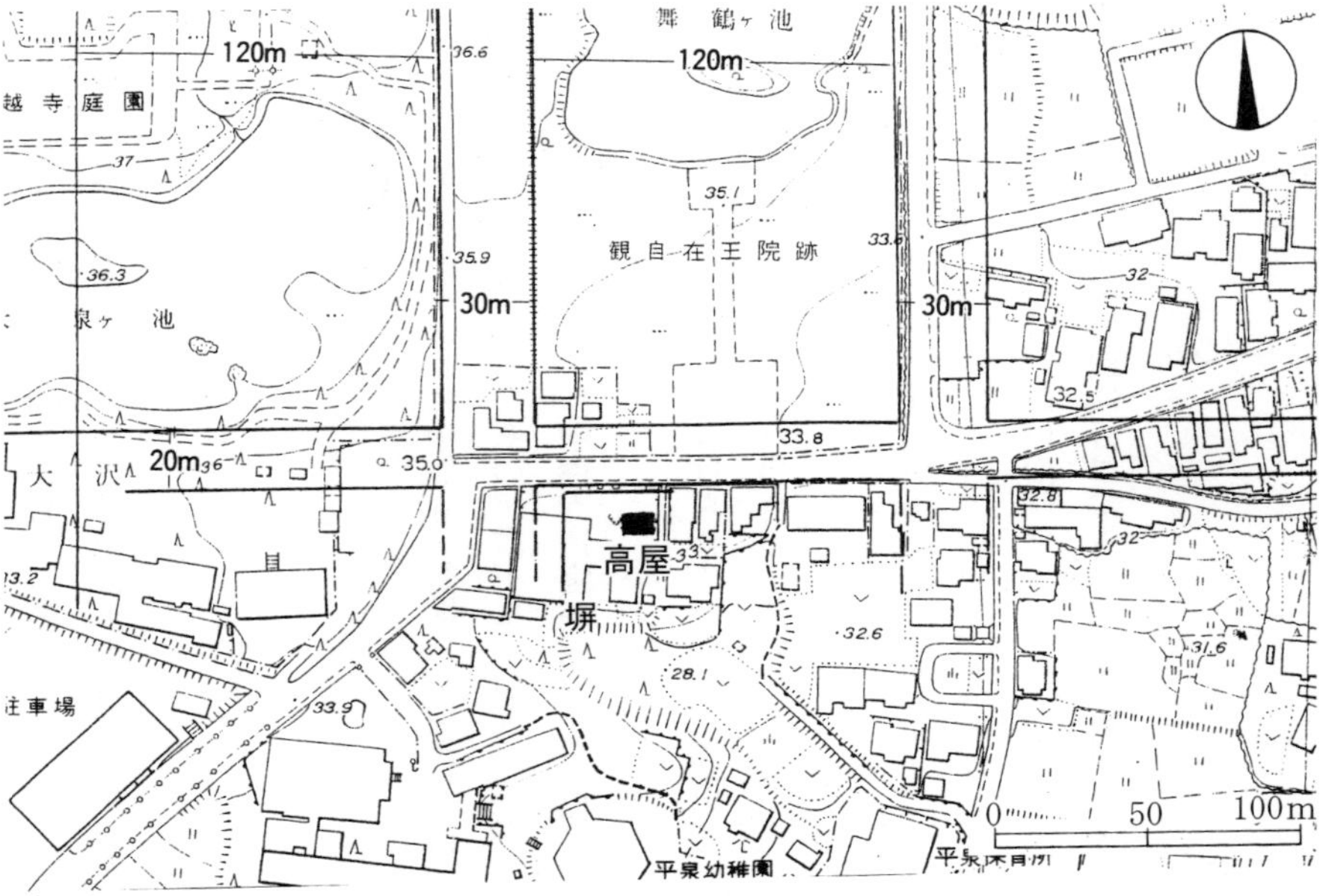

第３図　基衡後半の毛越寺付近

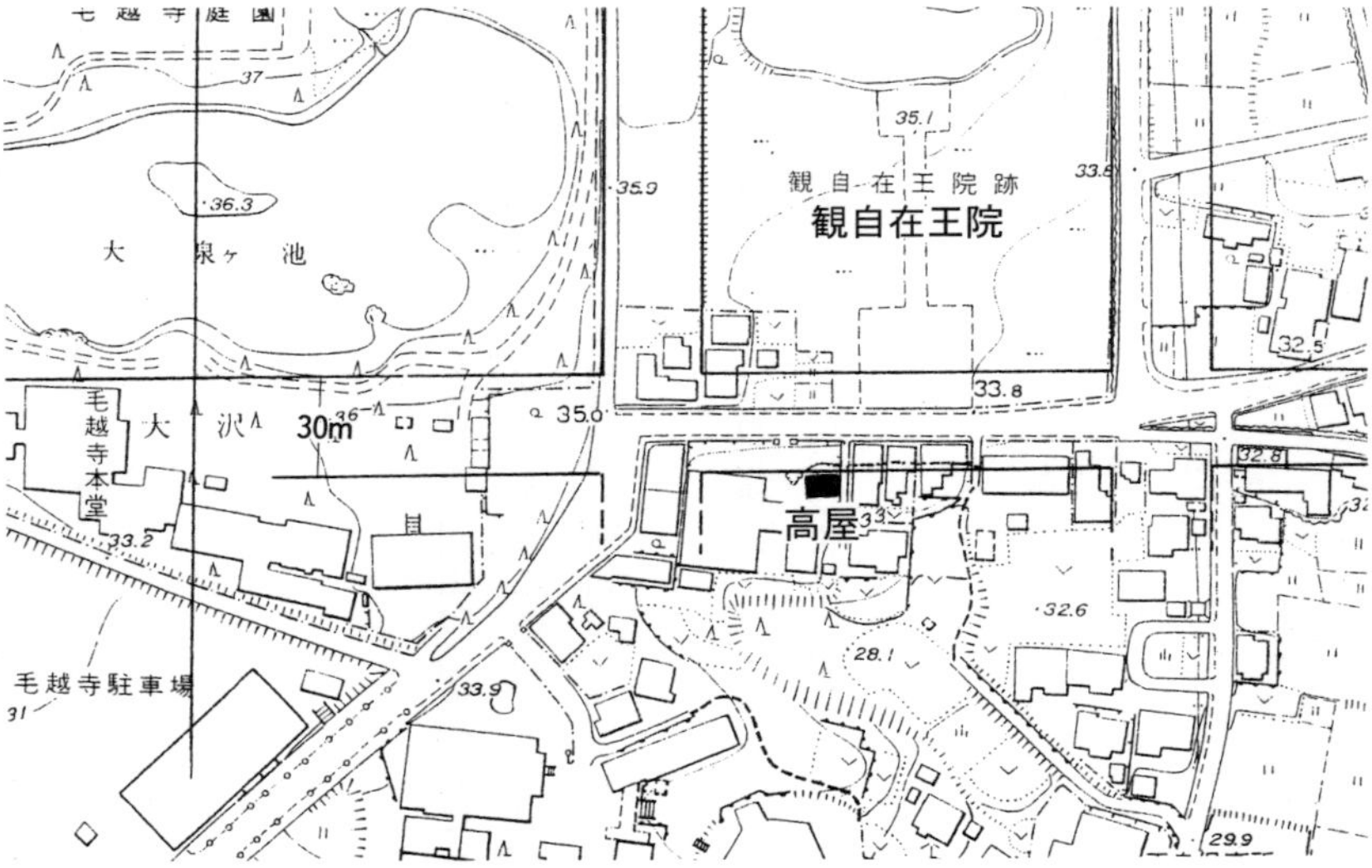

第４図　秀衡前半の毛越寺付近

(2)毛越寺

前述のとおり鎌倉へ向った頼朝が達谷窟を見ていることから、毛越寺付近から南に向かう道があったことは間違いない。現県道を南から毛越寺方面に向かうと低湿地が広がり、その先の一段高い部分に毛越寺が位置することが分かる。その丘陵端部には東西大路が広がり、その奥、築地塀の彼方に朱塗りの円隆寺が見えたはずである。

毛越寺は、北側と西側に山が迫っているため、当然、北と西からは見えない。築地塀に囲まれてはいるが、寺院が南面していることから、南方向を意識していることは疑いないだろう。また基衡は、毛越寺近隣を京都の地割同様に整備した。もはや毛越寺が、平泉の顔ともいうべき南の玄関口であることには、異論あるまい。そのため頼朝も寺領安堵の「壁書」を南大門に掲げたのである。

清衡期には、南からの人を最初に迎える寺院は、鎮護国家大伽藍だったのが、基衡期には毛越寺へと変化することになる。しかし基衡は、志半ばで頓死した。毛越寺最後の寺院である嘉勝寺建立は、秀衡に引き継がれている。毛越寺南の東西大路が20㍍幅から30㍍幅に拡幅されていることが判明しているが、都市の根幹に関わるようなこの大変革は、嘉勝寺が完成したのちの毛越寺の落慶しか考えられない。

(3)無量光院

無量光院周辺には、北に並べて平泉館、東門の一郭に加羅御所が配置されていたと、『吾妻鏡』は伝える。無量光院は持仏堂が進化した仮想の極楽浄土、平泉館は政庁、加羅御所は常の住まい兼この世からの極楽の遥拝所であった。本来この三施設は、館内にあったものが機能分化したと考えられ、三点セットともいわれている［入間田 二〇〇三］。

無量光院以外の位置は判然としないものの、三施設が相互に密接な関わりを持っていたことには、論を要しないだろう。毛越寺付近が南からの玄関口であり、倉町などが営まれ活気に溢れていたのに比較すると、無量光院付近は秀

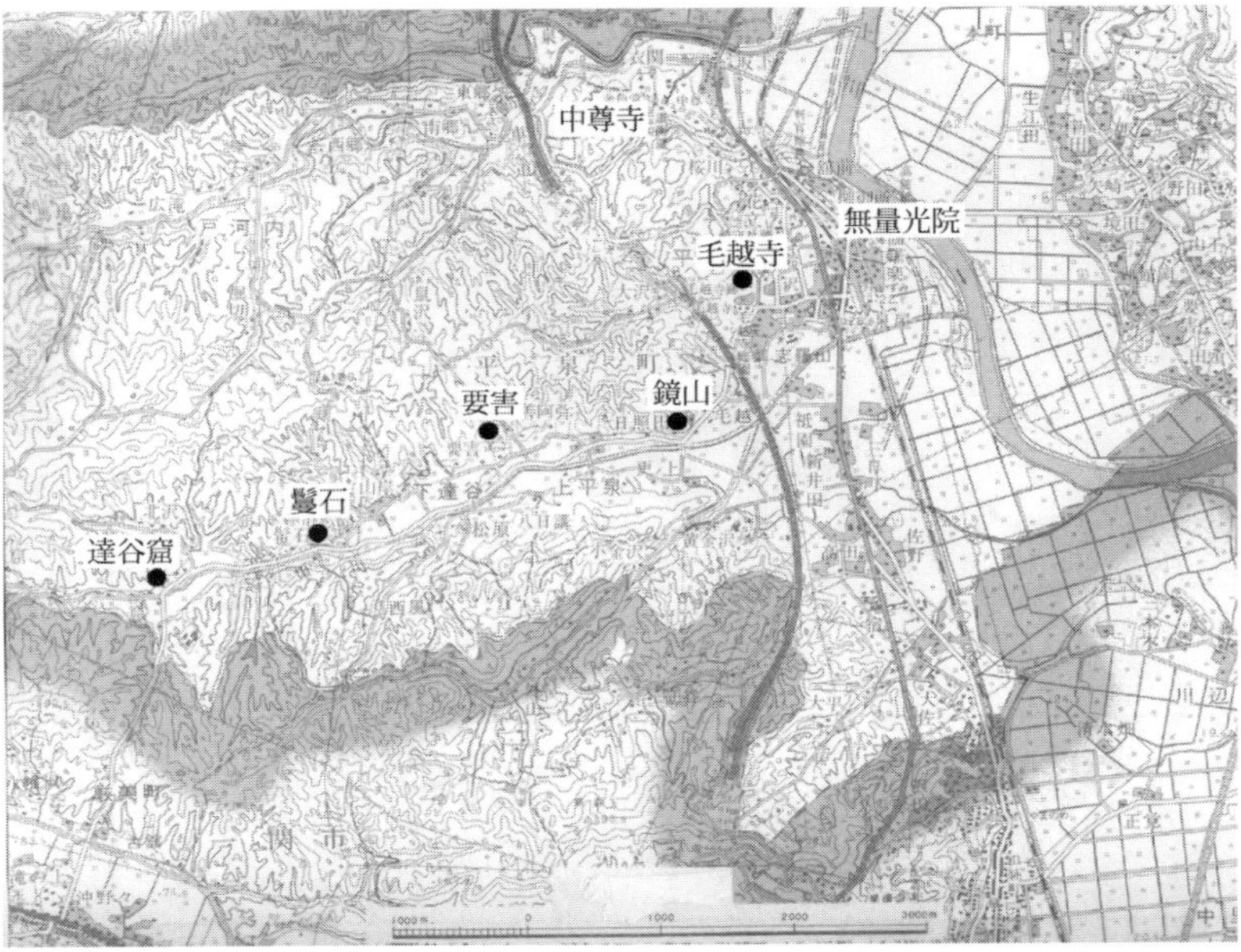

第５図　沿道沿いに点在する宗教施設

衡期の平泉の政治的中枢部分であったといえる。

（４）達谷窟

毛越寺から達谷窟の間で、現道が確実に平安時代の道を踏襲していると考えることができる部分が数箇所ある。鏡山と鬘石と達谷窟付近である。この三箇所ともに太田川と丘陵が接しており、現道部分しか通れない。大筋で毛越寺から南下した道は、鏡山部分で東西路に変化している。そしておそらくは山裾を通って西進し、達谷窟で道は再び南北路へと曲がっているのである。

達谷窟は寺社であるためいうに及ばないが、鏡山には経塚が営まれているし、鬘石とは神の憑代である磐座から崩落した巨石のことである。つまり街道沿いに宗教施設が点在していることになる。交差点に潜むという魔物を撃退する辻の祓いや、沖縄などに見られる行き止まりの道を払うために石敢塔を建てるような感覚に近いのかもしれない。街道沿いの要衝地に宗教施設は営まれ、寺院と同様にケガレや魔を払う役割を担っていたと考えられるのである。そして達谷窟で方向を南に変えた道沿いには、経塚が認めら

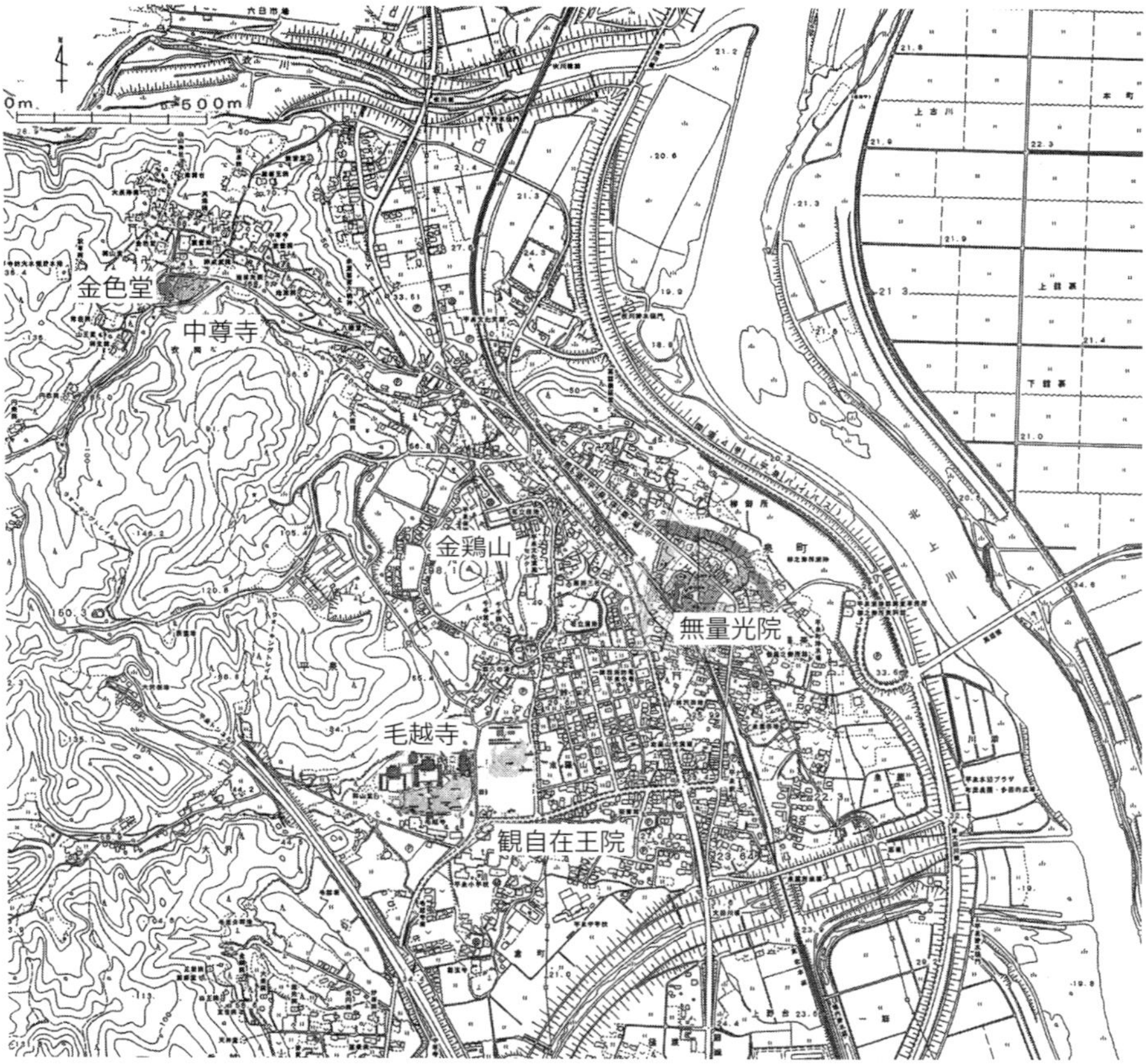

第６図　平泉内の寺院

れないことから、達谷窟は広義の平泉の西を限る大寺院だったと推定できる。その意味からは、玄関口に設けられた前記三寺院とも同様の意義を見出すことができよう。

3　小結

中尊寺は二階大堂建立まで、北を意識して造営されていた。『供養願文』に見える自らを「東夷の遠酋」「俘囚の上頭」と表現すること［大矢 二〇〇四］と相通ずる部分があるように感じる。そして鎮護国家大伽藍を建立し、南にも配慮するのである。正確なルートは判然としないが、北から来る人々は一基塔付近から中尊寺に入り、南からの人々が先に見たものは鎮護国家大伽藍であった。つまり北からの人々は慰霊のための霊場、南からの人々、すなわち京下りの貴族は平泉で最高の寺院を見、それぞれその高い文化力によって威に撃たれるのである。すぐれたバランス感覚で前九年・後三年合戦を生き抜いた清衡ならではの寺院配置といえる。

鎮護国家大伽藍は中尊寺の玄関口であったが、基衡の代になり都市の玄関口として毛越寺が造営され、付近の整備が行われた。京都の地割を平泉に再現したのである。高屋や倉町が造られ、毛越寺周辺は平泉一の賑わいをみせた。無量光院付近は、政治的な色が濃かったが、それでも川湊を要していることから、やはりそれなりの往来があったと思われる。

中尊寺は北と南、すなわち蝦夷と都人に配慮した寺院であったこと、毛越寺は中尊寺の都人への配慮をさらにデフォルメしたものであること、無量光院は両寺院とは異なり仮想の極楽のみを表している可能性を指摘できた。しかし各々が出入り口に位置していること、また達谷窟の立地の検討から、平安時代は道を通ってくると信じられていた魔物や疫病を撃退する力をも寺社に求めていたことは明らかである。毛越寺近隣に高屋が伴っていたのは、宝物のもつ霊力によってそれらを廃除する効果をも期待した可能性もある。

平泉における寺院とは、その宗教的な力もさることながら、多分に政治的な意味合いを有していた。初代清衡は、前九年・後三年合戦によって失われた秩序を、仏教によって回復しようとしたのであるから、当たり前のことである。清衡が造営した中尊寺は、蝦夷に威を放ち、都人には恭順の意を示した。それが基衡の頃になると、院政の極みともいえる鳥羽白河にあった法勝寺を再現し、京都に対する気遣いが失われたようにも感じる。そして秀衡の代には、秀衡の個人の往生を願う無量光院を建立する。平泉の寺院には、藤原氏の成長の様子が如実に現れているのである。

第2章　中尊寺の考古学

はじめに

中尊寺に考古学という研究手法が持ち込まれたのは、昭和二八年（一九五三）のことであり、現在までの六〇年を超す期間に九〇回ほどに及ぶ調査がなされた［及川 二〇一二］。しかしながら多くの学問に共通することだが、現代の科学の進展に伴う深化の速度はすさまじく、成果の見直しを迫られる事態に直面することも少なくない。そのような場合に考古学は、出土遺物の実測図や検出遺構の平面図や断面図等の情報が普遍的な形で作成され、報告書という形で残しているため、検証を行うことは可能である（第1図）。

本章では、中尊寺において過去に行われた発掘調査の

第１図　中尊寺の調査区位置図

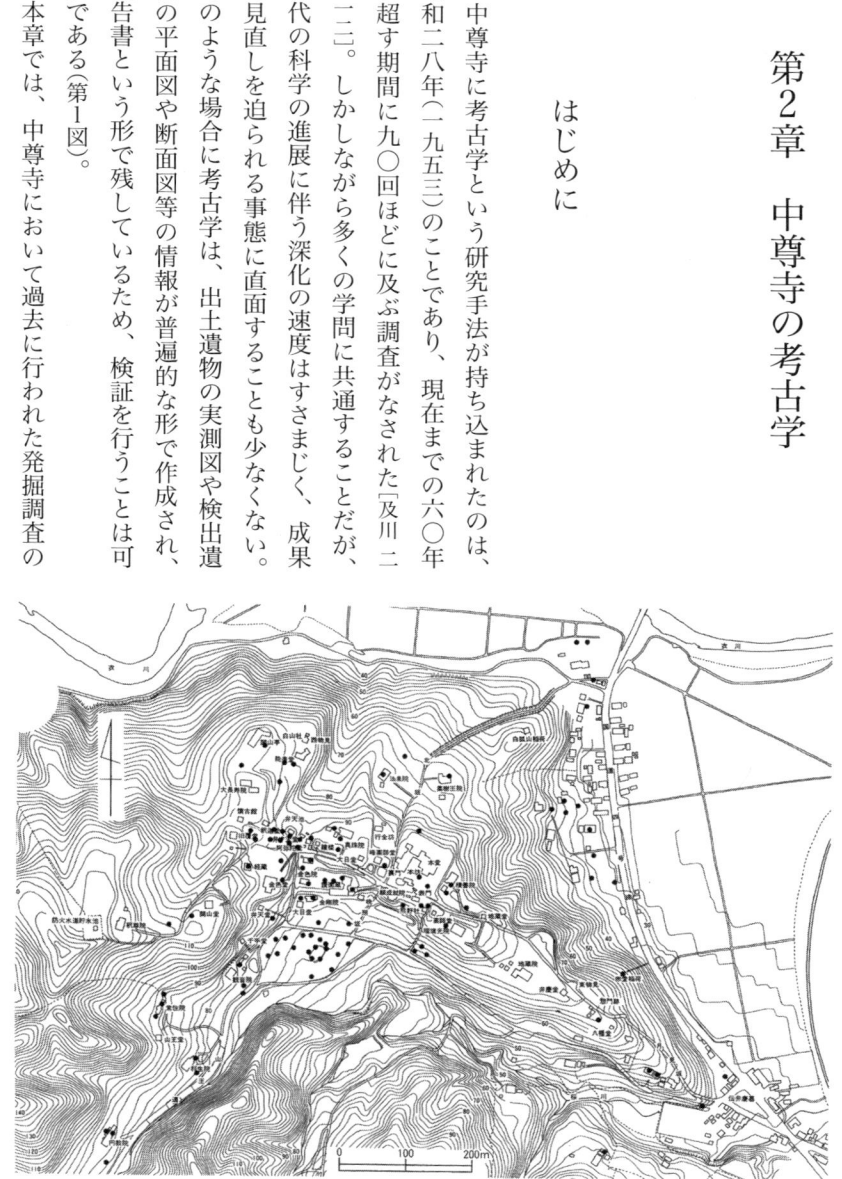

記録を読み解き、その成果を現在の考古学によって再検討し、中尊寺の考古学研究を進めることを目的とする。なお、あえて断らない限り図面などの発掘調査成果は、『中尊寺発掘調査の記録』〔中尊寺 一九七八〕、『平泉建築文化研究』〔藤島 一九九五〕、『中尊寺所蔵の出土遺物整理報告書』〔中尊寺 二〇〇〇〕、『中尊寺仏教文化研究所論集』第3号〔中尊寺 二〇一二〕から引用したものである。

1　記録に見える中尊寺

掲載文献は、文献史学研究の中で史料批判が行われ、評価を得ているもののみとし、なおかつ読み下し文か現代文とする。

(1)『供養願文』〔大矢 二〇〇四〕

敬白

建立供養し奉る、鎮護国家大伽藍一区のこと。

三間四面桧皮葺堂一宇(左右の廊二十二間在り)~中略~

三重の塔婆三基。~中略~

二階瓦葺の経蔵一宇

納め奉る、金銀泥一切経一部~中略~

二階の鐘楼一宇

二十鈞の洪鐘一口を懸く。~中略~

大門三宇
築垣三面
反橋一道(二十一間)
斜橋一道(十間)
龍頭鷁首の画船二隻〜中略〜
天治三年(一一二六)三月二十四日〜後略

(2)『吾妻鏡』文治五年(一一八九)九月十日条[五味ほか 二〇〇八]
前略〜

今日、奥州の関山中尊寺の経蔵別当である大法師心蓮が二品(源頼朝)の御宿所に参上し、嘆き訴えた。当寺の経蔵をはじめとする仏閣・塔婆は〜中略〜経蔵には金銀泥行交りの一切経が納めてあり、霊験あらたかな霊場です。〜後略。

(3)『吾妻鏡』文治五年(一一八九)九月十七日条[五味ほか 二〇〇八]
前略〜
一、関山中尊寺の事。
寺塔は四十余宇、禅坊は三百余宇である。

清衡が六郡を支配した最初にこれを草創した。まず白河関より外浜まで二十余ヵ日の行程であるが、その道の一町ごとに傘卒塔婆を立て、その正面に金色の阿弥陀像を描いた。当国の中心を計って、山の頂上に一基の塔を立てた。また寺院の中央には多宝寺があり、釈迦・多宝像を左右に安置した。その中間に関路を通して旅人の往還の道とした。次に釈迦堂には百余体の金色の仏像を安置した。すなわち釈迦像である。次に両界堂の(金剛界・胎蔵界の)両部の諸尊はすべて木像で、皆金色である。次に二階大堂(大長寿院と称する。高さ五丈。本尊は三丈の金色の阿弥陀像。脇侍は九体で、同じ丈六である)。次に金色堂(天井・床や四壁、内陣はすべて金色である。堂内には三つの壇を構え、ことごとく螺鈿の装飾を施してある。阿弥陀三尊・二天・六地蔵は、定朝が造った)。鎮守は、南方には日吉社を崇敬し、北方には白山宮を勧請した。このほか宋本一切経蔵、内外陣の荘厳、数宇の楼閣は、報告できないほど多い。～後略。

2　記録の整理

『供養願文』には、考古学で確認できるものとして、二十二間の翼廊が付く三間四面檜皮葺堂、三重塔三基、金銀泥一切経を納めた二階建瓦葺経蔵、三百kg超の梵鐘を懸けた二階建鐘楼、三面の築地塀に伴う門三基、二十一間の反橋と十間の斜橋、龍頭鷁首船二隻が記されている。二つの橋と二隻の船があるので、中島を有し船を浮かべることができる深い園池を伴い、三方を築地塀で囲まれている広大なひとまとまりの伽藍を指していることから、現在の中尊寺の主要堂エリアには存在しないことは疑いない。

対して『吾妻鏡』には、金銀泥行交じりの一切経蔵、四十寺塔、三百禅坊、傘卒塔婆、山頂の一基塔、多宝塔、百体釈迦堂、両界堂、高さ五丈の二階大堂、金色堂、日吉社、白山宮、宋本一切経蔵が記されている。

前章でも指摘したとおり、一基塔の正確な位置はわかっていないが、山頂にとあるので関山丘陵の高位部分付近にあったとみるべきであろう。仮に現釈尊院付近にあったとして、この塔は北側からはよく見えるが、南に位置する毛越寺からはまったく見えない。

一段下がった部分に二階大堂や金色堂が建っていた。金色堂北側は、当時は三重の池が広がる儀礼空間だったのである。二階大堂は、高さが15㍍もあり内部に九体の丈六阿弥陀如来像を安置した高層大規模建築であった。この平泉最大級の寺院も、北側と東側の一部からしか見えない。

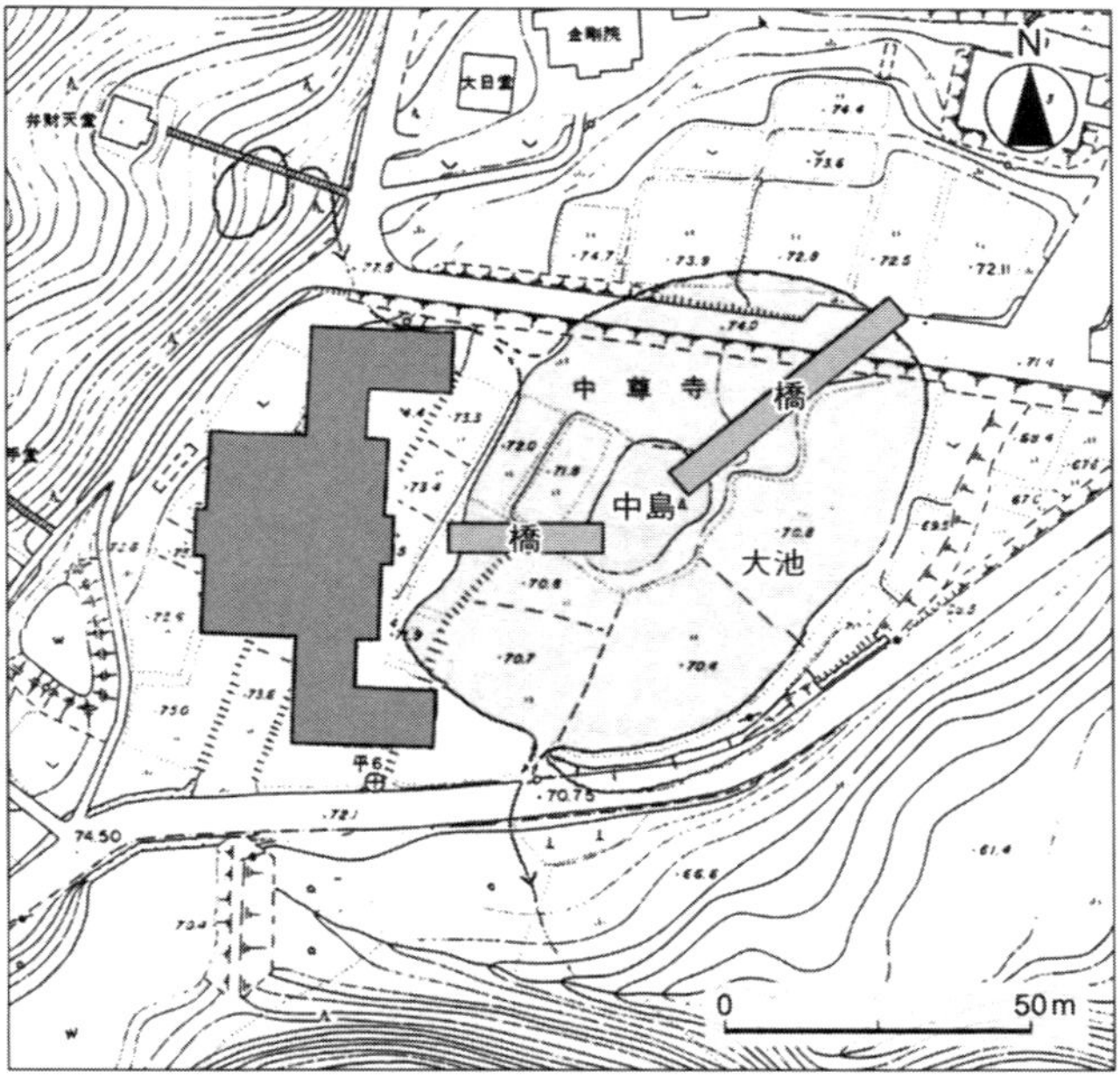

第２図　鎮護国家大伽藍推定図（冨島 2007）

清衡の最後の仕事が、鎮護国家大伽藍一区の造営である。この伽藍については、中尊寺伝大池付近が有力視されつつも、毛越寺説が唱えられていた。しかし現在は、毛越寺からの出土遺物の年代観が合致しないこと（次章参照）、発掘調査を再度行い伝大池が完成していたこと、スペース的にも伝大池周辺に大伽藍が収まることが判明し［冨島 二〇〇七］、また中尊寺文書に建武年間までに毛越寺とは別に、大伽藍が衰退変貌していく様子が描かれていることが明確になったことから［入間田 二〇一三］、現在は伝大池周辺しか想定できない（第２図）。

3　考古学の成果

中尊寺の発掘調査は、開発行為に伴う記録保存を前提とした緊急調査と、研究や整備を目的とした学術調査に分けられる。緊急調査に関しては、小規模なものが多く、また報告されていないものも少なくない。学術調査は、昭和は清衡創建伽藍の検出に主眼を置き、平成以降は大池跡の復元整備に向けたものといえる。前述したとおり、清衡が建立した中尊寺が三つのまとまりに分けられるため、それぞれの地区ごとに検討を進める。

(1) 山頂付近

一基塔が存在した場所として最も可能性が高いのが、釈尊院西側の山頂である。しかしながらこの付近での調査例はなく、近隣では釈尊院の庫裏改築に伴う第27次調査があるに過ぎない。この調査では、宗教関連遺跡にみられる方形周溝の一部を検出しており、一一六九年銘をもつ釈尊院五輪塔との関係も注目されるが、一辺が8㍍以上と長いことから経塚の周溝の方が蓋然性は高い。

(2) 金色堂周辺の平場（第3図）

考古学的にも確認された清衡建立の唯一の堂が金色堂であるが、その周辺には平場が多く展開する。金色堂の北側に伝金堂跡があるが、出土瓦からこの堂は、伊達氏建立の近世初頭のものであり、周辺から検出されている石敷き面は、三重の池跡に伴うものと考えられる。三重の池跡からの出土かわらけは、一二世紀初頭から平泉藤原氏滅亡期までのものであることから、藤原氏以後には三重の池は機能を停止していた。

能舞台付近に広がる伝多宝寺跡の径1メートルを超す礎石は、4.2メートルという柱間、周辺の平場の面積を勘案すると、先学も指摘するとおり、二階大堂のものとしか考えられない〔藤島 一九九五〕。ただし棟方向は、南北棟と考えるのが一

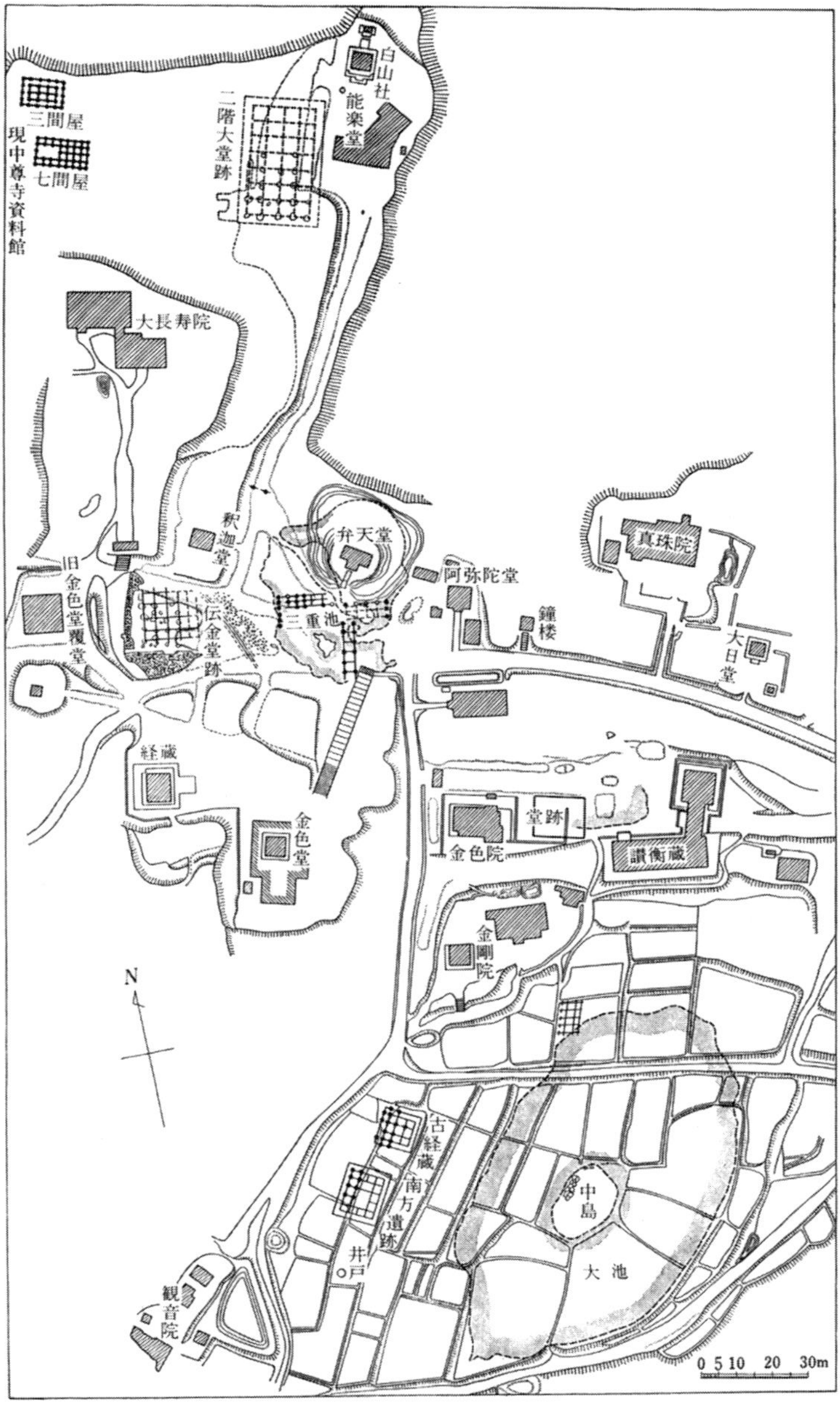

第3図　中尊寺主要遺構配置図（藤島 1995）

般的だが、後述するように十体阿弥陀堂だったとすると南北に余地がないことから東西棟という説もある。

現関山亭の調査では、2棟の掘立柱建物跡が検出されているが、建物形式から鎌倉期のものである。鎌倉前期のかわらけや青白磁が出土しているし、多数出土している渡来銭の年代も矛盾しない。

金色堂周辺には、旧覆堂が建つ平場などがあることから、この付近に両界堂などがあった可能性がある。また現在の大長寿院周辺には、堀と土塁が観察されるが、その堀は金色堂の改札付近で方向を変え、現讃衡蔵の下を東に走る。覆土に九一五年に降下した十和田a火山灰が含まれていたため、清衡以前の中尊寺を検討する糸口になる。

(3) 伝大池跡周辺(第4図)

未完成とされていた伝大池であったが[中尊寺 一九七八]、平泉町教育委員会の調査によって完成していたことが確認されている[平泉町教委 一九九九a]。庭園が完成していたとなれば、伽藍が存在しないはずはなく、この規模の池に相応なのは、鎮護国家大伽藍一区しかない。

一二世紀第1四半期に完成した池は、東西約60㍍・南北約120㍍・深さ70㌢ほどの規模を有するが、一二世紀後半には北側が埋め戻され、規模が縮小されている。金色堂の南側にある按察使清水と呼ばれる湧水が水源と考えられるが、南側に現在も溜池があることからこちらからの流入も想定できる。

西側の高位部分から2棟の礎石建物跡の一部が検出されている。伝古経蔵跡は、三間四面堂で火災を受けていた。西側は砂岩質の地山、東側は腐植土上に遺跡が展開していたといい、基壇は確認されていない。南側の伝古経蔵南方遺跡は、礎石抜き取り痕跡の一部を検出したに過ぎず、全容は不明である。この遺跡では、基壇と考えられる版築層を検出しているが、その範囲外から発見された石組井戸も、覆土の様相から同時期としている。石組井戸は、全国の発見事例から、中世後半からしか出現しないものである(第II部第2章参照)。

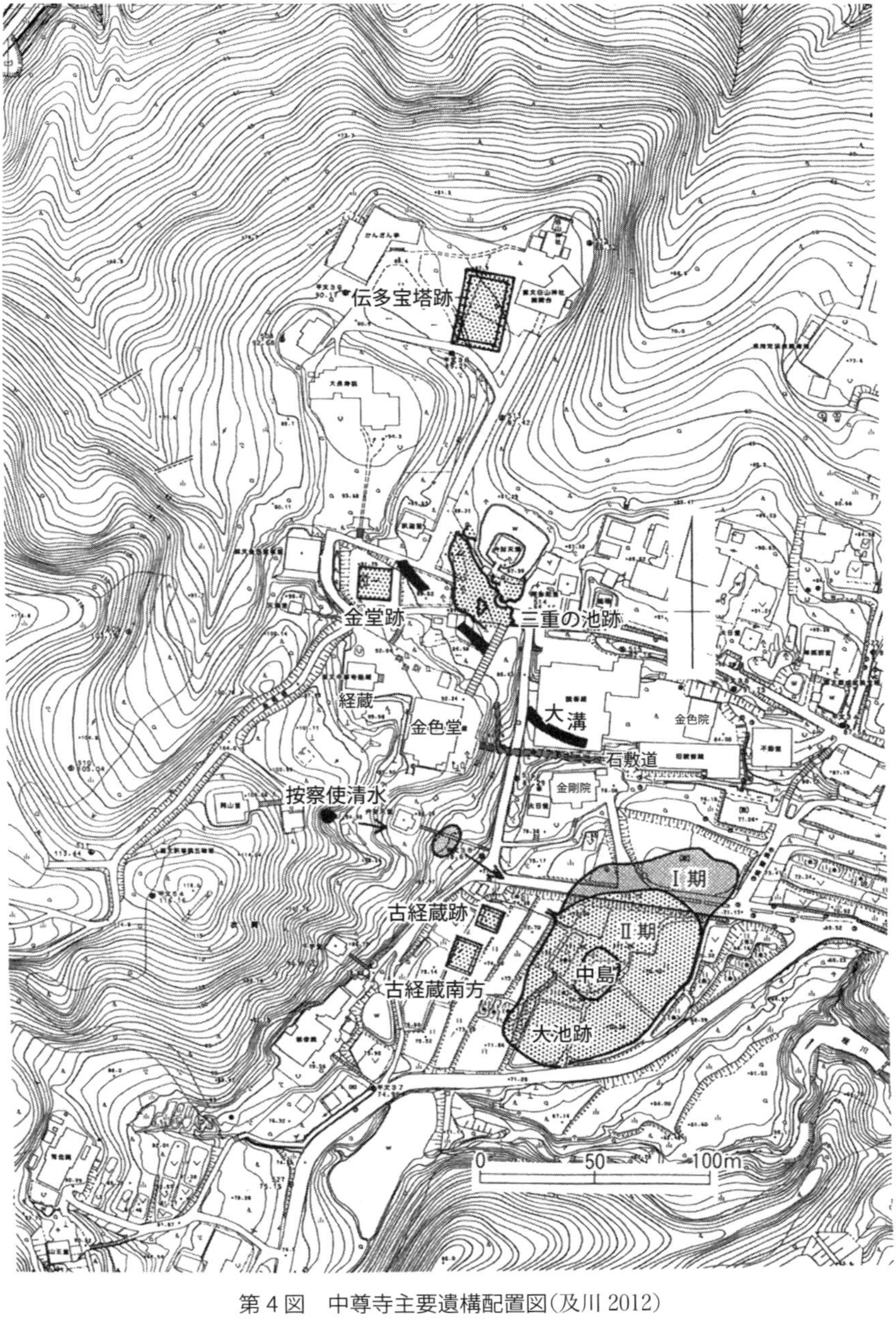

第４図　中尊寺主要遺構配置図(及川 2012)

周囲からは、一二世紀中葉に登場する折り曲げ技法によって制作された三つ巴剣頭文や連珠文の陽刻や陰刻の瓦が出土しているが、文様構成からともに一二世紀後半を遡るものではない。つまり一二世紀前半の瓦が発見されないことから、二階瓦葺経蔵は金色堂と同様の木瓦葺きだったと推定され、それが一二世紀後半に腐朽したことにより、出土している瓦による棟のみの甍葺きに改築されたと考えている。また一四世紀前半の龍泉窯系青磁や古瀬戸なども出土しており、中世後半の陶磁器が出土しているのは伝大池周辺のみである、と評価されている［中尊寺 二〇〇〇］。

幅2㍍ほどの東西に走る石敷き道が、金色院と金剛院の間の第51次調査区から検出されているが、連続する道跡が200㍍東側の第62次調査区でも発見されており、金色堂へ続くと推定されている。道路は、維持管理が常に必要なものであることから、管理者がいなければ存続はできないし、何かと何かを結ぶ目的を持っている。大規模な道路は、荷駄や馬による物資の流通を目的とすることから、それらが通れるように社会全体で管理した。ところが人だけが通るのであれば、人はどこにでも行けるので、道を造る必要はない。それをあえて、しかも石まで敷いて整備しているということは、まっすぐに金色堂へ参拝するための意図をもった道、すなわち参道としか考えられない。一二世紀に造られたこの道は、一三世紀には廃絶し、近世初頭に復活し近年まで使われていたという［及川 二〇一二］。

現在の月見坂のように荷駄が通行できる規模の道が参道を兼ねる例は多いが、全国的に見ても人のみしか通れない一二世紀の参道の発見例がほとんどないこと、また中尊寺境内でも他に検出されないことからも、中尊寺一山において金色堂が特異な存在であったことが、この一例からもうかがえる。

後三年合戦（一〇八三～一〇八七）で滅ぼされた清原氏関連遺跡である陣館遺跡でも同様に、山頂に設けられた大型建物の正面に向かう幅1.2㍍ほどの参道が検出されており（第5図）、建物の東側の崖付近から、階段状の遺構が見つかっている［横手市教委 二〇一六］。清原氏の遺児ともいうべき清衡が建立した金色堂の正面の崖には、階段が設けられていた可能性が高い。

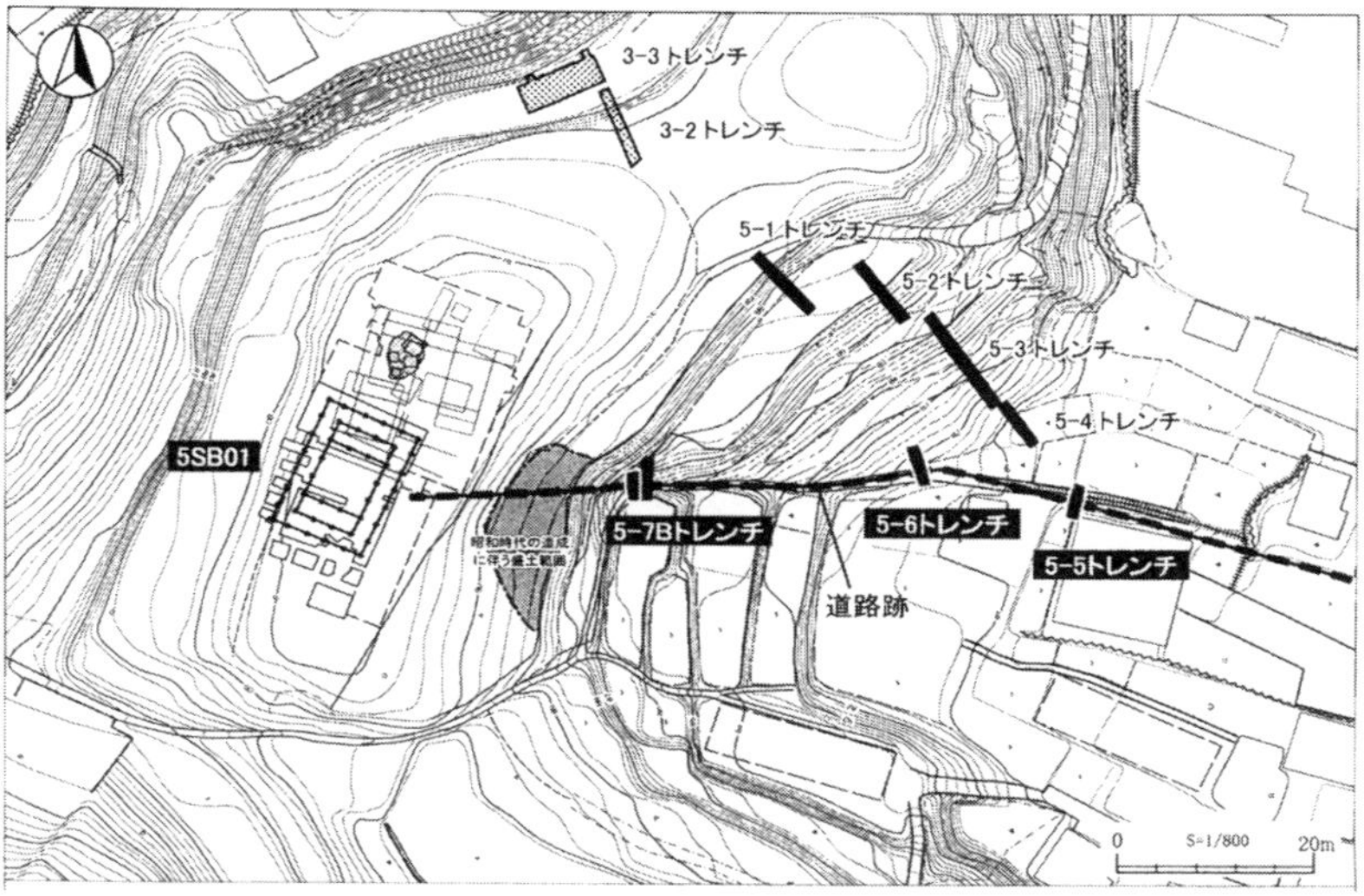

第5図　陣館遺跡の参道（横手市教委 2016）

4　考　察

（1）寺院配置

先にも述べたように中尊寺一基塔は、清衡の意思表示でもあったため、周辺から見える関山の高位部分に建てられていたと考えていたが、現大長寿院周辺との説もある。[1] その一段下に平坦地を設け二階大堂と金色堂などを建立し、さらに低い伝大池付近に鎮護国家大伽藍一区を設けた。中尊寺造営が高位から低位に向って行われたことは、ある程度の土地利用計画をもっていた証左である。

中尊寺は関山丘陵という高位部分に設けられていたが、その堂塔で都市部である平坦地から望むことができるものは少なかった。他の堂塔も見えた可能性もあるが、北から見た場合の一基塔と二階大堂、東から見た時の金色堂ぐらいだろう。つまり中尊寺は、南からはまったく見えないのである（第6図）。

中尊寺や毛越寺が交通の要衝地に設けられていることは、すでに先学の指摘するところであるが、さらに一歩踏み込め

第6図　北から見た中尊寺（CG復元）

ば中尊寺の場合、二階大堂建立までは北を強く意識して造営されたと考えられる。そののち南側部分に鎮護国家大伽藍一区を築くのであるが、南で低いということは、南からすなわち京都から来る人間が最初に目にするのが、清衡期には鎮護国家大伽藍一区だったということになる。清衡が建立した当初の中尊寺には、北に対しては威を放ち、南に対しては恭順の意を示すという政治的な意図があったと推定している（前章参照）。

清衡の時期には、平泉館である柳之御所遺跡付近のみが開発されているに過ぎず、都市部はいまだ形成されていない。その後、二代基衡（?〜一一五七）の前半段階に翼廊付花立廃寺が営まれ、後半になると毛越寺が造営されている［八重樫 二〇一三a］。さらに三代秀衡（一一二二〜一一八七）の治世に東側に嘉勝寺が建てられ毛越寺が拡張された［八重樫 二〇一三a］。このように考古学によって確認された伽藍の造営をみれば明らかなとおり、翼廊付伽藍は奥大道と推定される南北路に沿って、都市の広がりとともに南進するように造られている。すなわち翼廊付伽藍は、清衡の鎮護国家大伽藍同様、平泉においては、

第７図　最盛期の平泉

南からくる人に真っ先に見せるもの、または南を鎮護するものだったということがわかる。鎮護国家大伽藍と毛越寺が誤認するほどに類似しているのは、このためだったとも考えられる。また伝大池跡が、一二世紀後半に北側を埋め戻し、規模が縮小しているのは、毛越寺の建立により鎮護国家大伽藍の意味合いが変化したことのよるものである可能性が高い。

これらに対し無量光院は、秀衡の持仏堂的性格が強く、金鶏山との位置関係からも、西方極楽浄土にある宝楼殿舎という宮殿をこの世に再現したものといえる［八重樫 二〇一五b］。つまり鎮護国家大伽藍から毛越寺までの伽藍とは、まったく性格が異なるのである（第7図）。

（2）各寺院

一基塔と多宝寺の位置は、山頂付近と考えられるものの不明である。ただし一基塔に関しては、興味深い情報がある。岩手県北上市の国見山廃寺跡は、一〇世紀から一一世紀にかけて隆盛するものの、一二世紀初頭に急速に衰退することから、安倍氏、清原氏と藤原清衡が関わっていたとされる［北上市教委 二〇〇三］。そして国見山廃寺跡の五重塔とも推定されている塔は、倒壊や火災の痕跡もなく、消えているというのである。塔は移築されることもあることから、清衡が江刺から館を平泉に移した後、中尊寺の造営に伴って塔を移築した可能性は、低くはないと考えている（第8図）。

第8図　国見山廃寺跡五重塔
（岩手県建築士会北上支部より引用）

二階大堂は、伝多宝寺跡であり、京都の浄瑠璃寺のような九体阿弥陀堂という復元が一般的だが［藤島 一九九五］、『吾妻鏡』にも『建武の言上状』［平泉町 一九八五］にも「脇侍九体」と明記されていることから［入間田 二〇一三］、左右がアンバランスになるが十体阿弥陀堂と考えざるを得ない［冨島 二〇〇七］。京文化そのものと考えられてきた平泉文化であるが、近年の研究により、京文化を咀嚼しかなりの独自性を有していたことが明らかになっているため［八重樫 二〇一二b］、前例がないからといって記録を読み替えてまで、あえて九体阿弥陀堂にこだわる必要はない。十体阿弥陀堂だとすれば、スペース的にも南北棟では収まらず、また北からの視角を意識していることは否めないため、東西棟に配置されていたと考えている（第9図）。

中尊寺には、現在の呼称でいえば金銀字交書一切経蔵、宋版一切経蔵があったことが、記録上確認できる。金字一切経は、元来は毛越寺にあったとも推定されているが［入間田 二〇一三］、金字一切経蔵が中尊寺内に存在した可能性もある。現経蔵は、すでに指摘されていることだが、元々は宋版一切経蔵であった［入間田 二〇一三］。それが下段の鎮護国家大伽藍一区に含まれている金銀泥一切経蔵が腐朽したため、鎌倉時代後半には両者を保管するに至る。ただし一切経は五三〇〇巻ほどになるので、現在の経蔵の規模では一切経一部だとしても三〇〇〇巻ほどは収蔵できなかった可能性が高い［中尊寺ほか 一九八六］。

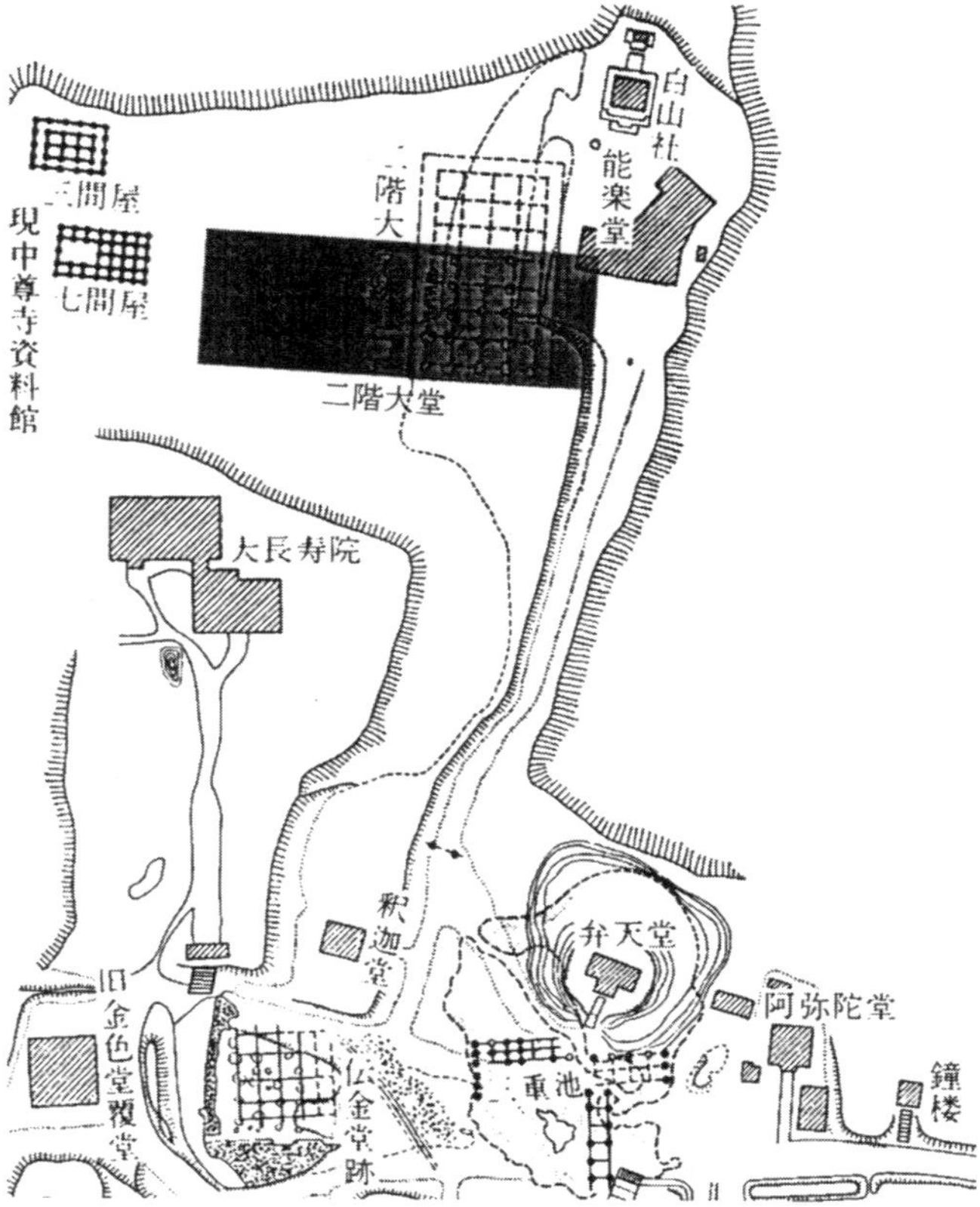

第9図　二階大堂配置想定図（冨島 2007）

つまり鎌倉時代の経蔵は、今の大きさではなかったことになる。現在の経蔵に改築されたのは、金銀字交書一切経が大量に持ち出された中世末以降のことと推定される。いずれ現経蔵は、原位置に宋版一切経蔵として建立されたため、金色堂とともに建武の大火（一三三七年）を免れ、金字一切経を含めた三部の一切経を現在に伝えることになったのである。

（3）鎮護国家大伽藍一区

その建武の大火で確実に焼亡したものが、鎮護国家大伽藍一区に含まれていた二階建鐘楼であった。そのことは、現在の中尊寺鐘に刻まれた文章から読み取れる［平泉町 一九八五］。中尊寺の窮状を訴えた『建武の言上状』が出されたのが一三三四年、南朝の大将軍北畠顕家によって『供養願文』が筆写されたのが一三三六年、その翌年に建武の大火があり、中尊寺は大半の堂塔を失った。その後、中尊寺鐘は、北朝の鎮将石塔義房によって一三四三年に造られている。つまり建武の大火は、南北朝の動乱に巻き込まれて、兵火に遭ったものと考えるのが一般的であろう。

建武の大火は、金色堂と経蔵が焼失しなかったことから、鎮護国家大伽藍一区を中心とした地区が起こったものということができる。本堂にあたる三間四面檜皮葺堂は、文献史学研究から、『吾妻鏡』にみえる百体釈迦堂であると指摘されているが［入間田 二〇一三］、腐朽のため金銀字交書一切経は持ち出され、内部は空だった二階瓦葺経蔵、三重の塔婆、築垣など、建武の大火はすべてを焼き尽くしたのである。

その後、石塔氏によって梵鐘が鋳造された。おそらく火災によって溶解した元の梵鐘の銅が残っていたからであり、それを保管できるのは中尊寺僧侶をおいて他にない。つまり石塔氏による改鋳は、中尊寺僧侶の申し出によるものなのである。

当然のこと石塔氏は、鐘楼を建立したのは間違いないが、建武年間から窮状を訴え続けた中尊寺僧侶を前にして、

第10図　厚真町オニキシベ２遺跡出土の刀

鐘楼のみというのはあり得ないだろう。すでに指摘されているが、規模はともかくとして本堂も再建されたと考えるべきである［入間田二〇一三］。そしてその位置は、焼亡した鎮護国家大伽藍一区があった伝大池周辺しか想定できない。

　繰り返しになるが、中世後半の陶磁器がまとまって出土しているのは、伝古経蔵跡とその南方遺跡であり、さらに中世後半に出現する石組井戸も検出されている。伝大池跡西部から検出された二棟の礎石建物跡は、焼亡した鎮護国家大伽藍一区の礎石を原位置のまま再利用または移動し、石塔氏によって建築された本堂と鐘楼である。

　伝古経蔵跡から検出された砂岩質の地山は、西側にそびえる山の裾野の岩盤であることから、さらに深部から遺跡が発見されることはあり得ない。つまりこの付近にまで百体釈迦堂が及んでいたとするならば、伝古経蔵跡と重複しているとしか考えられないし、東側に広がる腐植土付近から展開していたとすれば、その中に眠っている可能性もある。

おわりに

　以上のように中尊寺は、記録に見える寺塔をほとんど解明できていない。多宝寺や両界堂に至っては、推測も及ばないという状況にある。そのため、現在において唯一行われている伝大池跡の調査には、大きな期待を寄せている。

近年、北海道伊達市オヤコツ遺跡から、金色堂清衡棺内遺物である金七つ金と銀七つ金と類似した銅製品が出土していることが明らかになっている〔竹田他 一九九三〕。これらは平泉と同時期のもので、ガラス玉とともにタマサイと呼ばれるネックレス状の呪術用の首飾りに使用されていたものである。

また、北海道では、エゾ刀と通称される刀が多数出土するが、その形態は日本刀に比べて幅広くナカゴが短いという特徴を有し、清衡棺から発見された刀と酷似している（第10図）〔厚真町教委 二〇一二〕。新たな考古学的な知見を得ることが難しい以上、このような遺物との比較検討を行うことで、中尊寺の謎を少しでも解き明かしていきたいと考えている。

（1） 入間田宣夫氏のご教示。

第3章　毛越寺跡の考古学

1　境内の概要

本来の毛越寺境内は、東西約280㍍、南北約180㍍のおおよそ長方形を呈す。北東側の弁天池との境と東側と南側は、土塁状の高まりによって区切られている。北西側には塔山の山裾が迫り、西側は沢状の地形が限る。出入り口としては、東側の土塁状の高まりには東門が、南側には礎石が完存する南大門がある。東門跡からは、西方向にクランクして走り、円隆寺東翼廊に接続する通路跡を検出している。

境内のほぼ中央南に、勾玉状の中島を有し、東西約180㍍、南北約60㍍を測る大泉が池がある。南大門跡から中島に伸びる橋跡、さらに中島から北岸に伸びる橋跡の橋脚が、池中に遺存している。大泉が池南東部分に出島石組、池中に立石石組、東に優美な曲線の洲浜、北東岸に小島と遣水、北西に入り江状遺構、南西に池尻と築山、さらに荒磯石組が残る。園池と中島の護岸は玉石敷きだが、池底は東から西に傾斜し基本的に玉石敷はない。

伽藍は園池北側に展開する。北東に常行堂跡と法華堂跡、北中央に円隆寺跡、その北西に講堂跡、さらに西に嘉勝寺跡がある。(1) 円隆寺跡と嘉勝寺跡は、両者ともに翼廊が付くなどほぼ同規模であるが、後者の翼廊端部は判然としていない。円隆寺跡の翼廊に挟まれた部分から、幢跡と推定される巨大柱穴が検出されている。

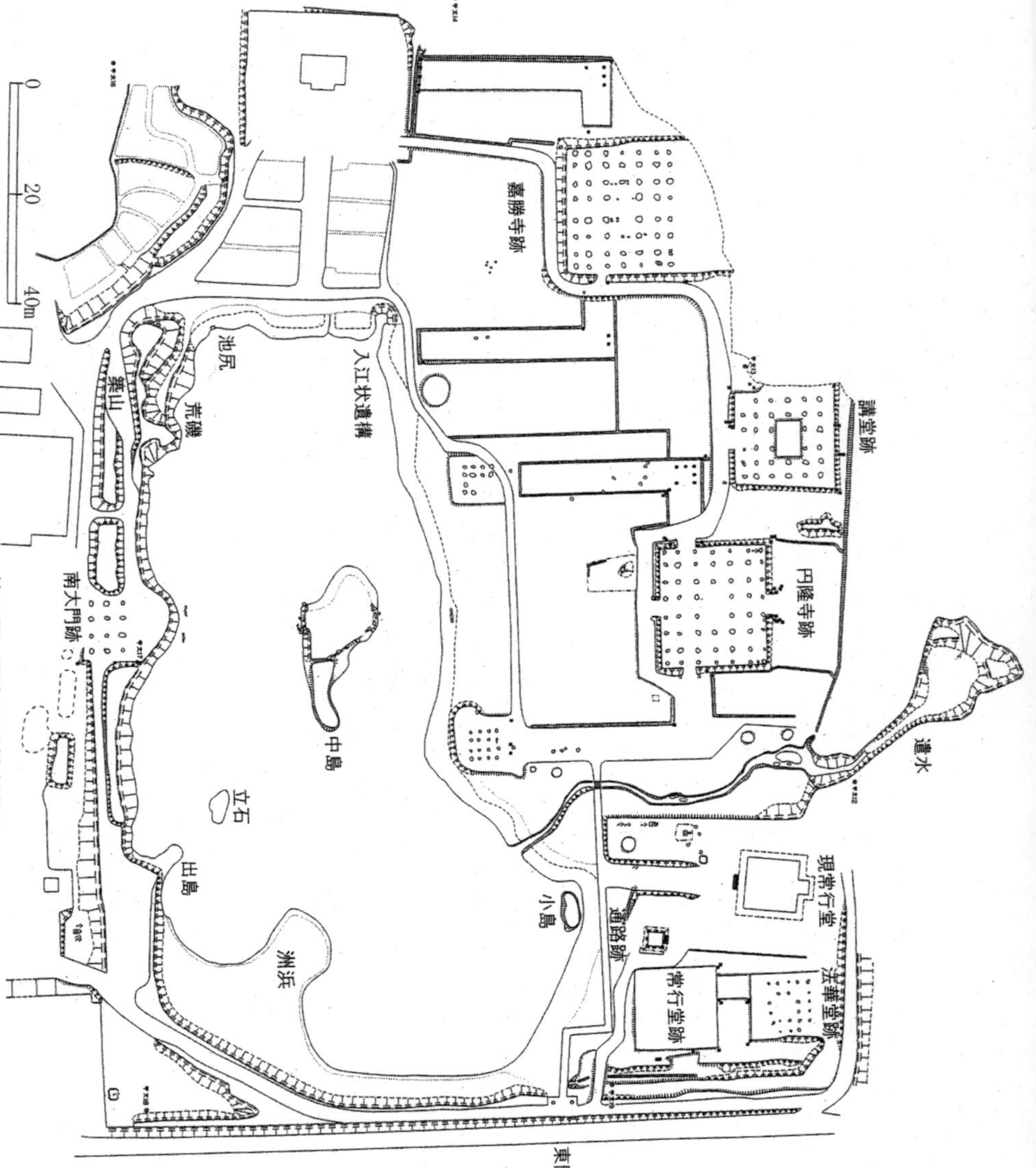

第1図 現在の毛越寺庭園

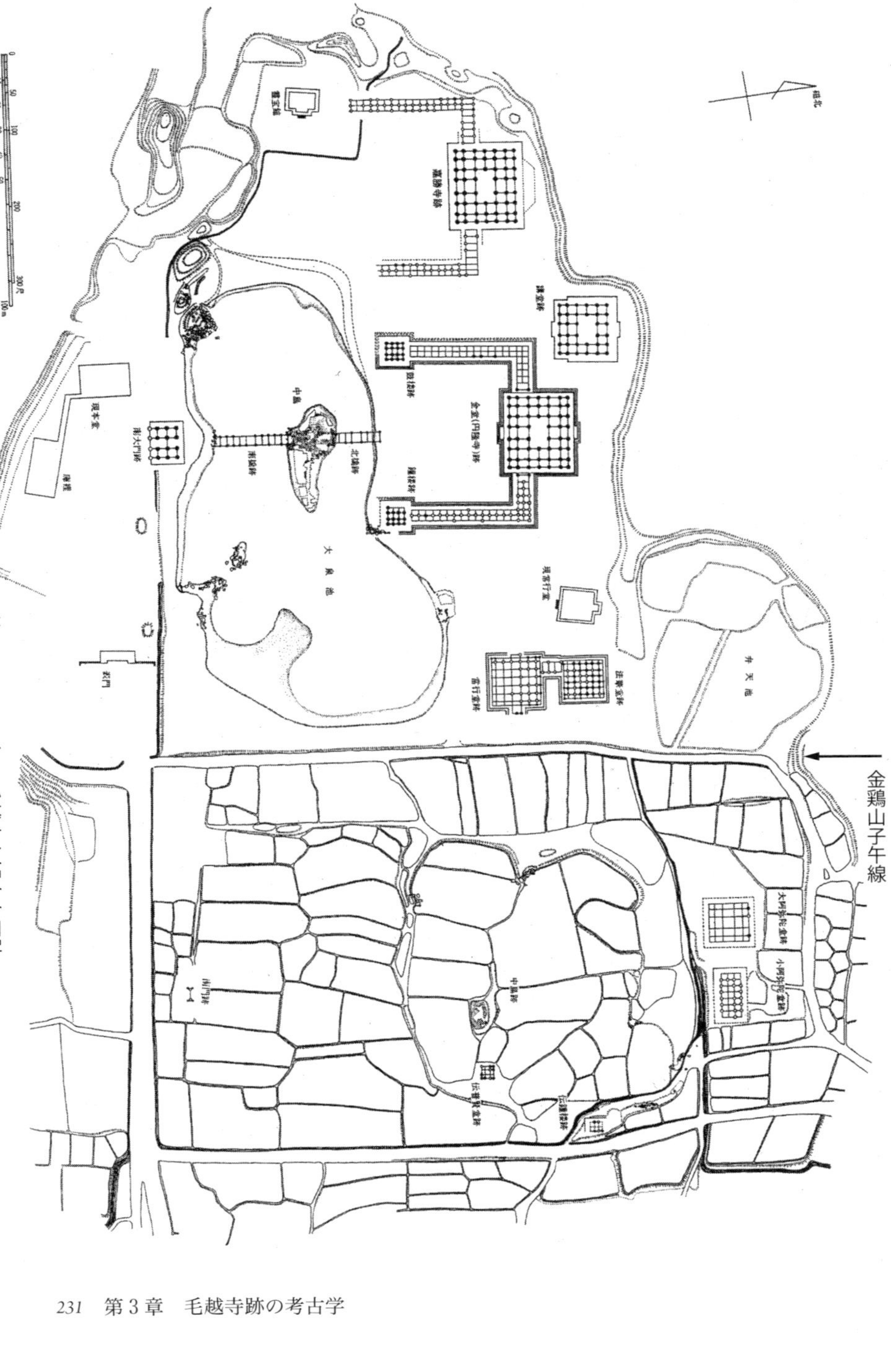

第2図　1961年の毛越寺と観自在王院

1　発掘調査結果

（1）伽藍など

円隆寺跡の翼廊の両側列は当初から礎石なのだが、中央列が掘立柱から礎石に変えられていることが分かっており、焼けた柱根から前期のものは焼失したと判断されている。同様の形態の嘉勝寺も類似した翼廊であるものの、新旧2時期は確認されていない。講堂跡は、前面孫庇列が円隆寺跡と柱筋を同一にすることから、同時計画の可能性が高い。法華堂跡と常行堂跡には、火災の痕跡が認められる。東門跡の袖柱は当初から礎石であるが、親柱は掘立柱だったものが、のちに礎石へ変化している。

嘉勝寺翼廊の南北部分は複廊であり、両側が礎石で中央列が掘立柱となっている。中央列が掘立柱なのは円隆寺と同様だが、異なる点は中央柱穴に建替えの痕跡が認められないことである。

柱穴の掘り方は、石敷き面を壊して掘られているのだが、その後に石が敷き直された形跡はなかった。つまり破壊した石敷きを直さなくとも良い場所だった、すなわち伽藍の下ということである。この状況から推測すると嘉勝寺翼廊は、完成していたと考えるのが妥当だろう。

繰り返しになるが嘉勝寺の翼廊中央列の柱穴に建替えの痕跡が認められず、さらにそれらは石敷き面を壊して造られている。同様に西側列の礎石も石敷き面の上に据えられていたことから、嘉勝寺翼廊が石敷き面構築よりも以後に造られたことは疑いようがない。対して円隆寺の翼廊では、石敷き面直上に礎石が置かれている箇所や、中央柱穴が石敷き面から掘り込まれているところはなかった。反復するが、石敷き面は雨落ち溝の外側から広がっているのである。つまり円隆寺翼廊が、石敷き面構築時に造られたもの、もしくはそれ以前であることは間違いない。以上の石敷

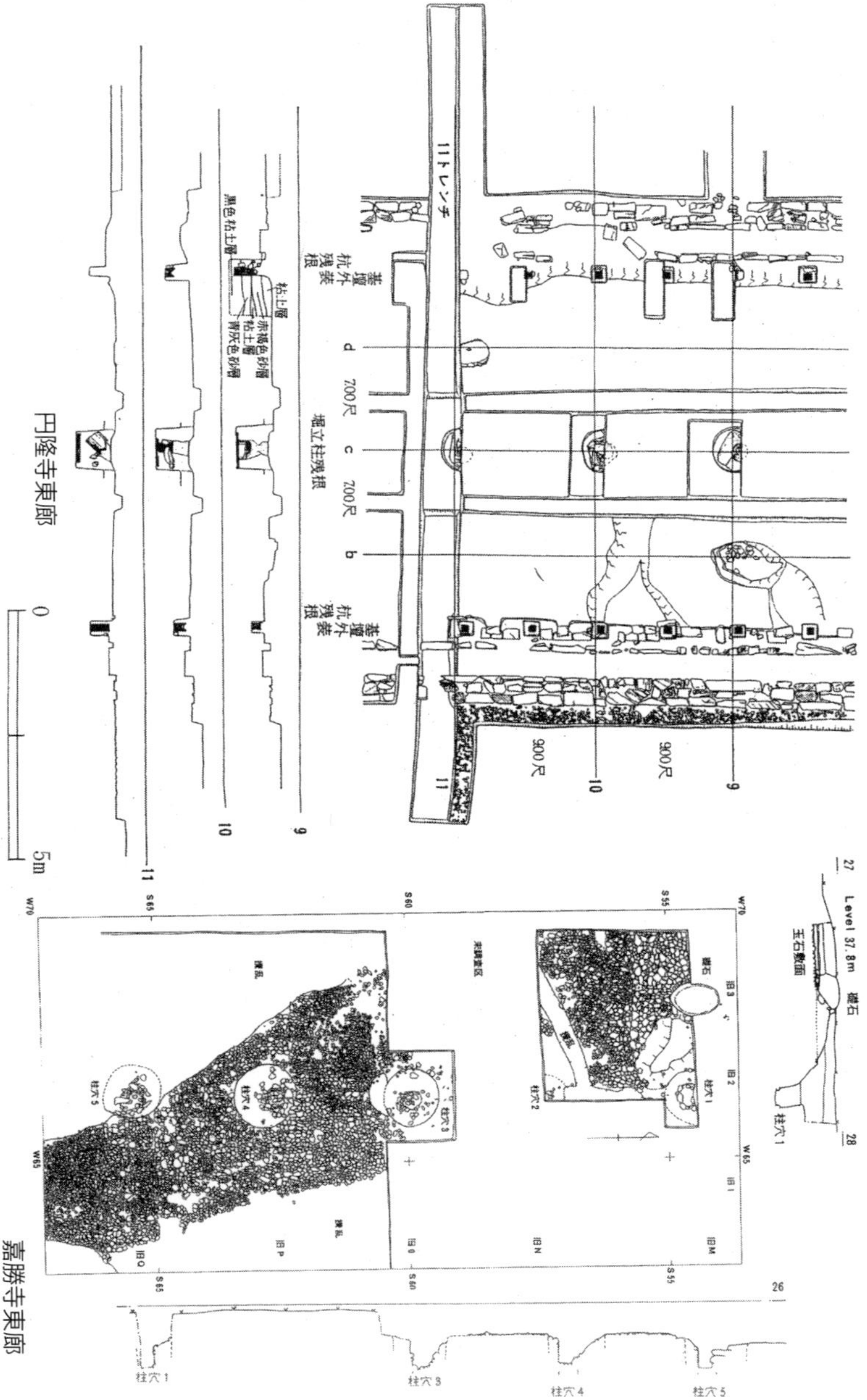

第3図　円隆寺と嘉勝寺の東廊の比較

き面との関係によって、円隆寺が造られたのちに嘉勝寺が設けられた、つまり円隆寺と嘉勝寺の建立に時間差があったことが明確になっている。

中島に架かっていた橋跡には、何箇所かであるが角材と丸材の二つの橋脚が確認される部分があることから、橋は新旧2時期あったと考えられる。角材橋脚が新しいと推定され、それは大面取りされているため、鎌倉時代を下らぬ時期であるという。

(2)通路跡

通路跡は東門跡から西に延びる。東門袖柱から西進、池汀線肩部と接触し、北側に方向を変える。そして再び西に向かい小島の北側部分で汀線肩部に接触し、さらに遣水を越え、やがて円隆寺の東廊に取り付く。通路跡は石敷き面と同じレベルに造られており、見切り縁石として径20センチほどの大きめの石が両側に並べられていた。縁石間は1・9メートルを測る。路面部分には目潰しの小砂利が敷かれていたようである。

発掘調査当時の報告書は何も伝えないが、この通路跡も新旧2時期あったことが整備報告書で指摘されている。すべての伽藍が正方位軸の境内地にあって、東西部分が唯一北に3度ほど振れている、縁石が2列になっている箇所が認められる、大泉が池汀線に接触している部分があることがその根拠であり、本来は正方位軸の通路であったものが若干北に移され、さらに汀線に食い込むような位置に変えられたのだという[3]。そしてその理由はこの部分の大泉が池の汀線が拡張されたためと推定されている。

(3)遣水跡

遣水跡には新旧は認められなかった。ただし円隆寺東廊の先端の雨落ち溝の落ち口には、ふさわしくない大規模な石組が設けられている。西廊の雨落ち溝の落ち口が暗渠になっていることからも不釣合いで、調査時にも遺水の落ち口と想定したほどであった［藤島 一九六一］。この状況から、発掘調査ではまったく所見を得られていないが、初期には遺水が円隆寺東廊の雨落ち溝のどこかで合流しており、それが現在のような形に変化した可能性も指摘しておきたい。

（4）排水路跡（池尻）

大泉が池の西南の位置から、新旧2条の排水路跡が検出されている。新排水路跡は現在の大泉が池に対応するものである。新旧排水路跡の底の高低差が約80センチもあることから、大泉が池が大きく改変されたことは疑いない。また旧排水路跡は、細い排水路跡が堀状の大規模なものへと流れ込み、築山の下にもぐりこんでいく。つまり旧排水路段階では、築山は存在していなかったのである。

（5）中島

中島は新旧2期に分かれる。地山を掘り残した旧中島は、東にやや延びたような菱形に近い形を呈し、全面に石が敷かれていた。新中島の造成にあたっては、旧中島の東部の細い部分の玉石敷き面を削りこみ、細長く成形したのち、その部分に粘土と礫や粘板岩を積み重ねている。そして東側に伸ばしてゆき、最終的には勾玉状の形態とした。新たに積まれた部分を断ち割ったところ、手づくねかわらけの細片が出土している。

中島を大きく変えるということは、園池全体のバランスを崩すことにつながる。すなわち中島を大きくしたということは、園池を拡張し、当然のことながら境内全体を大々的に改変した証左なのである。

(6)出土かわらけ

境内全域のかわらけを概観すると、一二世紀前半の柱状高台が2点、中葉の手づくねかわらけ少数、その他は多くが後半に収まる手づくねかわらけである。伽藍は判然としないが、遺水跡、旧排水路跡、幢跡、新中島からは手づくねかわらけの破片が出土している。また新排水路跡からは、一三世紀前半の手づくねかわらけも発見された。

3 考察

(1)毛越寺に関する諸説

『吾妻鏡』の中でも中尊寺と毛越寺等の僧侶の文章であり、最も信憑性が高いと評されるいわゆる「寺塔已下注文」には、二代藤原基衡が毛越寺を建立したと明記されている。にもかかわらず、初代清衡(一〇五六~一一二八年)建立説を支持する説が多かった。その理由は以下のことによっている。第一には、『吾妻鏡』嘉禄二年(一二二六)一一月八日条に、平泉藤原氏が滅亡してから時間が経っているとはいえ、毛越寺のことを「清衡建立の精舎」と記載していること。第二には、近世になると慈覚大師による毛越寺開山説が生まれ、それと平行して嘉勝寺を慈覚大師存命中の嘉祥年間(八四八~八五一)に建てられた嘉祥寺と解するようになり、その嘉祥寺は一二世紀にいたると荒廃が著しくなったので、清衡・基衡・秀衡の三代によって再興されたといわれるようになっていったこと。第三は、清衡の晩年にあたる一一二六年に記された『供養願文』の解釈による。

『供養願文』に記載されている伽藍(三間四面桧皮葺堂一宇、在左右廊廿二間~大門三宇、築垣三面、反橋一道、廿一間、斜橋一道十間、龍頭鷁首船二艘~以下:願文伽藍)を配する空間が、中尊寺境内における唯一の擬定地である大池跡周辺にはなく、さらに大池跡は発掘調査の結果により未完成とされていること[中尊寺 一九八三]、そして何よりも記された伽藍形状は毛越寺と同様のものである。すなわち『供養願文』に中尊寺と一言も書かれていないのは、記された伽藍が毛越寺のことであるからだ、というもの。

これらを考古学の成果と交え合理的に解釈したのが、荒木伸介であった。荒木は要約すると次のように述べている［荒木 一九八二］。「円隆寺翼廊には火災によって建て直された痕跡があり、大泉が池の石敷き面も上下2面が確認されている。すなわち火災によって失われた伽藍、大泉が池の下層の石敷き面こそが、清衡が『供養願文』に記した伽藍であり、建て直された伽藍と上層の石敷き面は、基衡が建立した円隆寺そのものとそれに伴う庭園である。」

ただしこの願文伽藍＝毛越寺説には、すでに諸氏によりいくつかの問題点や矛盾点が指摘されている。中尊寺同様に毛越寺とも一切書かれていないこと、『供養願文』では本尊が釈迦如来なのに対し毛越寺の本尊は薬師如来であること、前者が斜橋といっているが後者にはないことなどである。また近年になって、中尊寺大池跡が一二世紀第1四半期には完成していたことが発掘調査によって確認されているし［平泉町教委 一九九九a］、大池跡に願文伽藍を配置するスペースがぎりぎりながらあることも示された［冨島 二〇〇七］。さらに文献史学からも藤原氏滅亡後に願文伽藍が腐朽している様子が、中尊寺文書の中に記されていたと論じられている［入間田 二〇〇五］。

最新の考古学の見解では、清衡の頃は平泉が面的に発展しておらず、中尊寺＝平泉という状況であり、その南の入り口に位置する大池跡にあったと推定される願文伽藍の機能が、平泉の拡大とともに都市の南玄関口を鎮護する毛越寺に移されていったという説［第Ⅲ部第Ⅰ章参照］も唱えられている。両伽藍が類似形態をとっているのは、そのためとも考えることができる。

(2)建立・衰退時期

毛越寺境内から出土した古代の遺物には、遣水の滝石組付近の塔山の裾野から出土した合わせ口の土師器甕と、排

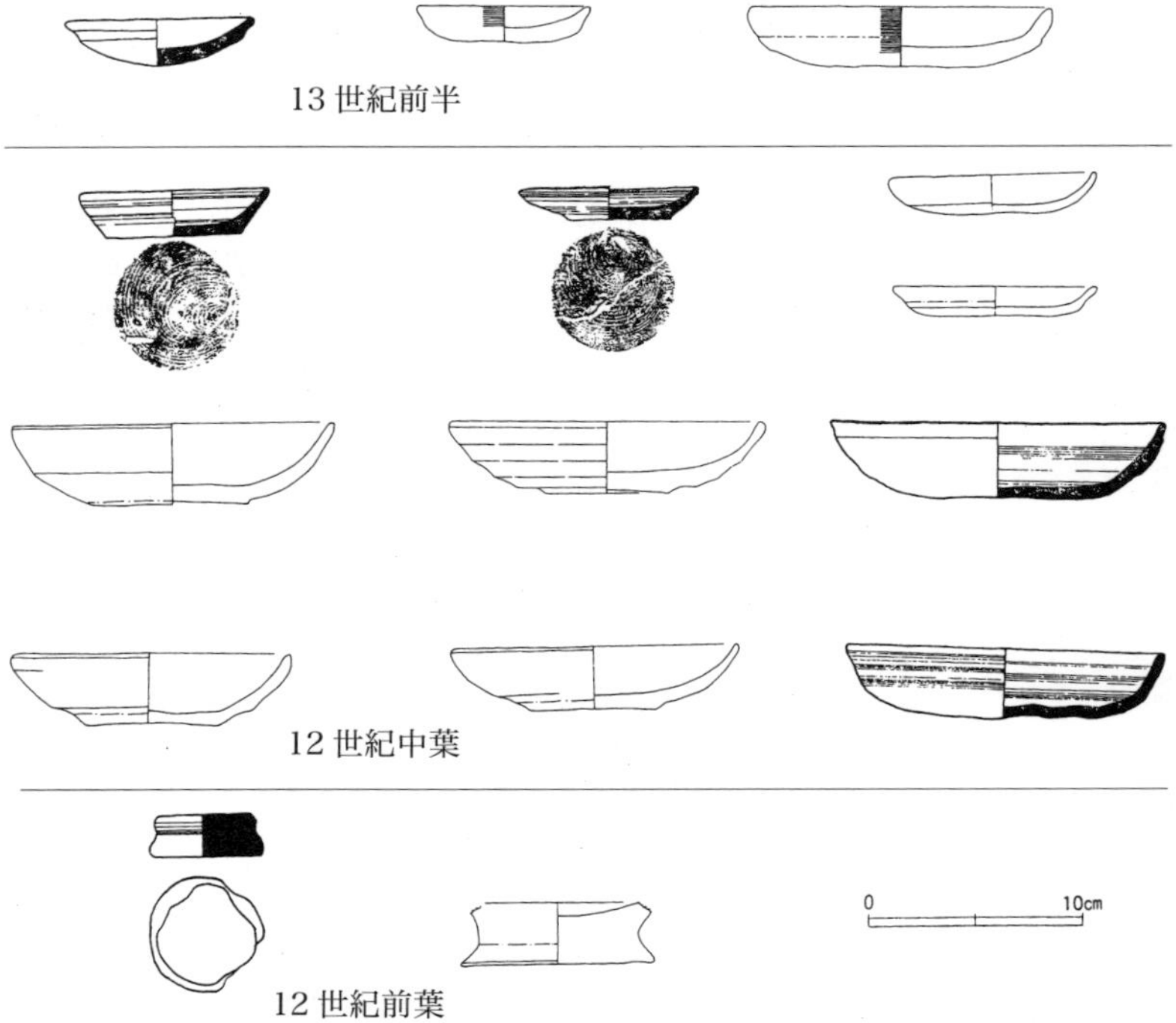

第4図　出土かわらけ

水路付近から出土した須恵器坏がある。前者は一〇世紀初頭、後者は九世紀後半に位置づけられるものの、それ以外には出土していない。

これに続く遺物としては、一二世紀前半に位置づけられる柱状高台かわらけの存在が挙げられよう。嘉勝寺跡から出土した1点、円隆寺跡前庭から出土した1点、合計2点である。破片もすべて観察したが、これら以外に一二世紀前半のかわらけはなかった。

他の遺跡同様、一二世紀後半になるとかわらけの出土量は、爆発的に増えている。その中でも円隆寺跡前庭には底径が比較的小さい大型ロクロかわらけや、口径の大きな手づくねかわらけが他地区に比べて集中しており、一二世紀第3四半期の中でも前半ごろの様相を呈する。また少数ながら同様のかわらけが講堂跡、入り江状遺構付近、大溝跡、排水路付近からも発見されている。

一二世紀第3四半期後半以降は、かわらけの出土数は多くなることから、境内がもっとも華やいだ時期といえよう。以後、第4四半期へと続く。藤原氏滅亡後のかわらけは、池尻付近から2点、現常行堂付近の石敷き面直上から出土した1点しかなく、すべて一三世紀前半に収まるものである〔八重樫 一九九六c〕。

この結果によれば慈覚大師の頃の遺物は、皆無といっていい。開山とはどのようなことをするのか判然としないので、その行為そのものを否定するものではないが、少なくとも伽藍を建てていないことは明白である。同様に清衡の時期には、何らかの生活はあったものの、やはり寺院を建立したとは到底考えられない。境内の各所を調査しているので、清衡の時期に大規模な伽藍が存在したのであれば、少ないながらも当然遺物が出土する。現に清衡造営の中尊寺では、一定量の遺物を確認できる。それがほぼ皆無となれば、考古学的には清衡期の伽藍の存在を認める根拠は、まったくないことになる。

以上により毛越寺の建立は、柱状高台以後のかわらけが出現する一二世紀第3四半期前半ごろと考えざるを得ない。そしてその伽藍は、石敷き面よりもあとに造られた嘉勝寺ではなく、石敷き面と同時期の円隆寺である。また衰退時期は、かわらけを見る限り一三世紀前半に位置づけられる。

(3) 2時期ある遺構の整理

毛越寺境内には、造り替えられて2時期あるものが少なくない。それらを整理し、その組み合わせについて考えてみたい。

建造物では東門跡と火災に遭って造り直されている円隆寺翼廊、さらに円隆寺単独の時期と嘉勝寺も加わった時期、橋脚跡、遺構では通路跡、排水路跡、中島跡がある。これらのうち、東門跡については親柱が掘立柱から礎石へ、橋脚の場合は丸材から角材へと変化していたわけだが、これは外見的にはほとんど変わりもなく、腐食等の問題で直された可能性が高いといえる。

通路跡は、付近の大泉が池が拡張された結果、北側に移動しなければならなくなった。旧排水路跡と新排水路跡では、80$_{チ}$^{セン}も水の取り入れ口の高さが異なる。これだけの高低差があるならば、池が拡張されていることは容易に想像される。しかも旧排水路跡の時期には、築山はなく堀状の排水路が口を空けていた。しかしその荒々しさに反するように、周辺には整然とした石敷きを施していたことも判明している。中島も菱形状の島から勾玉状の島に拡大されていた。

前後関係のあるもののうち、境内全体に影響を与えるもの、もしくは与えられたものは、円隆寺の焼失と再建、嘉勝寺の建立、通路の新旧、排水路の新旧、中島の新旧といえる。そして出土遺物の観察の結果、すべてが一二世紀後半代に起きていることは明白である。これらのうち、通路跡、排水路跡、中島のそれぞれの新旧は、園池の拡張に伴い起きたものと推定されることから、各々が対応すると考えて齟齬はない。

境内が大きく改変されるときに、金堂と呼ばれた円隆寺が存在しないはずはないので、当然のことながら焼失から立ち直り、再建されていたと考えられる。逆にいえば円隆寺を再建している時期であれば、境内まで大きく変える必然性はまったく見当たらない。すると境内を大きく変えるほど影響を与える事象は、嘉勝寺の建立しかないことになる。

整理してみたい。一二世紀第3四半期前半ごろ、第1期の毛越寺は建立された。構成施設は、旧円隆寺と講堂、遣水、通路、東門、築地(土塁か)、南大門、橋、菱形状の中島、旧排水路とそれに対応する小さな浅い池である。これらのうち、講堂は円隆寺と同計画で設計されたことが指摘されているので問題はない。常行堂と法華堂については、基壇が嘉勝寺と同様の亀腹式であること、第1期毛越寺が視覚的にも伽藍からみても多様ではなかったと考えられる

ことから、第2期毛越寺に伴うものと判断している。

第1表　遺構比較表

名称	基壇	雨落ち溝	1期	備考
円隆寺跡	石造壇上積	粘板岩切石	○	翼廊は複廊で中央掘立。翼廊は罹火災。
嘉勝寺跡	亀腹式	素掘り？	×	翼廊は一部単廊で、中央掘立。
講堂跡	木造壇上積	不明	○	前後の出入り口や礎石列が円隆寺と一致。
常行堂跡	亀腹式	粘板岩切石	不明	1期にはなかった可能性が高い。
法華堂跡	亀腹式	粘板岩切石	不明	1期にはなかった可能性が高い。
南大門跡	木造壇上積	不明	○	頼朝が壁書を唯一掲げた場所。
東門跡	不明	不明	○	建替えられているが形状は同一。
橋脚跡			○	建替えられているが形状は同一。
中島跡			○	東側に大きく造り替えられている。
通路跡			○	微妙に位置がずれている。
排水路跡			○	80cm のレベル差の新旧排水路。
幢遺構			×	
遣水跡			○	

第1期毛越寺が完成してまもなく、翼廊のみの可能性もあるが、円隆寺が焼失する。しかし円隆寺は、すぐさま再建されたようである。その後、意図は不明だが、時間をおいて一二世紀第3四半期後半から第4四半期前半に嘉勝寺が建立されることになる。嘉勝寺の建立は、境内のバランスを大きく崩すため、園池を大きく改変することになったのであろう。第2期毛越寺の誕生である。構成施設は、新円隆寺と嘉勝寺、講堂、常行堂と法華堂、遣水、通路、小島、東門、築地(土塁か)、南大門、橋、勾玉状の中島、入り江状遺構、新排水路と現在の大泉が池、築山と荒磯石組、出島と立石、洲浜である。毛越寺は、現在の様相になり完成した。

円隆寺前庭から5基発見されている幢遺構は、一気に建てられたと報告されているが、掘り方から出土した手づくねかわらけは、第1期毛越寺のものではなかった〔平泉町教委 二〇〇七〕。これら幢遺構は、宝幢もしくは大幡と推定され、第2期毛越寺の完成時に建てられた可能性が高い。第1期にはなかったことを考えれば、第2期毛越寺の建立は、宝幢や大幡を建て、大々的な落慶法要を執り行うようなものだった、ということになる。

(4)第1期の毛越寺

第1期の毛越寺には、常行堂と法華堂、嘉勝寺はなく、円隆寺と講堂が建つ

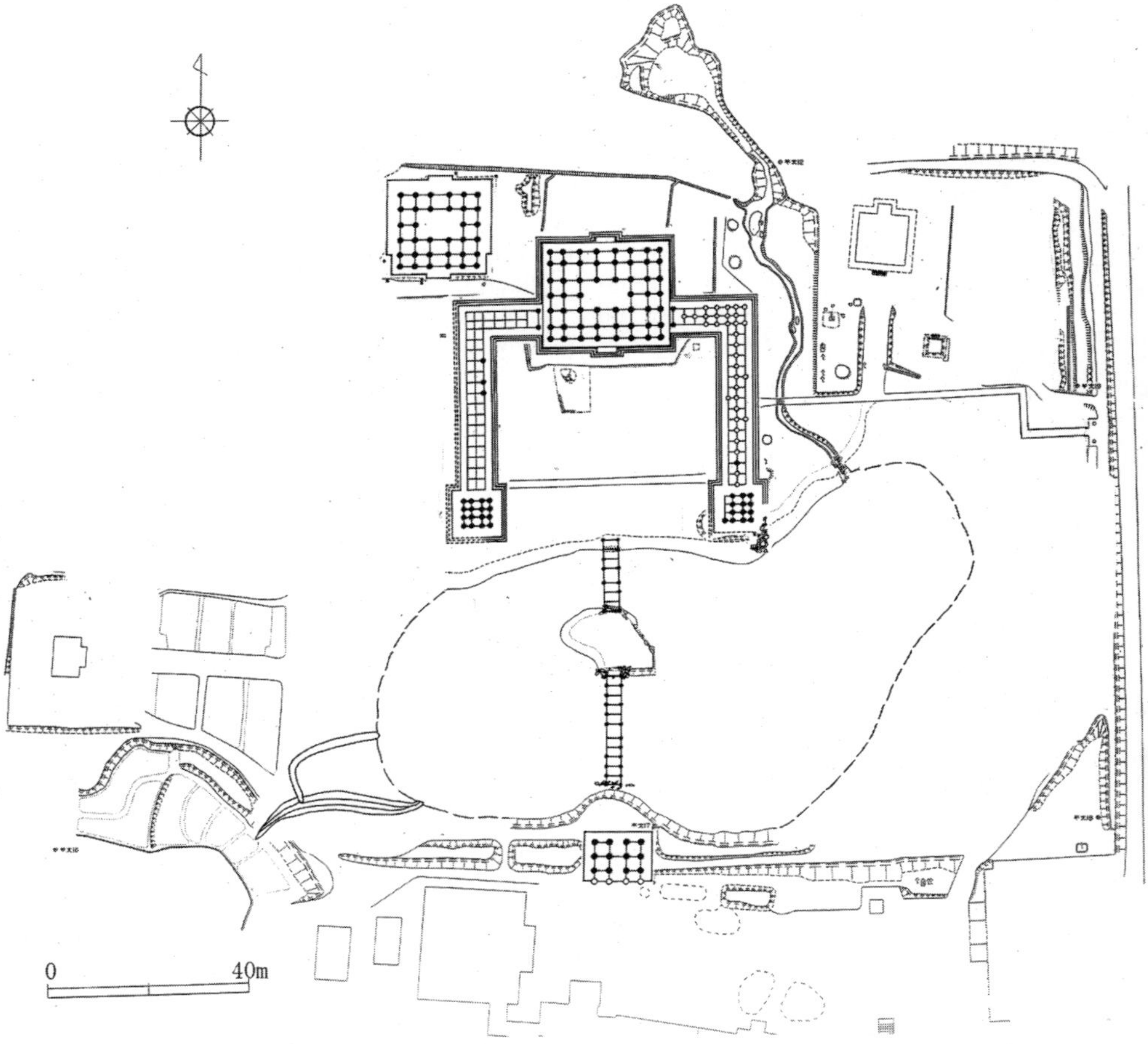

第５図　第１期毛越寺

ていた。嘉勝寺の背面を観察すると、嘉勝寺の建立にあたって、塔山の裾野を削り平坦地を造成していることが看取される。すなわち嘉勝寺建立以前の西側には、山裾が延びていたのである。また北は塔山、東と南は築地(土塁か)が囲郭していた。

この時期で大きな問題は、大泉が池である。第２期毛越寺において、全体的に深くされたことは疑いないが、南大門付近と円隆寺前庭部分は、汀線のレベルをみるならば、ほとんど変化していないと考えられる。大きく変化したのは、西側と北東部分である。

嘉勝寺東廊の下からは、嘉勝寺以前の石敷き面が確認されている。同様に築山の下からも石敷き面が検出された。これらの石敷き面の存在は、

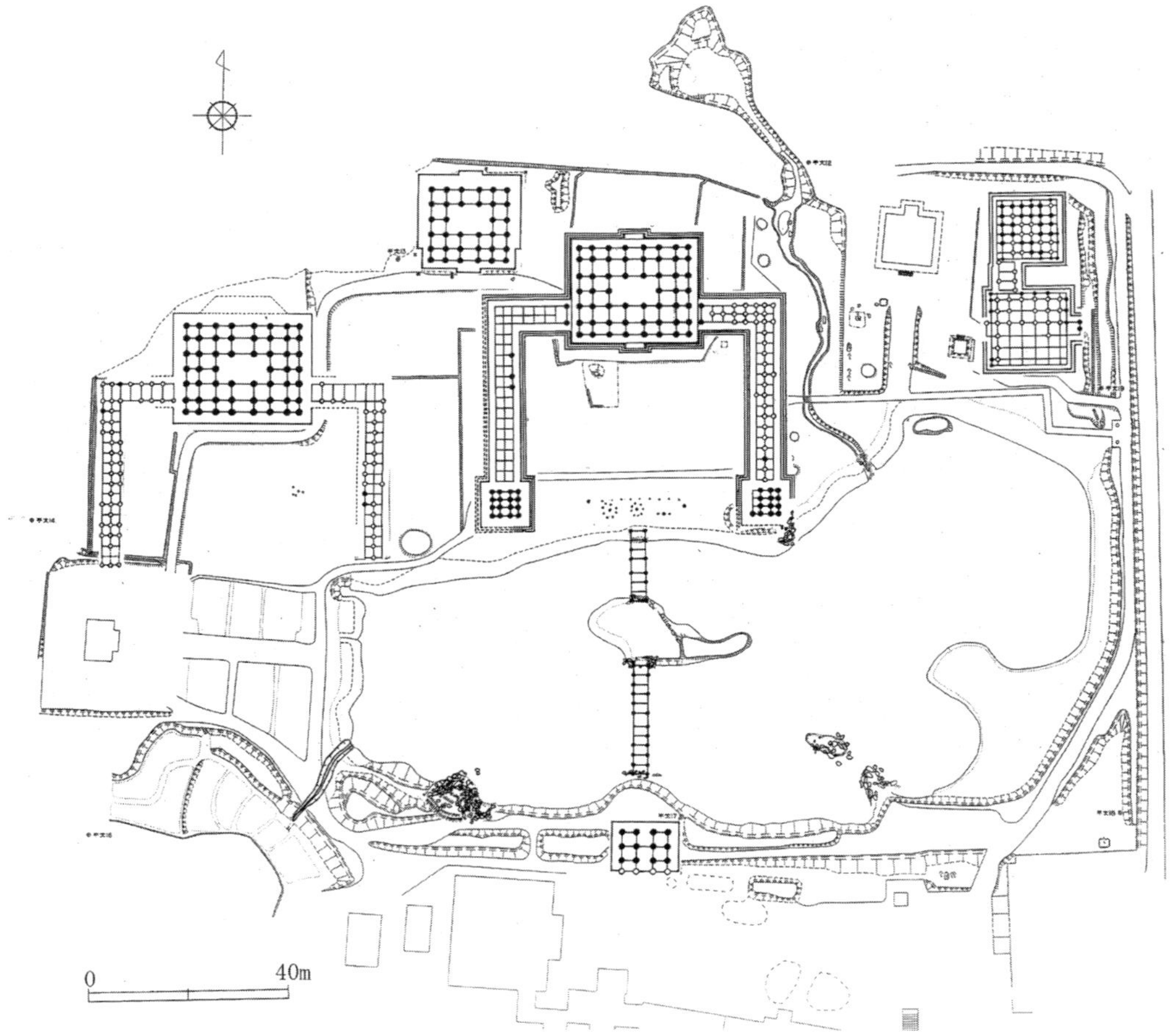

第６図　第２期毛越寺

その部分が境内地内と認識されていた証拠であり、それは第１期毛越寺に伴うものである。また旧排水路跡の逆台形の断面形を見る限り、水門が設けられるような箱型を呈する取水部分は、もっと中島に近いところにあったということになる。これらを総合すると、この時期の大泉が池西側の汀線は、嘉勝寺東廊南の石敷き付近と、築山付近を結んだラインであろう。

第２期毛越寺の東汀線は、遺水の落ち口以東が拡張され、小島が造られたことは疑いないが、どの程度なのか判断する根拠がない。第１期毛越寺の東側汀線は、遺水落ち口から洲浜を結ぶ線と考え、形状は現在のものに準じて推定しておきたい。

(5) 伽藍、園池、景観

最後に考えなければならないのは、伽藍と園池、景観との関係である。第1期毛越寺では、円隆寺の翼廊幅よりも若干広い程度の、現在に比べれば小規模な大泉が池が伴っていた。北側には塔山が鎮座するものの、円隆寺との何らかの意図的な位置関係は見出せない。また園池には、現在のような石組みなどもない。毛越寺は、『作庭記』を具現化した代表的庭園として紹介されることが多いわけだが、少なくとも第1期毛越寺であれば、そこまでの評価は受けなかったかもしれない。

第2期毛越寺になると、大泉が池が拡大されるわけだが、嘉勝寺前庭まで広げられてはいないし、円隆寺と中島を通る中心線にも変更はない。すなわち両期の毛越寺において、大泉が池は円隆寺に対応するものであり、嘉勝寺との関連は希薄なのである。伽藍があっての園池なので当然ともいえるが、どのように改変しようとも、園池に対する伽藍は常に一つということが読み取れる。

また臨池伽藍として第1期毛越寺が造営されるわけであるが、対応する円隆寺が同規模のままでありながらも、他の事情によって園池が改変されることがあることも窺える。平等院でも伽藍が変化しなくとも、園池が改変されたことが報告されている[平等院 二〇〇三]。

中尊寺と毛越寺は、平泉の入り口という交通の要衝地に造営されたという説が示され[斉藤 一九九二]、現在は一定の支持を得ている。つまり毛越寺の選地には、周辺景観をまったく考慮しかったとはいわないが、交通の要衝地という要件のほうが優先されているのである。類似した例として、現在の都市研究において、四神相応の地とか、二十四節気に日が上ったり落日したりする場所が選ばれているなどという話がよく聞かれるが、為政者にとって最も掌握したいものは交通の要衝地であり、自然景観との関係については次点の要件だと考えられる。ただし選地はそのとおりであるものの、無量光院跡の中軸線上に位置する金鶏山との関係[菅野 一九九二]をみれば、伽藍の軸線方向によっては自然景観との関係を造りだすことも可能であることが分かる。

園池の発掘調査前後の状況を比べれば明白であるが、藤原氏を失った後、土砂はその多くが西から流れ込んでいた。つまりいかに北側に塔山を背負おうとも、西から東へと傾斜する平泉中心部の地勢には逆らえないのである。ところが平泉藤原氏は、『作庭記』を具現するため、あえて逆の東から西への順流と呼ばれる流れを造った。自然景観の多くの要素を取り込み、また周辺景観との調和がこの時期の臨池伽藍の大きな特徴として位置づけられているが、人為的にそれらを変えている部分もあったのである。

しかし庇護者を失った後、やがて地勢どおりの流れに戻っている。平泉藤原氏が滅亡すると、あれだけ盛行した手づくねかわらけが、さして時間をおかずに消滅したことにも似る。

4　小結

出土遺物の検討により、慈覚大師の開山を否定するものではないが、少なくとも伽藍を建立していなかったことは、明確になっている。清衡の時代の遺物もわずかに2点しかないため、はやり同様の結果である。円隆寺跡の下に願文伽藍が眠っていると考えている人もいるだろうが［大矢 二〇〇八］、現状では考古学的な根拠は希薄だといわざるを得ない。

第1期毛越寺は一二世紀第3四半期前半ごろ、常行堂と法華堂、嘉勝寺と築山などをもたずに完成した。池も小さく中島も菱形である。まもなく円隆寺が火災に遭ったが、即座に再建されている。そしてしばらく後、西側の山裾を削り嘉勝寺が建立された。建立の意図は判然としないが、天皇家が「円」の字がつく四寺いわゆる四円寺に始まり、その後に「勝」の字が付く六寺つまり六勝寺を造ったことに倣っているのではという説も示されている［五味 二〇〇七］。

また近年には、複合的な伽藍である法成寺を建立した藤原道長に対し、その息子である藤原頼通が翼廊付阿弥陀堂単体の平等院を造営していることを指摘し、天皇家や摂関家が親子関係の中において、複合伽藍から翼廊付阿弥陀堂建立という流れがあったのではないかという意見もあり［杉本 二〇一〇］、無量光院が翼廊付阿弥陀堂であることから複合伽藍とすべく嘉勝寺を建立したとも考えられようか。

いずれにせよ嘉勝寺は、ほぼ円隆寺と同規模の寺院である。当然のこと境内全体のバランスをとるための大改変が始まった。常行堂と法華堂もこの時期に造られたと考えられる。

園池西側は拡張され、排水路も大きなものに変化した。その南側には築山と荒磯石組を築いた。中島は東側を石積みにより大きく勾玉状とし、合わせて池北東部も拡張している。この大変革により若干、東門からの通路が変更される結果となった。洲浜や出島、立石も備えられ、視覚的にも多様な現在の大泉が池となっている。第2期毛越寺の完成は、時期的には第3四半期後半から第4四半期前半のことと推定される。

そして第1期毛越寺では行っていない大落慶法要が執り行われた。円隆寺単体ともいえる第1期毛越寺に比べ、第2期毛越寺は法勝寺に類似し伽藍が多くなっている。御願寺としての体裁を整えたため、大落慶法要が催されたと考えられる。

以上の結果を文献と照らし合わせてみたい。基衡が没するのは、一一五七年ごろなので、第1期毛越寺の建立は、それ以前ということにはなろう。では円隆寺の焼失はいつか。普通に考えれば基衡が、嘉勝寺建立に着手したものの、完成を見ずして没したと『吾妻鏡』が伝えるので、基衡没年以前なのだが、嘉勝寺の造営に取り掛かってすぐに基衡が逝去し、その後に円隆寺が焼け、それを秀衡が再建し、さらにそののち嘉勝寺を造営したとも考えられなくはない。考古学的な成果を重視すれば、後者の方がより蓋然性が高い。

いずれ微妙な差異はあるものの、一〇年前後については、現在の考古学では誤差の範疇である。毛越寺境内の考古学的結果は、文献とかなり合致している例といえるだろう。すなわち『吾妻鏡』の「寺塔已下注文」の毛越寺の記事について、考古学は否定する根拠をまったく持ち合わせていないのである。現在、寺伝により嘉祥寺と呼んでいる伽藍は、まさしく二代基衡の遺業をついで三代秀衡が完成させたと『吾妻鏡』に記されているその嘉勝寺である。

そののち一二二六年に円隆寺が焼亡したことを『吾妻鏡』は伝える。おそらくは講堂はもちろん、嘉勝寺や常行堂や法華堂にも延焼が及んだことだろう。この様相をも考古学は、見事に捉えている。

伽藍と園池の関係は、常に一対一であり、拡張されたとはいえ大泉が池に対応するのは円隆寺のみである。つまり円隆寺と同様の形態でありながら、嘉勝寺にはまったく別の意味が付されているのだろう。また考古学からみれば、周辺景観との関係もそれほど読み取れなかった。広範囲に選択できるのであれば、景観を取り込んだ選地も可能と考えられるが、平泉のような狭隘な空間の中では、間違いなく交通の要衝地という要件が優先されている。

(1) 近年は、このような臨池伽藍を浄土庭園と呼称することが多い。しかしながら筆者は、考古学的な浄土庭園の概念規定をよく理解できない。そのため本稿の中では、浄土庭園という用語は使用しない。

(2) 整備報告書も筆者が執筆したものであるが、昭和三〇年から四年間、昭和五五年から平成の初期までの一〇年にも及ぶ発掘調査による成果を現在の考古学のレベルによって再整理した時、報告されていない多くの事実が判明している。

(3) 当時の平面図を見ると、正方位軸の縁石があった部分の多くには、石がない箇所が多い。調査時によく観察をすれば、縁石の抜き取り痕跡を確認できたかもしれない。

第3章　無量光院跡の考古学

1　環境

無量光院跡は南北320㍍、東西240㍍の概ね長方形を呈し、約7万7000㎡の広がりを有する。北側は土塁を経て低地である猫間が淵跡に接し、西側は土塁と堀跡によって区切られ、南側は古道と推定される町道を境に、東側は奥州道中を踏襲している県道によって分けられる。臨池伽藍の形式をとっており、園池に設けられた大きな西島に翼廊付き阿弥陀堂、三角形の東島に3棟の礎石建物跡が設けられていたと報告されている［文化財保護委員会 一九五四］。

北側には猫間が淵跡を挟んで柳之御所遺跡、西には花立Ⅱ遺跡、南には同様に堀跡と土塁が伴う特別史跡白山社跡を包括する白山社遺跡、東には平泉藤原氏三代秀衡の居館である加羅御所の擬定地伽羅之御所跡が広がる。

平泉には、毛越寺近隣と無量光院跡近隣に軸線の異なる地割が存在すると最初に指摘したのは、藤島亥治郎であった［藤島 一九六一］。のちに斉藤利男は『吾妻鏡』の平泉の記事から、平泉には無量光院近隣と毛越寺近隣の二つの中心が存在すると解釈している［斉藤 一九九二］。藤島が指摘した地割が、『吾妻鏡』にも表れていたのである。また後述するが、無量光院跡の堀跡の北延長部分にあたる柳之御所遺跡から、同軸の区画溝跡が検出され、無量光院跡の地割が柳之御所遺跡にまで影響を及ぼしていることが判明した。これらの地割についてまとめたのが、本澤慎輔であった

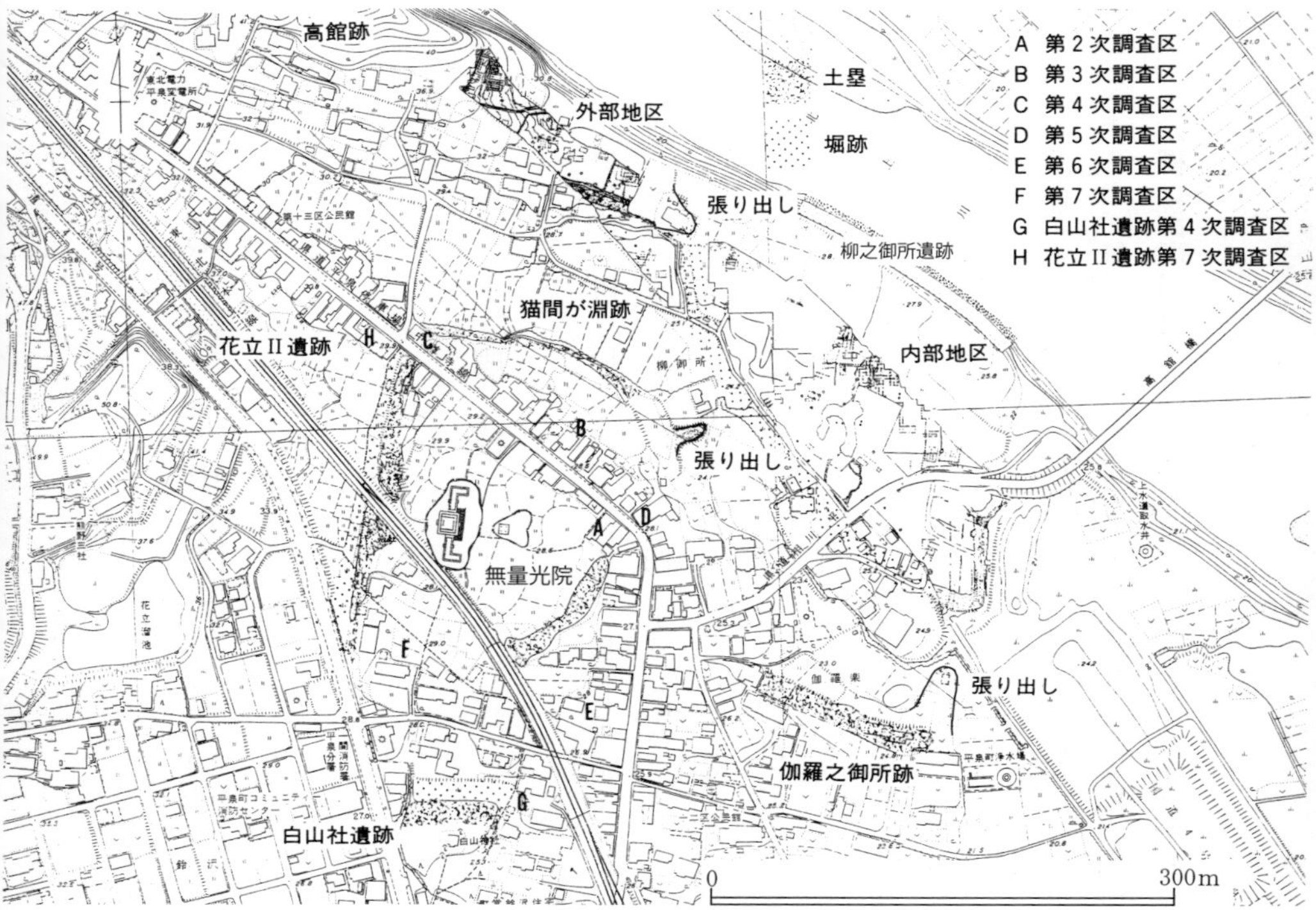

第１図　無量光院跡とその周辺

［本澤 一九九三］。本澤は発掘調査の成果を加え、毛越寺近隣の地割は毛越寺を建立した平泉藤原氏二代基衡（?～一一五七年ごろ）による開発、無量光院跡近隣の地割を三代秀衡（一一二二～一一八七）が開発した地区とし、平泉は藤原氏四代によって徐々に開発され、都市が形成されていったとしている。

2　発掘調査の成果

無量光院跡の調査は、昭和二七年文化財保護委員会によって幕を開けた［文化財保護委員会 一九五四］。わずか二週間ほどの調査であったが、本堂と中島の建物跡の全容が明らかになり、『吾妻鏡』の記載が裏付けられたものの（第1次調査）、近年の調査によって、東島の2棟の建物に再考の余地があることが判明したため、今回は1棟しか表示していない。

池跡はほとんど調査されていないが、中島と本堂周辺から一二世紀第3四半期後半以降のかわらけと常滑甕破片が出土している。第2次調査は昭和五四年に行われた。特別史跡地内の個人住宅改築に伴う調査であるが、報告書類がなく詳細は不明である。第3次調査は、平成四年個人住宅増築に伴う調査として行われた。しかし調査面積が5．5㎡と少なく、撹乱を受けていたこともあり、成果を挙げられなかった。

(1)第4次調査

第4次調査は平成六年、駐車場造成に伴う調査として行われた〔平泉町教委 一九九五c〕。地下遺構が破壊されにくい駐車場という性格から、トレンチにより55㎡の調査を行った。この調査の成果は非常に多いため以下に列記する。

- 無量光院跡の北側土塁と西側土塁が従前は繋がっていた。
- 北側土塁北側斜面に設けられていた平場は、波板状凹凸を伴う一二世紀後半の道跡である(1)。
- 道跡の脇から多数のちゅう木が出土した便所跡が検出された。
- 便所跡の出土遺物から、近隣にちゅう木を作るなどの木材加工職人が存在していた。

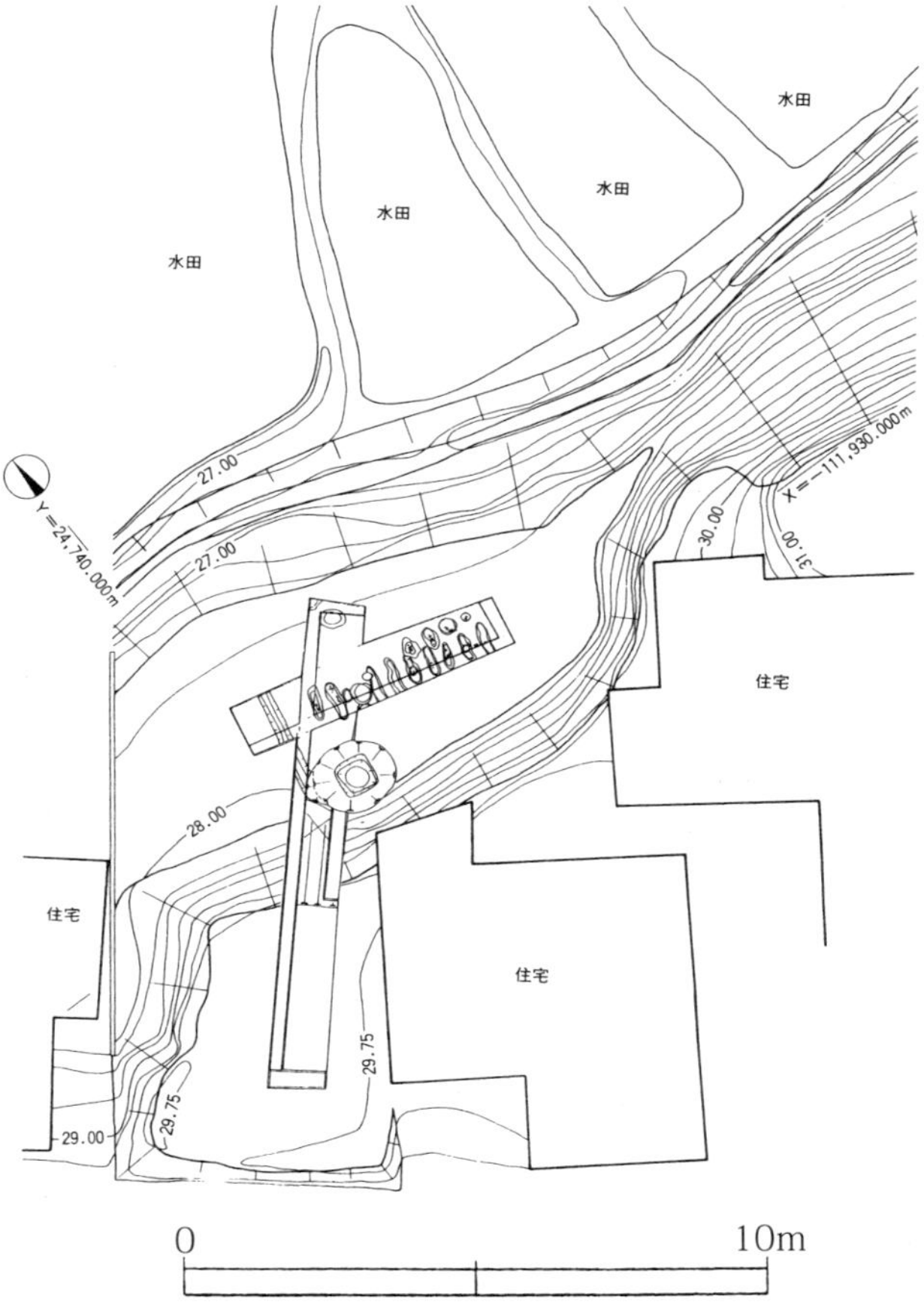

第2図　第4次調査区

・土塁の版築状況は、毛越寺庭園の築山の状況とは異なっていた。毛越寺庭園は粘土、礫、亜炭などが緻密に互層になっており、官衙の築地などに類似するのに対し、無量光院跡は単に地山を盛り上げただけというような雑さを感じる。整地層ではないかという指摘もあったが、検出面に一二世紀の遺構は設けられていない。
・土塁版築層とその下の整地層から手づくねかわらけが出土し、版築層の年代を一二世紀第3四半期後半から第4四半期前半と推定した。

(2)第5次調査

第5次～第7次調査は平成一〇年に行われた［平泉町教委 一九九九b］。第6次調査は個人住宅増築に伴い47㎡調査を行った。一二世紀の遺構としては柱穴群を検出したに過ぎない。第5次調査成果は下記の通りである。
・第4次調査区同様の版築層を検出した。検出面に一二世紀の遺構が皆無なことから、土塁と判断した。つまり東側土塁が従前はここまで延びていたのである。
・版築層の下から旧表土層を検出した。両層の境から手づくねかわらけや軒丸瓦が出土している。東側土塁は、瓦生産以降に版築されているのである。かわらけは第3四半期か

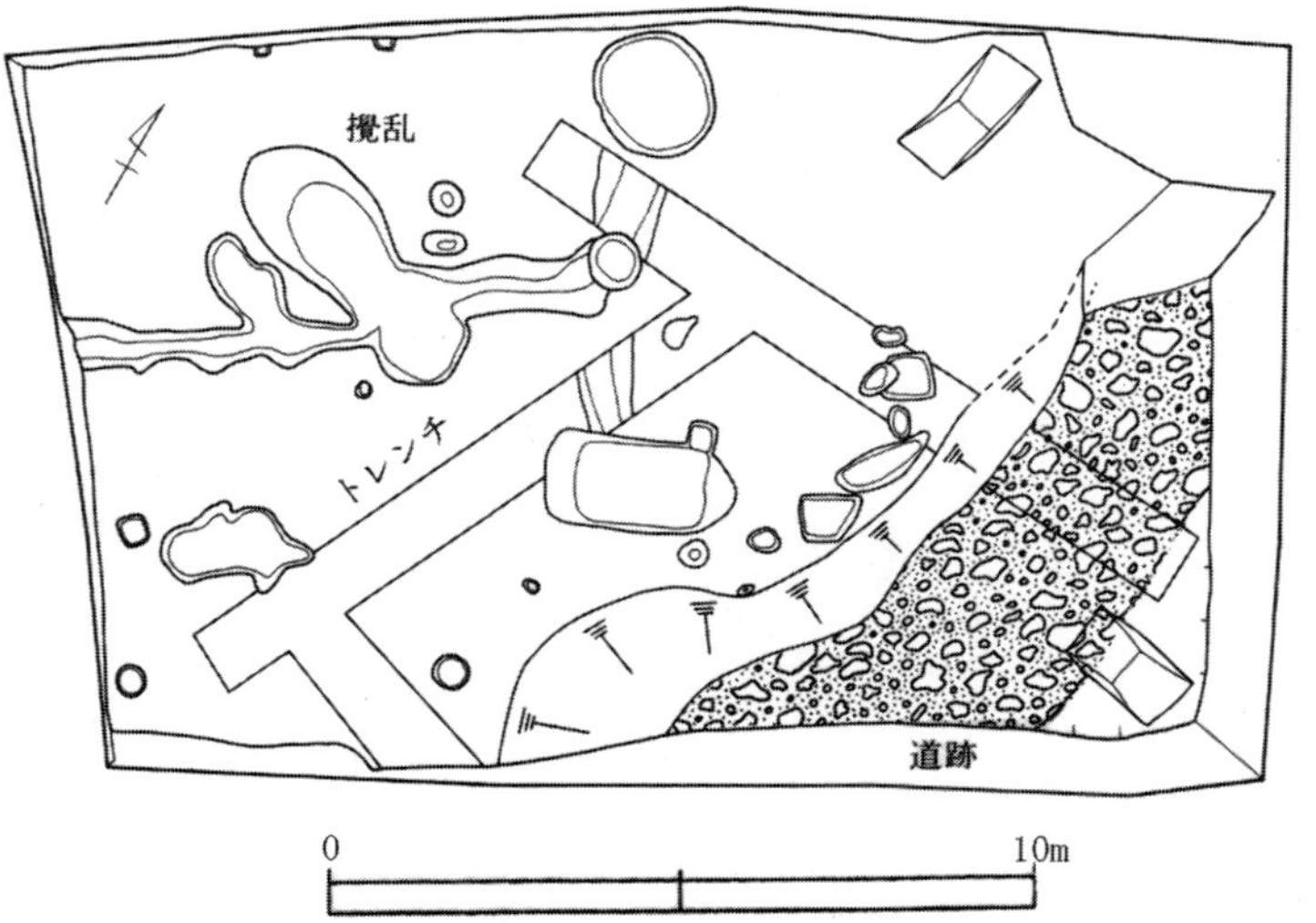

第3図　第5次調査区

ら第４四半期前半のものである。軒丸瓦が鈴沢瓦窯の製品であるならば、第３四半期中頃以降のものである。(2)

・土塁東斜面を溝状に掘り窪めていた。流水の痕跡がほとんど認められないこと、版築層上の底面が比較的硬くしまっていたことから、道跡と推定された。畑地の筆に沿って北に延長すると、無量光院から柳之御所遺跡内部地区に向かう張り出し地形にあたる。南側に延長すると、無量光院跡の正面にあたる。

（３）第７次調査区

第７次調査区は個人住宅改築に伴い、約300㎡調査された。周溝を伴う２基の特殊な遺構を検出した。両者共に柱は抜き取られ埋め戻されている。出土遺物からは第３四半期後半から第４四半期前半に設けられ、覆土の状況からは即座に破却された遺構と考えられる。さらに興味深いのは、これらの遺構が設けられるまでこの付近に遺構がほとんどなかったことである。遺構密度が低く重複が少ないことからもその様相は追認される。成果は下記の通りである。

・一二世紀後半の風倒木痕跡１基、植栽痕跡と考えられる不整形土坑２基。
・特殊遺構同様に即座に破却された２×２間の掘立柱建物跡１棟。
・方形に周溝が巡る竪穴建物跡１棟。

周溝について

規模：幅40×底20×深さ50センチ　断面型：逆台形　覆土：埋め戻し
竪穴建物から周溝上端までの距離：北と東西は１．１メートル、南のみ２．２メートル。
中心間距離で６．３×７．０メートルの隅丸長方形を呈する。

竪穴建物跡について

規模：上幅３．35×３．35×深さ０．30メートル　形状：方形　壁：ほぼ直　覆土：埋め戻し

底　：踏み固められていない
遺物：覆土中から多量のかわらけと底中央南側から多量の消し炭が出土
柱穴：2間×3間に配置される。四隅と棟支えと考えられる6基の柱穴のみ口径0．4×底径0．2×深さ0．3メートルほどの規模を有するが、他の柱穴は0．2×0．1×0．2メートルと小さい。柱は抜き取り。
柱穴中心間は東西柱穴列北側西から1．4メートル、1．4メートル。南側は1．5メートル。南北柱穴列西側北から0．6メートル、0．9メートル、1．1メートル。東側北から0．6メートル、0．9メートル。

•半円状に周溝が巡り、その中に5基の柱穴が配置される特殊遺構1基。

周溝について
規模：幅60×底30×深さ30センチ　断面形：U字型　覆土：埋め戻し
中心柱穴からそれぞれの中心間で4メートルの距離に配される。

柱穴について
基本的に円筒形を呈する。柱は抜き取り。方形に組むとかなりいびつになることから、十文字に組むべきと考えた。南北軸はN—18度—E。
柱穴規模：南北柱穴列北から口径35×底径20×深さ45センチ、25×20×20センチ（中心柱穴）、40×35×40センチ、東西柱穴列西から35×30×45センチ（底に径15センチの柱痕跡）、中心柱穴、50×25×50センチ。
柱穴中心間：南北柱穴列北から1．35メートル、1．35メートル。
：東西柱穴列西から1．20メートル、1．50メートル。

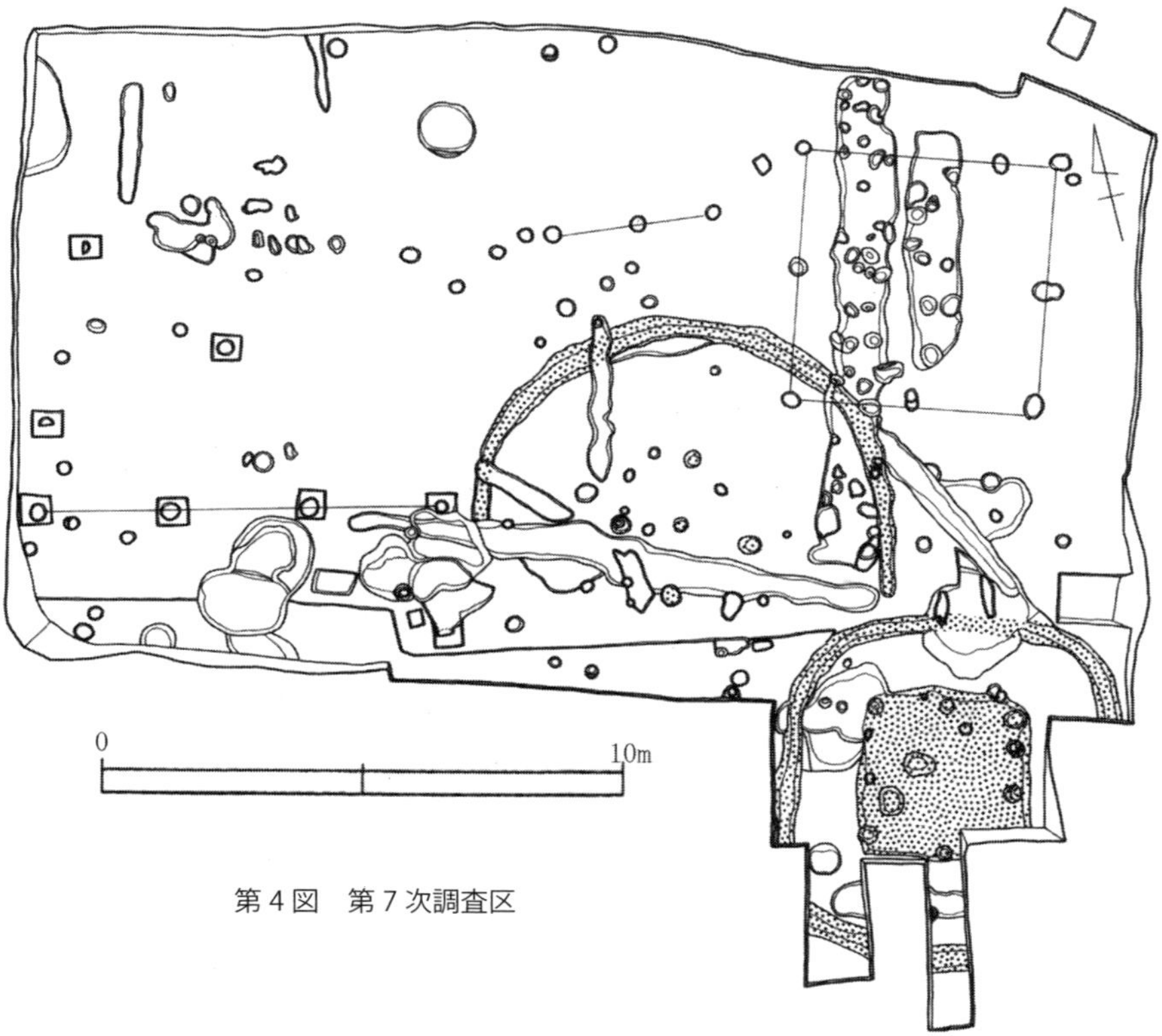

第４図　第７次調査区

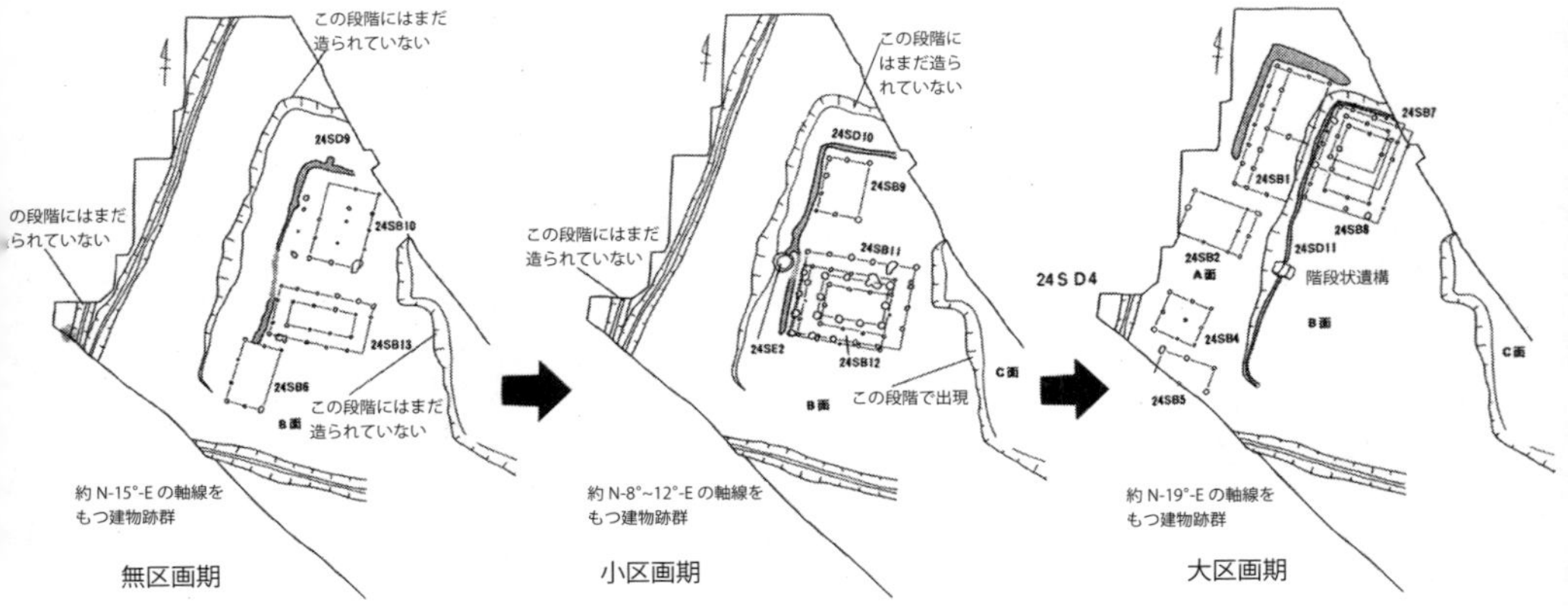

第５図　柳之御所遺跡 外部地区建物跡の変遷

3　考　察

(1)軸線と建立時期

無量光院の地割を論ずるためには、最初にその軸線を明確に示さねばならない。またその建立時期は、秀衡の晩年であろうとは推測されていたが、確たる論拠は乏しかった。

①軸　線

無量光院跡の本堂の長軸線は、文化財保護委員会の調査報告書に、磁北から17度33分40秒東に傾いていると記載されている。菅野成寛はこの角度を公共座標(東北X系)に換算し、10度3分7秒であるとしている[菅野 一九九二]。本澤は平成四年度に作成した平面図を計測し、堀跡軸線は13度、土塁軸線は11度、本堂長軸線は7度それぞれ東に傾いているとしている[本澤 一九九三]。菅野・本澤ともに公共座標で表しながら、3度も異なっているのである。微妙に直線ではない堀跡や土塁は、軸線を設定する位置で大きく異なるが、実際に計測すると本堂軸線は7度であった。おそらくは、昭和二七年の測量レベルの低さによる齟齬であろう。

無量光院跡の軸線を明確に示した現在、密接な関係にある柳之御遺跡外部地区(以下：外部地区)を軸線の観点からみてみたい。外部地区の遺構の変遷は、一二世紀第3四半期前半と推定される無区画期、直後の時期と考えられる小区画期、第3四半期後半から第4四半期前半と考えられる大区画期の3期に分けられている。大区画期の区画溝跡24ＳＤ4は、無量光院跡の堀跡の北延長に位置し、軸線もN―14度―Eとほぼ無量光院跡堀跡と同様である。無量光院跡の土塁と本堂の軸線に類似する軸線を示す区画溝跡は検出されていないが、建物跡の変遷からいうと2期目、すなわち小区画期第1区画地区に含まれる、N―8～12度―Eの方向性を示す一群が注目される。

②建立時期

報告書に掲載されている第1次調査区の出土遺物について検討する。かわらけは大小15点掲載されている。実測図を見る限り、一二世紀第3四半期前半まで遡るかわらけは出土していない。手づくね小型かわらけは、第4四半期後半まで下るものである。2点掲載されている常滑甕口縁部は、それぞれ常滑編年2形式（一一五〇～一一七五年）と3形式（一一七五～一一九〇年）に当てはまる。かわらけと陶器を検討した結果、本堂と中島周辺の出土遺物で、第3四半期前半まで遡るものはない。

平成七年に行われた白山社遺跡第4次調査区から、梵鐘鋳造遺構が検出されている[八重樫 一九九八b]。出土した鋳型から、鋳込まれた梵鐘の外径は概ね1．3㍍ほどと計算された。梵鐘鋳造には巨額の費用がかかることから、願主は平泉藤原氏の当主に限定されよう。藤原氏が願主であること、梵鐘の大きさと遺構の立地、それらを加味するならば、無量光院の鐘を鋳込んだ遺構と推定しても大過ないだろう。そして梵鐘鋳造遺構内に納置されていた2点のかわらけから、梵鐘を鋳込んだのは、一二世紀第3四半期後半から第4四半期前半と推定されている。まさしく三代秀衡の治世である。

本堂周辺の出土遺物、無量光院の鐘を鋳込んだと推定される梵鐘鋳造遺構、両者ともに第3四半期前半まで遡らないことは明白である。無量光院は一一七〇年から一一八〇年前後に建立されたと推定できる。また第4次・第5次調査によって、土塁も概ね同様の時期に版築されたことが明らかになっている。

(2)土塁と堀跡(第7図参照)

無量光院跡には西側に土塁と堀跡、北と東側に土塁がある。土塁と堀跡の造成は同時期にしていることは明らかだが、それらの軸線が本堂軸線と若干異なること、また臨池伽藍にはそぐわないとの感覚から、土塁と堀を伴う居館が先にあり、後にその中に無量光院が建立されたということも考えられる。しかしながら第1次報告書では、土塁とは解釈せずに築山としている。以下では土塁と堀跡が無量光院に伴っていたのか検討してみる。

①前身建物跡の有無

調査の結果、北・西・東の土塁は、第3四半期後半から第4四半期前半に版築されているという同様の年代観を示すことから、一斉に造られたと考えるべきであろう。堀跡は調査されていないものの、土塁を構築している土は堀を掘り上げた時の廃土であろうから、堀跡と土塁は若干軸線は異なるが同時期とみて大過ない。西側土塁の本堂背面に位置する部分は異様に高い。東北本線を造った時に盛り土したという話も聞かれ、調査しないことには従前の様子は分からない。このように軸線の微妙な変化も、八〇〇年以上も時を経ているうちに、様々な土地規制や情勢の変化にさらされたことを加味するならば、さして問題にする必要もないと考える。

堀跡の北延長線に位置する24SD4は、外部地区における遺構変遷の最終時期にあたる大区画期の区画溝跡である。先に示した土塁と同様の年代観を示す。土塁と堀跡を伴う前身建物跡があったとするならば、この時期ということになる。一一八九年の平泉藤原氏滅亡まで時間のないこの時期に、堀と土塁を伴う居館を造り、さらに内部を無量光院に造り直したというのである。地道な研究により菅野は、無量光院のロケーションは、日想観信仰を具現化したものであることを立証している。そのようなロケーションを、土塁に囲郭された地区、換言すれば制約された地区の中で造ることは不可能である。

白山社遺跡第4次調査区では、梵鐘鋳造遺構以前の遺構はなかった。すなわちそれまでは空白地だったのである。

無量光院の境内地内に位置する第7次調査区も同様であり、特殊遺構が設けられる以前は、ほとんど何も造られていなかった。2箇所の状況のみでは資料不足は否めないものの、現在のところ土塁と堀に見合うような居館に関する遺構が、検出される可能性は低いといわざるをえない。ただし堀跡直西に位置する花立Ⅱ遺跡第7次調査区から、一一四〇年代のものと推定される被熱したロクロ成形かわらけが、100個体以上まとまって出土している。無量光院建立以前の遺構は、近隣に点的には存在するようである。

逆に無量光院が先に存在し、何らかの理由であとから堀と土塁が設けられた可能性もある。本堂と土塁の異なる軸線を柳之御所遺跡外部地区の軸線に当てはめると、本堂は小区画期の建物群の軸線に、土塁や堀跡は大区画期の軸線におおよそ符合することから、本堂が先に存在した可能性は否定しえない。しかしながら臨池伽藍に、あとから堀と土塁を備える理由とはいったい何であろうか。

大規模な土木工事を行い、あとから土塁と堀を備える理由はみあたらない。またあとから土塁を設けるということは、ロケーションを台無しにしてしまう危険性もある。前身建物に伴う土塁ではなく、またあとから設けられた可能性も低く、さらに出土遺物を検証した結果、本堂と土塁に時間差は存在しないことから、両者は同時期に設けられたと考えるべきであろう。

近年、無量光院跡の整備に向けた調査において、基壇下から寺院に関する遺構の一部が検出された[平泉町教委 二〇一三]。無量光院の前身に寺院があったことが明確になったが、遺構の遺存状態が悪いため、これ以上の成果は望めない。

②土塁と堀の意味

無量光院跡の他に平泉で堀を有する遺跡としては柳之御所遺跡、白山社遺跡、高館跡がある。そして無量光院跡と白山社遺跡には土塁が伴う。土塁のみを有する遺跡としては中尊寺、毛越寺、伽羅之御所跡の一部がある。堀や土塁を有する遺跡に宗教施設が多いことはすでに指摘されている［羽柴 二〇〇二］。すなわち堀や土塁があるからといって、軍事施設とは即断できないのである。堀跡を大規模に調査したのは、柳之御所遺跡のみである。柳之御所遺跡の堀跡には多量の遺物が投げ込まれ、また土砂も溜まり、一二世紀後半には半分ほど埋まっていた。この状況から分かるとおり、設けた当初は不明だが、宗教施設ではなくとも平泉では、堀に軍事的要素を与えていないといわざるをえない。

無量光院跡北側土塁の北斜面に設けられていた平場は、後世の削平によるものではなく、一二世紀後半の波板状凹凸を伴う道跡であった。平地に設けられた土塁と堀を伴う居館などで、土塁の外側の斜面を削り犬走り状の平場を設ける例があるのだろうか。堀跡同様、土塁に対しても中世後期とは意識が異なる。

大平聡は軍事的要素を強調しつつ、前九年・後三年合戦で滅んだ安倍氏・清原氏関連遺跡に特徴的に見られる外郭施設に、柳之御所遺跡の堀の系譜的淵源が求められることを指摘している［大平 一九九四］。軍事的要素はともかく、安倍氏・清原氏の外郭施設に系譜的淵源が求められるということは、平泉藤原氏が安倍氏・清原氏の子孫・後継者であることとも一致する。戦乱の時代に生きた安倍氏・清原氏の軍事目的ともいえる外郭施設を、軍事的要素を取り外し再現しているということは、その権威や象徴性のみを抽出していることに他ならない。宗教施設に多く見られることを加味するならば、土塁には上記の意識以外にも結界や景観を構成する築山としての要素も含まれている可能性が高い。

(3) 東門について

無量光院の東門は未発見であるが、ある程度推定されている。無量光院という空間の東門なので、本堂の東側の広い範囲のどこかにあるという指摘は当然だが、やはり蓋然性が高いのは、本堂正面にあたる東側土塁の北端付近であろう。近年この部分を調査したが、削平が著しく、残念ながら東門跡は発見できなかった。しかしこの付近で奥州道中を踏襲している県道も大きく方向を換えている。南側から概ね東側土塁と平行に直進してきた奥州道中が、突如方向を転換するのである。この付近の奥州道中がいつ頃設けられたかは不明だが、江戸時代に東側土塁に平行する地割が残っていたことは容易に想像され、それが屈曲しているということは、やはりこの部分に道を曲げやすい変化があったためであろうと考えられるからである。

第5次調査区から、土塁を溝状に掘り込んだ道跡が検出されている。調査区端部から検出されたため全容は不明だが、東側土塁の東斜面を幅2㍍ほど溝状に掘り込んでいた。流水の痕跡がほとんど認められないこと、底面が比較的硬くしまっていたこと、タマゴ大の河原石がまかれていたことから道跡と判断した。この道跡の北延長を見ると、畑地の筆が明瞭に残っており、無量光院と柳之御所遺跡内部地区を結ぶと考えられる張り出し地形へ向かう。南側は前記の東門推定地へと続いている。この道跡の大きな特徴は、土塁を掘り込んでいるということである。あるいは土塁を版築するとき最初から溝状に窪ませた可能性もある。

東門推定地で東側土塁はなくなっている。しかしその北西に位置する第5次調査区からは、削平により平坦になっていたが土塁の版築層が検出された。この結果、この付近までは東側土塁が延びていたことが判明したのである。すなわち東側土塁がそのまま延びていたとするならば、東門の余地はない。しかし土塁を掘り込むような状況の道跡が東門推定地に向かうことから、東門推定地は当初から土塁が切られていた可能性が出てきたのである。土塁を切り通したところに道が続くとなれば、当然門が存在したことだろう。東門推定地のみ東側土塁が切れていたと推定すると、奥州道中がこの付近で屈曲しているのは、土塁を切る手間を省いたためと解釈できる。屈曲した奥州道中が直線的に北西進し、北・西側土塁の接点部分を通っているが、この付近にも門が存在していた可能性がある。

(4)第7次調査区で検出した特殊遺構

第7次調査区は無量光院跡の南西端に位置する。無量光院本堂長軸ラインよりはやや西側の奥まった地区である。方形周溝を伴う竪穴建物跡と半円状の周溝を伴う柱穴群は、重複していないが覆土の状況・出土遺物から、同時期に存在していたと考えられる。

①方形周溝を伴う竪穴建物跡

中世において周溝を伴う遺構としては、方形墓・墳丘墓がある。内部に建物跡を伴う例もあるが、やはり祭祀的要素が強い施設と考えられている。これらをまとめた荒川正夫は、方形周溝について上限を平安時代、下限を中世前期と推定し、さらに中世の方形周溝を伴う遺構は、墓あるいは社の祭祀遺構に関わるものであり、周溝は日常的世界から非日常的世界を区画するものとして機能している、と推定している[荒川 一九九三]。

平安時代の寺院跡から竪穴建物跡が検出された例は、いくつか報告されている[石田 一九八四]。しかし一二世紀後半の寺院跡からとなると、管見に触れるものはなかった。一二世紀後半の竪穴建物跡というだけで検出例は激減するわけだが、さらに方形周溝を伴っているのである。時期はやや上がり一一世紀の同様の例としては、岩手県北上市の岩崎台地遺跡群で検出された竪穴建物跡があてはまる[岩手県埋文 一九九五]。溝で区画された中から竪穴建物跡が検出され、その四隅から柱状高台が出土している。やはり日常的な竪穴建物跡ではない。用途は不明だが方形周溝を伴うこの竪穴建物跡も、やはり同様に祭祀的要素の強いものなのであろう。

②半円状の周溝を伴う柱穴群

半円状の周溝は南東端の立ち上がりから、当初から半円だったことが窺える。5基の柱穴は、方形に結ぶならばかなりいびつになることから、十文字であったと考えるべきであろう。半円状の周溝を伴うことから、竪穴建物跡同様やはり祭祀的要素の強い施設と推定される。

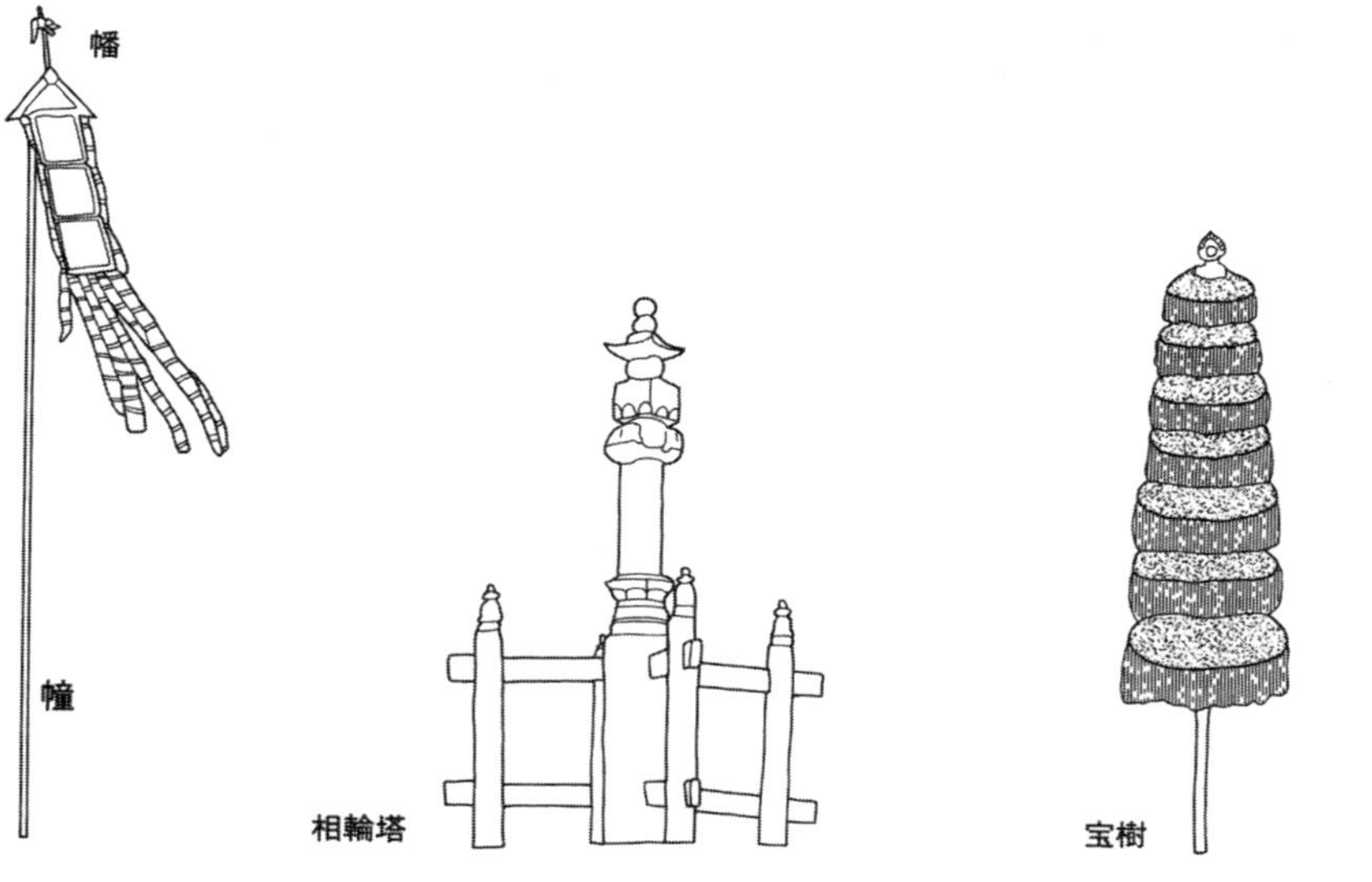

第６図　幢・相輪塔・宝樹概念図

当遺構に類似する寺院に設けられる特殊な遺構としては、幢、相輪塔、宝樹などが挙げられる。幢跡は平城宮跡第二次大極殿前から検出されており、3基の宝幢跡や四神の幢跡は、即位式などのために設けられたものと推定されている［奈良国立文化財研究所 一九八七］。平泉でも前章で記したとおり、毛越寺の本堂円隆寺跡の前庭から、幢跡と推定される遺構が5基検出されている。

今回検出した特殊遺構が幢、相輪塔、宝樹のどれにあたるのか若干検討してみたい。幢とは幡という旗状のものなどを繋ぐ柱を指している。東大寺大仏殿昭和大修理の際の落慶法要にも見られた。その時の写真や他の絵図から窺うに、かなり背の高いもので、本堂前などに一時的に立てられることが多いようである。本堂の中が非日常の世界と考えるならば、境界に立てられるといっても差し支えないかもしれない。長い柱を立てるのであるから、当然掘り方が深いか控え柱が伴うだろう。

相輪塔とは、現存しているものが比較的あるところをみると、常に建っているものである。基本的に中心に柱状の塔を建て、4本の控え柱を伴う。

宝樹も大仏殿落慶法要に見られた。大仏殿に見合うような巨

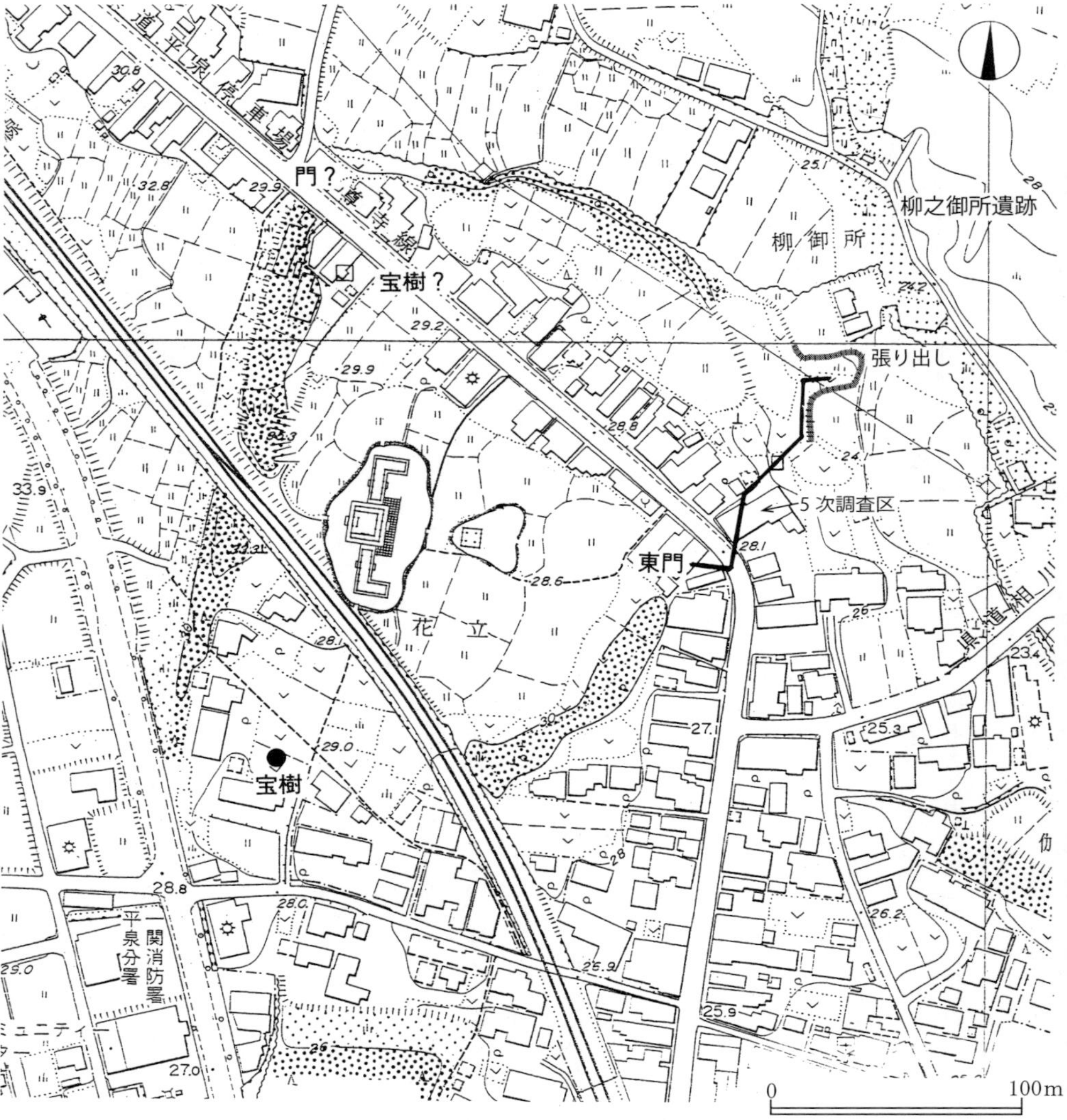

第７図　無量光院の東門と宝樹

大なものである。正確には七重宝樹というらしく、七つの笠のようなものが連なっている。立てられているものがないところをみると、幢同様一時的なもののようである。観無量寿経の意図した極楽浄土である『浄土曼陀羅図』には、宮殿の前後左右に宝樹が描かれている。さほど大きくない宝樹が、概ね対称に宮殿を囲むように配置されている。

特殊遺構は、形状的には相輪塔である可能性が高いが、破却されているという点、周りの柱穴(控え柱)に較べて中心の柱穴が小さいという点が異なる。後者の理由において、幢跡でもない。半円状の周溝を伴う柱穴群は、規模があまり大きくないこと、また無量光院境内における位置からも、宝樹であった可能性が最も高い。そして出土遺物の年代から想定すると、無量光院の落慶法要時の遺構ではないだろうか。

(5)整備に向けた調査の成果

近年行われている整備に向けた調査は、多大な成果を挙げている。本堂に関しては、わずかながら基壇が認められること、洲浜状の玉石敷面の上に建っていたこと、東正面に舞台が設けられていたことがある。西島の北側に、橋によって結ばれる北小島を検出している。しかしながら、西島と東島の間からは、橋は検出されていない。東島からは3棟の礎石建物が検出されていたが、再調査の結果、2棟については再考の余地がある。

園池に関しては、基本的には素掘りであり、深さも0.3㍍程と浅い。導水路と排水路ともに想定はされるものの、遺存状態は悪い。

4 小結

無量光院は一一七〇年~一一八〇年前後に建立された。外部地区は、無量光院建立に伴い無量光院の堀北延長に区画溝を設け大区画期に入っている。無量光院の建立とともに、柳之御所遺跡を含んだ広範囲が変革・整備されたのである。

土塁と堀を伴う前身建物跡の存在、またのちに土塁と堀が設けられた可能性のすべてを否定するものではないが、現状では可能性は低い。むしろ素直に当初から併設されていたと考えたい。また無量光院が造られる以前は、空白地とはいわないが閑散とした地区であったと推定された。柳之御所遺跡はすでに成立していたが、のちの無量光院境内地は閑散としていたのである。平泉の市街地形成は、おそらくこのような状況で進んでいったと考えている。

土塁と堀のもつ意味としては、平泉藤原氏の祖先である安倍氏・清原氏の権威と象徴の継承であったと推定された。無量光院の場合、景観を構成する築山としての意味合いも含まれていたと考えられる。西側土塁と東側土塁が繋がっていたこと、東側土塁が北側に続いていたことから、極楽浄土を具現化した無量光院境内は、西・北・東を土塁に囲まれ、南に開放していた空間ということになる。未調査の上さらに痕跡も認められないが、南側にも堀や塀などの区画施設が設けられていたとも考えられる。無量光院の土塁と堀には、日常世界から極楽浄土を分離する意味もさらに含まれていた可能性がある。

東門については、従来から擬定されていた東側土塁北端付近の可能性がより高くなった。江戸時代にはすでに朽ち果てていただろうが、東門が設けられていたとすれば、この付近のみは東側土塁が開口していたことになる。奥州道中は土塁を切る手間を省き、土塁が開口している部分を通したいがため屈曲したのである。無量光院地区を通行しようとすれば、必ず土塁を越えなければならない。その労を解消するため、土塁の開口部である門跡を奥州道中は踏襲したという この推定は、極めて蓋然性が高いのではないだろうか。同様に第4次調査区付近にも、門があった可能性が浮かび上がってきた。北側土塁北斜面を平坦にして道を造っている状況も、東門擬定地付近の構造に類似している。

方形周溝を伴う竪穴建物跡については、用途は不明だが祭祀的要素の高い一時的な施設と考えられた。半円状の周溝を伴う5基の柱穴に関しては、宝樹跡と推定された。無量光院に関して『吾妻鏡』は、「堂内の四壁、扉には観経の大意を図絵し」と伝える。観経とは先にも述べた『観無量寿経』のことであるが、十六の観法が説かれている。その中に日想観と樹想観も含まれている。樹想観とは宝樹観のことであり、極楽浄土を具現化した無量光院境内に、宝樹をも具現化していたことは充分に考えられよう。また本堂に対して対称の位置にも、宝樹が設けられていた可能性が高い。そしてそれらは無量光院の落慶法要の際、設けられたのではないだろうか。

無量光院のモデルとなった平等院も観経を図絵しているため、同様の遺構が設けられていた可能性が高い。

（1）報告書では、畝状溝跡と土坑と記されているが、明らかに波板状凹凸を伴う道路跡である。

（2）志羅山遺跡第52次調査では、鈴沢瓦窯の灰原資料が第3包含層に含まれることから、鈴沢瓦窯の操業開始時期を一二世紀第3四半期中葉以降と推定している［平泉町教委 一九九七］。

第Ⅳ部　都市空間と掌握領域

第1章　平泉という空間

1　『吾妻鏡』にみえる平泉関連の領域を記載した箇所

都市を考える上で、領域は欠かすことができない事項である。しかし日本の中世前期の都市の中では、漠然とした領域を示すことはあっても、範囲が明確に確認された例はない。なぜ、そのようなことが起きているのだろうか。その答えは、平泉の領域について考察を進める過程で、明らかになる。まずは資料に現れる平泉の空間を考えてみたい。なお、『吾妻鏡』の引用は現代語訳版〔五味・本郷 二〇〇八〕を用いた。

(1)資　料

①文治五年(一一八九)九月一〇日条

「(前略)骨寺の境の四至(東は鎰懸、西は山王窟、南は岩井河、北は峰山堂の馬坂である)内について諸役免除の文章を下された。(後略)」

概略：奥州合戦に際し、中尊寺経蔵別当が寺領の安堵を源頼朝に申し出た。すると頼朝はまず、骨寺を安堵したという。この骨寺は、文治五年(一一八九)九月二三日条にみえる「両国(陸奥・出羽)には一万余の村」の中の一つの村と思われるが、中尊寺経蔵別当領であり、頼朝が最初に安堵したことも含め、特殊な位置づけの村だったのではないかとも考えられている［菅野 二〇〇九］。

②文治五年（一一八九）九月二八日条

「（前略）東は北上河まで、南は岩井河まで、西は象王の岩屋まで、北は牛木長峰まで、とあった。東西は三十余里、南北は二十余里あったという。」

概略：鎌倉への帰路、源頼朝が達谷窟の縁起を聞いている。その縁起には、坂上田村麻呂将軍が達谷窟西光寺に水田を寄進した範囲が記されていた。

③文治五年（一一八九）九月一七日条

「（前略）一、鎮守の事。中央に惣社、東方に日吉・白山の両社、南方に祇園社・王子諸社、西方に北野天神・金峰山、北方に今熊野・稲荷社である。（後略）」

概略：平泉の領域を論ずる場合、最もポピュラーに用いられる資料。しかしながら鎮守の現地比定に難がある上に、寺院の鎮守とも混同が著しく、近年は議論が行われていない。現地比定されている中で、最も可能性が高いのは、祇園社といわれている。

2　資料から読み取れること

資料①にみえる骨寺村については、中世に描かれた二枚の絵図が残っており、詳細に研究されている［一関市教委 二〇〇四］。その絵図に見える地名についても現地比定がなされており、絵図と比較することが可能である。その現地を見る限り、骨寺村の範囲は不整形で東西に細長く、さらに東と西、北は道路の要衝地が境として認識されており、境

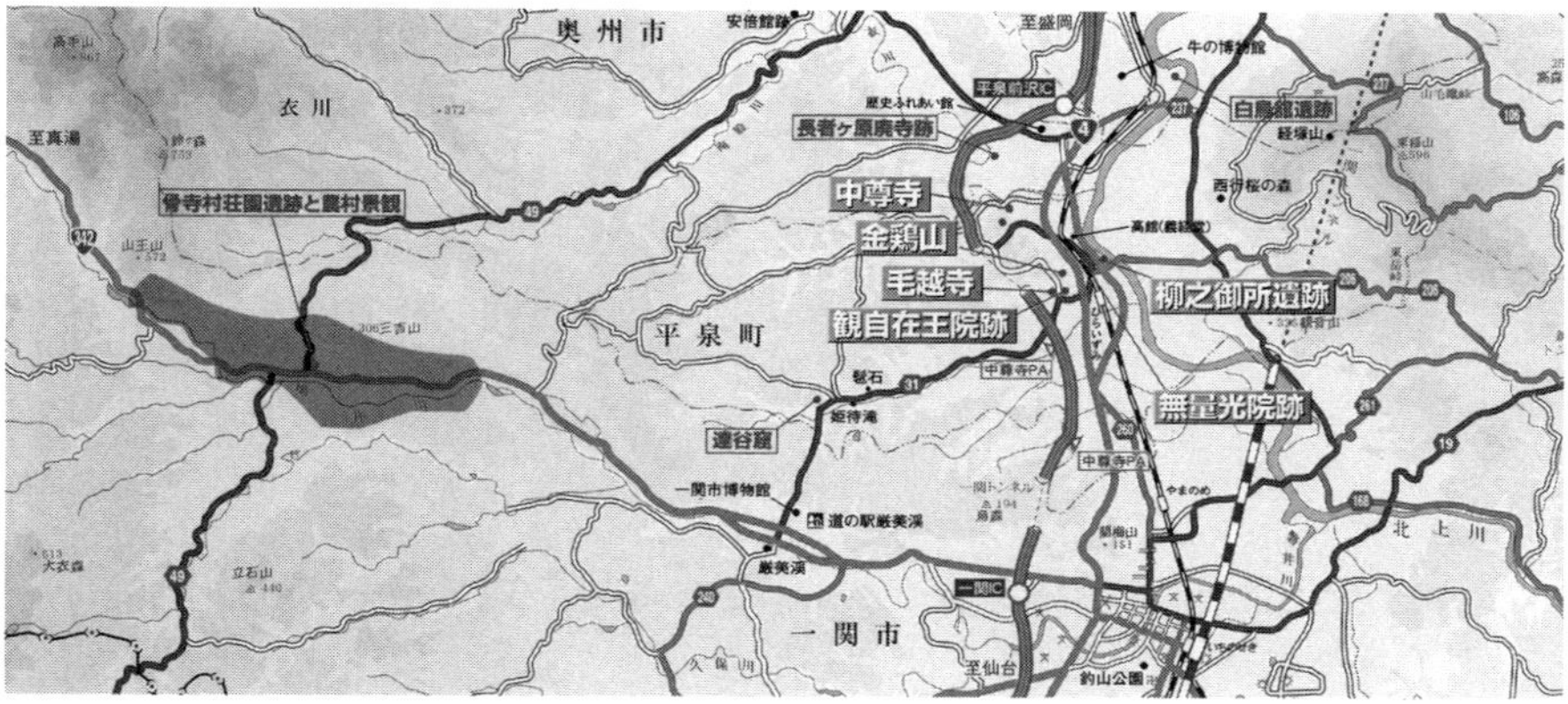

第１図　平泉遺跡群と骨寺村荘園遺跡

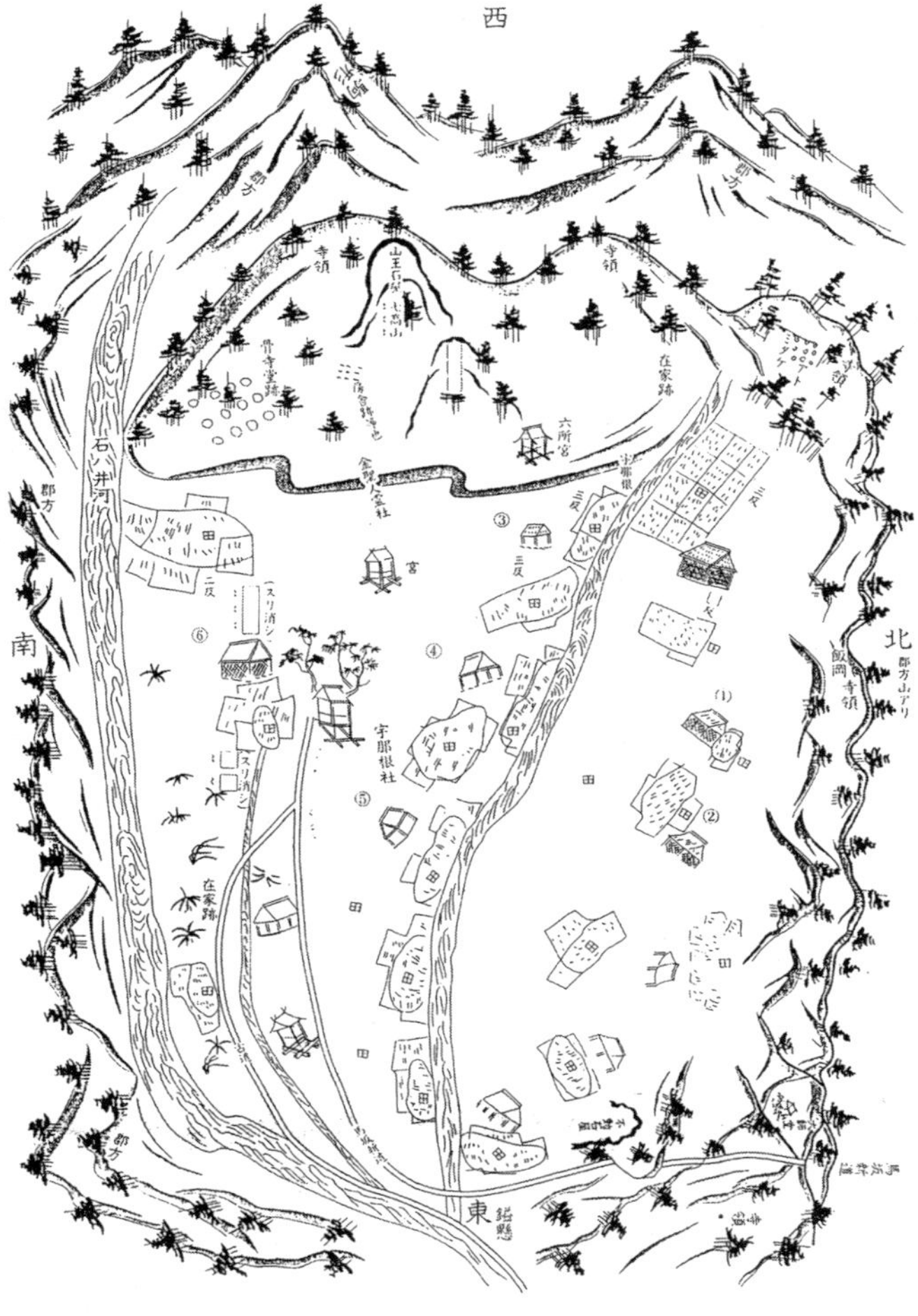

第２図　骨寺村荘園絵図概念図

界とは基本的に線ではなく点であることが読み取れる。

また渡河が困難な大きな川は、線的な境界として捉えられている。資料②も同様であり、大河はやはり線的な境界である。象王の岩屋と牛木長峰については現地比定されていないものの、ともに交通の要衝地と推定される。象王の岩屋は骨寺村内に存在したことも指摘されている［菅野 二〇〇九］、一里を約640メートル（小里）とすると牛木長峰は、「鵜ノ木」や「長根」という字名が残る白鳥舘遺跡周辺であった可能性が高い。

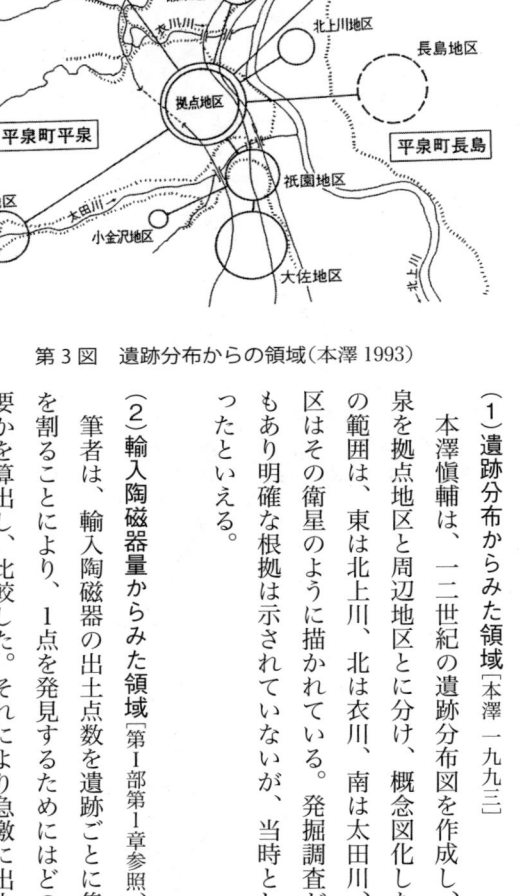

3 考古学的に領域を論じたもの

(1)遺跡分布からみた領域［本澤 一九九三］

本澤愼輔は、一二世紀の遺跡分布図を作成し、遺跡の濃淡によって平泉を拠点地区と周辺地区とに分け、概念図化した。そしてその拠点地区の範囲は、東は北上川、北は衣川、南は太田川、西は丘であり、周辺地区はその衛星のように描かれている。発掘調査が進んでいなかったこともあり明確な根拠は示されていないが、当時としては画期的な研究であったといえる。

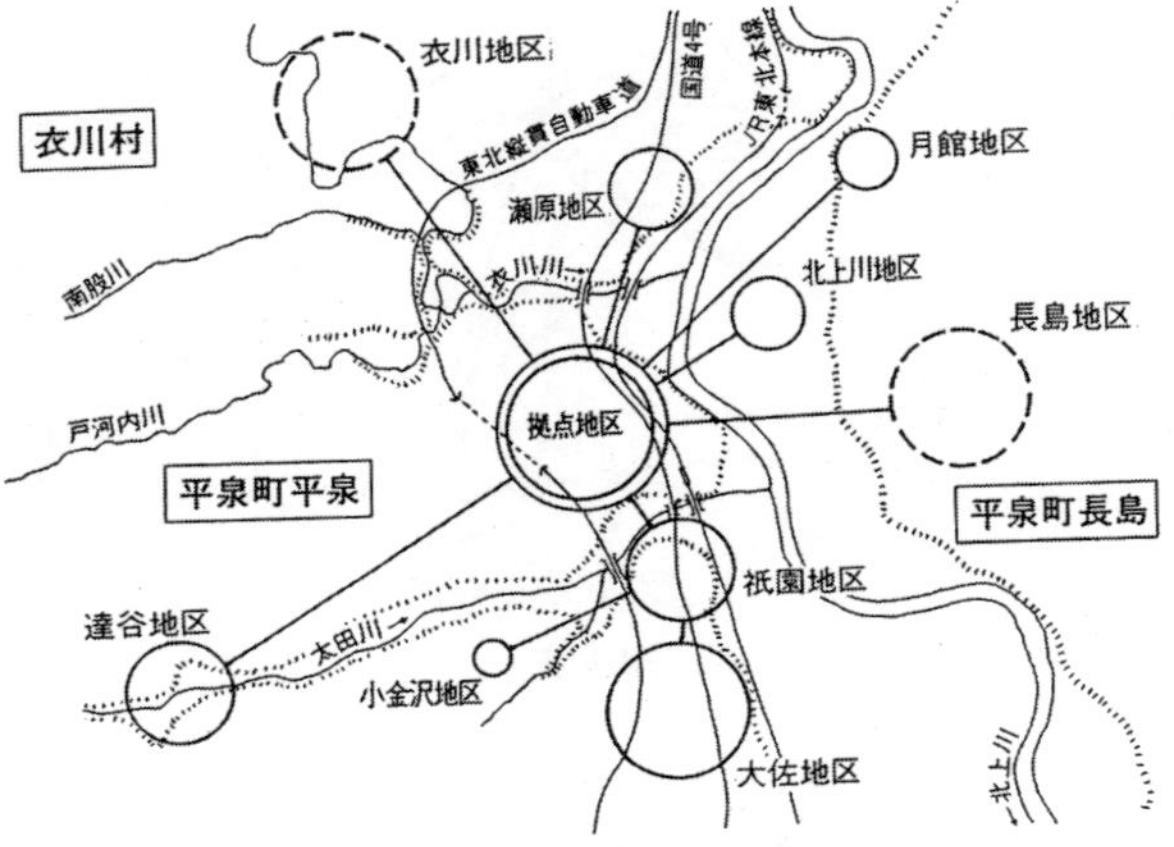

第3図　遺跡分布からの領域（本澤 1993）

(2)輸入陶磁器量からみた領域［第Ⅰ部第1章参照、八重樫 一九九七］

筆者は、輸入陶磁器の出土点数を遺跡ごとに集計し、それで調査面積を割ることにより、1点を発見するためにはどのくらいの調査面積が必要かを算出し、比較した。それにより急激に出土点数が減少する地区があることが確認された。その地区が境界と考えられ、北は衣川、東は北

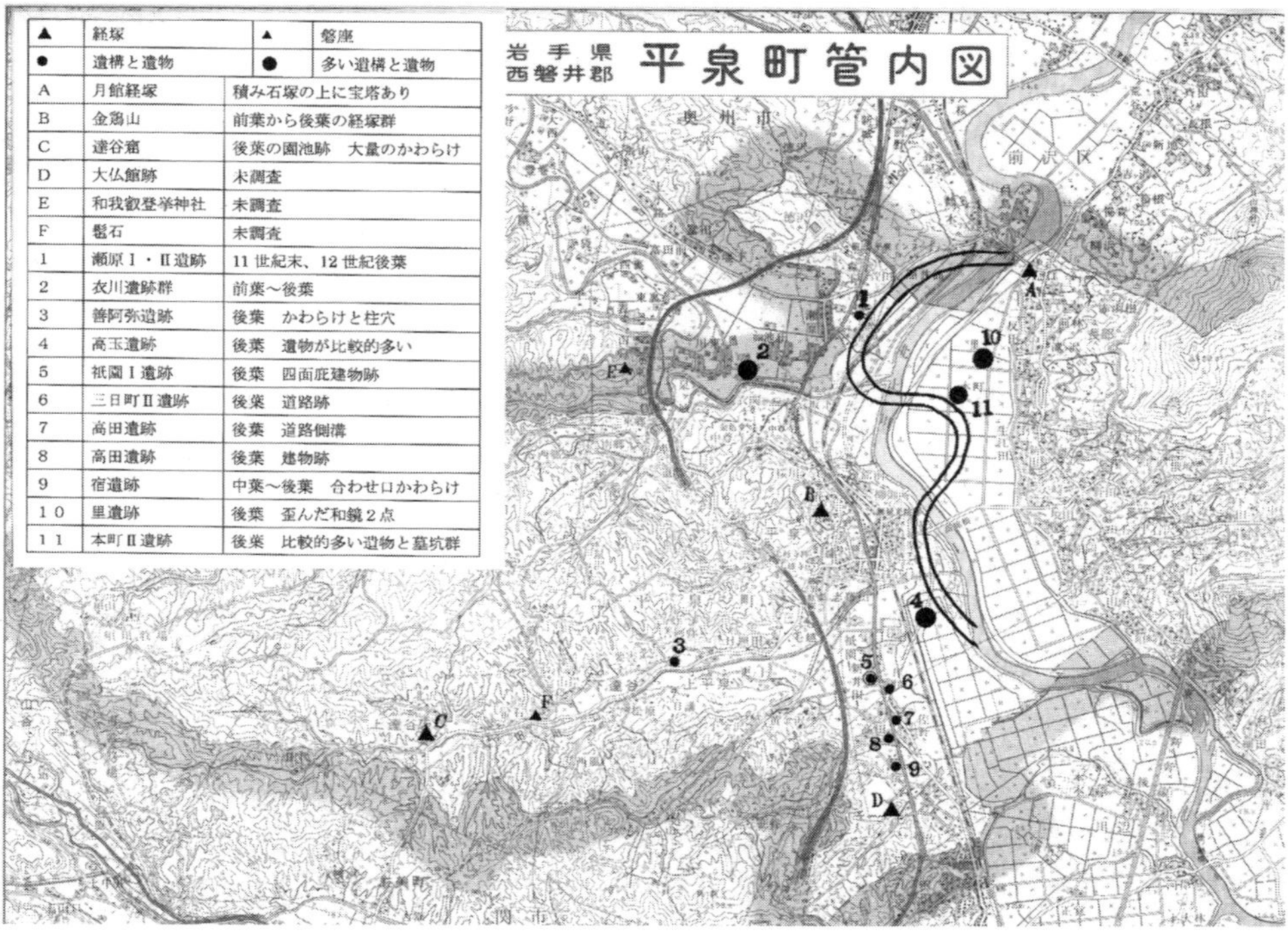

第4図　広がる平泉遺跡群

上川、南は大田川、西は毛越地区までが平泉の中心地区であるとした。

(3)時期ごとの領域変遷を示したもの［羽柴 二〇〇二］

羽柴直人は、平泉内の拠点施設の造営年代を明らかにし、それらと旧河道と検出された道路跡との関係を整理することによって、平泉内の拠点地区を6期に分けている。そして当初は寺院と居館という形だったものが、徐々に変化し、一二世紀中葉に京都をモデルとした都市概念が導入され、後半に都市とも呼ばれる状態に発展したと結論づけた。平面的な平泉領域研究に時間軸という新たな視点を加え、立体的にしたという点では、革新的なものであったが、変遷図として示しているため、領域に関しては直接的には触れてはいない。しかしながら図を見る限りにおいては、他の二案と類似している。

(4)問題点

遺跡分布と輸入陶磁器の出土量から領域を考えた両

論については、約一〇〇年間存続した平泉の最終の領域しか示していない点が大きな問題であろう。また三案に共通するのは、北東南の境界をそれぞれ衣川、北上川、太田川としていることである。文献によって渡河が難しい大河は線的な境界になりうることは明白だが、果たして衣川と太田川は渡ることが困難なのだろうか。

事実として、衣川以北の接待館遺跡からも大量の一二世紀の遺物が出土している［岩手県埋文 二〇〇八］。この様相を見ると中尊寺とまったく遜色がないことが分かる。すなわち平泉開府後のある時期からは、衣川が境界ではない可能性はある。しかし接待館遺跡以外に遺跡は広がらない。同様に太田川以南の祇園社は、繰り返しになるが南の鎮守と考えられ、さらに周辺から大量のかわらけが出土している。しかしやはり面的には広がらない。

また北上川旧河道の東側自然堤防上からも、比較的濃密に一二世紀の遺構が検出されている。しかし本町Ⅱ遺跡からは土坑墓群の存在が確認されたり［岩手県埋文 二〇〇三］、里遺跡からは鋳込みに失敗した和鏡が発見されている［岩手県埋文 二〇〇二］など、中心地区とは様相が異なっているし、何よりも自然堤防以外に遺構は広がらない。北上川河川交通に関わる手工業者等の集住地と考えられる。渡河が難しく現代まで郡境であった北上川ではあるが、平泉開府後に一定の時間をおいてから、行き来ができないほどの境界ではなくなっているようである。

4　領域を考える上での考古学的な成果

(1)平泉藤原氏の滅亡年代［第Ⅰ部］

一二世紀代のかわらけ・国産陶器・白磁や劃花文青磁などの輸入磁器に対して、一三世紀代のかわらけ・国産陶器・鎬蓮弁文青磁の出土点数を比較し、かわらけは概ね2000対1、国産陶器は概ね1000対1、輸入陶磁器が概ね50対1と皆一様に減少していることを指摘し、『吾妻鏡』の一一八九年の滅亡記事について考古学的に否定する根拠がないとした。また胎動開始年代は、広東系白磁の存在から一二世紀初頭と導き出している。

(2)各代の指標遺物[井上二〇一〇、赤羽・中野一九九五、八重樫一九九七・二〇一〇b]

平泉藤原氏には、初代清衡(一〇五六〜一一二八)、二代基衡(?〜一一五七頃)、三代秀衡(一一二二〜一一八七)、四代泰衡(一一五五〜一一八九)という四人の当主がいる。しかしながら泰衡は二年しか平泉政権を維持していないので、秀衡の治世との区別が難しい。そのため一二世紀を3分割とし、最後を秀衡泰衡期とする。

一二世紀前葉(概ね一一〇〇〜一一三〇年頃)は、ほぼ初代清衡の治世と重複し、ロクロかわらけと広東系白磁が指標となる。一二世紀中葉(概ね一一三〇〜一一六〇年頃)は、ほぼ二代基衡の治世と重複し、ロクロかわらけと広東系白磁以外に手づくねかわらけ、福建系白磁、東海産陶器が登場する。一二世紀後葉(概ね一一六〇〜一一九〇年頃)は、ほぼ三代秀衡と四代泰衡の治世と重複し、ロクロかわらけが急激に減少し、手づくねが主体となる。広東系白磁はなくなり福建系白磁が主になり、青磁が出現する。

(3)窯跡と梵鐘鋳造遺構

窯跡や梵鐘鋳造遺構など高温になるこれらの遺構の周辺は、都市化していないことは確実である。現在までに陶器窯跡、瓦窯跡、梵鐘鋳造遺構が検出されている。このうち最も古いものは、一二世紀第1四半期の渥美系の陶器窯と木炭窯である花立窯跡である[八重樫二〇一〇a]。瓦窯では、下向き陽刻剣頭文軒平瓦を焼成した鈴沢瓦窯跡があり、軒平瓦が折り曲げ技法であることから、一二世紀中葉〜後葉の年代が考えられる[平泉町教委一九九五a]。白山社遺跡梵鐘鋳造遺構には、一二世紀後葉の年代が与えられている[八重樫一九九八b]。

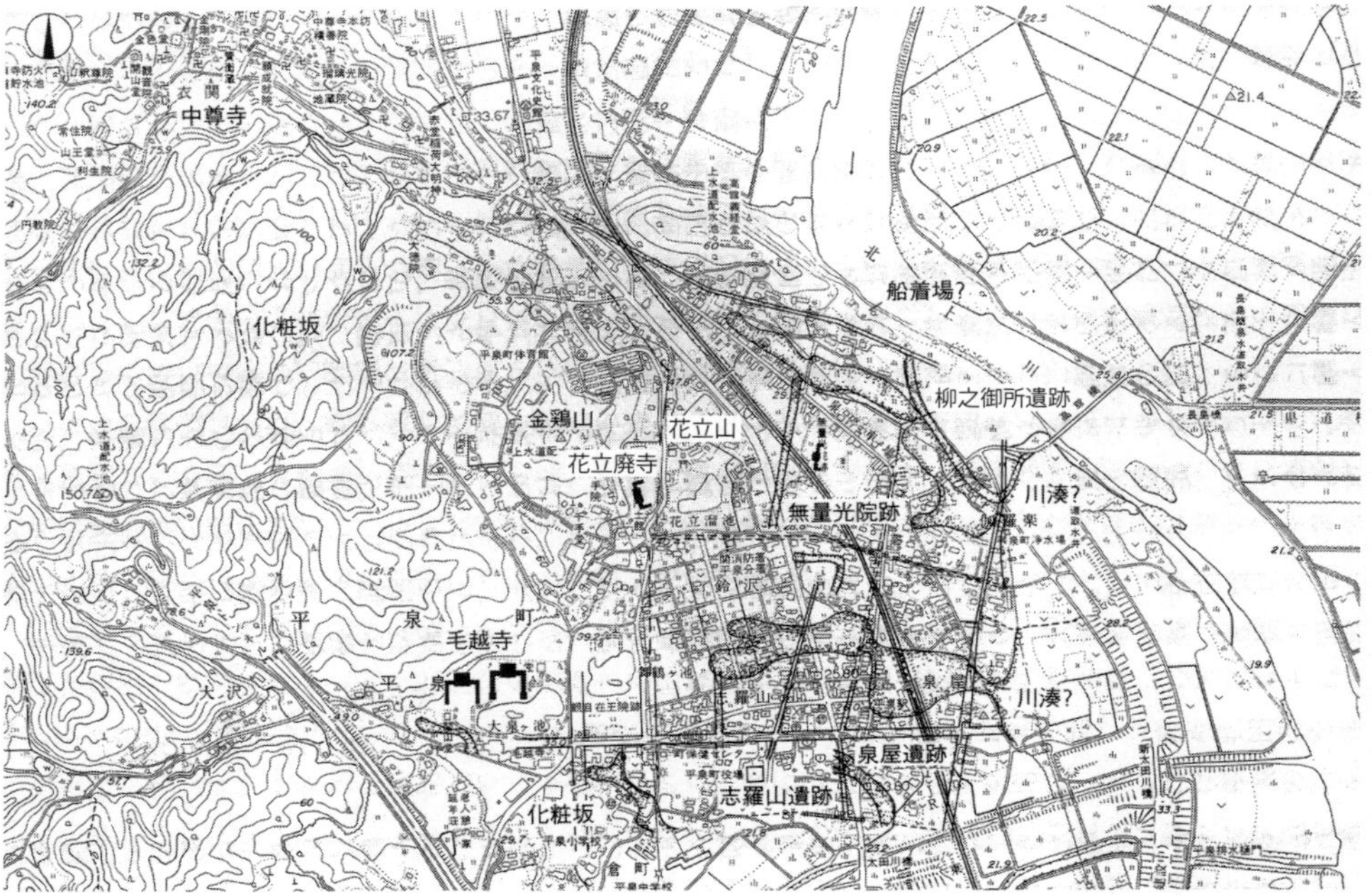

第5図　12世紀後葉の平泉

5　各時期の平泉

(1)一二世紀前葉

この時期には、ロクロかわらけの分布をみる限り、中尊寺と柳之御所遺跡を結ぶライン周辺にしか遺構は広がっていない。南限は花立窯跡が発見されたことから、金鶏山と花立山と考えられる。それ以南の地区にもなんらかの生活があったことは確実だが、馬の解体痕跡が確認されるなど、中心地区の様相ではない。花立窯跡が操業をやめたあとには、当時の平泉の南の鎮護として、金鶏山経塚と花立廃寺が営まれたようである［八重樫 二〇一〇a］。このころ、衣川北岸の接待館遺跡周辺も胎動を開始する。

(2)一二世紀中葉

一二世紀中葉は、第1期毛越寺の造営が始まり［八重樫 二〇一三a］、東西街路が整備され高屋が設けられるなど［八重樫 二〇一一c］、毛越寺周辺が開発される。前葉の丘陵地に対する開発とはまったく異なり、平坦地にある程度の計画性をもっての造成であった［八重樫 一九九九b］。しかし鈴沢瓦窯が存在することから、隙間なく市街地が形成されていたとは到底考えられず、道沿いに屋敷が建てられていた程度で、裏側にはかなりの空白地があったと推定される。『供養願文』伽藍［大矢 二〇〇四］は中尊寺大池跡付近にあったと考えているが［八重樫 二〇一三a］、すると第1四半期の『供養願文』伽藍、第2四半期の花立廃寺、第3四半期の毛越寺と翼廊付三伽藍が、奥大道と推定される道沿いの高位から低位へと造営が進んでいったことになり、関係が注目される。

中心地区内では白山社遺跡、泉屋遺跡が開発され、周辺地区では宿遺跡や北上川東岸遺跡群、白鳥舘遺跡［奥州市教委 二〇一〇］、接待館遺跡も胎動を開始する。

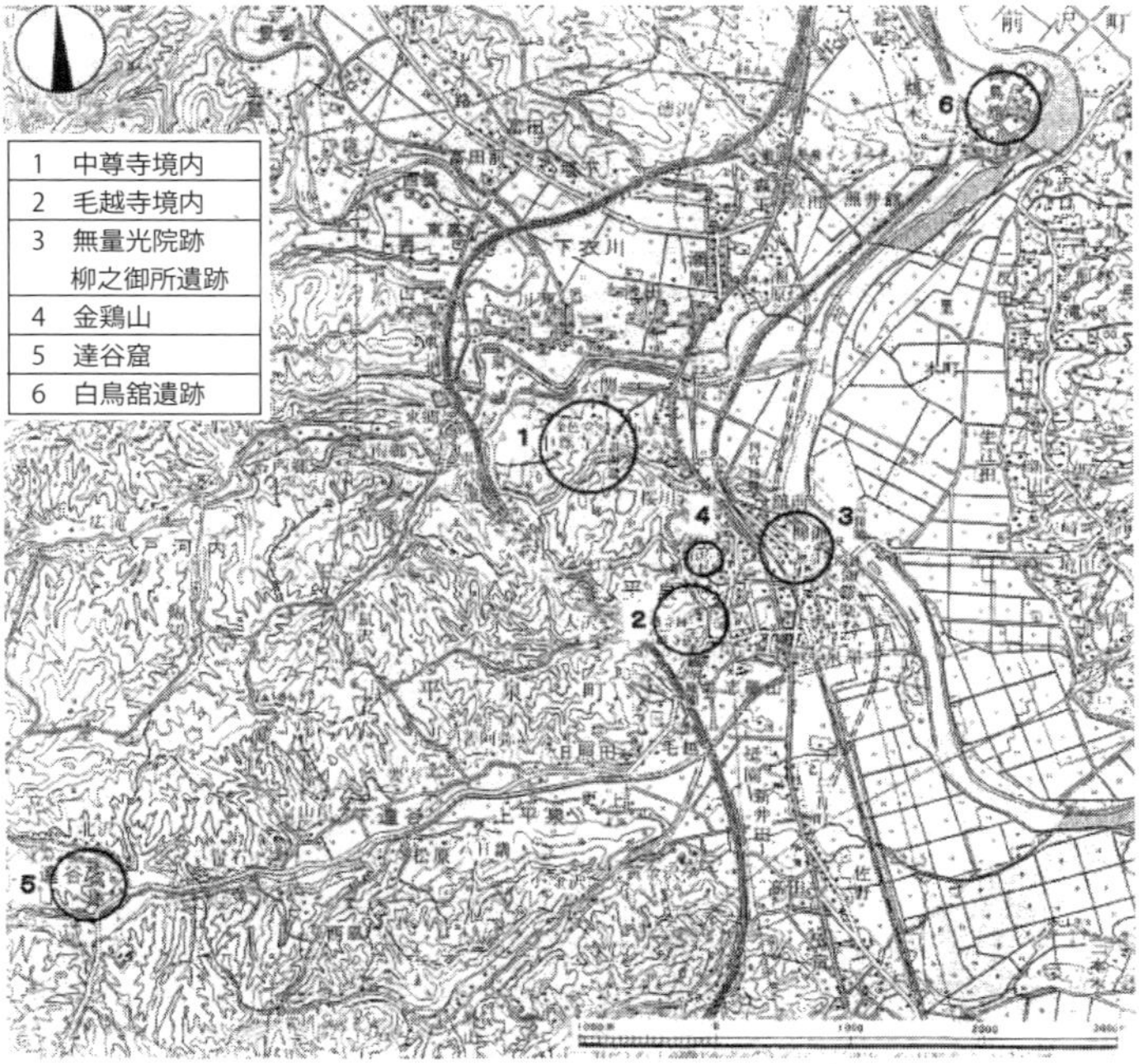

第6図　12世紀後葉の平泉周辺

（3）一二世紀後葉

一二世紀後葉には、中心地区全体に開発が及ぶ。しかしながら白山社遺跡の梵鐘鋳造遺構の存在、無量光院跡の池底からほとんど遺構が検出されないことから、空白地も多々あったようである。祇園社周辺や高田遺跡など、南には遺跡が線状に広がる。衣川以北の接待館遺跡は隆盛を迎える。

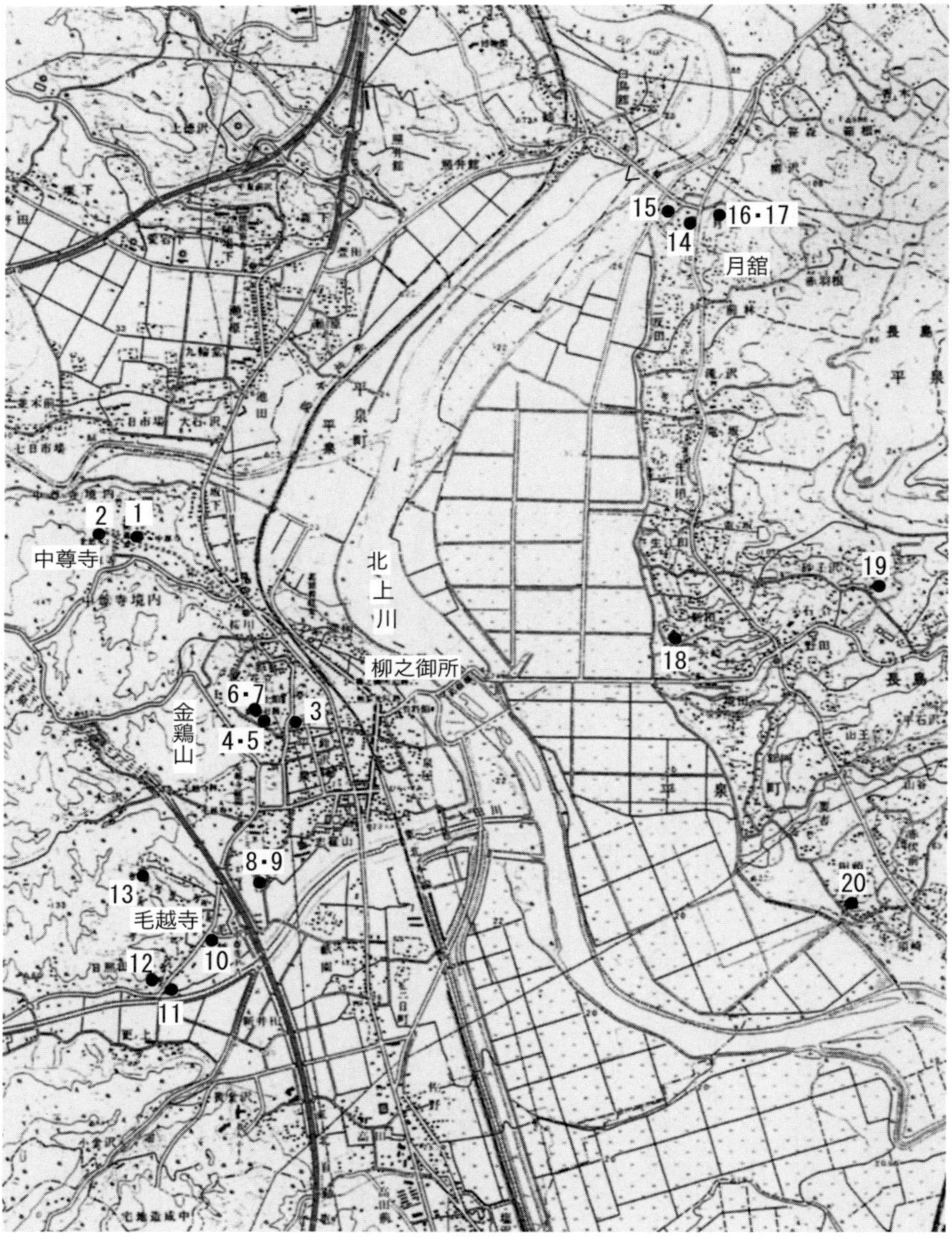

第７図　平泉型宝塔の分布

（4）一二世紀後葉の周辺

狭川真一の研究［狭川 二〇一〇］によれば、中心部は当然のことながら、北上川の東岸地区にも宝塔が分布する。形態からそれらは、一二世紀後半に造られ、経塚上に目印として置かれた可能性が高いという。さらにそれらは、道路網に付随して配置されたのではないか、ということを想定している。

また高玉遺跡と本町Ⅱ遺跡は、北上川の旧流路の自然堤防上に位置しており、舟運に関わるような遺跡と推定される。これらの状況から一二世紀後葉には、周辺の陸路や舟運が整備され、それらに関わる人々が集住していたのである。

その人々の中には、鋳込みに失敗した和鏡や白鳥舘遺跡から数珠玉の失敗品などが見つかっていることから、手工業者が含まれていた。というよりも一大工房群を形成していた可能性さえもある。また本町Ⅱ遺跡は土坑墓群が検出されていることから、京都における鴨川沿い、鎌倉の由比ガ浜のような、あの世との境界［五味 二〇〇四］でもあった。

6　小　結

（1）記録からの考察

村などのエリアは、決して方形ではなく不整形な形状をしており、またその中が面的に開発されているとは限らない。四至は基本的に道の要衝地であり、点である。対して渡河が難しい大河は、線的な境界として捉えられている。

（2）各時期の平泉

前葉は、陸路の結節点中尊寺、舟運の柳之御所遺跡から発展したものと考えられる。しかしその範囲は狭く線的ともいえ、居館と宗教施設をつないだようなものだった。その当時の南限は、花立窯が廃絶した直後に構築された金鶏山経塚と花立廃寺であり、現在の市街地でもある中心部の平坦地は、馬が解体されるなど、周縁の様相を示していた。また中心地区の平坦部に先駆け、衣川遺跡群が胎動を開始したことには、注意を払わねばなるまい。やはり前代の安倍氏が衣川を拠点の一つとしていたことが関わっている可能性が高い。

中葉になるとそれまでとはうって変わって、毛越寺付近の開発と東西路を中心とした道路網を整備するなど、前葉との大きな違いを見せる。都市的な萌芽ともいえよう。そのモデルは京都にあったことが指摘されており[羽柴 二〇〇二]、居館が拡大していったような前葉とは、根本から異なっている。しかし道にすり寄るような形で屋敷などが配置されているにすぎない状況であり、いまだ都市とは呼べない状況である。

後葉になって無量光院周辺が開発され、初めて都市的様相を呈する。人口も増えたと推定され、巨大な消費空間が生まれた。これを維持するためには、物資を集め、さらに製品にしなければならない。周辺地区の水陸の交通網が確立し整備されたのはむしろあたり前であり、手工業者が集住していたのは当然のことであった。消費地である都市には、被支配層とでもいうべき人々の存在は欠かせない。彼らの出現こそが、都市的な萌芽を示すものである。

また人が多く住むということは、食料の供給が一定していなければならない。常識ともいえる認識だが、後葉になると平泉藤原氏の支配領域や支配のあり方も安定していたのであろう。

しかし発掘調査の結果からは、未開発の隙間もかなり存在したと考えられる。その理由は、平泉の発展形態が、すべて道を基準としたものであったことを示している。つまり道に少ししか面していないような空間は、最後まで開発されなかったのである。おそらくこの様相は全国的なものだろう。

すなわち中世前期において為政者は、交通網を掌握し、そこを行きかう物資を手にすることこそが最大の目的であり、当初から都市という空間を造るなどという概念はなかったものと考えている。しかし物資は、道がなければ入ってこない。言い換えれば水路であろうが道があるところには、物資は集まる。つまり物資を集めるために多くの道を設けた結果が、最終的には都市という形になっていったのである。中国からの借り物ともいえる条里制の都市ではない平泉は、中世人の息吹が造り上げた最初の日本的な都市といえよう。

（3）空間構成の変遷

一二世紀前葉は、あえて語れば、北は衣川、西は関山中尊寺、南は花立山と金鶏山、東は北上川という不整形で凹凸が多く、狭隘な地区であった。居館と寺院の集合体ともいえる。しかし中葉になると都市的な様相が芽生え、金鶏山からの子午線を使って地割をし、多くの道を設ける［八重樫 一九九九b］。北は衣川を越えた衣川遺跡群と白鳥舘遺跡、西は関山中尊寺、南は毛越寺、東は北上川の東岸地区がその領域。全国でも五番目の大河を挟んだ地区に被支配者層が住み始めたということは、川を往来できる術が確立していたことを示している。当然のこと橋は架けられているはずもないが、舟運がよほど安定していたのであろう。

平泉が全盛を迎える一二世紀後葉になると、北は衣川遺跡群と白鳥舘遺跡周辺、西は達谷窟、南は大仏遺跡、東は北上川の東岸とあまり中葉と変わらないものの、出土遺物量は爆発的に増えている。支配者層と被支配者層が相乗する中世都市の完成である。そしてその形は、道に沿って遺構が広がることから、不整形なものになっている。

第2章　平泉藤原氏と領域の掌握

1　課　題

『吾妻鏡』によれば平泉藤原氏は、北は青森県陸奥湾外が浜、南は福島県白河の関までを掌握していた。一二世紀を中心とした遺物の集成でも、その傾向はある程度読み取れる〔日本考古学協会 二〇〇一、柳原 二〇一七〕。しかし出土遺物の内容は、地域的な様相を呈し、必ずしも平泉と一致しないし、またそれらが出土する遺跡が、面的に広がる傾向も読み取れない。その遺跡の分布傾向からは、交通の要衝地を掌握しているようにしかみえないことから、地域支配の拠点も兼ねていたと推定されるものの、多くは北方との交易ルートの確保が目的ではなかったかと推定している。

本章では、出土遺物の内容、それらが出土する遺跡の分布について詳細に検討を重ね、平泉藤原氏の支配の実態に迫ることを目的とする。

2　平泉の特徴的な遺物

(1) かわらけ

平泉のかわらけには、手づくねとロクロ成形のものがある。ロクロかわらけは在地色が強く表れ、比較するにはあまり向かない。東北に手づくね技法を持ち込んだのは、京都志向の強い平泉藤原氏である。すなわち手づくねかわらけを有している遺跡は、平泉と深い関係にあったといっても過言ではあるまい。しかし注意しなければならない部分もある。手づくねというだけで、平泉のものとまったく異なる在地化した手づくねかわらけが存在するからである。平泉の手づくねかわらけは、京都の第3次模倣型と考えられている[伊野 一九九八]。つまり京都そのものではないのである。とはいっても平泉以上に京都に近いかわらけが出土する遺跡は、東北には存在しない。

(2) 国産陶器

平泉の国産陶器は、愛知県の常滑・渥美が9割近くを占める。一二世紀に限っていうならば、平泉は常滑・渥美の最大の消費地であった。常滑の器種は大甕が多く、片口鉢、壺と続く。年代としては、一二世紀中葉の1b形式がごくわずかで、最も多いのが2型式、そして3形式と続く。特徴としては、生産地でも例のない三筋文四耳壺や突帯付四耳壺など、注文製品ではないかと推定される特殊品が多いことが挙げられよう。

渥美も同様の傾向を示すが、常滑よりは若干早い段階で入ってきている。常滑と同じく例をみない多種多様の刻画文壺が多数出土している。

その他1割の中に中世猿投、宮城県水沼、産地不明須恵器系製品がある。前者2窯の製品はごく少数だが、須恵器系陶器は群を抜いて多い。それらのうち、珠洲窯産と推定できるものは、意外に少ない。

(3) 輸入陶磁器

概観としては白磁が圧倒的に多く、陶器・青磁・青白磁と続く。化粧土が施された広東系白磁が一定量あり、一二世紀初頭からの胎動を示唆している。福建省の白磁が大半を占めるが、定窯白磁もわずかに認められる。陶器は中国南部産と推定されるものがほとんどだが、磁洲窯系のものも若干ある。青磁は点数的に少ない。そのうち、龍泉窯系青磁が多いが、同安窯系青磁も定量認められる。鎬蓮弁文椀は含まない。青白磁は椀皿合子が主体であり、梅瓶は少ない。

器種的には椀皿もある程度あるが、壺類の多さが目立つ。第Ⅰ部第1章では、白磁壺類は45個体と算出しているが、現在はそのほぼ2倍はあったと推定されている。全国的に見て白磁壺類は、宗教関連施設から出土することが多く、生活遺跡からの例は少ない。

3　平泉セット

(1)平泉セット

平泉の特徴的な遺物は前節で挙げた。それらをセットとしてみると、かわらけ、常滑や渥美や須恵器系陶器の壺甕、白磁壺といえる。これらは、平泉を象徴する出土遺物の組合せ、平泉セットといえよう。

(2)平泉セットの意味

かわらけは、基本的には宴会に使われる一過性の器である。そして宴会を行うには、大量の酒が必要であり、桶がない時代、その酒を醸造するものが常滑や渥美などの大甕であった。しかし大甕は、酒を満たせば移動が困難になる。つまり酒を小分けにして宴会場に運び込むのが、壺の役割であった。すなわち平泉セットが出土する遺跡は、東北の武士たちが、宴会儀礼によって結びついた場所なのである。

近年、神奈川県鎌倉市の大倉幕府周辺遺跡から、一二世紀の遺構が検出されたが、その中身は、常滑と渥美の大甕と壺を有し、加えて白磁四耳壺と大量のかわらけを持っているというものであった［鎌倉かわらけ研究会 二〇一六］。これは平泉や後述する比爪館跡と何ら遜色がないものといえる。しかしながらこのような様相の遺跡は、西日本ではほとんど確認できない。すなわち平泉セットと呼んでいたものは［八重樫 二〇〇二b］、全国的なかわらけの分布やその傾向から、かわらけそのものの意味が論じられ［高橋・八重樫 二〇一六］、さらに甕の価値観や用途が明確になった現在の研究レベルから［中野 二〇一三］、有力な東国武士の必須アイテムともいうべきものであったのである。さらに正確にいうならば、多数の小グループを形成していた武士たちが、宴会を通して結合し巨大化していくために必要なものこそが、甕・壺・かわらけ、ということができる。

鎌倉では、鎌倉時代を通して大量のかわらけが消費されているが、一歩外に出るとかわらけは皆無であり、その様相は平泉も同様である。平泉は、一二世紀中、甕・壺・かわらけを使い続けるが、後述する各遺跡は、比爪館跡を除いて、それらをセットとして使っている期間は短い。比爪館跡にしても現在のところ一二世紀第４四半期のかわらけは管見には触れていない。

繰り返すが甕・壺・かわらけは、武士たちが組織を大きくするために必要なものであり、鎌倉や平泉でそれらが使い続けられるのは、その行為が継続して行われていたからである。その証左として、平泉藤原氏が攻め滅ぼされると、甕・壺・かわらけは激減する。

すなわち本稿で取り上げる遺跡は、平泉と同時期に同様の宴会を行った遺跡といえるが、それらが平泉のように継続しないのは、その必要がなくなったからと考えている。つまりそれ以降、序列が決まり、平泉との何らかの関係が生まれたからなのであろう。

関東で一二世紀のかわらけがほとんどといっていいほど発見されないのは、朝廷からの官位によって武士たちの結合がある程度まで進んでおり、序列を決める必要がなかったからだと推察している。しかしこの状態は源頼朝の挙兵により変化し始める。舞台を鎌倉に移し、彼を中心に武士たちが新たな結合を始めるからである。

まとめると、甕・壺・かわらけを使って行われていた行為は、序列を決める宴会であり、それは武士たちの主従関係を形成するために必要不可欠なものであった。このように宴会に重要な意味を持たせることは、後三年合戦に際し源義家が活躍に応じて家人たちの座席を変えたと『奥州後三年記』に記されていることから、一一世紀後半にはすでに行われていたことがわかるが、その場には、副将格として平泉藤原氏の開祖である清衡がいたのである。

重要な意味を持った宴会を開催でき、政治権力が介在した注文品である甕・壺を使用している遺跡には、関係の強弱は当然あるだろうが、平泉藤原氏が何らかの形で関与したとしか考えられない。

現在の研究は、かわらけの細部に至る整形技法、詳細な陶磁器の組成比などを提示し、平泉のそれらと異なるから平泉とは無関係、といったようなミクロの視点で行われているものが多いが、そもそも宴会の意味や作法を誰が伝えたのか、白磁四耳壺や一二世紀になって登場する大甕に重要な役割を与え、それを定着させたのは誰かを考える時、少なくとも北東北においては、平泉藤原氏の関与を推定するしかない。すなわち甕・壺・かわらけは、東国の有力武士の必需品であるが、北東北に限っていうならば、平泉との関係性を示すもの、つまり平泉セットということができるのである。現在の研究成果を踏まえ、ここに訂正し明示したい。

4 分布

(1)経塚

青森県では、津軽地方ではすべて須恵器系陶器で構成され、南部地方の七戸に常滑三筋文壺と甕があるに過ぎず

〔小山 一九九三〕、しかも大半が蔵骨器と推定されている。しかしながら近年の調査によって、七戸の常滑の壺甕が経塚から出土した可能性が高まったし、[1]平内町から盗掘を受けた白狐塚経塚が発見されている〔木村 二〇一四〕。秋田県と山形県は経塚が多いものの、やはり須恵器系陶器甕壺が埋められており、東海産陶器が納置された経塚は、山形県尾花沢市の1例のみである。これは尾花沢市が陸奥国であったことに起因していると考えている。福島県には須恵器系・瓷器系陶器両者の経塚が見られる。

経塚は岩手県北上川流域、宮城県北に濃密に分布している〔八重樫 二〇〇二a〕。その内容をみると、岩手県内には白磁四耳壺が納置された経塚が3基ある。東北では他に例のない白磁四耳壺納置経塚は、岩手県南つまり平泉藤原氏の本貫の地ともいえる奥六郡に分布することから、平泉藤原氏の造営と考えている。渥美刻画文壺が納置された経塚は、岩手県央から南部に3基、宮城県北に若干認められるし、手づくねかわらけが共伴している経塚も、同様の分布傾向を示す。

制作年代が一一五〇年に限りなく近いと考えられる常滑編年2形式の壺が、北海道厚真町から出土している〔八重樫 二〇一二b〕。類例が少ないこの大壺は、北海道唯一の一二世紀の常滑壺である。この壺は、接合完形品であること、意図的に口縁が打ち欠かれていること、火葬骨が内部に入っていなかったことから、経塚に使用されたと考えられている。

(2)平泉セットの分布

岩手県内で一二世紀の遺跡は、盛岡市近隣・平泉近隣から、若干数発見されている。しかし出土遺物点数は非常に少なく、壺類まで揃う完全な平泉セットは認められない。東北で完全なセットを有しているのは、岩手県紫波町の比爪館跡〔紫波町教委 一九八六〕である。しかし手づくねかわらけが少ないなど、若干異なる部分もある。かわらけはすべ

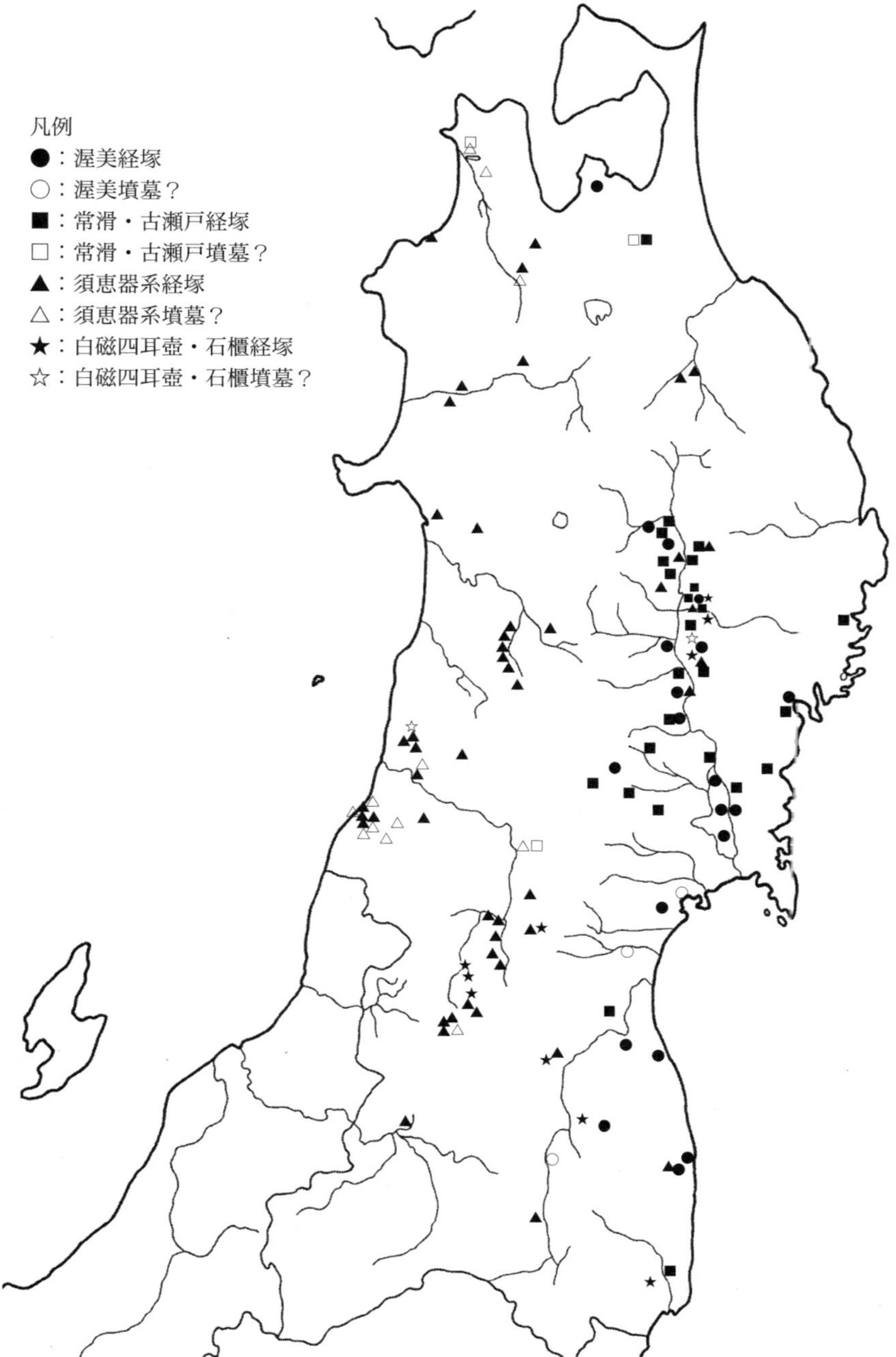

第１図　東北地方の経塚等分布図

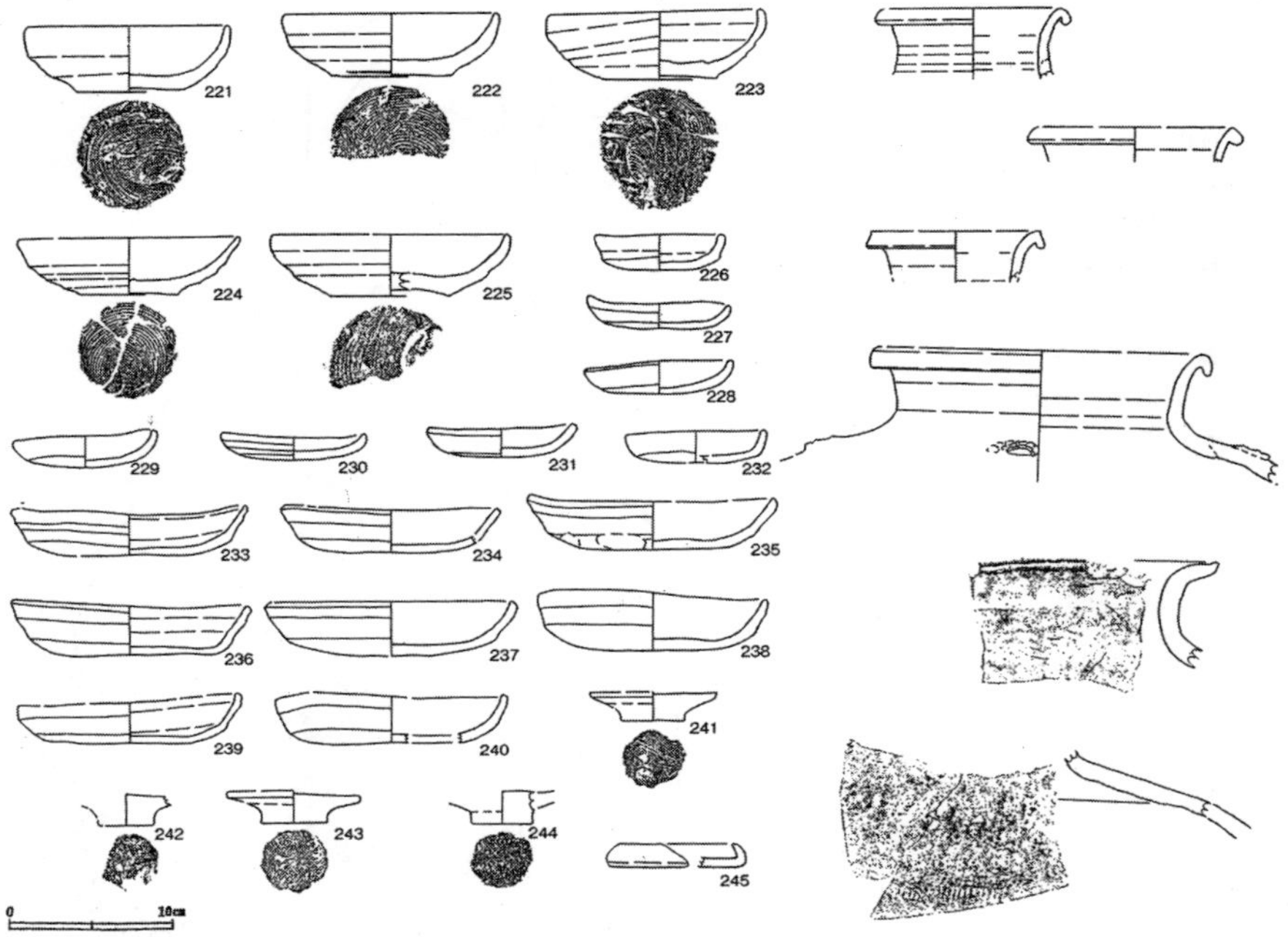

第２図　比爪館跡周辺の出土遺物

て、比爪館跡周辺で焼成されたものであり、生産から消費まで、平泉同様のシステムをもっていたことが分かる。

青森県では津軽地方に濃密に分布している。浪岡城跡内館では多数の手づくねかわらけとともに、広東系白磁四耳壺や白磁椀Ⅳ類、常滑小甕が出土している［浪岡町教委 一九八九］。東海産陶器はほとんどないものの、平泉に類似した様相である。手づくねかわらけは、比爪館跡のものと非常に似ている。他にも蓬田大館遺跡［櫻井・菊池 一九八七］や中崎館遺跡［青森県教委 一九九〇］、内真部遺跡［青森県教委 一九九四］などもある。蓬田大館遺跡からは渥美甕と手づくねかわらけが出土している。須恵器系陶器流通圏に唯一入り込んでいる渥美甕は、平泉藤原氏とのより強力なつながりを示すものだろう。中崎館遺跡からは龍泉窯系青磁椀Ⅰ2類・Ⅰ4類と渥美甕と手づくねかわらけが出土している。手づくねかわらけは、一二世紀第4四半期頃のものである。内真部遺跡からも手づくねかわらけが出土しているが、時期的には中崎館遺跡同様である。新田(1)遺跡からも、福建系白磁四耳壺と手づくねかわらけが出土している［青森県教委 二〇一一］。

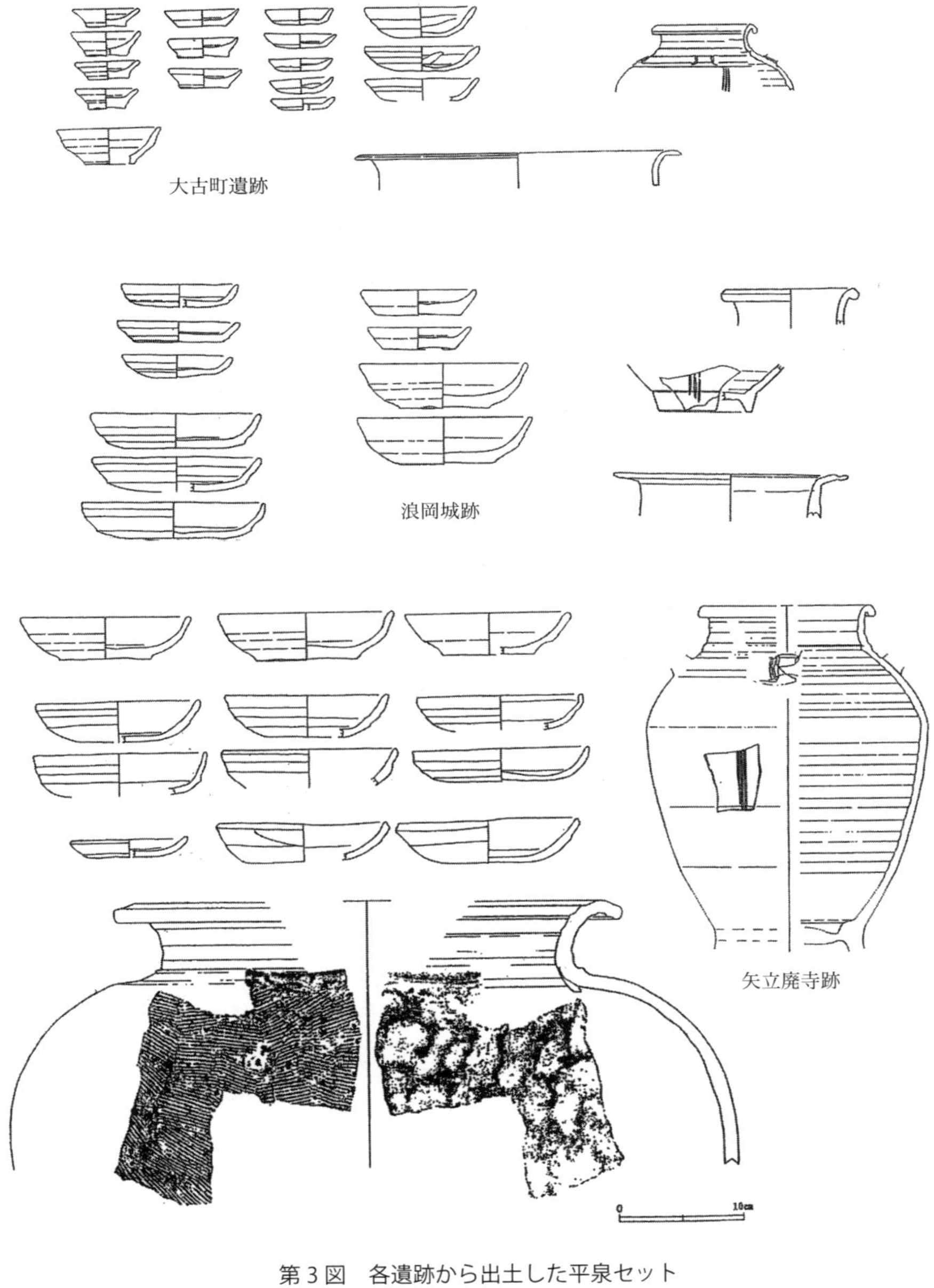

第3図　各遺跡から出土した平泉セット

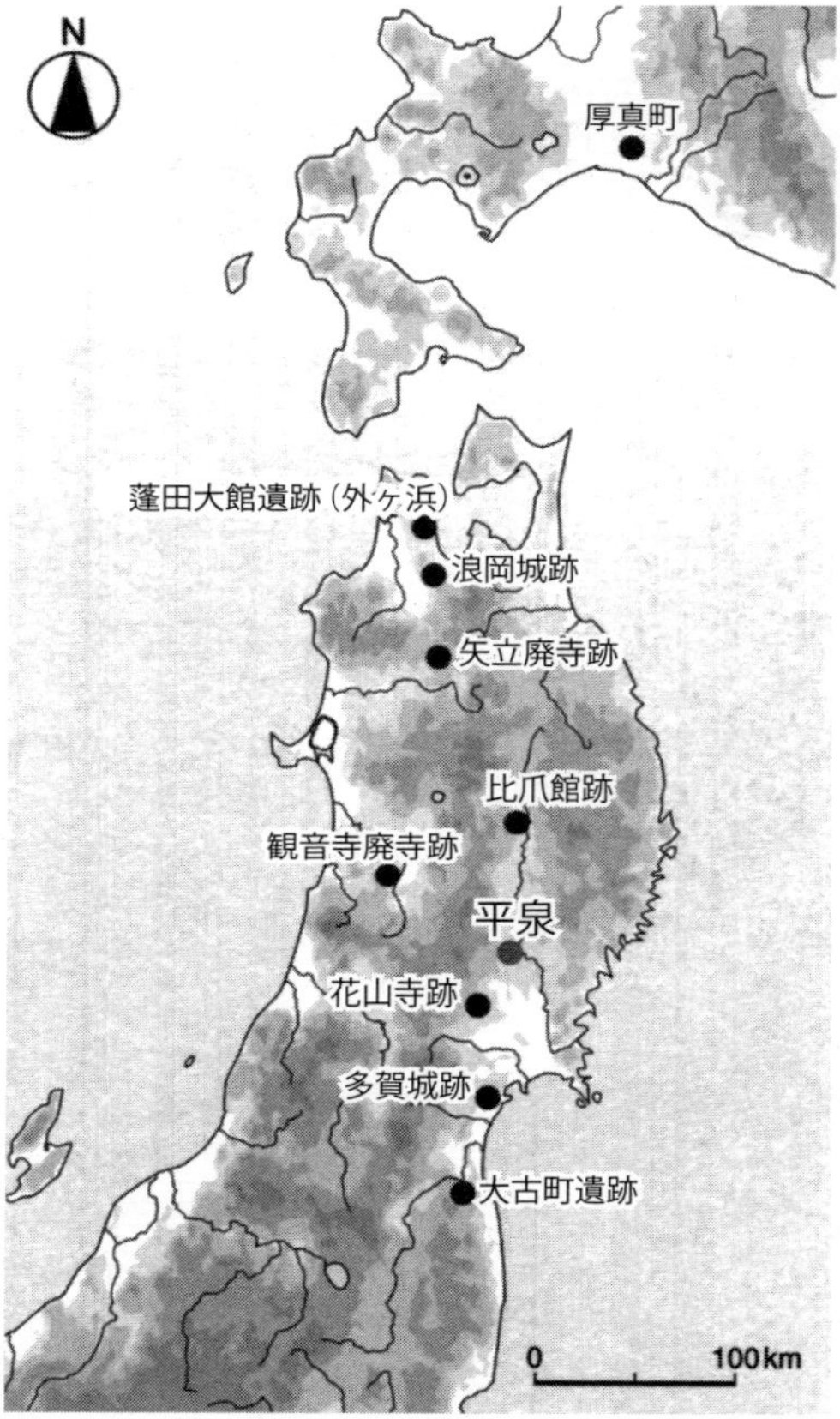

第４図　平泉と関係が深い遺跡

宮城県で特筆されるのは、陸奥国府である多賀城跡［宮城県多賀城跡調査研究所 一九八〇］、花山寺跡［宮城県教委 一九九〇］、大古町遺跡［丸森町教委 一九九九］である。多賀城跡政庁への階段付近を壊して造られた土坑から、多数の手づくねかわらけ、常滑複線三筋文壺、白磁椀Ｖ類が出土している。この手づくねかわらけは、平泉でも古手に属するもので、一二世紀中葉の年代が与えられるものである。また多賀城跡近隣の山王遺跡［多賀城市埋文 一九九二］や新田遺跡［多賀城市埋文 一九九二］からも、常滑や渥美、手づくねかわらけが出土している。花山寺跡は、渥美刻画文壺が出土した花山寺跡経塚群を背負う一二世紀の臨池伽藍である。一部の調査で平泉同様の手づくねかわらけが出土している。大古町遺跡からは、平泉に類似した木組み井戸跡が見つかり、常滑２形式甕、広東系白磁四耳壺や白磁椀Ⅳ類、龍泉窯系青磁椀Ｉ２類、青白磁合子、かわらけなどが出土している。手づくねかわらけも出土しているが、非常に退化した在地系のものである。

秋田県では矢立廃寺［大館市教委 一九八七］と観音寺廃寺［秋田県教委 二〇〇二］が挙げられる。前者からは手づくねかわらけと広東系白磁四耳壺、後者からはかわらけとともに多量の白磁椀皿が出土している。平泉的なのは矢立廃寺であり、観音寺廃寺は同時期の遺跡であることは疑いないが、白磁椀皿が多く四耳壺がほとんどないことや、在地系かわらけが出土しているなど、若干様相が異なっている。矢立廃寺付近には、平泉から北に伸びる奥大道が走っていたとされている。

山形県では点的に在地化した手づくねかわらけや白磁が分布するが、現在のところ際立った遺跡はないようである。福島県も白水阿弥陀堂を除けば、同様の状態である。白水阿弥陀堂は臨池伽藍であるが、一二世紀前半のロクロかわらけしか出土していない［いわき市教委 一九九四］。平泉伝承を有するが、それらは近世になって成立したものであり、平泉藤原氏とは無関係の寺院である［中山二〇一一］。

5 考察

(1)平泉との比較

比爪館跡は、手づくねかわらけが少ないという相違点はあるものの、遺物のみならず検出遺構も平泉と類似している。大きく異なる点は、鎌倉時代以降の遺物も多いということである。樋爪氏は源頼朝に許されている。鎌倉時代にもそれなりの立場を与えられていた証であろう。比爪館跡以外に岩手県内では顕著な遺跡は認められない。同時代の遺跡であっても、多くは少数の遺物しか保有していない。すなわち岩手県内の武士たちは、宴会儀礼を行って新たに強固な結びつきを作る必要がない、安定した関係を保っていたと考えている。

浪岡城跡内館には一二世紀の堀跡が埋没しており、柳之御所遺跡に類似した遺跡である。しかし手づくねかわらけは多いが、完形品の一括廃棄遺構は見られない。これらの状況から平泉にかなり近い遺跡であったことは疑いないが、大規模な宴会儀礼は行われていなかったのかもしれない。蓬田大館遺跡の渥美甕は、破片であるため確実なことはいえないものの、一二世紀の中でも中葉に位置づけることも可能なものである。浪岡城跡の一二世紀中葉に位置づけられる白磁四耳壺やこの渥美壺によって、比較的早い段階に平泉藤原氏関連の勢力が、津軽地方まで進出していることは明らかである。内真部遺跡と中崎館遺跡は、ともに手づくねかわらけは多いものの、一二世紀第４四半期～一三世紀前後の遺跡である。

多賀城跡政庁南面から出土した一群の遺物は、一二世紀中葉に位置づけられるものである。その他にも多賀城跡では、一二世紀の遺物が少数ながら散見される。国府としての機能は他所に移っていただろうが、平泉藤原氏は廃墟に近い多賀城跡を何らかの形で利用していたようである。花山寺跡出土の手づくねかわらけは、一二世紀第３四半期のものである。臨池伽藍を造るような有力者が、この時期に花山寺跡付近にいたことは疑いない。またこの付近に日本海へ抜ける主要道が走っていたことも想定される。大古町遺跡は完全な平泉セットを有している。しかし手づくねかわらけは、非常に在地化したものである。広東系白磁四耳壺を有していることから、一二世紀中葉から胎動を開始していると推定される。

矢立廃寺の手づくねかわらけには完形品が多く、一括廃棄遺構が存在していたようである。広東系白磁四耳壺も出土していることから、一二世紀中葉からの遺跡と考えられる。宗教関連遺跡と推定される観音寺廃寺は、多量の遺物を有している。相当数の白磁が出土しているが、椀皿が主体であり四耳壺は少ない。手づくねかわらけも出土しているが、平泉よりも在地化したものである。遺跡の年代観としては、近隣の大森山山頂経塚でも明らかなように平泉と重複しており、(2) またかなりの有力者が存在したものと推定されるが、壺類が少ないことから、宴会儀礼は多くは行われていない。

福島県会津坂下町の陣が峯城跡［会津坂下町教委 二〇〇五］からは、ロクロかわらけ、白磁四耳壺、常滑大甕の完全な平泉セットが出土している。しかしながら手づくねかわらけはなく、遺跡の年代観も一二世紀前半に位置づけられているし、なによりも日本海からの流通によって多数の輸入陶磁器が入り込んでいる。やはり白水阿弥陀堂同様に、平泉とは無関係と考えている。

(2)分布傾向

経塚は岩手県央から宮城県北に濃密に分布している。白磁四耳壺が納置された経塚は、岩手県央から県南にのみ分布する。渥美刻画文壺が出土した経塚は、白磁四耳壺と同様の地域から宮城県北までに確認できる。平泉に類似した手づくねかわらけは、津軽地方と平泉から多賀城跡付近にかけて色濃く分布している。

須恵器系陶器の流通圏である津軽地方から、東海産甕が出土した意義は大きい。この甕は、藤原氏の介在なくして、津軽に渥美は運ばれることはなかったと考えられるからである。

山形県尾花沢市から常滑三筋文壺が出土した意義も同様である。山形県は須恵器系陶器の流通圏であり、東海産陶器の出土例はこれ以外にない。前記した通り尾花沢市は出羽国ではなく陸奥国であった。陶器の流通圏が、国によってきれいに分かれていたことを示すものである。須恵器系陶器は東海産陶器の流通圏にも入り込むが、その逆はなかったことが分かる。須恵器系陶器の生産には在地の勢力が絡んでいるため、流通経路を近隣に求めやすかったこと、逆に全国流通品である東海産陶器は、それらに阻害されて販路を築けなかったことの表れではないだろうか。

分布傾向から、飛地的な津軽地方と岩手県央から多賀城跡付近を含んだ宮城県北までが、平泉と密接な関係にあることが看取された。津軽、特に外が浜は、平泉藤原氏にとって非常に重要な地区だったようである。

6 小結

『吾妻鏡』によれば、東北全域を支配していた平泉藤原氏であったが、かわらけと陶磁器の分布から掌握の度合いが高かったのは、岩手県央から宮城県北ではないかと想定された。宮城県北部はともかく、岩手県南部は奥六郡に位置し、「御館(秀衡)は奥六郡の主」という記事にも一致する。また多賀城跡政庁南面を段切にしたところから出土しているる手づくねかわらけは、平泉の中でも古手に属するものである。政庁付近を使うことによって多賀城の権威を継承しようとする意図が窺え、さらにそれが比較的早い段階に行われたことが看取される。

平泉セットは、北では秋田県北、青森県津軽地方に濃密に分布する。津軽地方では十三湊よりも陸奥湾側に多い。これは平泉から外が浜までの奥大道に関連していることはいうまでもないが、四代泰衡がこの付近で討ち取られていることからみても、北へと向いた平泉藤原氏の意識の表れであったことを明確に示している。

分布図を見ると奥大道は、八戸経由の東北本線ではなく東北自動車道のルートと重なるといえる。しかも平泉セットは、それ以外の地域に広がらない。つまり北東北で平泉藤原氏が直轄的に押さえようと考え宴会を行い、上下関係を明確にしたのは、奥大道の地域のみであったことになる。

平泉の財源は、砂金もさることながら、北海道—北東北交易によってもたらされた北方の産物である。平泉藤原氏を滅ぼした後、初めて上洛する源頼朝の行列の先頭は、馬と砂金と鷲羽であった。すなわち平泉藤原氏の富の象徴は、馬と砂金と鷲羽と考えられていたといえよう。つまり北海道—北東北交易を安定的に行うためには、奥大道を掌握しなければならなかったと考えている。

また常滑壺の存在により、厚真町が北海道交易の重要拠点であったことも見えてきた。厚真町からは、鎌倉幕府と密接な関係にあったところからしか出土しない、一四世紀前後のスタンプ文漆器も出土しており、平泉のみならず鎌倉からも重要視されていたことが判明している。

出羽方面には同時期の遺跡はあるものの様相を異にしており、平泉とは外様的な関係であった可能性が高い。観音寺廃寺付近に大河兼任という豪族がいた。彼は奥州合戦には関わらず静観していたが、平泉藤原氏が滅亡した年末から翌年、源頼朝の不遇に耐え兼ね謀反を起こして滅ぼされている。奥州合戦の折、平泉方に加わらなかったのは、やはり外様的な関係にあったためと推定できる。

源義経に付き従った佐藤一族の居館などが調査されるならば一変するかもしれないが、やはり現在のところ福島県も、外様的な様相を示している。

（1）筆者が七戸町にて常滑壺甕の出土状況を確認したところ、内部に火葬骨が入っていたという事実は確認できなかった。
（2）観音寺廃寺の西側に位置する観音寺山中腹から観音寺経塚は発見されている。一一四九年銘を有する経筒などが出土している［秋田県 一九六〇］。

終　章

1　年代観と空間の変遷

平泉の年代観は、全国流通し、各遺跡にて相互検証が可能な輸入陶磁器、国産陶器によって、一二世紀初頭から末までであることが明確になった。文献史学の成果を援用するならばその年代は、一一〇〇年から一一八九年ということになる。極めて限定的な年代観を有する遺跡群といえる。

一二世紀初頭の遺物は、大小ロクロ坏型かわらけと広東系の白磁しかなく、それらがある程度集中する遺跡は、柳之御所遺跡内部地区と中尊寺境内しかない。ともに一二世紀後半の開発や造成によって、遺構は明確でないことが多いが、かわらけは比較的発見される。

柳之御所遺跡内部地区は、安倍氏や清原氏から継承した不整形な堀に囲まれ、その内部には官衙から模倣した四面庇建物が設けられていた。四面庇建物は、宴会儀礼を行う空間であり、当時の宴会は序列の確認と合意形成を進めるものであった。つまり政治イコール宴会であり、それを行う場所が四面庇建物なのである

しかしながら、一二世紀第1四半期段階では、四面庇建物は1棟程度しかなく、廃棄されるかわらけも数十点程度のものが最大であるので、それほど大きな宴会は行っていない。参集する人々も少なかったのであろう。

このころの特徴的な遺構としては、花立窯が挙げられる。渥美窯から工人を呼び、陶器生産を試みたが、可塑性の低い粘土によって、断念せざるをえなかったようである。近隣から製鉄用と推定される炭窯が見つかったことから、平泉藤原氏はあの付近一帯を一大コンビナートにしようと考えていたのだろう。すなわち都市を造るなどという考えは、毛頭なかったといえる。

ところが花立窯が陶器生産に失敗したため、付近に花立廃寺を造ることになる。金鶏山に経塚を築いたのもこのころと考えられる。また、内部地区と中尊寺を結ぶ道の通過点でもある外部地区も胎動を開始する。道を媒介にして空間が広がり始めたのである。この後、志羅山遺跡や泉屋遺跡も順次活動を開始した。

しかし、面的に次々と新たな施設が平泉に加えられていったとは考えられない。その理由は、一二世紀後半になっても、市街地中心部に窯跡などが設けられるからである。無量光院の鐘を鋳込んだと考えられる白山社遺跡の梵鐘鋳造遺構は、一二世紀第4四半期の年代であった。そのころになっても周辺には、火災に注意するような施設はなかったことになる。また下向き陽刻剣頭文瓦を焼成していた鈴沢瓦窯も第4四半期である。

この様相からは、平泉の場合、隙間なく都市化が進んでいたわけではないことは、明らかである。鎌倉も同様だと考えているが、中世前期の都市は、消費が拡大することによって人が集まり、都市域が膨張するような形で都市化していっていると考えている。すなわち縄張り的な小規模な計画はあったであろうが、都市計画などは存在しない。よく考えるならば、都市計画を有しているのは、都城のみである。都城の特異性が改めて感じられる。

2　二面性

平泉は、長い間、小京都と呼ばれてきた。それは、院政期の代表的な寺院である法勝寺を模した毛越寺や、平等院そのものともいえる無量光院があったからである。ゆえに京都には存在しない柳之御所遺跡の巨大な堀が現れた時には、全員が驚愕したのである。

しかし本書の寺院の章でも明らかなように、毛越寺も無量光院も、決して京都の法勝寺や平等院と同様ではない。形状を除けば、むしろ相違点のほうが多いだろう。すなわち平泉藤原氏は、京都にある寺院と同程度もしくはそれ以上のものを造った、という権威が必要だったのだと考えている。

現在まで京都そのものと考えられてきたすべてのものは、みな微妙に在地化されている。その代表格の手づくねかわらけは、鎌倉では発祥元である京都にはない形にまで変化している。このような様相は、他地域でも見られる。すなわち彼ら、武士＝つわもの(兵)たちにとって京都とは、凌駕しがたい権威であるものの、自らを脚色するときには、都合の良い模倣対象だったのである。

内部地区では、安倍氏や清原氏から継承した不整形な堀に囲まれた中で、京都的な宴会を行っていた。しかし四面庇建物の章で述べたとおり、四面庇建物も京都にはない庇の出が短いものへと変化している。

類似したことは、平泉と北東北の拠点遺跡との間で起きている。平泉と同様の宴会を行いながらも、かわらけはより在地化したものになっており、直接平泉とはつながらない。京都と平泉、さらに北東北の遺跡、といった具合に模倣がくり返されたのであろう。

つまり、つわものたちは、都合よく取捨選択した模倣を行い、独自の文化を作り上げていったのである。銅製経筒が伴わずに陶器壺に直接埋経する北東北の経塚も、同様のものであったと考えている。そしてやがて彼らは、京都の権威を必要としなくなる。それは、承久の乱を経て、さらに鎌倉大仏を建立し、文化的にも貴族の支配から脱却した鎌倉武士に見ることができる。平泉は、その前身段階として位置づけられ、最終的には初の中世都市にまで成長するのである。

3　列島の中の位置づけ

近年までは、京都から発生したすべてのものが、地方を覆い尽くしてきたと考えられてきた。しかしながら一例を示せば、一二世紀の京都からは、白磁四耳壺はほとんど出土しない。わずかに寺院から見つかる程度である。しかしながら本書で述べたとおり、平泉からは多数発見される。平泉の壺好みは、鎌倉に継承されている。同じつわものであれば、当然のことである。その後幕府は、京都室町に移る。

武家の有職故実は、室町将軍から、というのは、ある種の常識である。その中に、壺を用いた宴会儀礼が含まれている。中世後期になると盛んに行われ、酒器に用いる高価な壺類は、権威の象徴となっていく。

しかしながら深く考えるならば、平安時代の京都ではほとんど壺は使わない。実証するのは難しいが、おそらくは平泉から派生した壺好みが、鎌倉へと伝わり、室町幕府にもたらされたものだろう。

列島の中でここまで考古学によって検証できる遺跡は他にはない。京都には確かに圧倒されるが、調査区が狭隘なうえ、地業層が重層しており、調査が困難を極め、あまりいい成果が出ない。鎌倉も同様である。

時間幅も限られていることから平泉は、考古学によって当時の生活を知ることができる唯一ともいえる遺跡であることを本書の研究によって示すことができたと考えている。

初出一覧

序章　新稿

第Ⅰ部　遺物が語る平泉の世界

第1章　輸入陶磁器

「平泉出土の輸入陶磁」『貿易陶磁研究』No.16　日本貿易陶磁研究会　一九九六年
「輸入陶磁器からみた平泉」『貿易陶磁研究』No.17　日本貿易陶磁研究会　一九九七年
「中世前期の輸入陶磁器」『中近世土器の基礎研究』ⅩⅤ　中世土器研究会　二〇〇〇年
「東日本における青磁の出現時期」『貿易陶磁研究』No.20　日本貿易陶磁研究会　二〇〇〇年

以上を加筆修正

第2章　国産陶磁器

「柳之御所跡出土の袈裟襷文壺」『歴史手帖』第19巻7号　名著出版　一九九一年
「常滑・渥美窯産甕の12世紀後半における変化」『岩手考古学』第6号　岩手考古学会　一九九四年
「平泉町出土の刻画文陶器集成」『平泉と鎌倉』平泉町　一九九五年
「奥州平泉にみる常滑焼」『常滑焼と中世社会』小学館　一九九五年
「消費地からの渥美編年」『渥美半島の歴史』田原市教育委員会　二〇一〇年
「平泉藤原氏の陶器窯」『兵たちの生活文化』高志書院　二〇一〇年

以上を加筆修正

第3章　かわらけ
「平泉のかわらけの問題点」『中世北陸の石文化Ⅰ』北陸中世考古学会　一九九九年
「平泉と鎌倉の手づくねかわらけ」『中世人の軌跡を歩く』高志書院　二〇一四年
以上を加筆修正
第4章　遺物からみた平泉
新　稿

第Ⅱ部　遺構から遺跡を考える

第1章　東北地方の四面庇建物
「東北地方の四面庇建物」『前九年・後三年合戦』高志書院　二〇一一年を一部加筆修正
第2章　平泉の井戸
「平泉の井戸跡」『館研究』第1号　岩手の館研究会　一九九八年を一部加筆修正
第3章　柳之御所遺跡
「掘り出された平泉」『平泉の光芒』吉川弘文館　二〇一五年を一部加筆修正
第4章　金鶏山経塚
「平泉・金鶏山考」『磐井地方の歴史』岩手県南史談会　二〇〇二年を一部加筆修正

第Ⅲ部　寺院の実像

第1章　平泉の寺院遺跡
「平泉における寺院」『中世の都市と寺院』高志書院　二〇〇五年を一部加筆修正
第2章　中尊寺の考古学
「中尊寺の考古学」『中尊寺論集』第4号　中尊寺　二〇一七年を一部加筆修正
第3章　毛越寺跡の考古学

「平泉・毛越寺境内の新知見」『中世社会への視角』高志書院　二〇一三年を一部加筆修正
第4章　無量光院跡の考古学
「平泉・無量光院跡再考」『岩手考古学』第11号　岩手考古学会　一九九九年を加筆修正

第Ⅳ部　都市空間と掌握領域

第1章　平泉という空間
「藤原氏以後の平泉」『考古学ジャーナル』No.407　ニュー・サイエンス社　一九九六年
「平泉という領域」『都市のかたち』山川出版社　二〇一一年
以上を加筆修正
第2章　平泉藤原氏と領域の掌握
「東北地方の経塚」『平泉文化研究年報』第2号　岩手県教育委員会　二〇〇二年
「平泉藤原氏の支配領域」『平泉の世界』高志書院　二〇〇二年
以上を加筆修正

終章　新稿

あとがき

本書は、東北大学大学院文学研究科へ提出した博士論文に新稿を加え、まとめたものである。高志書院の濱さんには、お手数をかけいち早く初校を出していただいたが、他の仕事に追われ、中々目を通せないでいた。しかしながら役場人生も秒読み段階に入り、職員として解決しなければならない町政の課題、今後自らの手で解明したいと考えている考古学的課題の多さを考えた時、立ち止まっている暇はないと一念発起した次第である。

大温情をもって審査いただいた指導教官の阿子島香教授、鹿又喜隆准教授、藤澤敦教授、柳原敏昭教授には、言葉に尽くせぬ恩恵をいただいたが、本書の刊行をもって、その一部をお返ししたい。

一九歳になったばかりの大学一年の夏、初めて発掘調査に参加した。遺跡は縄文時代のものだったが、すべてが新鮮で、こんな面白い仕事があるのか、と感じたことをよく覚えている。そしてその想いは、今も変わらない。

しかし何となく普通に就職せねば、という当時の雰囲気に流され、東京の一般企業で働くことを決めた。すると卒業する年の一月、祖母が他界する。祖母は、八重樫家に六〇年ぶりに誕生した男子である僕に、時には厳しく、ある時は優しく、そして様々な知識を授けた。その知識とは、病の時の体の処し方、薬草と毒草、盆暮れ正月や彼岸を迎えるにあたっての作法と儀礼、夕虹は晴れ、猫が顔を洗えば雨、蒙古来襲時の鎌倉軍の惨劇、仁徳天皇の「高き屋にのぼりて見れば」など多岐にわたった。

支柱ともいうべき祖母を失った八重樫家は、岩手県に戻ってこい、との指令を出すことになる。もともと会社員には気乗りがしていなかった僕は、よかったとばかりに舞い戻り、さっそく発掘調査に参加していた地元自治体や県に相談した。すると平泉町で非常勤職員を募集しているという情報を得る。

昭和末期の平泉町は、自前で調査員を採用して発掘調査を行うということが、やっと途についたばかりだったため、考古学的にはそれほど大きな評価を受けてはいなかった。とはいえ、ろくに調査もできない僕の参加は、本当に迷惑なことだったろうなあと今は思う。

毛越寺庭園の調査は、遺物がほとんど出土しない上、玉石敷の実測が日課であり、思い返せば分かっていないにも程があるが、抑揚に欠ける現場と感じていた。ところが昭和六一年、柳之御所遺跡の個人住宅の調査を行った時、多数のかわらけが出土したのである。この無紋の皿型の土器はなんだ、なぜ完形のまま多数出土するのか、といった疑問が次々にわき上がり、いずれ平泉は大変なことになるのではないか、と直感した。

そこからは、他自治体からの正規採用の話も断り、ひたすら平泉町の調査を行う。昭和六三年から㈶岩手県文化振興事業団(当時)による柳之御所遺跡の大規模調査が開始され、翌年から平泉町も行うことになるが、その担当者に非常勤ながら立候補した。

すでにこのころには、今では伝説となった一乗谷シンポにより中世都市という言葉が生まれ、神奈川考古によるかわらけ論議もなされ中世考古学が形を成し始めていたが、残念ながら平泉はまだまだ調査不足だった。しかし柳之御所遺跡の調査は、全国紙の紙面を飾る多数の成果を挙げ、すぐに北東北の考古学をけん引するような役目を担うことになる。必然的に僕は遺跡に導かれ、多くの友人や先輩を得て、今に至っている。本来であれば、一人ひとり記名をして謝意を述べるところであるが、あまりにもたくさんの方々にお世話になったため、このような非礼をお許しいただきたい。

平泉という遺跡を知れば知るほど、まず遺物の詳細を理解しなければならないと考え、給料を叩いて、福岡、京都、愛知県へと何度も足を運んだ。その結果ますます平泉の重要度が増し、やがて平泉から全国の時間軸の物差を作らなければならない、というかその責務があると感じるようになる。

こんなことを考え、何とかこの業界で生きて行ける目途が立ったのは、正規になってちょっと経った三〇歳のことである。楽しい時だった。ところが平成一二年一二月、文化庁からの一本の電話が、運命を大きく変えることになる。その内容は、「来年、世界遺産暫定リストに平泉を登載するので、五～一〇年で登録されるように頑張ってほしい」というものだった。平成一四年に本庁舎内の町長部局に世界遺産推進室が新設され、そこに異動することになる。二〇〇人を超す地権者の同意の取り付けを夜討ち朝駆けで行い、傍らで無量光院跡の公有地化交渉と大規模開発の発掘調査をこなした。多くの町民から過大な期待を寄せられていただけに、どうすれば一日でも早く世界遺産に登録されるかについて、とり憑かれたように朝から晩まで考えていた。

この時期に書いた論文は、ほとんど評価されなかった。たしかに今読み返してみてもつまらない。おそらく精神疾患に近い状態だったのだと思う。しかし自力で抜け出すことはできなかった。

世界遺産に登録される予定の平成二〇年、前年に町長が代わったことも影響し、登録環境をさらに整えるために屋外広告物条例等二大条例を策定することを指示され、所管の建設水道課に異動となる。この時はものすごいショックを受けた。もはや発掘調査を行うことはできないし、文化財に関わることもない。そしてさらに追い打ちをかけたのが、世界遺産登録の延期が決定されたことであった。手足すべてをもぎ取られたような感覚に陥り、意識もうろうとしていたが、まわりからは、役場的には栄転だ、という声も聞かれた。

そんな折、花立窯跡が発見されている。見事な縦割り行政によって、町内での窯跡発見の情報を県外の友人から知らされるという状況に僕はいた。かなりがっかりもしたが、気を取り直し、一般の方々と同様に現地説明会で遺跡を初めて見学し、報告書刊行後にすべての出土遺物を実見させていただいている。

現地説明会に展示されていた出土陶器は、今まで見たこともないものだったが、テクニックが常滑窯や渥美窯の系譜を引くものであることは、すぐに判断がついた。そのため以前は何度も行っていた愛知県に何年ぶりかで向かい、情報収集を行う。やがて花立窯跡の全容が徐々に浮かび上がり、早く研究をまとめ上げたいという焦りすら覚えた。その後、本書に掲載している論文を発表したが、このような感覚に捉われることは久しぶりであり、考古学の原点に立ち返った気がしている。

この経験から、「このままでは自分は何者なのかも分からなくなってしまう」という危機感にかられ、根本から考古学を見直そうと思うようになった。そして準備期間を経て、総務企画課に異動した二年目に東北大学大学院への入学が実現する。

あたかも天界を制した気でいたが、実は手のひらの中だった孫悟空。祖母に言われたこの戒めを忘れずにはやってきたが、このような放蕩生活を三〇年以上も続けることができたのは、ひとえに妻結花が、悟空に対した時のお釈迦様の慈悲を持ち合わせていたからにほかならず、ありきたりではあるが感謝にたえない。そしてこれからもよろしくお願いしたい。

また、奇妙なことから掘りあててしまった青森県白狐塚遺跡の出土陶器群。これらの出自を解き明かしたいと考えている。しかしおそらくは、かなりの大仕事になると思う。そのためにも、飯村均さんをはじめとする多くの友人や先輩たちには、懲りずに今後もさらなるお付き合いをお願いしたい。

二〇一九年八月一八日

八重樫忠郎

引用参考文献

愛知県 2012『愛知県史　別編　窯業３』738 頁
愛知県陶磁資料館 1996『経塚出土陶磁展―中部地方に埋納されたやきもの』
会津坂下町教育委員会 2005『陣が峯城跡』
相原康二 1999「岩手県陸前高田市矢作町出土の経壺について」『岩手県立博物館研究報告』第 17 号　1~13 頁
相原友直 1993「平泉雑記」『平泉町史　資料編二』1~221 頁　平泉町
青森県教育委員会 1990『中崎館遺跡』青森県埋蔵文化財調査報告書第 129 集
青森県教育委員会 1994『内真部⑷遺跡』青森県埋蔵文化財調査報告書第 158 集
青森県教育委員会 2011『石江遺跡群』
赤羽一郎 1984『常滑焼』ニュー・サイエンス社
赤羽一郎・中野晴久 1995「中世常滑焼の生産地編年」『常滑焼と中世社会』小学館
秋田県 1960『秋田県史考古編』
秋田県教育委員会 2001『観音寺廃寺跡』秋田県文化財調査報告書第 321 集
安里　進 2006「カムイヤキ（亀焼）の器種分類と器種組成の変遷」『吉岡康暢先生古希記念論集　陶磁器の社会史』129~140 頁　桂書房
穴水町教育委員会 1987『西川島』
厚真町教育委員会 2011『オニキシベ２遺跡』
荒川正明 1988「中世陶器における刻画文の系譜とその性質」『美術史』第 123 冊　34~48 頁
荒川正夫 1993「中世における［周溝に囲まれた小型建築址］の問題について」『久保哲三先生追悼論文集』25~42 頁
荒木伸介 1982「奥州藤原氏造営寺院をめぐる諸問題」『アガルマ』同朋舎
飯淵康一 1995「古代末期平泉に於ける方角認識」『日本建築学会東北支部研究発表会』1~6 頁　日本建築学会東北支部
飯村　均 1995「東北諸窯」『概説中世の土器・陶磁器』425~436 頁　真陽社
飯村　均 2001「やきものから見える「価値観」」『中世土器研究論集』147~156 頁　中世土器研究会
飯村　均 2003「陶器総論」『中世奥羽の土器・陶磁器』113~126 頁　高志書院
飯村　均 2009「平泉から鎌倉へ」『中世奥羽のムラとマチ』39~65 頁　東京大学出版会
飯村　均 2011「中世東国の土器と建物」『家具道具室内史』第３号　57~68 頁　家具道具室内史学会
池谷初恵 1999「韮山町御所之内遺跡群における貿易陶磁の変遷」『静岡県考古学研究』№ 31　132~142 頁
池谷初恵 2008「伊豆地域におけるかわらけの変遷とその背景」『地域の文化と考古学』Ⅱ　201~218 頁
石川県立埋蔵文化財センター 1998『矢駄アカメ・イケダ遺跡』
石田茂作監修 1984『新版仏教考古学講座』第２巻　雄山閣出版
一関市教育委員会 2004『骨寺村荘園遺跡』
井上雅孝 2009『奥州平泉から出土する土器の編年的研究』
井上雅孝 2010「平泉かわらけの系譜と成立」『兵たちの生活文化』156~185 頁　高志書院

伊野近富 1998「中世前期の京都系土師器皿の伝播と需要」『中近世土器の基礎研究』XⅢ　3~13 頁　日本中世土器研究会
入間田宣夫 2003『都市平泉の遺産』山川出版社
入間田宣夫 2005「鎌倉期における中尊寺伽藍の破壊・顚倒・修理記録について」『中世の地域と宗教』265~302 頁　吉川弘文館
入間田宣夫 2010「亘理権大夫経清から平泉御館清衡へ」『兵たちの登場』8~43 頁　高志書院
入間田宣夫 2011「武家儀礼(宴会)の座列にみる主従制原理の貫徹について(ノート)」『家具道具室内史』第 3 号　46~56 頁　家具道具室内史学会
入間田宣夫 2013『平泉の政治と仏教』高志書院
いわき市教育委員会 1994『史跡白水阿弥陀堂境域復元整備報告書』
岩手縣教育委員會 1951『文化財調査報告　第一輯』54~77 頁
岩手県教育委員会 2009『柳之御所遺跡』
岩手県教育委員会 2011『柳之御所遺跡』
岩手県埋蔵文化財センター 1994『柳之御所跡』
岩手県埋蔵文化財センター 1995『岩崎台地遺跡群発掘調査報告書』
岩手県埋蔵文化財センター 1997『泉屋遺跡第 10・11・13・15 次発掘調査報告書』
岩手県埋蔵文化財センター 2000『志羅山遺跡第 46・66・74 次発掘調査報告書』
岩手県埋蔵文化財センター 2002『里遺跡第 1 次発掘調査報告書』
岩手県埋蔵文化財センター 2003『本町Ⅱ遺跡第 2 次発掘調査報告書』
岩手県埋蔵文化財センター 2008『六日市場・細田・接待館遺跡発掘調査報告書』
上原真人 2001「秀衡の持仏堂」『京都大學文學部研究紀要』第 40
宇野隆夫 1982「井戸考」『史林』第 65 巻第 5 号　1~39 頁　史学研究会
及川　司 2003「陸奥のかわらけ－岩手県－」『中世奥羽の土器・陶磁器』37~48 頁　高志書院
及川　司 2012「中尊寺境内の遺跡調査」『中尊寺仏教文化研究所　論集』第 3 号　中尊寺
奥州市教育委員会 2010「白鳥舘遺跡第 9 次調査現地説明会資料」
大石直正 1991「平泉館と柳之御所跡」『歴史手帖』第 19 巻 7 号　16~21 頁　名著出版
大館市教育委員会 1987『矢立廃寺発掘調査報告書』
大平　聡 1994「堀の系譜」『城と館を掘る・読む』57~89 頁　山川出版社
大矢邦宣 2001『奥州藤原氏五代』河出書房新社
大矢邦宣 2004「「中尊寺建立供養願文」を読む」『中尊寺仏教文化研究所論集』第 2 号　中尊寺
大矢邦宣 2008『平泉　自然美の浄土』株式会社里文出版
大矢邦宣 2013『図説平泉』河出書房新社
小田島禄郎 1930「金鶏山」『史蹟名勝天然紀年物調査報告』第 10 号　934~942 頁　岩手県
小野田勝一・赤羽一郎 1977『日本陶磁全集 8』中央公論社
小野正敏 1997『戦国城下町の考古学』講談社
小野正敏 2008「平泉と鎌倉、発掘された虚と実」『建築史と考古学の接点を求めて』8~44 頁　総研大　日本歴史研究専攻・国立歴史民俗博物館
小山彦逸 1993「青森県七戸町出土の常滑壷 2 例」『青森県考古学』第 11 号　33~41 頁
金ヶ崎町教育委員会 2011『鳥海柵跡第 19 次発掘調査について』
金ヶ崎町教育委員会 2013『鳥海柵跡』
鎌倉かわらけ検討会 2016『鎌倉かわらけの再検討』
鎌田　勉 1997「岩手県内の経塚の検証 2」『岩手考古学会』第 9 号　23~44 頁　岩手考古学会
菅野成寛 1992「都市平泉の宗教構造」『奥州藤原氏と柳之御所跡』149~205 頁　吉川弘文館
菅野成寛 1994「平泉出土の国産・輸入陶磁器と宋版一切経の舶載」『柳之御所跡発掘調査報告書』351~362 頁　平泉町教育委員会

菅野成寛 1999「天治三年『中尊寺供養願文』の伽藍比定をめぐって」『日本史研究』445 号
菅野成寛 2006「都市平泉像の再構築」『歴史評論』678 号　17~32 頁
菅野成寛 2009「「陸奥国骨寺村絵図」の宗教史」『季刊東北学』第 21 号　東北芸術工科大学東北文化研究センター
北上市教育委員会 2003『国見山廃寺跡』
木村淳一 2014「考古資料に関する記憶の継承について」『研究紀要』第 19 号　53~58 頁　青森県埋蔵文化財センター
後藤健一 1987「渥美・湖西中世古窯跡群」『マージナル』№.7　39~50 頁　愛知考古学談話会
五所川原市教育委員会 1998『犬走須恵器窯跡発掘調査報告書』五所川原市報告書第 21 集　犬走須恵器窯跡発掘調査団
五味文彦 2002「文献からみる鎌倉の死の様相」『中世都市鎌倉と死の世界』70~83 頁　高志書院
五味文彦 2004「総括鎌倉の中心性と境界性」『中世都市鎌倉の実像と境界』高志書院
五味文彦 2007『王の記憶—王権と都市—』新人物往来社
五味文彦・本郷和人 2008『現代語訳吾妻鏡 4』107 頁　吉川弘文館
五味文彦・本郷和人・西田友広 2012『現代語訳吾妻鏡 12』吉川弘文館
斉木秀雄 1989「井戸の発掘」『よみがえる中世』3　137~140 頁　平凡社
斉木秀雄 1995「漆器と陶磁器」『貿易陶磁研究』№.15　74~93 頁　日本貿易陶磁研究会
斉木秀雄 2012「大倉幕府周辺遺跡の調査概要」『鎌倉草創のかわらけ検討会資料』鎌倉遺跡調査会
斉藤利男 1991「都市平泉　その謎を解く」『月刊百科』233・234　平凡社
斉藤利男 1992『平泉—よみがえる中世都市—』岩波新書
斉藤利男 2011『奥州藤原三代』山川出版社
榊原滋高 1997「十三湊遺跡出土の陶磁器」『東北の貿易陶磁』71~84 頁　日本貿易陶磁研究会
狭川真一 1995「平泉型宝塔について」『岩手考古学』第 7 号　31~42 頁　岩手考古学会
狭川真一 2010「平泉の石塔文化」『兵たちの生活文化』102~127 頁　高志書院
櫻井清彦・菊池徹夫 1987『蓬田大館遺跡』六興出版
佐々木博康 1991『平泉と東北古代史』岩手出版
柴垣勇夫 1981「東海地方の灰釉陶器」『平安時代の土器・陶磁器』10~15 頁　愛知県陶磁資料館
紫波町教育委員会 1986『比爪館遺跡第 7 次調査報告書』
杉本　宏 2010「浄土庭園の始まり—宇治—」『日本における浄土庭園の変遷』足利市教育委員会
杉山章・村田正雄 1988『常滑窯』24 頁　名著出版
鈴木孝之 1990「古代～中近世の井戸跡について(1)」『研究紀要』第 7 号　217~271 頁　埼玉県埋蔵文化財調査事業団
図録刊行会 1981『猿投窯—須恵器　瓷器から中世陶へ—』
総研大　日本歴史研究専攻・国立歴史民俗博物館 2008『建築史と考古学の接点を求めて』
多賀城市埋蔵文化財センター 1990『新田遺跡』多賀城市報告書 23 集
多賀城市埋蔵文化財センター 1991『山王遺跡』多賀城市文化財調査報告書第 27 集
高橋一樹・八重樫忠郎 2016『中世武士と土器』高志書院
高橋　学 2010「古代陸奥国と出羽国の方形と円形」『第 7 回安倍氏の柵シンポジウム』金ヶ崎町他
高橋與右衛門 1992「発掘された中世の建物跡」『北の中世』72~105 頁　日本エディタースクール出版部
高橋與右衛門 2003「中世の建物跡」『戦国時代の考古学』497~508 頁　高志書院
高橋與右衛門 2004「掘立柱建物跡と言う名の建物」『掘立柱建物跡から礎石建物へ』1~26 頁　北陸中世考古学研究会
竹田輝雄・千代肇 1993『有珠オヤコツ遺跡・ポンマ遺跡』
田原町教育委員会 1971『渥美半島における古代・中世の窯業遺跡』

田原町教育委員会 1998『鴫森古窯跡群』
玉井哲雄 2001『考古学発掘資料による建物の復原方法に関する基礎的研究』1998 年度 ~2000 年度科学研究費補助金(基盤研究Ａ(1))研究成果報告書
玉井哲雄 2007『鎌倉の建築と都市―建築史学と考古学の対話から―』奈良大学
千葉信胤 1992「平泉の地名」『奥州藤原氏と柳之御所跡』93~105 頁　吉川弘文館
中尊寺 1978『中尊寺発掘調査の記録』
中尊寺 1983『中尊寺―発掘調査の記録』
中尊寺 2000『中尊寺所蔵の出土遺物整理報告書』
中尊寺 2012『中尊寺仏教文化研究所　論集』第 3 号
中尊寺・毛越寺 1986『平泉』
東海土器研究会 2013『渥美窯編年の再構築』
東北中世考古学会 2001『掘立と竪穴』高志書院
常滑市教育委員会 1985『鎗場御林古窯址群』
冨島義幸 2007「平泉の建築を復元する―その考証と課題―」『「都市平泉」ＣＧ復元論集』「都市平泉」7~20 頁　ＣＧ復元論集製作会
中井淳史 2003「平泉・韮山・鎌倉―中世初期の土師器生産に関する二、三の素描―」『中世諸職』51~78 頁　シンポジウム「中世諸職」実行委員会
中野晴久 1990「三筋壺・その造形と意味をめぐって」『研究紀要Ⅳ』7~51 頁　常滑市民俗資料館
中野晴久 1994「六反田古窯址群の研究～甕初現期の様相について～」研究紀要Ⅵ　65~102 頁　常滑市民俗資料館
中野晴久 1995「常滑・渥美」『概説中世の土器・陶磁器』383~400 頁　真陽社
中野晴久 2013『中世常滑焼の研究』愛知学院大学大学院
中山雅弘 2011「白水阿弥陀堂と徳尼伝説」『栴檀林の考古学』493~504 頁　大竹憲治先生還暦記念論文集刊行会
名古屋市教育委員会 1985『NN311 号古窯跡発掘調査報告書』
名古屋市教育委員会 1991『揚羽町古窯群発掘調査報告書』
名古屋市教育委員会 1992a『NA320 号窯群調査報告書』
名古屋市教育委員会 1992b『NN302 号窯・NN304 号窯発掘調査報告書』
浪岡町教育委員会 1989『昭和 61・62 年度浪岡城跡発掘調査報告書』
奈良国立博物館 1991『奈良国立博物館蔵品図版目録』
奈良国立文化財研究所 1987『平安宮跡資料館図録』
楢崎彰一 1978「初期中世陶における三筋文の系譜」『名古屋大学文学部研究論集 75』99~145 頁
楢崎彰一・斎藤孝正 1981「猿投編年の再検討について」『平安時代の土器・陶磁器』16~18 頁　愛知県陶磁資料館
新野一浩 1997「瑞巌寺境内遺跡」『歴史手帖』第 25 巻 1 号　10~20 頁　名著出版
日本建築学会 2006『平泉建築文化にみる中央性と地方性』日本建築学会資料
日本考古学協会 2001『都市・平泉―成立とその構成―』
日本福祉大学知多半島総合研究所 1994『中世常滑焼をおって』資料集　175~177 頁
羽柴直人 2001a「平泉遺跡群のロクロかわらけについて」『岩手考古学』第 13 号　41~62 頁　岩手考古学会
羽柴直人 2001b「平泉を構成する地割」『都市・平泉―成立とその構成―』23~34 頁　日本考古学協会 2001 年度盛岡大会資料集　日本考古学協会
羽柴直人 2002「平泉の道路と都市構造の変遷」『平泉の世界』155~178 頁　高志書院
羽柴直人 2006「安倍氏の柵から平泉の居館へ」『平泉文化研究年報』第 6 号　12~22 頁　岩手県教育委員会

羽柴直人 2011『東日本初期武家政権の考古学的研究』総合研究大学院大学
服部勝吉 1988「平泉史蹟の保存について」『平泉町史』第 3 巻　853~915 頁　平泉町
樋口知志 2011『前九年・後三年合戦と奥州藤原氏』354 頁　高志書院
平等院 2003『史跡及び名勝平等院庭園保存整備報告書』
平泉町教育委員会 1981『特別名勝毛越寺庭園発掘調査報告書(第 1 次調査・第 2 次調査)』
平泉町教育委員会 1986『特別名勝毛越寺庭園発掘調査報告書―第 7 次調査―』
平泉町教育委員会 1989『柳之御所跡発掘調査報告書』
平泉町教育委員会 1993『柳之御所跡発掘調査報告書』
平泉町教育委員会 1994『柳之御所跡発掘調査報告書』
平泉町教育委員会 1995a『志羅山遺跡第 35 次発掘調査報告書』
平泉町教育委員会 1995b『特別史跡中尊寺境内金剛院発掘調査報告書』
平泉町教育委員会 1995c『平泉遺跡群発掘調査報告書』
平泉町教育委員会 1997『志羅山遺跡第 52 次発掘調査報告書』
平泉町教育委員会 1999a『特別史跡中尊寺境内内容確認調査報告書(Ⅲ)』
平泉町教育委員会 1999b『平泉遺跡群発掘調査報告書』
平泉町教育委員会 2004a『倉町遺跡第 4 次発掘調査報告書』
平泉町教育委員会 2004b『西光寺跡第 2 次発掘調査報告書』
平泉町教育委員会 2007『特別史跡毛越寺境内　特別名勝毛越寺庭園整備報告書』
平泉町教育委員会 2009『平泉遺跡群発掘調査報告書』
平泉町教育委員会 2010『平泉遺跡群発掘調査報告書』
平泉町教育委員会 2013『特別史跡無量光院跡発掘調査報告書Ⅸ』
平泉町 1979『観自在王院跡整備報告書』
平泉町 1985『平泉町史』史料編一
平泉町 1993『平泉町史』資料編二　1~221 頁
平泉町 2004『都市平泉ＣＧ復元事業制作委員会検討集』
平泉郷土館 1988『平泉の古絵図』4 頁
平泉町文化財センター　柳之御所資料館第 1 回特別展図録 2000『遺跡が語る平泉文化』平泉町観光推進実行委員会
藤島亥治郎 1961『平泉』東京大学出版会
藤島亥治郎 1995『平泉建築文化研究』吉川弘文館
藤沼邦彦 1992「石巻市水沼窯跡の再検討と平泉藤原氏」『石巻の歴史』第 6 巻　364~419 頁　石巻市
文化財保護委員会 1954『無量光院跡』吉川弘文館
平凡社 1966『陶器全集　猿投窯』第 31 巻
朴沢謙一郎 1970『民話の平泉』
法政大学国際日本学研究センター・国際日本学研究所 2009『古代末期の境界世界』シンポジウム資料集
本澤慎輔 1993「12 世紀平泉都市景観の復元」『古代文化』VOL.45　31~36 頁　古代學協會
松本建速 1997「12 世紀平泉の四面庇掘立柱建物」『紀要ＸⅦ』25~40 頁　岩手県埋蔵文化財センター
丸森町教育委員会 1999『大古町遺跡』丸森町文化財調査報告書第 16 集
丸山　仁 2001「平泉藤原氏と鎮護国家大伽藍一区」『六軒丁中世史研究』第 8 号　東北学院大学中世史研究会
三浦謙一 1990「岩手県柳之御所跡出土の中国陶磁器」『貿易陶磁研究』№.10　113~120 頁　日本貿易陶磁研究会
宮城県多賀城跡調査研究所 1980『多賀城跡』宮城県多賀城跡調査研究所年報
宮城県教育委員会 1990『大貫館山館跡ほか』宮城県文化財調査報告書第 137 集

宮本長二郎 2002「古代末から中世の建築遺構」『研究紀要』第16号　1~16頁　秋田県埋蔵文化財センター
森田　勉 1995「大宰府出土の輸入中国陶磁器について」『大宰府陶磁器研究』71~100頁　森田勉氏遺稿集・追悼集刊行会
八重樫忠郎 1991「柳之御所跡出土の袈裟襷文壺」『歴史手帖』第19巻7号　25~27頁　名著出版
八重樫忠郎 1993「柳之御所跡調査現場から・2」『日本史の中の柳之御所跡』141~148頁　吉川弘文館
八重樫忠郎 1995a「平泉町出土の刻画文陶器集成」『平泉と鎌倉』127~145頁　平泉町
八重樫忠郎 1995b「奥州平泉にみる常滑焼」『常滑焼と中世社会』96~114頁　小学館
八重樫忠郎 1996a「平泉出土の輸入陶磁」『貿易陶磁研究』№16　49~65頁　日本貿易陶磁研究会
八重樫忠郎 1996b「「輸入陶磁器から見た柳之御所跡」『中近世土器の基礎研究』XI　5~22頁　日本中世土器研究会
八重樫忠郎 1996c「藤原氏以後の平泉」『考古学ジャーナル』№407　16~21頁　ニュー・サイエンス社
八重樫忠郎 1997「輸入陶磁器からみた平泉」『貿易陶磁研究』№17　134~156頁　日本貿易陶磁研究会
八重樫忠郎 1998a「平泉の井戸跡」『館研究』第1号　95~116頁　岩手の館研究会
八重樫忠郎 1998b「平泉白山社遺跡の梵鐘鋳造遺構」『季刊考古学』第62号　55~58頁　雄山閣出版
八重樫忠郎 1999a「平泉・無量光院跡再考」『岩手考古学』第11号　75~92頁　岩手考古学会
八重樫忠郎 1999b「平泉への道・平泉の道」『中世のみちと物流』183~201頁　山川出版社
八重樫忠郎 1999c「平泉のかわらけの問題点」『中世北陸の石文化Ⅰ』403~405頁　北陸中世考古学会
八重樫忠郎 2000「東日本における青磁の出現時期」『貿易陶磁研究』№20　86~97頁　日本貿易陶磁研究会
八重樫忠郎 2001a「中世前期の時間軸としての遺物」『平泉文化研究年報』第1号　37~46頁　岩手県教育委員会
八重樫忠郎 2001b「平泉の手工業者」『考古学ジャーナル』№478　15~18頁　ニュー・サイエンス社
八重樫忠郎 2001c「トヤカサキ木簡について」『西村山地域史の研究』第19号　3~8頁　西村山地域史研究会
八重樫忠郎 2001d「中世前期の時間軸としての遺物」『平泉文化研究年報』第1号　37~46頁　岩手県教育委員会
八重樫忠郎 2002a「東北地方の経塚」『平泉文化研究年報』第2号　35~44頁　岩手県教育委員会
八重樫忠郎 2002b「平泉藤原氏の支配領域」『平泉の世界』112~126頁　高志書院
八重樫忠郎 2002c「平泉・金鶏山考」『磐井地方の歴史』89~103頁　岩手県南史談会
八重樫忠郎 2003「渥美焼の歴史」『季刊陶磁郎35』双葉社　13~15頁
八重樫忠郎 2005「平泉における寺院」『中世の都市と寺院』217~234頁　高志書院
八重樫忠郎 2006「日本的都市・平泉」『鎌倉時代の考古学』9~16頁　高志書院
八重樫忠郎 2009「観想する浄土—無量光院跡」『平泉』60~61頁　川島印刷株式会社
八重樫忠郎 2010a「平泉藤原氏の陶器窯」『兵たちの生活文化』128~155頁　高志書院
八重樫忠郎 2010b「消費地からの渥美編年」『渥美半島の考古学』289~299頁　田原市教育委員会
八重樫忠郎 2011a「書評　黒崎直著『水洗トイレは古代にもあった』」『日本考古学』第31号　107~111頁　日本考古学協会
八重樫忠郎 2011b「平泉という領域」『都市のかたち』17~32頁　山川出版社

八重樫忠郎 2011c「平泉藤原氏の蔵と宝物」『中世人のたからもの』17~36 頁　高志書院
八重樫忠郎 2011d「東北地方の四面庇建物」『前九年・後三年合戦』213~233 頁　高志書院
八重樫忠郎 2011e「境界へ向かう土器」『古代中世の境界意識と文化交流』149~154 頁　勉誠出版
八重樫忠郎 2012a「平泉の園池」『日本庭園学会誌』第 24 号　49~58 頁　日本庭園学会
八重樫忠郎 2012b「考古学からみた北の中世の黎明」『北から生まれた中世日本』175~200 頁　高志書院
八重樫忠郎 2013a「平泉・毛越寺境内の新知見」『中世社会への視角』23~44 頁　高志書院
八重樫忠郎 2013b「中世の先駆け・渥美焼」『渥美窯』127~129 頁　田原市博物館
八重樫忠郎 2014「平泉と鎌倉の手づくねかわらけ」『中世人の軌跡を歩く』23~38 頁　高志書院
八重樫忠郎 2015a「掘り出された平泉」『平泉の光芒』98~134 頁　吉川弘文館
八重樫忠郎 2015b『北のつわものの都・平泉』新泉社
柳原敏昭 2017『平泉関係遺跡集成』科研費(B)平泉研究の資料学的再構築
矢部良明 1992「世界から見た柳之御所跡」『奥州藤原氏と柳之御所跡』208~242 頁　吉川弘文館
山形県教育委員会 1988『大楯遺跡』
山本信夫 1988「北宋期貿易陶磁器の編年」『貿易陶磁研究』№ 8　49~87 頁　日本貿易陶磁研究会
横手市教育委員会 2009『大鳥井山遺跡―第九・十・十一次調査―』
横手市教育委員会 2016『金沢柵推定地陣館遺跡総括報告書』
吉岡康暢 1994『中世須恵器の研究』吉川弘文館
若宮大路周辺遺跡群発掘調査団 1997『若宮大路周辺遺跡群発掘調査報告書』

【著者略歴】
八重樫 忠郎(やえがし ただお)
1961年　岩手県生まれ
1985年　駒澤大学文学部歴史学科卒業
2016年　東北大学大学院文学研究科修了　博士（文学）
1985年　平泉町教育委員会文化財センター
2002年　平泉町世界遺産推進室課長補佐
現　在　平泉町まちづくり推進課長

［主な著書・論文］
『北のつわものの都　平泉』（新泉社)、『中世武士と土器』（編者・高志書院)、「考古学からみた北の中世の黎明」（『北から生まれた中世日本』高志書院)、「掘り出された平泉」（『平泉の光芒』吉川弘文館)ほか多数。

東北中世史叢書 2
平泉の考古学

2019年11月25日第1刷発行

著　者　八重樫 忠郎
発行者　濱　久年
発行所　高志書院

〒101-0051 東京都千代田区神田神保町 2-28-201
TEL03 (5275) 5591　FAX03 (5275) 5592
振替口座　00140-5-170436
http://www.koshi-s.jp

印刷・製本／亜細亜印刷株式会社

© Yaegashi Tadao 2019. Printed in Japan
ISBN978-4-86215-200-8

東北中世史叢書　全10巻

①平泉の政治と仏教	入間田宣夫著	A5・370頁／7500円
②平泉の考古学	八重樫忠郎著	A5・320頁／6500円
③中世奥羽の墓と霊場	山口博之著	A5・340頁／7000円
④中世奥羽の仏教	誉田慶信著	A5・360頁／7000円
⑤鎌倉・南北朝時代の奥羽領国	七海雅人著	
⑥中世北奥の世界 安藤氏と南部氏	斉藤利男著	
⑦戦国期南奥の政治と文化	高橋　充著	
⑧中世奥羽の考古学	飯村　均著	A5・270頁／5000円
⑨中世出羽の世界	高橋　学著	
⑩大島正隆の歴史学と民俗学	柳原敏昭著	

中世史関連図書

中尊寺領骨寺村絵図読む	入間田宣夫著	A5・360頁／7500円
中世武士と土器	高橋一樹・八重樫忠郎編	A5・230頁／3000円
博多の考古学	大庭康時著	A5・250頁／5500円
鎌倉考古学の基礎的研究	河野眞知郎著	A5・470頁／10000円
中世石工の考古学	佐藤亜聖編	A5・270頁／6000円
中世瓦の考古学	中世瓦研究会編	B5・380頁／15000円
板碑の考古学	千々和到・浅野晴樹編	B5・370頁／15000円
国宝 一遍聖絵の全貌	五味文彦編	A5・250頁／2500円
新版中世武家不動産訴訟法の研究	石井良助著	A5・580頁／12000円
戦国法の読み方	桜井英治・清水克行著	四六・300頁／2500円
琉球の中世	中世学研究会編	A5・220頁／2400円
幻想の京都モデル	中世学研究会編	A5・220頁／2500円
上杉謙信	福原圭一・前嶋敏編	A5・300頁／6000円
戦国期境目の研究	大貫茂紀著	A5・280頁／7000円
北関東の戦国時代	江田郁夫・簗瀬大輔編	A5・300頁／6000円
十四世紀の歴史学	中島圭一編	A5・490頁／8000円
中世の権力と列島	黒嶋　敏著	A5・340頁／7000円
城館と中世史料	齋藤慎一編	A5・390頁／7500円
中世城館の考古学	萩原三雄・中井　均編	A4・450頁／15000円
貿易陶磁器と東アジアの物流	森達也・徳留大輔他編	A5・260頁／6000円
陶磁器流通の考古学	アジア考古学四学会編	A5・300頁／6500円
治水技術の歴史	畑　大介著	A5・270頁／7000円
石塔調べのコツとツボ【2刷】	藤澤典彦・狭川真一著	A5・200頁／2500円

［価格は税別］